콘텐츠 산업론

문화 창조의 경제·법·매니지먼트

CONTENTS SANGYORON DAI 2 HAN

© Nobuko Kawashima 2020

Korean translation rights arranged with MINERVA SHOBO

through Japan UNI Agency, Inc., Tokyo and Shinwon Agency Co., Seoul

일본대중문화총서 02

콘텐츠 산업론

문화 창조의 경제·법·매니지먼트

가와시마 노부코 지음 | 김효순 옮김

역자의 말

　본서는 학부에서 인문학을 전공한 학생들이 문화를 산업의 측면에서 바라볼 수 있는 기초 지식과 연구 시각을 획득하게 할 목적으로 가와시마 노부코(河島伸子)의 『콘텐츠산업론: 문화창조의 경제, 법, 매니지먼트』(미네르바쇼보, 2020.9.8)를 번역한 것이다.

　주지하는 바와 같이, 21세기 현재는 디지털 기술이 고도로 발달하고 인터넷 보급률이 높아지면서 정보와 지식을 자본으로 하는 4차산업시대를 맞이하였고, 그에 따라 동아시아를 중심으로 새로운 문화산업의 시대가 열리고 있다. 이렇게 전개되고 있는 최근의 문화산업은, 기존의 장르나 매체, 지역, 생산자와 소비자라는 구분이나 개념만으로는 파악할 수 없는 새로운 양상을 보이고 있다. 따라서 이들 새롭게 전개되는 문화의 양상은 예술이나 기술의 영역만이 아닌, 경영학, 법학, 인문학 등 다양한 측면에서 학제적, 통섭적으로 이해해야 할 필요성이 대두되었다.

　이러한 시대의 흐름에 대응하여 다양한 문화산업의 콘텐츠를 체계적으로 분석, 비평할 수 있는 안목을 지니고 동아시아의 풍성한 인문학적 소양을 바탕으로 창의적인 기획과 개발 능력을 갖춤으로써 문화산업의 발전을 선도할 인재를 양성하기 위해서, 고려대학교에서는 2023년 대학원에 〈인문학과동아시아문화산업협동과정〉을 신설하였다. 본서는, 문화산업 내지는 콘텐츠산업의 기본적인 개념과 세계적인 추세를 체계적으로 정리해 주고 있어, 이상과 같이 인문학을 바탕으로 문화를 산업적 측면에서 바라보고자 하는 학생 혹은 연구자들에게 매우 적절한 개론서가 될 것이라 판단되었다. 즉, 본서는 콘텐츠산업이 근년 급속도로 주목을 받게 된 경제적, 정치적 배경, 이 업계의 성장 전략, 각 산업의 개별 상황, 특징, 금후의 과제에 대해, 경제학, 지리학, 법학 분야에서 규명되어 온 것을 문화경제학, 문화정책론의 시점에서 다시 정리하여 콘텐츠산업의 전체상을 제시하고 있다.

이상과 같은 본서의 특징을 정리하자면, 첫째, 문화산업의 주요 상품의 콘텐츠인 문화가 근대 이후 어떻게 산업의 영역으로 들어오게 되었는지 역사적 배경을 설명하고 있고, 둘째, 기술의 발달에 따라 각 장르별 문화들이 내용상 어떤 질적 변화를 거쳤는지를 밝히고 있다. 셋째, 기술의 발달 등 환경에 맞추어 문화가 생존을 위해 어떤 방식으로 비즈니스 모델을 구축해 왔는지 그 변화양상과 함께 관련 직업을 알기 쉽게 풀어서 설명하고 있는 바, 이는 예술 전공 외에 문화산업에 관심이 있는 다양한 전공의 학생들에게 많은 도움이 될 것이다. 넷째, 본서는 기본적으로 일본의 문화산업을 중심으로 기술하고 있지만, 문화산업의 세계적인 흐름 속에서 한류 문화의 위상이나 중국 문화산업의 현황도 시야에 담고 있어서, 최근의 문화산업의 현상을 동아시아 시각에서 연구하고자 하는 연구자들에게 많은 시사점을 제공할 것이라 생각된다. 다섯째, 문화산업의 흐름을 개념별, 장르별로 제시하고 관련 최신 선행연구를 내용에 따라 구별하여 제시하고 있어, 본서 전체를 읽지 않더라도 관심 분야를 선택하여 읽고 더 궁금한 점은 해당 분야 선행연구를 찾아서 읽을 수 있다. 따라서 관심 분야에 대한 전체상만이 아니라 해당 분야에 대한 심도 있는 지식이나 연구 시각도 함께 제시할 수 있을 것이라 기대된다.

이상과 같은 본서의 번역이, 예술이나 기술 관련 전공자만이 아니라, 인문학을 비롯하여 경영학, 법학 등 문화산업과 밀접한 관계에 있는 학문 영역의 학생들이 4차산업시대 문화산업의 새로운 전개 양상을 다양한 시각에서 파악하여 관련 직역을 탐색하고, 이들 문화산업을 연구하고자 하는 대학원 학생들에게 새로운 연구의 시각을 모색하는데 조금이나마 도움이 된다면 역자로서는 큰 보람을 느낄 것이다.

2023년 10월
역자 김효순

한국어판 서문

이번에 졸저가 한국어로 번역되게 되어 진심으로 감사한 마음이다. 특히 근년 한국 출신 연구자들과 교류하는 일이 늘었고 통상은 영어로 커뮤니케이션을 했는데, 이번 한국어판으로 연구 성과를 볼 수 있게 되면서 관계가 더 심화될 것으로 기대된다. 아울러 한국 독자들이 관심을 가질 부분은 일본의 영화, 음악, 게임 등 각 개별 산업의 경제적 특징, 비즈니스상의 과제 등을 논한 제3부일 것이라 생각한다. 한국 출신으로 일본에서 활약하는 연구자도 많지만, 아마 제대로 된 정보나 전체상을 처음으로 보여주는 데 본서의 의의가 있을 것이라 생각한다.

실은 일본에서도 한국의 상황이 어떤지, 한국의 문화, 한류가 왜 이렇게까지 글로벌한 성공을 거두게 되었는지 경제나 경영 시스템 면에서는 그것을 어떻게 지원하고 있는지 알고 싶다. 그러나 지금까지는 논자마다 설명이 다른데다, 깊은 분석은 이루어지고 있어도 대상이 개별적이라 전체상을 알기는 어렵다. 또한 시간의 경과와 함께 상황이 시시각각 변화하는 점도 있어서 솔직히 말해 아직 잘 알 수가 없다. 본서가 일본에 대한 기본적 정보를 제공함으로써 한국의 연구자들과 더 많은 정보를 교환하여 논의가 심화되었으면 한다.

본서가 다루는 콘텐츠산업이라는 영역이 코로나 사태의 영향을 많이 받고 있음을 말할 것도 없다. 신형 코로나 감염증의 세계적 확산은 본서의 오리지널판 완성 직전에 시작되었기 때문에, 오리지널판 〈제2판 간행에 붙여서〉에서도 '그 영향은 현재 시점으로서는 짐작을 할 수가 없어서' 그것에 대해 논하기는 어렵다고 단서를 달았다. 이 서문을 집필하는 현재(2023년 8월)는 엔데믹을 맞이하여 많은 문화시설이 이전처럼 오픈을 하고 콘서트 등 많은 사람들이 문화를 직접 접할 기회가 다시 늘고 있듯이, 큰 변동기를 거쳤다. 그러나 각 분야의 통계숫자 개정이나 기술 수정은 이번에는 할 수 없었다. 본서 안에서 다룬 분야 중, 특히 영화산업은 전세계적으로 영화관이 폐쇄가 되면서 침체가 되었고 제작 편수도 대폭 감소했지만, 현재는 2019년 기준 대략 7할 정도로까지 회복되었다. 음악산업에 대해서는 본서에서는 녹음음악을 중심으로 논했다. 그러나 한편으로 2019년까지 순조롭게 신장을 하던 라이브콘서트는 심대한 영향을 받았다. 또한 '동영상 전송이 크게 신장하였고', 음악라이브도 온라인 전송이라는 디지털 기술의 활용이 크게 증가한 것으로 알려져 있다. 이러한 움직임 속에서 산업을 오히려 더 글로벌하게 전개한 것이 한국의 대중문화(음악, 영상, 게임 등)일 것이다. 이에 대해서는 오리지널판 곳곳에서 언급했지만, BTS 등의 근년의 성공 예까지 파고들지는 못했다.

필자 자신도 코로나 사태 동안 집안에 머무는 동안 한국 드라마에 매료되어 질릴 줄 모르고 한류 콘텐츠를 추종하게 된 사람 중의 하나이다. 존경하고 경애해 마지않는 한국의 문화와 그것을 낳고 키워 국제적으로 발신하는 한국의 독자들에게 본서가 다가갈 수 있게 된 것을 더없는 기쁨으로 여긴다.

2023년 8월

가와시마 노부코

서문

본서는 콘텐츠산업 전체의 세계적 동향을 파악하면서 각 업계의 특징과 다이나미즘을 경제학, 지리학, 법학 등의 연구 성과를 활용하여 해설하고, 경영상 혹은 콘텐츠 정책상 앞으로의 과제를 생각하는 것을 목적으로 한다.

최근 고부가가치를 지닌 지식재산의 중요성이 높아지는 가운데, 지식재산권의 활용을 비즈니스 전략의 핵심으로 하는 콘텐츠산업에 대한 관심도 급속도로 높아지고 있다. 본서는 콘텐츠산업에 관한 지금까지의 연구 성과를 문화경제, 문화정책의 관점에서 다시 정리하고, 앞으로 콘텐츠산업 정책의 발전에 중요해질 콘텐츠산업의 기본 메커니즘, 내부 구조, 그리고 그것을 둘러싼 법적 규제, 제도에 대한 이해를 높이고자 하는 취지에서 집필하였다.

콘텐츠산업에 관한 교과서나 전문 서적은 근 몇 년 동안 조금씩 증가했지만, 내용상으로는 각 장에서 개별 산업의 시장 규모, 산업 구조를 기술하거나 콘텐츠 제작의 현장 기술을 중심으로 하는 것에 머무는 경향이 보인다. 한편 대부분의 연구서는 다수의 실무자, 연구자에 의한 공저이기 때문에 장마다 기술적인 것과 분석적인 것이 혼재하여 이해하기 힘든 면이 있다. 또한 다루는 내용과 주장이 제각각이라는 문제도 있다. 이 분야에서 연구가 축적되기 시작하는 현재 단계에서는 일관된 시점을 바탕으로 다영역에 걸친 정보와 의견을 콤팩트하게 정리한 개설서가 필요하다고 생각한다.

필자는 1999년부터 도시샤대학(同志社大学) 경제학부에서 문화경제라는 수업을 담당하며, 문화산업, 콘텐츠산업 등에 대해 매 학기 강의를 해왔다. 원래 전공은 비영리예술문화의 재정기반(문화경제학), 문화경영의 과제, 그에 대한 공공정책(문화정책론)이지만, 전공영역을 확장하기 위한 도전으로 영리문화산업에 대해서도 같은 접근을 하는 수업을 진행해 보았다. 당초에는 외국어로 된 문헌을 포함해도 문헌이 상당히 한정되어 있고, 영화산업, 방송산업 등 개별 분야의 실태에 대해서도 알기 힘든 점이 많아 고생을 했다. 특히 학생들의 수업 이해에 도움이 될 만한 일본어 자료는 적었다. 그러나 최근 특히 영어 문헌은 이론적인 것은 물론 특정 업계의 동향, 경영 과제, 정책적 필요를 주장하는 내용 등 모두 충실해졌다. 이러한 배경에서 최근 수년간 읽어온 문헌을 중심으로 내용을 정리하여 콘텐츠 산업론의 개설서로서 세상에 내놓는 것은 나름 의의가 있다고 생각하게 되었다.

독자로 상정하는 것은 학부생, 대학원생이지만, 특정 학문 영역에 한정되지 않고 학제적 접근을 하고 있다. 보다 구체적으로 본서는 다음과 같은 목적으로 집필되었다.

① 국제적, 세계적 시점에서 콘텐츠산업의 다이나미즘을 파악한다.
② 학제적으로 이들 산업을 대상으로 하는, 세계의 우수한 연구성과(특히 경제학, 지리학, 사회학, 법학의 성과)를 소개하면서 산업의 동향에 대해 이해한다.
③ 법적 측면을 다루는 장에서는 저작권법 해설을 하는 것이 아니라

저작권을 경제학적으로 파악한다. 또한 독점금지법, 헌법(표현의 자유), 미디어 규제에 관한 법률 등에 대해서도 언급하고 콘텐츠산업에 영향을 미치는 법적 환경에 대한 논의를 정리한다.

④ 이상과 같은 법적, 경제적 환경하에서 콘텐츠산업의 비즈니스 전략에 대해 파악한다.

⑤ 이러한 비즈니스 전략이 콘텐츠산업의 창조성에 미치는 영향에 대해 파악한다.

또한 집필하는 데 있어 다음과 같은 점에 주의를 기울였다.

우선 학부생, 대학원생을 염두에 둔 개설서이기는 하지만, 새롭게 이 분야에 관심을 갖는 연구자의 요구도 의식하여, 필요한 경우 본문에서 참고문헌을 ( ) 안에 기입하였다. 물론 저널에 실리는 학술논문처럼 엄밀하게 문헌을 참조하는 것은 번거로워서 피했다. 각 장의 끝에는 앞으로 더 연구하고 싶은 사람들을 위해 영어 문헌도 포함하여 몇 가지 책을 소개했다.

두 번째로 각 장의 설명 부분은 경제학이든 지리학이든 관계되는 분야에서 현재 상태에서 주류를 차지하는 논의를 중심으로 소개했다. 각 학문영역의 첨단에서 그에 대한 비판적 견해가 있을 경우, 필자의 견해와 모두 다른 경우에는 논의에 혼란을 일으키지 않도록 가급적 다각적 시점에서 언급하고자 했다.

셋째, 본서의 특징이기도 한 학제성 때문에 각 학문영역 특유의 표현이나 개념을 중립적으로 하여 일반 용어로 고쳐 쓴 부분도 있다. 각 분야의 전문가의 눈에는 정확하지 않은 표현으로 보일지 모르지만, 그 점은 양해를 바란다.

본서가 완성되기까지는 일일이 이름을 거론할 수 없을 만큼 많은 선배와 동료 연구자들의 도움이 있었음은 물론이다. 또한 장에 따라서는 필자 자신의 조사 결과도 포함되어 있지만, 청자로서 귀중한 정보를 제공해 주신 분들께도 이 자리를 빌려 감사의 마음을 표한다. 도시샤대학에서 가르쳐 온 학생들, 세미나 참가생 모두에게도 배운 바가 많았다. 이 자리를 빌려 모든 분들께 사의를 표한다.

특히 아오야기 유카(青柳由香), 안도 가즈히로(安藤和宏), 이쿠이네 후미히코(生稲史彦), 고지마 류(小島立), 고바야시 지하루(小林千春), 사토 다쓰로(佐藤達郎), 나이토 아쓰시(内藤篤), 야기 다다시(八木匡), 와다 마사시(和田仁)의 여러분들께서는 각각 전문분야의 토픽을 다루는 장의 원고를 검토하고 귀중한 코멘트를 주셨다. 본서의 오류에 대해서는 그것은 어디까지나 전적으로 필자의 책임이다.

또한 본서를 출판하면서 미네르바 쇼보(ミネルヴァ書房)의 아즈마 요시히로(東寿浩) 씨에게도 신세를 졌다. 진심으로 감사드린다.

제2판 서문에 붙여서

　본서의 초판이 2009년에 간행된 이래 콘텐츠산업을 둘러싸고 몇 가지 큰 변화가 있었다. 증쇄 시 최소한의 업데이트를 하였지만 그 이상으로 큰 수정이 필요하다는 것은 몇 년 동안 절감하고 있었다. 문헌이나 자료도 새로운 것이 쏟아져 나온다. 콘텐츠업계의 변화 속도는 워낙 빨라서 언제 작업을 시작해야 하나 고민을 하는 사이 시간이 경과하여, 대폭 수정 작업이 이렇게까지 늦어진 점에 대해 반성을 하지 않을 수 없다.

　콘텐츠산업을 둘러싼 변화를 일으킨 큰 요인 중의 하나는 스마트폰의 보급이다. 2007년 처음으로 iPhone이 나오고, 2010년대에는 이것이 어느 정도 보급되었다. 그와 동시에 각종 앱과 기본적 소프트웨어도 충실해져서, 현재 스마트폰은 전 세계 사람들이 한시도 손에서 떼놓을 수 없는 존재가 되었다. 동영상 콘텐츠, 음악, 게임, 텍스트 데이터 등의 정보나 오락을 얻기 위해서만이 아니라, 자신이 찍은 사진이나 동영상을 많은 사람들과 공유하기 위해서도 우리들은 스마트폰에 크게 의존한다. 이제 이러한 사실을 염두에 두지 않고서는 콘텐츠 산업론에 대해 이야기할 수 없게 되었다. SNS가 사람들에게 정보수집과 확산의 장으로 기능하게 된 것도 이와 맥을 같이 한다. 1990년대부터 구글, 아마존, 애플의 iTunes 등은 이미 이용되고 있었지만, 거기에

페이스북이 가세하면서 사람들 사이에서 정보교환과 교류의 기회가 급증하였고, 그와 동시에 그런 공간에서의 소비자 행동이 플랫폼 측에 의해 정확히 파악되게 되었다. 여기에 광고, 마케팅 기술이 발전하면서 소비자 입장에서 보면 단순한 정보 수집이나 검색, 디지털상의 인적 교류 등을 목적으로 한 디지털 공간에서의 행위가 각종 기업으로서는 고도의 마케팅 데이터로 축적되게 되었다. 콘텐츠 유통수단도 음악 CD 등과 같은 패키지에 한정되지 않고 전자 데이터 형태로 직접 소비자에게 전달되게 되면서, 소비자의 기호도 디지털 공간에서 분석되어 보다 적확한 '추천물'을 전달할 수 있게 되었다.

이러한 시대에 콘텐츠산업이 어떤 것인지 원래의 기본형에 대한 설명을 남기며 새로운 비즈니스의 양상을 나름의 분량으로 논한 것이 본서의 제2판이다.

콘텐츠산업 전체를 크게 뒤흔들고 있는 이상과 같은 사정에 더해 지역적인 요소로서 중국이 일약 성장한 사실도 중요하다. 물론 10년 전에도 중국은 대국으로 성장률이 높은 시장으로서 선진국들에게 주목의 대상이 되고 있었다. 특히 할리우드 영화산업은 중국(및 거대한 신흥국 시장)을 타깃으로 하여 내용상으로도 크게 변화하였다. 중국은 단순한 소비시장에 머무는 것이 아니라, 영상, 게임, 기타 오리지널 작품을 제작하는 콘텐츠 대국이 되고 있다. 또한 텐센트, 알리바바, 그리고 중국 이외의 지역에서는 구글이나 아마존이 장악한 서비스를 독자적으로 전개하고 있지만, 해외에서도 이들 기업의 영향력이 확대되고 있다.

또한 일본에 눈을 돌려 보면, 해외에서 찾아오는 방일 관광객들이 해마다 증가하고 있으며 2019년에는 2020년 도쿄올림픽[1]과 패럴림픽 경기대회를 맞이하여 관광 입국으로서의 정비가 이루어졌다. 인바운드 관광객을 불러들이기 위해 일본의 문화, 콘텐츠가 기능하는 역할이 크다는 사실은 정부도 인식하고 있어서, 각종 정책 문서에 그 현황이 반영되었다. 또한 종합형리조트법(IR법)이 제정되어, 금후 인정을 받은 전국 지역에서는 카지노를 포함한 대형 호텔, 회의 등 종합형 시설을 건설하고, 그곳에서도 '매력 증진 시설'이라는, 국제적으로 수준 높고 엔터테인먼트 요소를 겸비한 문화이벤트를 개최할 것을 의무화하고 있다. 그러한 이벤트를 통해 일본 문화의 매력도 효과적으로 전달할 수 있을 것이라 기대된다. 소위 IR시설에 한하지 않고, 일본 전국에서 문화는 관광객을 끌어들여 지역경제 활성화에 도움이 될 것으로 기대하게 되었다는 점도 큰 변화 중 하나이다.

이러한 사실도 반영하여 본서에서는 대폭 수정을 가하여 새로운 장과 절을 추가하였다. 특히 장 레벨에서는 초판에서는 다루지 않았던 출판산업에 대한 장을 추가하였다. 초판에서 다루지 않은 것은 단순히 필자의 공부가 부족해서 그런 것으로, 초판 서평에서 지적받은 사항이기도 하여 이번에 새로 집필하였다. 물론 서적, 잡지, 신문 등 다기에 걸쳐 출판업계를 꼼꼼하게 논하는 것은 지면 관계상 어려웠기 때문에, 문화경제학 분야에서 축적이 되어 있는 논점을 픽업하기로 하였다.

한편, 초판에서는 광고산업을 하나의 콘텐츠산업으로 다루었지만, 이번에는 방송산업을 지탱하는 산업으로 위치시켰다. 그러나 디지털 광고산업이 크게 발전한 것은 위에서 언급한 것처럼, 콘텐츠산업의 변용과 밀접한 관계가 있기 때문에, 광고에 관한 절을 포함하는 방송

---

1 [역주] 실제로 2020년 올림픽은 코로나로 인하여 2021년에 개최되었다.

산업은 다른 장에 비해 길어졌다.

부(部)의 구성에도 다소 수정을 가했다. 제1부에서는 문화경제, 콘텐츠 산업론에 대한 입문을 다룬다. 콘텐츠산업이라는 새로운 용어로 영화나 음악 등과 같은 오락, 문화, 미디어산업을 총괄하게 된지 20년 이상 되었는데, 이렇게 하나의 산업으로서 주목하게 된 것은 왜인가? 그 배경에 있는 경제의 글로벌화, 도시 정책의 변화와 창조경제의 발전 등에 대해 검토한다. 또한 콘텐츠라는 재화의 특징과 거기에서 파생되는 다양한 경영상의 과제를 지적하며 콘텐츠를 창조하는 크리에이터, 아티스트, 그리고 그것을 상품화하는 게이트 키퍼라는 존재에 주목하여 산업의 내부구조를 분석한다.

제2부에서는 콘텐츠 경제가 글로벌화하고 있는 점에 주목하여, 특히 할리우드를 중심으로 하는 미디어 복합기업(Media conglomerate)[2]을 분석한다. 한편 로컬, 지역 레벨에서도 콘텐츠의 생산과 유통, 소비의 경제가 있다는 사실에 주목하여 세계적으로 미디어 콘텐츠 경제가 다변화하고 있다는 사실에 대해서 언급하였다.

이와 같은 제1부와 제2부의 개론을 거쳐, 제3부에서는 영화, 음악 등 개별 산업 특유의 사정이나 경영, 정책상의 과제를 설명하였다.

또한 초판에 대해 '학생용 교과서'라는 단서를 달았는데, 그런 용도

---

2 [역주] 미디어 복합기업(Media conglomerate)이란 방송, 신문, 영화, 출판, 인터넷 등 다양한 매스미디어를 산하에 둔 거대 복합기업, 과점기업을 말한다. 한국어로는 미디어 컨글로머리트, 거대 미디어 기업, 글로벌 미디어 기업 등으로 사용되나 본서에서는 중립적인 의미로 직역하여 '미디어 복합기업'이라 통일하여 표기한다. 대표적인 미디어 복합기업에는 미국의 타임워너(Time Warner), 뉴스 코퍼레이션(News Corporation), 월트 디즈니(Walt Disney), 바이어컴(Viacom)이 대표적이며 최근 들어서는 독일의 베르텔스만(Bertelsmann)과 일본의 소니(Sony), 카도가와(KADOGAWA), 미국의 NBC-유니버설(Universal) 등이 있다.

로는 어렵다는 비판도 받았다. 소위 교과서로서는 확실히 내용이 너무 전문적인 부분도 있다고 생각한다. 따라서 전문과목 수업으로서 적당히 취사선택하여 전체를 사용해도 된다고 생각한다.

수정하는 과정에서 TV방송산업에 대해서는 오쿠 리쓰야(奥律哉), 기타하라 도시유키(北原利行) 씨에게, 게임산업에 대해서는 이쿠이네 후미히코(生稲史彦) 씨, 다바타 하지메(田畑端) 씨 및 다바타 씨가 이끄는 JP Games 여러분에게 꼼꼼한 코멘트를 받거나 교시를 받았다. 국내외 연구자들과 근 10년 동안 다양한 기회를 통해 교류하고 논의해 온 것이 본서의 내용에 큰 영향을 주었음은 말할 필요도 없다. 특히 도시샤대학 창조경제연구센터, 도쿄대학 미래비전연구센터·문화를 기축으로하는융합형산업창출연구유닛의 연구회에서 많은 연구자들로부터 최신 연구성과를 배웠으며, 그곳에서 논의한 내용은 본서 집필에 크게 도움이 되었다. 이번 기회를 빌려 사의를 표한다.

또한 본서의 최종 교정 시, 신형 코로나바이러스 감염증이 세계적으로 확대되어 전 세계가 일변하는 사태에 있었다. 그 가운데, '재택소비'가 증가하여, 동영상 전송 서비스나 게임 분야에서 수요가 크게 확대되었다. 그러나 라이브콘서트와 같은 이벤트는 중지가 되거나 연기되었고, 문화시설은 폐쇄되었으며, 영상 촬영도 어려워져서 콘텐츠산업은 큰 타격을 받았다. 그 영향은 현재 시점으로서는 짐작할 수가 없어서 본서의 내용에는 반영할 수가 없었다. 아티스트, 크리에이터 등의 개인은 일자리를 잃은 경우도 많다. 한시라도 빨리 사태가 수습되어 우리들이 문화, 엔터테인먼트를 진심으로 즐길 수 있는 날이 돌아오기를 바랄 뿐이다.

2020년 5월 가와시마 노부코

목차

제1부
문화경제와 콘텐츠산업

제2부
콘텐츠산업 경제의 지리 −글로벌 전개와 로컬 거점

제3부
각 산업의 특징과 동향

제1부

문화경제와 콘텐츠산업

제1장

문화경제와 콘텐츠산업 입문

콘텐츠산업이란 음악, 영상, 게임, 만화, 애니메이션 등의 문화적 오락 작품을 제품으로 생산, 유통, 판매를 하는 영리 산업을 말한다. 이들 대부분은 저작권(이나 상품권 등의 지식재산권)으로 보호를 받고 있으며, 이를 살린 형태로 부를 창출하는데 착목하여(특히 미국에서는) 저작권산업이라고도 한다. 조금 더 일반적으로는 해외에서는 창조산업(The Creative Industries), 문화산업(The Cultral Industries)이라고 부르는 경우가 많으며, 이 경우에는 미술이나 무대예술 등과 같은 비영리 예술활동 및 건축, 광고, 소프트웨어 등 문화적 측면만이 아니라 기능적 측면을 함께 갖는 재화를 생산하는 산업까지 포함하는 경우도 있어 광범위에 걸쳐 있다. 이들 정의 및 그에 기반하는 산업 규모의 측정방법에 대해서는 특히 공적 정책의 대상 영역으로 수렴하려는 경향이 있어 이론이 많다. 따라서 본서에서는 통례에 따라 특히 디지털 정보의 생산, 유통 등을 주요 영리 목적으로 하는 대중문화, 서브컬처, 미디어와 관련된 산업을 가리키기로 한다. 물론 그렇다고 해서 본서에서 순수 미술과 같은 활동에 대해서는 전혀 언급하지 않겠다는 것은 아니다. 이들 활동은 콘텐츠산업에서 중요한 인풋, 소재인 경우가 많아 밀접한 관련이 있기 때문이다. 제4장에서 언급하는 바와 같이 아티스트, 크리에이터 개인 레벨에서는 영리산업과 비영리산업의 구별은 별로 큰 의미를 지니지 않지만, 영리를 베이스로 하는 문화적 복제물의 대량생산, 유통, 판매와 관련된 산업만을 거론할 수는 없다.

사실 콘텐츠산업에 포함되는 영화나 음악, TV 게임 등은 얼마 전까지는 어디까지나 놀이, 오락이라는, 경제성장 면에서는 마이너한(혹은 마이너스가 되는) 존재로 여겨졌다. 혹은 애니메이션이나 만화처럼 일본에서는 인기가 있어도, 설마 국제적으로 이것들이 높은 평가를 받고 외국으로 수출되어 경제 가치를 낳으리라고는 예상하지 못 했었다. 그러나 지금은 일본만이 아니라, 선진 각국에서는 이 업계가 지닌 경제 가치에 주목하여 그 진흥에 본격적으로 힘을 기울이기 시작했다. 그 배경에는 이 산업이 급속도로 성장한 점, 부가 가치가 높은 고도로 지적인 서비스 산업의 하나라는 점, 제조업 등과 협업함으로써 경제적 파생 효과 면에서 기대가 되는 산업이라는 인식이 높아졌다는 점 등이 있다.(일본 국내 콘텐츠시장에 대해서는 【표 1-1】 참조)

이 장에서는 우선 문화적 재화를 경제적으로 분석하는 문화경제학의 견해를 소개하고, 콘텐츠산업 정책이 부상하게 된 배경을 설명한다.

1. 문화경제 입문

원래 문화를 경제분석의 대상으로 삼는다는 사고 자체에 대해 익숙하지 않거나 저항감을 느끼는 사람이 많을 것이다. 문화경제학자로서 뛰어난 업적을 남긴 데이비드 트로스비(David Throsby)는 저서『문화

【표 1-1】 일본의 콘텐츠산업 3개 부문의 시장 규모의 추이
(2002~2003, 2014~2017년) (단위 : 억 엔)

		2002	2003	2014	2015	2016	2017
영화 관계	영상소프트매출(DVD, 비디오 렌탈 셀)	8,183	8,118	3,845	3,469	3,215	3,070
	네트워크 전송 매출	147	173	1,231	1,397	1,619	1,842
	피처폰 대상 전송 매출	274	314	24	13	11	8
	영화 흥행 수입	2,033	2,109	2,070	2,171	2,355	2,286
	일본 영화	671	791	1,207	1,204	1,486	1,255
	서양 영화	1,361	1,319	863	968	869	1,031
	TV방송, 관련 서비스 수입	35,874	37,376	34,650	34,970	34,966	334,827
	민방지상파TV 영업 수입	22,746	23,657	19,522	19,527	19,699	19,541
	민간BS방송 영업 수익	796	985	2,007	2,118	2,185	2,248
	CS방송 영업 수익	2,199	2,346	1,653	1,691	1,278	1,278
	NHK 수신료 수입	6,803	6,855	6,493	6,632	6,772	6,864
	CATV사업 영업수익	3,330	3,533	4,975	5,003	5,031	4,895
	스테이지 입장료 수입	–	–	1,540	1,714	1,643	1,685
	영상 합계	46,511	48,091	43,360	43,734	43,809	43,718
음악 · 음성 관계	음악 패키지 소프트 매출	6,456	6,352	3,595	3,595	3,522	3,282
	네트워크 전송 매출	32	50	635	744	872	939
	피처폰 대상 전송 매출	1,129	1,368	342	260	198	151
	가라오케 매출	7,851	7,466	4,672	4,480	4,434	4,209
	콘서트 입장료 수입	1,329	1,364	2,721	3,405	3,372	3,466
	라디오 방송 관련 서비스 수입	2,279	2,262	1,402	1,399	1,419	1,390
	음악, 음성 합계	19,076	18,862	13,367	13,883	13,816	13,816
게임 관계	게임 소프트 매출	3,698	3,771	2,521	2,080	1,959	2,111
	온라인 게임 운영 서비스 매출	129	367	9,955	10,475	12,574	14,258
	피처폰 대상 전송 매출	270	412	476	249	144	95
	아케이드 게임 오퍼레이션 매출	6,377	6,492	4,222	4,338	4,820	4,851
	게임 합계	10,474	11,042	17,174	17,142	19,297	21,313
총합계		76,061	77,995	73,901	74,759	76,922	78,469

＊1 : 『디지털콘텐츠 백서2007』 공표값.
＊2 : 『디지털콘텐츠 백서2007』 발간 이후 공표된 값에 의해 보정한 수치(밑줄 친 부분의 수치가 2007 발간 이후에 공표된 값. 단, 2006년 이전의 밑줄 친 부분의 수치는 공표 값이 갱신된 값).
＊3 : 이 외에 '정지화면 텍스트', '인터넷 모바일 광고' 등의 시장이 있으며, 이것들을 합하면 약 12조 5,000억 엔(2017)이 된다.
출전: 디지털콘텐츠협회(2008), p.28, 동(2018), p.33을 바탕으로 저자 작성.

경제학 입문』서문에서 다음과 같은 재미있는 의견을 제시하고 있다.

경제를 실제 인간에 비유한다면, 남성으로 약간 뚱뚱하고 우울증 경향이 있으며 말이 많고 자신의 발랄함을 자각하지 못하는 경향이 있을 것이다. 요컨대 오랫동안 비행기를 탈 경우, 옆자리에 같이 앉고 싶지는 않은 사람이다. (중략) 마찬가지로 예술은 아마 여성으로 스마트하고 예측할 수가 없으며 매력적일 것이다.(트로스비, 2002, p.5)

즉, 경제학과 예술·문화는 매우 이질적인 것이며, 이 둘을 같이 묶어서 생각하는 데에는 매우 강한 위화감이 든다는 사회 일반의 감각을 표현한 글이다.

이와 같은 부조화가 생기는 원인 중 하나는 문화라는 말의 애매함과 다의성 때문일 것이다. 영어로 컬처(Culture)라고 할 경우에도 역시 같은 특징을 갖기 때문에, 이 문제는 국제적으로 공통의 문제이다. 문화에는 크게, ① 사회에서 후천적으로 습득되어 공유되는 행동 패턴, 가치관, 습관 등을 포함하는, 문화인류학에서 말하는 '문화', ② 그러한 행동 패턴이나 가치관을 규제, 구성하는 의미, 상징체계, 이데올로기 등(예를 들면 일본문화, 기타 종교, 학문, 사상 등), ③ 기술, 표현, 객체화된, 지적 내지 예술적 활동의 생산물, 이렇게 세 가지 정의가 있다. 문화라는 말을 들을 때, 대부분의 사람은 첫 번째 의미의 문화를 상기하는 일이 많을 것이다. 확실히 그런 의미의 문화에는 자연발생적인 부분이 있으며, 그것을 경제활동의 일환으로 보는 것은 쉽지 않을 것이다.(물론, 경제인류학이라는 분야에서는, 예를 들면 어떤 집단사회에서의 경제 거래 방법을 인류학적으로 분석하기 때문에 ①의 문화와 경제를 합친 학문 분야라고 할 수 있다. Plattner, 2003 참조)

② 나 ③의 의미의 문화는, ①의 문화에 비해 훨씬 더 구체성을 띤다

고 할 수 있다. 예를 들면 학문이나 종교라면 대학이나 사원과 같은 시설과 조직이 존재하며, 거기에 자금이 흘러 들어와서 연구와 교육, 포교 활동 등에 사용되기 때문에 이는 훌륭한 경제활동이라 할 수 있다. ③에 대해서도 같은 말을 할 수 있다. '기술(記述), 표현, 객체화된' 문화란, ①에서 말하는 가치관이나 ②의 사상을 배경으로 그것을 구체화한 것이라는 의미이다. 즉, 단순히 특정 개인 혹은 집단 구성원의 머릿속에 추상적, 관념적으로 존재하는 것이 아니라, 어떤 매체를 통해 표현된 것을 일컫는다. 구체적으로는 모든 예술 분야(미술, 음악, 영상, 연극, 무용, 문학 등), 건축, 디자인, 공예, 광고표현물 등의 응용예술, 방송, 출판 등의 미디어, 게임, 역사적 건조물, 문화유산, 혹은 특히 일본에서는 서도, 꽃꽂이, 다도 등과 같은 생활문화 등도 포함할 수 있다. 문화경제학의 주류에서는 별로 다루어지지는 않지만, 스포츠나 패션, 식문화와 같은 일상 '문화'도 포함할 수 있다.

이들 활동이 일종의 산업을 형성하고 있는 것은 분명하다. 출판, 영화 등에서는 통상 영리 베이스로 활동하는 기업이 존재하여 창조활동의 성과물을 상품화하고 유통시키는 활동을 하고 있다. 연극이나 무용, 미술의 경우에는 비교적 비영리 목적의 활동이나 단체가 많기는 하지만, 비영리 활동이 오늘날 경제에서 중요한 위치를 차지한다는 사실은 비영리 분야 연구에 의해서도 확인할 수 있다. 예를 들면 비영리 미술관이라도 학예사를 고용하여 수집, 보존, 조사활동을 하고, 전람회를 기획, 운영하여 입장료를 징수하거나 기부금 혹은 보조금을 받는 것처럼, 훌륭한 경제활동을 하고 있다. 별로 자금이 움직이지 않는 것처럼 보이는 개인 아티스트에 의한 창조활동(예를 들면 시작[詩作])이라도 그 아티스트의 창작활동 자체는 일종의 노동이며 그 결과 생산된 작품을 유통, 소비하는 구조가 있는 한, 역시 경제활동으로 분석할 수 있다.

이렇게 보면, 문화를 '지적, 예술 활동의, 혹은 역사적 소산·표현물'(앞에서 정의한 ③의 의미)로 파악하는 한, 여기에 공급자와 소비자, 그리고 그들을 연결하는 시장의 존재를 파악하여 경제 분석의 대상으로 삼을 수 있음을 알 수 있다. 이와 같은 분석을 하는 학문을 문화경제학이라고 하는데, 그 내용에 대해 상세히 논한 가네타케(金武)·사카모토(坂本, 2006)에 의하면, '문화와 관련된 목적을 포함하는 복수의 목적을 달성하기 위해 경제 주체가 문화적 재화와 통상의 재화를 그 둘 사이의 대체성을 고려한 후, 어떻게 배분하고 있는가, 그리고 그것은 사회 전체의 관점에서 봐서 바람직한 것인가를 연구하는 학문'으로 정의하고 있다. 이러한 정의는 '문화', '문화적 재화'라는 말이 들어 있는 것 이외에는 일반적으로 경제학이 대상으로 하는 범위·내용으로 받아들여지고 있다. 본서는 경제학에만 의거하는 것은 아니기 때문에, 위의 정의 속에 포함된 '목적'이나 '재화'에 대한 상세한 해설은 가네타케·사카모토의 저서를 참조하기 바란다. 본서에서는 문화의 생산, 소비와 관련된 경제주체가 경제적 자원을 어떻게 배분하는가, 그 경제주체는 어떤 조직, 개인, 사회적 네트워크에 의해 움직이는가, 이들 활동이 어떤 상태인 경우에 창조성이 높아지고 혁신이 일어날 수 있는가, 그리고 그것은 과련 최종소비자에게 편익을 초래하고 있는가를 생각해 보고자 한다.

그런 의미에서 본서에서는 콘텐츠의 유통과정에도 주목한다. 콘텐츠산업으로 여겨지는 레코드회사를 예로 들면, 그것은 음악의 '생산'과 관련이 있기는 하지만, 그 본질은 팔릴 만한 소재를 찾아내서 그것을 '상품화'하여 '유통'시키는데 있기 때문이다. 통상의 경제학에서는 공급과 수요를 연결하는 장을 시장이라고 생각하지만, 본서에서는 그 '시장'의 내용물을 골라서 그 추상적 의미와 역할만이 아니라 구체적으로 어떤 업자가 어떻게 의사 결정을 하고 생산된 '문화'를 어떻게 상품화하여 소비자에게 연결하는지, 그를 위해 어떤 관리, 통제시스템을 갖는지에 주목한다.

또한 원래 문화경제 혹은 문화산업이라고 할 때, '문화'와 '경제' 두 단어의 관계를 보면 일본어든 영어든 모두 애매하게 이중의 의미가 있는 것도 문제가 된다. 전자를 '문화적인'이라는 형용사의 의미로 파악하면, 세상에는 문화적인 것이 많기 때문에 의미를 명확하게 한정하지 못하게 된다. 만약 그런 의미로 문화를 파악하면 결국 그 내용이 공동화할 것이다. 따라서 위에서 언급한 ③의 정의에 해당하는, '표현된 문화에 관한' 경제, 산업이라고 생각하는 것이 타당할 것이다.

즉, 본서에서는 기본적으로, 문화경제를 뭔가 구체적인 표현 형태를 띠는 문화의 생산→유통→소비(향수)라는 시스템, 혹은 생산→유통→소매의 흐름이라고 생각한다. 단, 이 기본형이 근년 변용되고 있는 점에 대해서는 후에 상술하겠다. 어쨌든 굳이 '시장'이 아니라 '유통'이라고 함으로써, 유통의 시스템이 문화 창조에 영향을 준다는 측면을 명시적으로 드러내서 현실적 경제활동의 다이나미즘을 포착하고자 한다.

2. 콘텐츠산업의 성립까지

'콘텐츠'라는 말은 위에서 언급했듯이, 본서에서는 늘 특히 디지털 방식, 영리 베이스로 생산되는 오락, 정보를 가리키지만, 보다 넓은 문화경제로 눈을 돌려 원래 문화의 생산이 어떻게 이루어져 왔는지를 고찰해 보고자 한다.

근대 이전 서구사회에서도 그렇고 일본에서도 그렇고, 예술 등의 문화활동은 민중 레벨에서 자주적으로 성립한 것도 있지만, 대부분은 왕후나 귀족 등 정치적, 경제적 권력자에 의해 자금이 제공됨으로써 성립되었다. 르네상스 시대 유럽에서는 예술문화, 과학이 발달했지만, 그것을 가능하게 한 것은 피렌체의 거상 메디치가와 같은 패트론들이었다. 일본에서도 무가가 화가나 노가쿠시(能楽師)[3] 등을 보호한 예는 적지 않다. 그 후 절대주의 시대의 유럽에서는 왕후귀족이 앞다투어 초상화를 그리게 하거나 극장을 만들기도 하고 음악회를 개최하기도 했다. 이러한 패트론의 역사야말로 문화정책의 전신이었다는 것이 일반적인 견해이다. 또 한 가지, 예술작품의 자금 담당자로서 중요한 역할을 한 것은 종교조직이다. 유럽에서 그리고 일본이나 중국에서도 오늘날 예술문화의 일부로서 귀중한 가치를 지닌 것들(건축, 음악, 공예, 회화 등)이 원래 종교에서 유래하는 것은 확실하다.

근대 이전 시대의 문화와 경제의 관계에서 가장 중요한 것은 문화의 제작자와 패트론이 직접 거래했다는, 즉 그 사이에 '시장'이라는 것이 존재하지 않았다는 점이다. 작품의 위탁과 납품이라는 일대일 거래관

---

3   [역주] 일본의 대표적인 가면 음악극인 노가쿠(能楽) 배우.

계가 문화를 창조하는 경제기반으로서 지배적이었기 때문에 어떤 의미에서는 아티스트에게 창조의 자율성은 제한되어 있었다고 할 수 있다.

이와 같은 패트론과 아티스트의 직접적인 관계를 바탕으로 하는 문화경제는, 유럽에서는 18세기 후반부터 산업혁명과 시민혁명을 거쳐 근대 시민사회가 성립함으로써 크게 변화한다. 그 시대에 산업혁명을 거치면서, 봉건적인 경제제도 속에서 부와 지역에 대한 지배력을 장악하고 있던 지주층이 사라졌고 시민혁명에 의해 구래의 신분제도도 크게 무너졌다. 그리고 그들 대신 부르주아지(산업자본가층)가 대두했다. 산업자본을 투자함으로써 부를 축적한 부르주아지는 문화적 소비의식이 강하고 문화적 재화의 생산이 '민주화'(일부 왕후귀족에게 독점적인 것은 아니다 라는 정도)되기를 바랐다. 그들은 반쯤 사교하는 기분이었고, 즐기는 음악회, 미술전시회, 혹은 최신 패션으로 몸을 감싸고 그것을 보여주기 위한 쇼의 장을 원했다.

이와 같은 수요의 고조에 대응하는 형태로 그때까지 귀족 등 작품 위탁자와 아티스트 사이에서 일대일로 거래되던 예술문화가, 현재는 불특정다수의 소비자와 아티스트들, 그리고 그 중개자로 구성되는 시장 시스템 안에 존재하게 되었다. 이전에는 음악은 궁정이나 교회 내부에서 '주변 사람들'만을 대상으로 연주되었지만, 부르주아지가 대두한 19세기 중반부터 일부 귀족물이 아니라 돈만 내면 기본적으로 누구나 들으러 올 수 있는 콘서트라는 형태의 음악발표가 시작되었다.(渡辺, 1996)

미술에서도 19세기까지는 원칙적으로 아티스트는 의뢰주를 염두에 두고 제작을 했다. 초상화가 그 좋은 예이다. 신흥 부르주아지는 스테이터스 심벌로서 혹은 저택의 인테리어를 위해서, 이전까지와는 다른 화풍을 추구하기 시작했다. 이에 19세기에는 비즈니스 찬스를 발견한 미술 딜러들이 출현하여 본격적인 회화시장이라는 것을 처음으로 확립시켰다. 국가적 전람회에서 원래 저평가밖에 받지 못했던 인상파 화가들이 마침내 시류에 편승하기 시작한 것은 이와 같은 시대 배경하에 시장 시스템이 정비되었기 때문이다.(White and White, 1993)

문화시장이 맹아를 보인 19세기 말에는 특히 대중적인 영리문화와 고급 비영리 문화의 분화를 보지는 못했지만, 전자가 크게 변화하게 된 것은 시각 이미지나 음의 재생, 복제 등의 기술이 급속하게 발전했기 때문이다.

제일 먼저 사진 기술, 그리고 영화의 기술이 발달하고, 축음기나 레코드, 라디오 방송 등이 20세기 전반에 걸쳐 속속 등장했다. 이렇게 해서 복제문화(하나의 콘텐츠에서 대량으로 같은 내용을 복제하여 판매하고 그 매출로 수익을 올릴 수 있는 타입의 문화)가 크게 발달하여 대중에게 보급됨에 따라 문화산업은 고도로 조직화되었다. 문화의 생산은 이제 패트론이나 의뢰주들의 변덕이나 횡포에서 해방되었다. 그러나 대신 이번에는 눈에 보이지 않는 불특정 소비자들을 상대로 장사를 해야 하게 되었다. 즉 일차적인 크리에이터(작곡가, 화가 등)에 더해 그들의 창작물을 상품으로 내세우는 매니저, 그것을 시장에 유통시키는 유통업자의 힘이 필요해진 것이다. 인쇄 기술의 발명에 의해 작가가 생산한 것을 상품화하고 배포하는 출판업자, 서점이 발달한 것은 이 현상의 선행 사례이다.

이러한 문화산업의 조직화, 대규모화, 상업화의 움직임이 더 가속화된 것은 20세기 후반에서 현재까지의 시기이다. 1950년대 이후의 특징은 콘텐츠의 생산과 유통과 관련된 시스템이 매우 복잡해졌다는 것이다. 작곡을 하거나 글을 쓰는 작업은 여전히 개인 레벨에서 이루어지고 있으며 창조활동의 본질에는 옛날과 비교하여 큰 변화가 없지만, 그것을 상품화하고 유통시켜가는 면에서는 복잡화, 전문화되었고 (Hesmondhalgh, 2019), 분야에 따라서는 분화가 진행되었다.

3. 콘텐츠산업의 발전 - 문화생산의 조직화와 고도화

위에서 언급했듯이, 일대일 거래에서 불특정 다수의 소비자 수요를 전제로 한 시장이 성립되었다는 것은 문화의 생산자 측에서도 나름 고도의 체제가 정비되고 콘텐츠 생산이 부가가치 창조의 연쇄라는 형식에 의해 성립되게 되었다는 것을 의미한다.

콘텐츠산업을 하나의 경제활동으로 보면, 예를 들어 제조업 등에 비해 큰 틀에서는 그렇게 다르지는 않다. 생산된 것이 유통의 시스템을 통해 소매 국면으로 도달하고, 그것을 구입한 사람이 소비를 한다는 루트를 거치는 것이 보통이다. 생산에 필요한 소재의 가격에 차례차례 마진이 붙어 최종 소매가격이 형성된다. 이러한 생산 → 유통 → 소비라는 과정을 일반적으로 부가가치·연쇄 시스템, '가격 연쇄'라고 한다. TV나 게임 등 산업에 따라서는 조금 더 복잡한 양상을 띠는 경우도 있으며 보다 세세한 연쇄를 상정할 수도 가능하지만, 우선 이러한 심플한 기본형을 이해하기 바란다.

이것을 산업에 특징적인 부분을 더해 조금 더 자세히 보면(【그림 1-1】), 우선 생산에 대해서는 제1차적인 창조활동(작사, 작곡, 글을 쓰고 영화의 줄거리를 정하는 등의 활동)이 있다. 이것으로 생산 자체가 완결되는 경우도 있지만(작사·작곡, 문예의 원고 완성 등), 영화의 경우처럼 사람과 자금을 모으는 프로젝트를 가동하여 촬영과 편집을 끝내고 작품을 완성시킨다고 하는, 대형 프로세스를 거치는 경우도 있다.

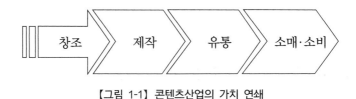

【그림 1-1】 콘텐츠산업의 가치 연쇄

다음으로 1차적 창작활동의 성과물을 상품화, 제품화하는 단계가 있다. 생각하기에 따라서는 생산의 일부에 더해지겠지만, 예를 들면 소설이라면 판을 짜고 장정을 해서 제품으로서 서적의 형태로 꾸미는 작업을 말한다. 혹은 음악이라면 그 곡을 연주하고 음원의 '원반' 즉 마스터 카피를 만드는 작업이다. 그리하여 출판사나 레코드 회사라는 조직이 생기게 된다. 인터넷 정보유통이 신속하고 대량으로 이루어지는 오늘날에는 이러한 조직의 존재의의가 이전보다 낮아진 것으로 보이지만, 어쨌든 전통적인 출판사·레코드회사의 원작품을 상품화하여 시장으로 보내는 매개자로서의 역할은 중요하다. 원래 창작 활동의 성과물 자체는 세상에 얼마든지 많고, 자신의 저작이나 연주가 팔릴 것이라 믿는 아티스트들에게도 그런 매개자는 필수불가결하다. 그중에서 시장에서 크게 히트할 것 같은 것(적어도 생산에 드는 비용에 어울릴 정도의 성공을 거둘 것 같은 것)을 선별하는 작업은 각 회사의 경영에서도 중요하고, 문화의 발전에도 큰 의미를 지닌다. 이러한 선별자의 역할에 대해서는 제4장에서 상술하기로 한다. 콘텐츠산업의 각 회사는 선별한 원작품을 상품화하고 복제물을 대량으로 생산하는 작업을 한다.

　다음으로 마케팅이라는 단계가 있다. 선전이나 홍보는 작품마다 해야 하기 때문에 큰일임은 제3장에서 자세히 언급할 것이다. 비영리 예술의 경우에는 지리적으로, 그리고 팬층의 면에서도 특정 사람들에 대해 정보를 발신하고 불러들이는 것으로, 기존 고객의 속성, 문화소비행동 등에 관한 정보수집·조사에 바탕을 둔 세심한 마케팅을 전개하는(행할 수 있는) 데 대해, 콘텐츠계열의 경우에는(적어도 수량적 의미에서) 대중을 상대로 하기 때문에 질보다 양에 승부를 거는 타입의 마케팅활동이 주류를 이룬다.

　마케팅에서는 광고라는 커뮤니케이션 활동만이 아니라 실제의 제품인 서적이나 음악CD를 소매점에 배치해야 한다. 최근에는 상품을 디지털 데이터 상태로 배포하는 수단이 보급되어 있기 때문에 거기에 대해서도 나중에 언급하겠지만, 우선은 아날로그한 물체로서 유통되는 콘텐츠에 대해 이해를 해 두자. 넓은 의미에서 마케팅 중에서도 특별히 이 부분은 물류라 부르기도 한다. 출판이나 음악CD는 일본 전국의 서점이나 CD숍에 적절하게 납품을 하고 재고 관리나 주문에 대응하여 상품을 수배하는 데에는 품이 들기 때문에, 각 사가 독자적인 유통망을 구축하는 것은 비효율적이다. 그래서 어느 업계에서나 콘텐츠 생산에 종사하는 각 사가 공동으로 설립한, 유통을 담당하는 전문업자가 있다. 영화를 예로 들자면, 미국에서는 메이저 각 사가 종래 각지에 지사를 두고 마스터 카피에서 영사용 프린트를 받아 지역의 영화관과 교섭하고 흥행일정에 맞추어 프린트를 빌려주는 작업을 담당하고 있었다. 옛날에는 영화관에 1번관, 2번관과 같은 구별이 있어서, 릴리즈에 시간차가 있는 만큼 2번관에서는 티켓을 싸게 파는 방식을 취했다.(가격차별 전략을 취한 것이다) 그러나 디지털화가 진행되면서 특히 대형 영화는 전미(더 나아가서는 전 세계) 영화관에서 동시에 공개를 하는 방식이 정착되었다. 해외 유통에 대해서는 메이저처럼 주요국에 지사를 두는 경우도 있으며, 그렇지 않은 경우에는 영화가 완성되기 전부터 필름 마켓의 장을 통해, 배급회사와 계약을 맺게 된다.

이러한 유통과정을 거친 콘텐츠 상품은 소매점에 진열되고 소비자에 의해 구매되고 소비되기를 기다리기만 하면 된다. 게임 소프트도 완전히 똑같은데, 그런 점에서 방송 산업은 약간 다른 양상을 띤다. 우선 콘텐츠의 일차생산은 프로그램 제작 혹은 스포츠 중계나 영화의 방영권 확보인데, 그것을 지상파 TV방송국이 취득하여 내보낼 때 생산, 유통, 소비가 동시에 일어나는 형태를 취하기 때문이다. 물론 미국이나 유럽의 일부 국가에서는 방송국은 어디까지나 매개자=유통업자이며 개별로 존재하는 프로그램 제작회사로부터 프로그램 방영권을 산다. 또한 제11장에서 언급하겠지만, CS 등을 사용한 다채널 배급회사(일본에서는 2019년 시점에서는 스카파!뿐)는 유통에 철저한데, 그 전 단계에는 프로그램 제작회사와(경우에 따라서는 콘텐츠를 하나의 채널로 편집하여 스카파!라는 플랫폼에 올린다는, 한없이 유통에 가까운 지점에 위치하는) 생산주체가 분리되어 존재하게 되었다.

이렇게 약간의 차이가 있기는 하지만, 20세기에 발달한 콘텐츠산업의 특징은 생산→유통→소매·소비의 프로세스 중에서 유통 부문이 큰 역할을 한다는 데 있다. 이 점은 종래형 예술문화산업과 크게 다른 점 중의 하나이다. 예를 들면 클래식음악의 콘서트라면 무대 위 연주 자체가 '생산'에 해당하며 그것은 특히 유통을 거치지 않고 그대로 청중에 의한 음악 감상 즉 '소비' 행위가 동시에 일어난다. 같은 전통

예술이라도 예외적으로 미술의 원작 매매는 화상(畫商)이나 미술품 옥션 등 시장의 유통 시스템이 있지만, 미술관을 생각하면 전시라는 하나의 문화적 재화는 방문객에 의해 소비되기 때문에 역시 콘서트의 경우와 마찬가지로 생산과 소비가 동시에 일어난다고 볼 수 있다.

콘텐츠산업 유통 부문에는 규모의 이익이 작용하는 경우가 많다. 서적 출판과 음악CD의 예에서 언급했듯이, 물류의 컨트롤과 적절한 관리 운영을 수많은 출판사나 레코드회사가 독자적으로 하는 것은 효율성이 낮기 때문에 얼마 안 되는 전문업자에게 집중시켜 규모의 이익을 실현시키고 있다. 영화 등 다른 분야에도 마찬가지라 할 수 있는데, 오늘날에는 물류만이 아니라 개개의 신작을 선전·홍보하는 비용도 막대하게 들지 않으면 작품이 팔리지 않는 시장 시스템이 되어 버렸기 때문에 유통과 관련되는 일은 메이저 기업에 한정되게 되었다. 역으로 선전 비용이 커짐으로써 이 일에 대한 신규진입이 어려워지는 결과가 발생했다고 할 수 있다.

따라서 오늘날 콘텐츠산업 구조의 특징은, 제1차 창조활동에 종사하는 개인·집단의 수는 막대하지만 이것을 상품화하여 시장에 내보내는 업자는 소수의 기업에 한정되어 있다는 데 있다. 그 다음에 소매를 하는 단계에는 일반 서점이든 영화관이든 수없이 많은 개별 업자가 있다.(물론 이러한 구조가 인터넷의 발달과 보급에 의해 무너지고 있다. 즉 생산자인 아티스트에게서 소비자에게 직접 전달되면서, 유통·소매업자의 존재의의는 감소하고 있다)

이러한 구조 속에서 제1차 창조활동에 종사하는 개인 아티스트, 크리에이터와 그 성과물의 상품화나 유통을 담당하는 업자 사이가 늘 양호한 것은 아니다. 대부분의 아티스트는 출판사나 레코드회사와 같은 유통업자 선정을 통해 상품화의 길을 걷고 싶어 하기 때문에, 웬만한 슈퍼스타가 아닌 이상 교섭상 약자의 입장에 있다. 또한 자신의 작품에 관해 업자가 충분히 선전해 주지 않는다거나 선전 방법이 나쁘다는 등 불만을 품는 아티스트도 적지 않아서 충돌이 끊이지 않는다. 실제로 이 양자의 관계에 대한 자세한 사항은 제4장에서 다루기로 한다.

4. 21세기의 창조적 파괴

지금까지 어디까지나 기본형을 이해함으로써 물건인 상품으로서의 콘텐츠 생산에서 유통, 소비에 이르기까지를 단계에 따라 설명해 왔다.

그러나 이상과 같은 형태를 '기본형'이라고 하기에는 어려운 상황이 되었다. 이러한 변화는 본서의 초판이 나온 2009년 당시부터 일어나기 시작했고, 그 후 10년 동안 급속하게 진행되었다.

변화의 배경에는 커뮤니케이션 기술의 디지털화, 고속화, 인터넷 공간의 진보, 관련 인프라, 하드 기기, 소프트웨어 등 모든 분야에 걸쳐 큰 발전이 있었다. 이러한 발전은 콘텐츠산업으로서는 '디스럽션 (disruption, 기존 비즈니스 모델에 파괴적 충격을 일으키는 것)'으로, 그 결과 전체적으로는 이노베이션이 일어나고 콘텐츠 소비의 편의도 다양성도(적어도 소비자의 눈에는) 늘어나는 것처럼 보인다. 이러한 현상을 일반적으로 '창조적 파괴(슘페터)'[4]라고 하는데, 콘텐츠산업의 소비자에

---

4 [역주] 요셉 알로이스 슘페터(Joseph Alois Schumpeter, 1883.2.8~1950.1.8)는 오스트리아 형가리 제국(후의 체코) 출신의 경제학자. 기업가가 행하는 부단한 이노베이션 (혁신)이 경제를 변동시킨다는 이론을 구축했다. 경제성장의 창안자이기도 하다.

게 적어도 두 개의 변화가 일어나서 가치 연쇄에 크게 영향을 미쳤다.

첫째 변화는, 소비자는 이미 콘텐츠산업을 소비하는 시간·장소에 묶이는 것을 싫어하며 자신에게 편한 시간과 장소, 디바이스로 콘텐츠를 즐김으로써 높은 가치를 이끌어내게 되었다는 점이다. 특히 2007년 처음으로 세계에 등장한 스마트폰(먼저 애플사의 iPhone, 그 다음에 안드로이드라는 서로 다른 OS를 탑재한 각 사의 단말), 그리고 iPad에서 시작된 태블릿 단말기가 전 세계에 보급되어 많은 사람들이 언제든 부담 없이 인터넷에 접속할 수 있게 된 것은 큰 의의를 지닌다. 이러한 현황을 '네트워크화, 퍼스널라이즈화된 모바일상의' 문화소비라 부른다.(Hesmondhagh, 2019). 이전 같으면 어느 정도 콘텐츠 소비는 장소에 구애를 받았고(예를 들면 영화관, 자택의 거실), 누구나 같은 콘텐츠를 동시에 수용하였으며(예를 들면 라디오 음악), 콘텐츠 소비를 하기 위해 인터넷에 접속하지는 않았다는 사실과 비교하면 큰 변화이다.

두 번째 변화는, 완성된 작품을 수용하는 스타일의 소비가 아니라, 콘텐츠의 가치 연쇄의 모든 국면에 직접 관여하며, 콘텐츠 소비의 즐거움 혹은 콘텐츠에 대한 의견, 비판, 평가 등을 친구, 면식이 없는 사람들도 다수 있는 팬 그룹 사이에서 공유하고 논의를 한다고 하는, 즉 콘텐츠와 관련된 체험을 중시하게 되었다는 점이다. 스마트폰의 등장과 같은 시기에 SNS라는 소셜 네트워크 서비스(Facebook, Twitter, Instargram이 일본에서는 인기가 있다. YouTube를 여기에 포함시킬 수도 있다)가 스마트폰상에서도 간단히 조작할 수 있는 앱으로 확산됨으로써 사람들의 정보 커뮤니케이션 생활에 큰 변화가 일었다. 즉 누군가와 연락을 하거나 조사를 하거나 정보를 공유하거나 하는 대부분의 일을 스마트폰으로 할 수 있고, 더 나아가 그 자리에서 그것을 세계를 향해 발신할 수도 있게 된 것이다. 그와 같은 현상은 YouTube에서 가장 전형적으로 볼 수 있는데, 사이트상에는 아마추어 일반 소비자가 창작한 동영상이 넘쳐나고 있다. 그 대부분은 대단한 상품적 가치가 있는 것은 아니며, 또한 그것으로 수익을 얻는 것을 목적으로 하는 것도 아니지만, 그중에는 질이 높은 크리에이티브한 작품도 있다. 사진 투고 사이트인 인스타그램의 경우를 보면 스마트폰으로 아마추어가 찍은 사진이라도 구도나 조명 등의 면에서 상당히 수준이 높은 것들도 많다. 그것들은 무료로 직접 액세스할 수 있기 때문에, 화제가 되면 순식간에 확산되어 많은 사람들에게 공유가 된다. 각종 창작 지원 툴을 사용하여 소비자가 프로가 만든 작품에(합법적인 경우와 불법적인 경우가 있지만) 수정을 가하는, '공동창작' 행위로 인해 흥미로운 작품이 나오는 경우도 있다. 아티스트 측에서도 단순히 완성된 작품을 발표하는 장으로만 인터넷을 활용하는 것이 아니라, 일반 소비자들이 완성 직전의 작품에 대해 보이는 다양한 반응을 반영하며 함께 새로운 것을 만들어가는 것이 더 재미있다는 사람들도 있다. 일반 소비자들도 소셜 커뮤니케이션을 통해 콘텐츠의 창작, 유통, 소비에 관여하는 것이 즐겁다고 느끼는 사람들이 압도적으로 많아졌다. 이러한 변화(및 디지털 기술의 발달에 의해 불법 복제가 대량으로 나돌게 된 것도 포함하여)에 의해, 종래의 콘텐츠산업이 지켜온 자원=지배력의 두 가지를 상실하고 있다는 지적도 있다. 이 두 가지 자원이란, ①아티스트에 대해 자신들을 통하지 않으면 '상품화'가 불가능하여 시장에서 팔리지도 않고 소비자에게 소구할 수 없다고 하는 교섭력과 ②콘텐츠를 자신들 편의대로 시장에 내놓는 힘으로, 메이저 기업은 규모의 경제로 이들을 컨트롤해 왔다. 그러나 그 힘이 약화된 현재, 메이저 기업에는 큰 변혁이 일어나고 있다.(Smith & Telang, 2019)

그런 의미에서 이 문제들을 천착하면, 콘텐츠 자체의 본질적인 가치(작품의 질이라고 할 수도 있다)는 상대적으로 중요성을 잃고 있는 셈이 된다. 그보다 콘텐츠의 내용과 제공 방법이 사람들의 체험적 가치, 커뮤니케이션 툴로서 얼마나 풍부한가 라는 점이 중요하다는 것이다.(Bilton, 2017; Jenkins, 2007) 즉 콘텐츠산업의 종래형 가치 연쇄가 '프로인 아티스트, 크리에이터에서 미디어, 메이저 기업이 장악하는 유통구조를 통해 일반 소비자를 향해 콘텐츠가 흘러가'는 일방향적, 선형적 흐름이 아니라, 이 모든 과정에 소비자가 관여하고 흐름도 좌에서 우로만이 아니라 어디가 스타트이고 어디가 종점이든 상관없이 순환하는 것으로 파악할 수 있다. 물론 프로 아티스트, 크리에이터, 메이저 레벨 등의 존재가치가 없어진 것도 아니고, 종래형 가치 연쇄도 존속하고 있다. 그러나 상대적으로 그 지위는 낮아졌으며, 유일무이한 모델이 아니라 순환형, 소비자관여형의 새로운 가치 연쇄가 병존한다고 할 수 있다.

이와 같이 '소비자의 경험을 풍요롭게 하는' 콘텐츠의 중요성이 증가한다는 것은 뒤집어서 말하면, 콘텐츠산업의 유통업자, 더 넓게는 소셜 미디어를 제공하고 있는 글로벌 IT기업, 플랫폼의 영향력이 확대되고 있다는 의미이다. 검색 엔진인 구글, 소셜 미디어인 페이스북, 온라인 통신판매의 아마존, 전자기기 메이커인 애플(4개 회사의 머리글자를 따서 GAFA, AGFA 혹은 구글의 주식회사 알파벳(Alphabet)을 구글 대신 넣어 AFAA라고 한다)은 각각 원래 제품·서비스를 넘어 거대한 IT, 데이터 구동형 서비스의 제공자로서 주식 시가 총액(기업가치)이 가장 큰 기업에 포함된다. 특히 아마존과 페이스북의 주가 총액은 100조 원을 넘을 정도이다. 그리고 모두 업종상 신분야를 개척하며 크로스오버하고 있기 때문에, IT기업 이상으로 구체적으로 무엇을 하고 있는 회사인지 파악하기 힘들어졌다. 예를 들어 구글은 전기자동차 개발에 힘을 쏟고 있고, 아마존, 애플처럼 원래 한 가지 제품의 유통이나 제조에 종사해 온 회사들도 형체가 없는 데이터인 음악이나 동영상의 정액 전송 서비스, 혹은 클라우드 서비스를 제공하게 되었다.

다음과 같은 현상을 보면, 이들 거대 IT기업이 콘텐츠산업을 압도하고 있다고 할 수도 있다. 예를 들면 구글은 YouTube를 서둘러 매수하고 있는데, 이 동영상투고 사이트에는 지금은 콘텐츠산업 본체의 채널이 존재할 정도이다. 이 사이트 개설 초기에는 불법으로 투고되는 음악 프로모션 비디오가 너무 많아 업계가 골치를 앓으며 그에 대한 대응책에 고심하였지만, 현재는 오히려 일부 아티스트의 프로모션 비디오 전문 채널을 운영하고 있다. 예를 들어 VEVO라는 음악 관계 채널이 눈에 띄는데, 이것은 몇 개의 메이저사가 공동으로 제공하는 것이다. 혹은 소셜 미디어인 페이스북에는 뉴스 기사가 친구들의 투고 사이에 섞여 들어가면서, 미국에서는 종이 신문이 팔리지 않게 되어 몇 개 신문사가 폐업하기에 이르렀다. 일본에서는 인기가 있는 소셜 미디어인 LINE에도 LINE 뉴스라는 서비스가 있는데, 이것을 신문, TV의 보도 대신 사용하는 사람들도 많다.

어느 IT기업의 서비스도 모두 전 세계에서 몇 억 명이나 되는 유저를 모으고 있고, 그들이 그 사이트와 다른 사이트도 포함하여 온라인으로 정보수집이나 구매를 하면 할수록, 일반 기업으로서는 매우 매력적인 소비자의 데이터를 모을 수 있다. 그 데이터와 각 사이트를 이용하면서 유저가 등록하는 개인의 속성(성별, 연령, 거주지, 직업 등)과 각 사가 가지고 있는 고객 데이터를 합치면, 상당히 정밀도가 높은 타기팅 광고를 할 수가 있다. 단순한 사이트상의 배너 광고가 아니라, 그 유저의 흥미나 관심에 부합하는 기업, 상품의 광고가 자연스럽게 흘러가면 소비자가 광고에 액세스할 확률은 매우 높다. 이와 같은 시스템에 대해서는 제11장에서 다시 언급하겠지만, 요는 유저 모집과 그들의 체류시간을 늘리는 것이 소셜 미디어 입장에서 가장 중요한 포인트이다. 그러기 위해서는 뉴스, 무료 게임, 기타 각종 콘텐츠가 도움이 된다. 페이스북도 동영상 스트리밍 서비스 'watch'에 힘을 기울이게 되었다.

정리하자면, 콘텐츠는 훌륭한 작품을 만들어서 소비자에게 그 가치를 묻는 형식으로 '상품을 판매'하는 것에서 소비자들의 관심을 끄는 '체험을 제공'하는 것으로 바뀌고 있으며, 또한 콘텐츠는 거대 IT기업, 플랫포머들에게 유저를 끌어모으는 도구가 되고 있다는 두 가지 큰 변화가 일어나고 있는 것이다. 이는 콘텐츠산업의 역사상 유례없는 현상으로 콘텐츠산업의 성립기반 자체를 뒤흔들고 있다. 이와 같은 산업상의 큰 도전과 과제에 대해서는 본서의 각 장에서 상세히 언급하며 논의를 심화하기로 한다.

5. 맺음말

본장에서는 문화경제라는 학술 영역을 소개하고, 그것이, 영화, 음악, 게임, 방송 등의 엔터테인먼트를 중심으로 복제화, 상품화하는 콘텐츠산업을 경제활동으로서 분석하는 학문임을 설명했다. 문화경제학은 원래 통상은 영리를 목적으로 하지 않고 복제 불가능한 미술, 무대예술, 문화유산 등의 생산과 소비에 관한 제 문제를 중심으로 발달해 왔다. 그러나 최근에는 영리 목적의 콘텐츠산업에 관한 연구도 증가하고 있다. 본서는 문화경제학 시점에서 법률문제나 콘텐츠산업의 경영전략에 대해서도 다루는 학제적 어프로치를 시도하고 있다.

문화라는 말은 다의적이며 특히 일본어에서는 문화인류학의 의미로 파악하는 경우가 많기 때문에 경제와 연결짓기 힘들다는 사람들도 많다. 그러나 본서에서는 문화란 구체적인 표현 형태를 갖는 지적, 예술적 성과물이라고 정의하고, 그 생산과 소비에 관련된 경제활동을 분석해 간다. 기본적인 틀로서는 생산→ 유통→ 소비라는 '가치 연쇄'를 중심으로 파악한다. 또한 본서에서는 통상의 경제학처럼 '시장'이라는 추상적 개념으로 파악하지 않고 구체적으로 유통과정에 초점을 맞춘다. 이는 콘텐츠산업의 중핵에 있는 레코드사 등이 실은 유통기구로서 기능하고 있다는 사실에 주목하기 때문이다. 이에 반해 소재의 개발, 제작 과정은 산업화, 조직화하고 있다고 할 수만은 없고, 개인 아티스트, 크리에이터의 활동에 의지하는 바가 크다. 유통기구에는 규모의 이익이 작동하기 때문에 어느 분야나 거대 기업의 과점 시스템이 나타나는 경향이 있다.

더욱이 콘텐츠산업에는 디지털 기술과 인터넷의 발전에 따라 창조적 파괴라고 할 수 있는 큰 변화가 일고 있다는 사실도 언급했다. 콘텐츠의 소비행동은 디바이스, 장소, 시간을 가리지 않고 이루어지게 되었고, 소비자는 창조, 유통 과정에도 관여하게 되었다. 콘텐츠 자체의 질적 가치도 중요하지만, 콘텐츠를 통해 친구나 취미 등의 커뮤니티 안에서 소셜 체험에 큰 가치를 찾는 소비자가 늘고 있는 것도 콘텐츠산업으로서는 큰 도전이다. GAFA라 불리는 글로벌 거대 플랫폼 기업의 존재는 세계의 여러 산업계에 큰 영향을 주게 되었고, 콘텐츠산업도 그 영향에서 자유롭지는 못하다.

인용문헌 ───

金武創·坂本崇(2006), 『文化経済論』, ミネルヴァ書房.

スミス, マイケルD. & テラング, ラフル(2019), 『激動の時代のコンテンツビジネス・サ
　　バイバルガイド』(小林啓倫訳), 白桃書房.

スロスビー, デービッド(2002), 『文化経済学入門』(中谷武雄·後藤和子監訳), 日本経済
　　新聞社.

デジタルコンテンツ協会(2018), 『デジタルコンテンツ白書2018』.

デジタルコンテンツ協会(2008), 『デジタルコンテンツ白書2008』.

渡辺祐(1996), 『聴衆の誕生 増補版』, 春秋社.

Bilton, C.(2017), *The Disappearing Product*, Edward Elgar.

Hesmondhalgh, D.(2019), *The Cultural Industries*, 4th Edition, Sage.

Jenkins, H.(2007), *Convergence Culture*, New York University Press.

Plattner, S.(2003), "Anthropology of Art", in Towse, R. (ed.), *A Handbook of Cultural
　　Economics*, Edward Elgar.

White, H. and White, C.(1993), *Canvases and Careers*, New Edition, The University
　　of Chicago Press.

참고문헌 ───

▪ 문화경제와 문화정책의 역사적 발전에 대해
　河島伸子(2001), 「文化政策の歩み」, 後藤和子編, 『文化政策学』, 有斐閣.

▪ 통계자료집 및 해설에 유익한 정보가 포함된 백서
　デジタルコンテンツ協会, 『デジタルコンテンツ白書』, デジタルコンテンツ協会(매년
　　여름 간행).
　電通総研編, 『情報メディア白書』, ダイヤモンド社(매년 발간).

▪ 기타 교과서
　長谷川文雄·福富忠和編(2007), 『コンテンツ学』, 世界思想社.
　湯浅政敏編(2006), 『メディア産業論』, 有斐閣.

- 본서 전반에 관계되는 중요한 참고문헌 중 다른 장에서 언급하지 않은 것

  内藤篤(2012),『エンタテインメント契約法(第三版)』, 商事法務(각 업계의 기본 시스템에 대한 해설이 있음).

  半澤誠司(2016),『コンテンツ産業とイノベーション ── テレビ·アニメ·ゲーム産業の集積』, 勁草書房.

- 기타 문화경제학의 전체상에 관련된 것

  文化経済学会〈日本〉編(2016),『文化経済学 ── 軌跡と展望』, ミネルヴァ書房.

  後藤和子·勝浦正樹編(2019),『文化経済学 ── 理論と実際を学ぶ』, 有斐閣.

제2장

콘텐츠산업 정책의 발흥과 발전

제1장에서 설명한 문화경제학은 주로 비영리 예술, 문화활동을 분석의 대상으로 했다는 특징을 갖는다. 문화경제학이라는 분야가 의식적으로 만들어지는 효시가 된 연구는 보몰과 보웬이라는 저명한 경제학자가 1970년대에 시도한 미국 무대예술의 경제분석이었다.(Baumol & Bowen, 1994) 그 이후 문화경제학에서는 문화 분야에 대한 공적 지원의 정당화라는 문제가 제기되면서, 문화적 재화, 문화적 가치 등의 이론적 과제나 소비자의 선호의 문제, 아티스트의 노동시장에 관한 실증분석 등 다양한 테마를 다루어 왔지만, 기본적으로는 비영리 베이스 예술 활동을 대상으로 한 것이 압도적으로 많았다. 이러한 가운데 최근에는 영리적, 상업적 문화, 엔터테인먼트, 미디어 등의 콘텐츠산업, 더 나아가 문화적, 창조적 재화나 서비스를 제공하는, 예를 들면 공예, 패션, 음식 등도 포함하여 '크리에이티브 산업', '창조산업'으로까지 연구 대상이 확대되고 있고, 이들 개념은 세계의 정부, 정책 문서에서 그리고 연구자들 사이에서 유행하게 되었다. 이에는 어떤 배경과 실태의 변화가 있는 것일까? 크리에이티브 산업에 대한 세계 각국의 정책은 어떤 발전 과정을 거치고 있을까?

본장에서는 보다 거시적으로 콘텐츠산업을 둘러싼 경제 변화의 맥락을 짚어 보고자 한다.

1. 콘텐츠산업 정책에 대한 관심의 고조

각국 정부에서 콘텐츠산업, 그리고 보다 넓게는 창조산업, 크리에이티브 산업, 문화산업에 대한 관심이 1990년대부터 급속도로 고조된 데는 다음과 같은 몇 가지 외재적 요인이 있다.

'창조산업'이라는 말은 이미 영국 및 많은 선진 제 국가에는 정착이 되어 있다. 특히 일찍부터 이 말을 사용한 영국에서는 1980년대 신보수주의가 추진한 민영화나 규제 완화 정책 가운데 문화에 대한 공적 지원 즉 문화정책의 기초에 대한 의문이 제기되었다. 그것은, 문화를 국민의 후생에 도움이 되는 복지 서비스로 파악하고 될 수 있는 한 많은 사람들에게 우수한 문화를 제공한다고 하는 문화정책의 전통적 사고가 재정적 사정으로 그리고 이데올로기적으로도 난관에 봉착했기 때문이다. 그런 상황에서, 문화를 공적 보조금의 대상이 아니라 오히려 무역 흑자나 영국 경제에 공헌하는 산업으로 바라보고자 하는 분위기가 고조되었다. 그리하여 창조산업이란, '개인의 창조성, 스킬, 재능을 원천으로 지식재산권의 활용을 통해 부와 고용을 창조할 가능성을 지닌 산업'이라고 정의하고, 구체적으로는 무대예술, 디자인, 영상, 영화, TV, 라디오, 미술품, 앤틱 시장, 광고, 건축, 공예, 디자이너, 패션, 인터랙티브한 여가 소프트웨어(즉 게임), 음악, 출판, 소프트웨어(컴퓨터 관계)의 13개 산업의 경제규모를 계측하는 프로젝트가 시작되었다.

그런데 막상 이들 산업의 규모를 측정해 보니, 다양한 통계자료는 그러한 목적에 맞춰 분류되는 것은 아니기 때문에 대략의 숫자밖에 파악할 수 없었다. 그러나 1998년에 발표된 조사 결과(Creative Industries Mapping Document라고 하여, 그 후 몇 번이나 신판이 나왔다)에 의하면, 창조산업 전체는 영국 경제 중에서 고용, 경제 가치 창조 면에서 나름의 지위를 점하고 있으며, 무엇보다 평균을 상회하는 높은 성장률을 자랑하는 것이 명백해져서 많은 사람들을 놀라게 했다.

그 조사 결과를 보면, 수출 면에서도 그 분야의 성장률은 다른 산업을 상회하며 금후 영국 경제에 크게 공헌할 것으로 보였다. 2018년 영국의 디지털·문화·미디어·스포츠부(Department for Digital, Culture, Media and Sport)의 발표 통계로는 창조산업은 총부가가치(Gross Value Added= GVA:GDP에 세금분을 더하고 보조금을 빼서 계산하는, 산업 단위 산출 통계) 920억 파운드의 실적을 올렸고(2017년 실적), 성장률은 영국 경제 전체의 2배를 자랑했다. 수출에 대한 공헌도 커서 관광이나 해외로부터의 투자유치에도 도움이 되었다고 한다.

때마침, 선진국 경제 정책 전반에서 서비스 경제, 특히 '지식 경제'에 대한 관심이 고조되고 있던 것은 창조산업으로서는 좋은 기회가 되었다. 또한 도시 단위로는 이미 문화를 이용한 활성화 계획, 경제발전 계획이 10년, 20년이나 계속되고 있었다. 박물관이나 아트센터 등과 같은 새로운 문화기관을 건설, 증개축하는 대형 프로젝트(【그림 2-1】 참조)는 미디어에서도 주목하고 있었고, 도시에 따라서는 크지는 않지만 창조활동의 기초가 되는 스튜디오나 워크숍을 정비하는 등 창조산업에 대한 정책에는 몇 가지 다른 방식이 나타났다.

이러한 기세에 힘을 얻어 당시의 수상 블레어가 '쿨 브리태니어'라는, 국가 브랜드를 구축하는 정책을 펴기 시작했다. 영국이라고 하면, 전통을 중시하는 보수적 나라라는 이미지가 강하지만, 지금은 그뿐만이 아니라 혁신과 미래에 대한 새로운 비전을 제시하고 현대문화를 발신하는 나라

【그림 2-1】 영국 북부의 도시 뉴캐슬 재생정책의 일환으로 만들어진 콘서트홀

라는 이미지를 강조하는 방향을 보여준 것이다. 그런 가운데 쿨 브리태니어 즉 '매력적인 영국'을 지탱하는 창조산업의 규모를 수치로 보여준 것은 그 이미지를 추진해 가는 데 중요한 초석이 되었다.

영국에서 취한 측정방법과 그에 기초한 사고는 순식간에 다른 유럽 제국, 오스트리아, 싱가포르, 중국, 한국 등 고부가가치형 서비스 경제를 지향하는 각국으로 확대되었고, 다양한 레벨에서 오늘날의 창조도시론, 창조산업론의 흐름을 만들어 왔다.

2. 도시 재생 정책과 창조산업

1980~90년대를 특징짓는 또 하나의 흐름으로, 특히 콘텐츠산업의 동향에 다대한 영향을 미친 것은 선진 제 국가의 도시 활성화 정책의 움직임과 창조산업에 대한 관심의 고조이다. 유럽 제 국가, 미국 그리고 일본에서도 19세기의 산업혁명 시 번영한 구 공업도시(예를 들면 영국의 버킹엄, 글래스고, 맨체스터 등, 혹은 미국의 피츠버그, 디트로이트

등, 일본의 수많은 지방 도시)가 쇠퇴한다고 하는 문제가 발생했다. 예를 들면 스코틀랜드의 글래스고는 조선업, 제철업을 비롯하여 각종 중공업으로 번영한 도시였다. 그러나 20세기 초 대공황을 계기로 몰락이 시작되어 제2차 세계대전 후에는 급속히 쇠퇴하였고, 1960~70년대를 통해 제조업 고용은 반으로 줄었다. 같은 현상은 맨체스터, 리버풀, 셰필드 등에서도 확인할 수 있다. 이러한 도시에서는 실업자가 넘치고 주택 사정이나 교육 환경도 악화되어 범죄율이 증가하게 되었다. 중류계급 이상은 일제히 교외주택지로 나가버렸기 때문에, 시내 중심부에는 빈곤층, 실업자만이 남아 생활 편의성이 떨어지는 도시가 된다는 악순환이 반복되고 있었다. 소득, 고용, 교육, 건강, 주택 등 모든 측면에서 이들 도시는 영국의 평균 수준을 훨씬 밑돌게 된 것이다.

이러한 상황에 대처하는 도시 정책이라 불리는 분야는, 전후에서 1960~70년대까지는 '복지정책' 성격을 강하게 띠었다. 즉 빈곤층, 실업자에 대한 급여 지급, 저소득자 대상의 공영주택이나 사회 서비스 공급 등이 그 중심을 이루었다. 여기에서는 공적 분야의 대처가 중심을 이루었고, 소득 재분배를 통해 최저생활수준 보장과 지역 격차 시정을 꾀하였다.

그러나 1980년대부터는 포스트 공업사회(포스트 포디즘), 경제의 서비스화, 글로벌화 등을 거쳐 경제사회가 크게 변화하였기 때문에, 그에 맞는 도시 정책이 필요하다는 사실을 새삼 인식하게 되었다. 그리고 이들 도시가 서비스 경제에 뿌리를 둔 도시로 재탄생하기 위해 문화시설, 문화사업이 갖는 크리에이티브한 힘이 주목받게 된 것이다. 그 영향으로 필요한 자금을 정부나 EU에서 넉넉히 확보할 수 있게 되어 문화를 살린 도시 재생은 큰 붐을 이루게 되었다.(트로스비, 2014, 제7

장) 경제와 도시 재생을 위한 새로운 시나리오에서는 연구개발에 힘을 쏟아 혁신 기술로 새로운 부를 창출하는 타입의 산업, 예를 들면 최첨단 기술, 바이오테크놀로지, IT·통신, 신소재산업 등을 아우르는 것이 중요하다고 인식되었다. 그리고 통상적으로, 이들 산업을 서포트하는 고도의 금융기술과 법률·회계 관계의 전문직이 성장할 것, 도시 경제의 기반이 다양할 것, 고도로 숙련된 기술자와 전문직이 밀집, 전략적 교통거점에 위치할 것이, 필수조건으로 지적되고 있다. 이러한 시나리오는 많은 선진제국의 정부 문서나 보고서에서 산업이나 경제 비전으로 제시되어 왔다.

이러한 상황에서 영국을 포함한 유럽(및 미국)에 공통된 수법이자 일본에서도 최근 도입이 이루어지고 있는 것은, 그러한 도시 재생에 문화의 요소를 추가하는 것이다. 1980~90년대 일본에서 수없이 탄생한 전국의 문화시설에도 어느 정도 지역 경제개발에 공헌할 것이라는 기대가 모아지고 있다. 그러나 이와 같은 목적은, 추상적인 레벨에서 언급되는 '소프트한' 어프로치이다. 원래 일본에서는 명확한 목적(그것이 문화적이든 아니든 상관없이)을 가지고 건설되는 문화시설은 많지 않으며, 그것들은 종래의 지방정치를 특징짓는 '공공공사 체질'의 발로로 볼 수밖에 없을지도 모른다. 이에 반해 거의 같은 시기에 유럽, 미국의 많은 도시에서는, 문화시설 정비가 이루어졌는데, 이는 명확하게 다음과 같은 경제적 효과를 노린 것이다.

첫째, 이들 문화시설은 그 자체가 새로운 고용을 창출하고, 또 방문객이 주변 지역에서 음식, 숙박 시설 등을 이용하기 때문에 경제적 파급 효과를 갖는다고 할 수 있다. 더 나아가 위에서 언급한 지역 경제 재생 전략 시나리오에서 문화적 풍요로움이 고도의 선진기술 산업이나 지적 서비스 산업을 유치하기 위한 중요한 요인으로 여겨진다. 이들 산업에 종사하는 사람들은 일반적으로 교육 정도가 높고 그 도시에 넓은 의미의 문화성을 기대하기 때문이다. 리처드 플로리다(Richard L. Florida, 2008)라는 미국 학자는 이 현상에 주목하여 '크리에이티브 클래스(창조적 계급)'라는, 금후 경제적 발전에 필수불가결한 인재의 유치를 추진하는 문화경제 전략을 선진 각국의 지방자치체 등에 역설하여 큰 영향을 주었다.

둘째로, 경제가 서비스화, 글로벌화함으로써 투자, (특히 EU 내) 인적 자본은 국경을 넘어 어디든 흘러가는 만큼, 어떤 형태로든 고유의 특징과 상대적 우위성을 지닌 지역 경제의 창출이 필요하다는 사실을 강하게 의식하게 되었다. 이에는 1990년에 출판된 마이켈 E 포터의 저작(『국가의 경쟁 우위』 일본어판 1992년, 원저는 1990년 발간)이 이론적 지도자 역할을 수행했다. 포터는 원래 미국의 주 레벨 혹은 일국을 염두에 두고 경쟁적 우위를 논했지만, 그보다 작은 규모인 도시에 대해서도 같은 이론을 적용할 수 있다고 발표했다.(Poter, 1995) 그는 도시의 재생수단은 복지차원에서 접근할 것이 아니라 부를 창출하는 시스템을 갖추고 그것을 육성해 가는 데 있다고 주장했다. 이러한 가운데 각 지방 도시는 각종 산업에 주목하게 되었는데, 그중 하나가 크리에이티브 산업이었던 것이다. 그것은, 종래의 경제정책에서는 작은 산업이라고 거들떠보지도 않았지만, 영국이 발견했듯이 바야흐로 큰 존재가 되었고 성장률도 높다고 인식되었다. 뿐만 아니라, 특히 문화 중에서도 디지털 콘텐츠계에서는 IT화, 고도정보화 사회라는 국가 전략과의 친화성도 강하기 때문에 더 주목받게 되었다.

이러한 움직임에 의해, 지방 레벨에서는 도시의 편의성을 높여 그곳에 외부로부터의 투자를 유도하고 고부가가치경제로의 전환을 꾀하는 전략, 혹은 산업관광의 목적지로서 힘을 키워가는 전략을 취하게 되면 서, 그것이 세계 각지로 확대되었다. 일본에서도 예를 들면, 요코하마 (横浜), 가나자와(金沢), 오사카(大阪), 후쿠오카(福岡) 등 지방의 중핵이 되는 도시에서는 비영리문화를 포함하여 문화산업의 힘을 육성하고자 하는 문화정책을 시행하고 있다. 이것이야말로 지방 도시 간 생존 경쟁 에서 중요한 전략이라는 인식이 확대된 것이다. 이러한 생각은 '창조도 시'라는 용어로 표현되며, 이미 일본에도 정착되어 있다.(佐々木, 2001) 2007년도부터 문화청에서는 장관표창으로 문화예술 도시 부문을 창 설하여, 문화예술을 살리는 도시 만들기 분야에서 특히 현저한 성과를 올린 시구정촌(市区町村)을 선정하고 있다. 이들 도시에는 창조도시 네트워크 일본이라는 조직을 통해 문제의식이나 과제를 공유하는 시 스템도 생겼다. 또한 작은 단위의 지역에서도 '창조농촌'이라고 해서, 도시와 마찬가지로 지역 고유의 자원(문화, 자연, 풍경, 농업 등의 지역 산업)을 활용하여 소셜 비즈니스를 전개하거나 새로운 고용을 창출하 여 지역을 활성화하고자 하는 움직임이 일고 있다. 작은 지역이니만큼 성과를 내는 지역에는 흥미로운 요소가 있다. 창조농촌이란, 창조도시 론으로 저명한 사사키(2014)에 의하면, '주민의 자치와 창의에 기반하 여 풍부한 자연생태계를 보전하는 가운데 고유의 문화를 육성하고 새 로운 예술, 과학, 기술을 도입하여 직인의 기술과 농림업의 결합에 의한 자율 순환적 지역 경제를 정비함으로써 글로벌한 환경문제나 로 컬한 지역사회의 과제에 대해 창조적 문제해결을 할 수 있는 "창조의 장"이 풍부한 농촌'(p.21)을 말한다. 창조농촌의 좋은 사례인 야마가타 현(山形県) 쓰루오카시(鶴岡市)는, 재래의 작물이 갖는 가치를 재평가하여 그것을 살린 요리에 의해 일약 유명해진 이탈리안 레스토랑 사업을 전개한 것을 비롯하여, 식문화의 새로운 매력을 발신하는 사업, 식문화 아카이브의 정비, 대학과 연계한 재래 작물의 연구 추진, 문화이벤트의 개최 등을 통해 농업에서 제3차산업까지 유기적 경제 순환을 만들어 왔다.(本田, 2014) 그 실적에 의해, 2014년 유네스코 창조도시 네트워크 '가스트로노미(gastronomie)' 부문의 가맹을 인정받기에 이르렀다. 본서에서 다루는 콘텐츠산업에는 포함되지 않지만, 넓은 의미에서 문화를 주축으로 하는 마을 만들기의 사례이다.[5]

미국과 유럽으로 이야기를 돌리자면, 이러한 문화전략을 축으로 하는 도시 간 경제 경쟁이 되풀이되게 되었고, 동시에 '도시 마케팅'이라는 기술도 발달하여 그 컨설팅은 하나의 큰 산업이 되었다. '도시 마케팅'이란 도시를 일종의 상품으로 여기고 그 매력을 다양한 기업, 단체, 개인에게 파는 것이다. 예를 들어 새로운 산업을 유치하여 살아남고자 한다면, 교통의 편의, 노동력의 질, 기업에 대한 특별우대 조치 등을 프레젠테이션하고 능숙한 언변과 팸플릿으로 정리하여 새로운 입지를 검토하는 기업을 향해 발신하는 것이다. 컨설턴트들이 이러한 활동에 종사함으로써, 아이러니하게도 어느 도시나 비슷한, 판에 박힌 듯한 문구를 늘어놓음으로써 비슷비슷해졌지만, 어느 도시나 상궤를 벗어나는 데 따른 실패를 두려워하는 나머지 안전한 길을 선택해 버린다. 한편 이러한 마케팅 가운데, 각 도시에 여전히 남아 있는 빈곤의 문제나 인종 간 대립은 은폐되어 버린다. 투자가나 중상류 지식 오피

---

[5] 문화예술진흥기본법을 개정하는 형태로 2017년에 성립한 문화예술기본법(문화예술진흥기본법의 일부를 개정한 법률)에서는 생활문화의 예시로 '식문화'가 새로 등장했다.(12조)

스 워커들을 대상으로 하여 인공적으로 만들어진 도시의 얼굴은, 도시 내부의 문제는 회피하고 있다는 비판(예를 들면 Griffiths, 1998)도 불러 일으켰다.

그러나 여러 가지 의미에서 문화적 자원이 풍부한 도시임을 어필하고 정부 내 경쟁적 자금을 확보하는 것, 그리고 기업 유치를 위해 도시 마케팅을 추진하는 것은 이미 도시 정책으로서는 필수이며 미국보다는 좀 늦었지만, 유럽 내에서도 혹은 아시아 대도시에서도(Kong et al., 2015), 그리고 일본에서도 큰 흐름이 되었다. 문화시설을 새로 만들거나 아니면 오래된 문화시설을 증개축, 개장하여 관광객을 불러들이고 비즈니스 유치에 도움이 되게 하며, 기타 디자인, 게임 개발, 영상산업 등을 지역 대학과 연계하여 육성하는 것 등도 도시 경제 정책상 하나의 유효한 수단으로 인식되게 되었다.

실제로 2018년 무렵부터 IT기업인 LINE, 가전 메이커인 파나소닉이 교토(京都) 시내에 디자인을 위한 거점을 창설하였다. 교토가 가지고 있는 풍부한 문화자본으로부터 디자이너들은 일상적으로 자극을 받을 수 있고, 동시에 문화의 국제 발신력, 문화적 글로벌 경쟁력을 지닌 교토시에 입지하는 메리트는 크다는 것이 그 배경에 있다. 디자이너 등 비즈니스 워커, 커뮤니케이션과 관련 있는 엔지니어들도 교토에서라면 일을 해 보고 싶어 하여, 도쿄와 후쿠오카에 있던 LINE의 직원들 중 이주하는 사람들이 많았다고 한다. 그 절반은 외국 국적이라는 것도 특징적이다. 교토시가 문화행정, 정책상 그와 같은 결과를 명확히 인식하고 창조도시 만들기에 나섰는지는 확실하지 않지만, 풍부한 문화가 신산업 창출에 도움이 된다는 하나의 사례라 할 수 있다.

지금까지 기술해 온 문화산업, 문화경제 전략에는 창조도시론, 창조 계급론, 지식 경제, 경제의 글로벌화와 같은 다양한 요소가 복잡하게 얽혀 있다. 이를 풀어서 말하자면 다음과 같은 몇 가지 명제가 부상한다. 문화가 풍부한 도시에는 고도의 부가가치를 지닌 경제활동에 종사하는 사람들이 모인다. 또한 문화가 풍부한 도시는 사람들이 자발적, 창조적으로 여러 가지 문제 해결에 대응하여 지속적 도시 만들기가 가능해진다. 창조적인 인재는 어느 산업에서나 중요하기 때문에 그것을 키우는 문화경제 정책은 의의가 크다. 문화적인 산업활동은 생산성, 국제경쟁력, 성장률이 높은, 고도로 지적인 활동이기 때문에, 글로벌화된 오늘날의 경제 환경에서 우위성을 확보할 수 있다.

이러한 주장들이 과연 실증적 근거를 바탕으로 하고 있는가 라고 하는 점에 대해서는, 연구자들 간에 이견이 있다.(예를 들면 Healy, 2002; Tepper, 2002) 특히 위에서 언급한 플로리다에 대해서는 크리에이티브 클래스로 분류되는 사람들의 범위가 너무 넓어, 그들의 기호나 행동에 관한 에피소드를 늘어놓을 뿐 근거는 박약하다는 비판이 있다. 또한 가장 근본적인 문제로서, 그러한 정책은 경제에만 공헌할 뿐 '문화를 위한' 것이 아니라고 함으로써 그 이유에 설득력이 없어지는 순간, 문화정책은 그 존립 기반을 잃게 된다는, 즉 문화정책은 자승자박을 하는 셈이 되는 것이 아닌가 하는 우려도 있다.

실제 정책으로서는, ① 콘텐츠산업을 진흥시켜 그 아웃풋을 전국 혹은 해외로 파는 것(예를 들면 영상산업의 유치와 주변 비즈니스의 육성), ② 문화적 자원을 이용한 문화관광의 목적지가 되게 하고자 하는 것(예를 들면 현대 아트센터나 음악 홀을 만들어 그 도시에 관광이나 컨벤션 비즈니스를 유치하는 것), 그리고 ③ 문화시설의 건설이나 문화이벤트의 진흥을 핵심으로 하는 도시재개발계획, 이렇게 세 가지를 들 수 있다. ①의 콘텐츠산업진흥책은, 구체적으로는 그 지역 내 크리에이터와 정책 담당자가 정보교환을 할 수 있는 장의 마련, 크리에이터나 아티스트가 염가로 사용할 수 있는 스튜디오 등의 시설 건설, 비즈니스화나 상품화에 필요한 전문적 조언의 제공, 인재 육성 프로그램의 개발 등을 들 수 있다. 이것들은 말하자면 산업발전을 위한 기반을 만들어서 지원하는 것으로 그렇게 큰 자금을 필요로 하는 것은 아니다. 이에 반해, ②와 ③은 대규모 문화시설의 건설 등을 동반하기 때문에 막대한 비용이 들고 또한 눈에 띄기도 쉬워 비판을 불러오는 경우도 많다. 예를 들면 문화관광 정책이 지나치면 외부로부터의 시선을 의식하여, 본래 지역의 아이덴티티와 꼭 일치하지 않아도 상업적으로 받아들여지기 쉬운 '지역 문화 이미지'의 연출로 치달을 위험이 있다고 한다.(Kearns and Philo eds., 1993) 또한 ③의 도시 개발 계획에 대해서는, 영국의 비앙키니(Gina Bianchini)를 비롯하여 많은 연구자들은 오랜 세월에 걸쳐, 하드 선행 정책이 지역주민 간 격차를 낳고, 문화 소비에 힘을 주는 한편 생산 과정에 대한 투자가 적다는 등의 문제점을 지적해 왔다. 일본에서도 다른 맥락이기는 하지만, 문화시설 건설 선행형 문화행정, 소프트 부재의 문화진흥책의 문제점은 널리 알려진 바이므로, 비앙키니들의 비판은 쉽게 납득이 된다.

일본에서는 현재 콘텐츠산업정책도 창조도시전략도, 개별적으로는 실패 사례도 있겠지만, 아직 큰 문제점이나 모순을 일반사회에 대해 노정시키지는 않은 것 같다. 그러나 문화적 가치에 뿌리를 둔 문화정책이 확고한 기반을 구축했다고 할 수는 없는 상황이니만큼, 정부나 지자체의 재정상황 악화, 콘텐츠산업 기세 확산과 같은 현상이 보이기 시작하면, 이 분야에 대한 정책적 관심이 일시에 위축될 염려가 있다.

3. 콘텐츠산업과 국제 경제

제2절에서는 콘텐츠산업을 둘러싼 도시 정책의 흐름에 대해서 언급했다. 콘텐츠산업은 현재 국제적인 정치, 교섭에 있어 큰 쟁점이 되고 있다. 【표 2-1】에서 알 수 있듯이, 세계 경제 전체에서 창조산업의 대 GDP비율, 고용, 수출에 대한 공헌도가 크게 확대되고 있는 것이 그 배경의 하나이다.

【표 2-1】 창조산업의 경제적 의의

국가명	측정 연도	부가가치 대 GDP비율(%)	고용자총수비율(%)
미국	2013	11.44	4.03
싱가포르	2004	5.70	5.80
필리핀	2008	4.82	11.10
멕시코	2003	4.77	11.01
러시아	2004	6.00	7.30
중국	2006	6.40	6.50
한국	2011	9.89	6.23

* 주: WIPO가 정하는 측정방법에 따라 각국에서 측정을 했지만 실시 연도는 제각각 다르다.
　　일본은 WIPO 측정 프로젝트에 참가하지 않기 때문에 수치를 얻을 수 없다.
출전: WIPO 웹사이트 게재 자료에서 필자가 작성.

첫째로, 산업 콘텐츠의 수출, 육성만이 아니라 보다 넓은 맥락의 '지식재산'이라는 말이 자주 눈에 띄게 되었고, 이는 국가전략의 중점 영역으로서 큰 주목을 받게 되었다. 각 기업에서도 지식재산의 창조, 보호, 활용은 중요한 전략적 목표로 삼게 되었으며, 침해 유무를 둘러싼 분쟁도 증가하였다. 종래형 제조업 생산 기지가 신흥국으로 대체되어 가는 가운데, 선진 제 국가에서는 산업적 응용범위가 넓은 지식재산권을 개발, 활용하는 데에서 금후 경제 성장의 가능성을 탐색하게 되었기 때문이다. 콘텐츠산업을 포함하는 지식재산은 그 이용 배타성을 강화함으로써 재산적 가치를 늘린다고 생각하여, 선진국은 일제히 그것을 강화하는 방향으로 나아가고 있으며, 국제무대에서 일본은 미국, EU와 보조를 맞추어 왔다. 여기에서 말하는 지식재산이란 저작권만이 아니라 특허나 상표권 등도 포함하여 지적, 창조적 소산인 발명, 디자인, 상표, 저작물 등 무형물을 가리킨다. 이것들을 법적으로 일종의 재산으로 취급하고 창작자에게 일정 기간에 걸쳐 성과물의 배타적 이용권을 주는 제도가 세계적으로 발달하고 있다. 문화적 재화가 여기에 포함되는 것은 분명하지만, 경제 규모로서 일반적으로 보다 큰 것은 특허이며 제약, 전자기기 등 제조업을 비롯하여 유전 공학이나 나노테크놀로지의 성과를 이용하는 등 다기에 걸친 산업으로 이해 관계자가 확대되고 있다. 지식재산권 강화에 대해서는, 일반적으로 개발도상국가나 신흥국가는 각종 기술, 소프트웨어, 의약품을 싸게 입수하기 어려워지기 때문에 반대 입장을 취하며, 강화를 꾀하는 선진국(특히 미국)과 심한 공방을 펼치고 있다. 저작권 강화에 대해서도 마찬가지여서 특히 소프트웨어를 둘러싸고 남북 대립 양상을 보이는데, 너무 강한 보호는 남북을 불문하고 애초에 일반 소비자, 이용자에게 마이너스가 되고 나아가서는 크리에이터의 자유도 빼앗는 결과를 낳는 것이 아닌가 하는 우려의 목소리도 있다. 이 점에 대해서는 제5장에서 다시 거론하겠다.

둘째로, 문화적 재화를 무역자유화의 대상으로 할 것인가의 여부에 대해서도, 오래전부터 국제 정치 무대에서 격심한 논쟁이 펼쳐지고 있다. 이러한 정치적 거래의 주요 당사자는 미국 대 프랑스, 캐나다이다.

콘텐츠 중에서도 영화가 미국의 수출산업으로서 중요한 지위를 차지했다는 사실은 20세기 초부터 널리 알려져 있다. 당시 할리우드 영화는 이미 세계 규모의 시장을 형성하고 있었으며, 유럽 제국이나 일본 등에서는 자국 제작 영화가 존재하고 있기는 했지만, 할리우드 영화가 많이 수입되어 큰 인기를 얻고 있었다.

물론 최근에도 이런 경향은 강하게 남아 있지만, 그에 대해 특히 유럽에서는 프랑스가 문화보호주의를 내세우며 미국 영화 수입에 제한을 가하려 하고 있다. 미국은 문화정책에 대해서는 소극적인 나라이지만, 영화 수출의 중요성은 이전부터 강하게 의식하고 있었기 때문에, 그와 같은 프랑스의 자세를 비난하며 세계 무역의 자유화를 촉진하기 위한 교섭의 장에서 그러한 관세 장벽은 철폐되어야 한다고 어필해 왔다. 그러나 이는 아직 효과를 내지 못하여 현재도 '문화적 예외'는 존속하고 있다. 이런 문제에 대해서도 제5장에서 설명하겠다.

더 나아가 콘텐츠산업정책은 지금은 선진국만의 일이 아니라 개발도상국의 경제 개발, 경제 발전의 열쇠를 쥐고 있는 중요영역의 하나라고 생각되고 있다. 국제연합은 그 하부 기구인 5개 기관(국제연합무역개발회의, 국제연합개발계획, 유네스코, 세계지적소유권기관, 국제무역센터. 각각 영문 약칭은 UNCTAD, UNDP, UNESCO, WIPO, ITC)의 협력에 의해 300페이지 이상에 달하는 대규모 리포트『창조경제보고서 2008』(United Nations, 2008, 2010)을 간행해 왔다. 이들 기관은 각각 도상국의 경제발전, 문화보존, 지식재산권 보호 등 서로 다른 정책영역을 전문으로 하고 있으며, 창조산업, 콘텐츠산업에 관한 목표도 다르다. 그것을 반영하여 리포트에서는 상당히 많은 정책 목표를 내걸고 있다.

즉 종래처럼 제2차산업의 발전에 힘을 쏟는 개발 모델이 아니라, 지식이나 창조성에서 생겨나는 경제 가치를 베이스로 한 개발 모델을 제창하고, '창조경제(creative economy)'에서는 창조산업(여기에서는 문화유산, 전통문화, 무대예술이나 시각 예술, 시청각산업, 출판, 디자인, 건축, 광고, 뉴미디어, 게임 등)의 발전을 핵으로 사회적 포섭(social inclusion, 사회적 불평등 해소를 향한 종합 정책을 말함)이나 문화적 다양성, 인간성의 발전 등도 배려하여 균형 잡힌 경제발전으로 연결하려는 노력이 필요하다고 역설한다. 그리고 선진국에서 발생하는 논의처럼, 개발도상국에서도 앞으로는 콘텐츠산업 및 예술문화활동 일반, 문화유산 등 폭넓은 의미의 창조산업을 발전시킴으로써 부의 생산, 무역의 촉진뿐만 아니라, 문화적 의미에서도 풍요로운 사회를 만들 수 있다고 주장하고 있다. 이에 대한 장해로서는 국내의 정책 미흡, 비즈니스 환경의 미정비, 국제 정치 국면의 불리한 조건 등을 들 수 있다.

이 보고서에 제시된 발전 시나리오를 비현실적이라고 할 수는 없다. 실제로 UNCTAD가 2015년에 내놓은 리포트 「창조경제의 현황과 각국의 양상: 크리에이티브산업의 국제 무역 경향(Creative Economy Outlook and Country Profiles in International Trade in Creative Indestries United Nations, 2015)」에 의하면 이 산업의 재화와 서비스의 무역 총량은 2003년 당시 3,020억 달러를 기준으로 연평균 8.6%의 성장률을 보이고 있으며, 2012년 시점에서는 5,470억 달러나 되었다고 한다. 특히 중국, 홍콩, 인도, 튀르키예, 한국 등 신흥국가의 수출 신장은 눈부신 성과를 보이고 있는데, 그러한 성과에 공헌했다는 사실도 명확해졌다. 또한 이 리포트에서는 크리에이티브 재화로서 가구나 디자인, 주얼리, 공예품, 무대예술 기타 문화적 재화가 폭넓게 포함되며, 크리에이티브 서비스에는 무형물인 영화나 음악의 저작권료 등의 지불 기타가 포함되어 있다. 또한 신흥국가도 포함한 무역 통계의 신뢰성, 통일성은 확실하지 않으며, 신흥국의 정의도 명확하지 않다. 크리에이티브 재화, 서비스의 수출 상위국에 대해서도 주의할 필요가 있다. 예를 들면 중국이 크리에이티브 재화의 수출국으로서 두각을 드러내는 것은 의류 기타 크리에이티브 재화의 하청 생산 공장으로서 중요한 위치를 차지하고 있기 때문인지도 모른다. 한편 독일, 프랑스처럼 글로벌한 미디어 기업이 본사를 두는 나라도 크리에이티브 수출이 많다고 여겨지는데, 그 내용은 독일이나 프랑스 고유의 문화가 아니라 글로벌화된 콘텐츠로, 세계 각국에서 다양한 문화가 거래되고 있다고 이해할 수 있는지는 확실하지 않다.

본 리포트의 내용에 대해, 본서에서는 더 이상 깊은 논의는 하지 않겠지만, 크리에이티브산업의 중요성이 세계 경제 속에서 선진국에 한하지 않고 신흥국가들도 포함하여 전체적으로 증가하고 있는 것은 확실하다. 아프리카에서도 예를 들면, 나이지리아는 나라 이름의 첫 글자 N을 따서 할리우드를 비유하여 '날리우드'라고 부를 만큼, 영화 제작 대국이 되었다. 나이지리아의 영화산업은 유통수단으로서는 영화관에서의 상영이 아니라 VHS가 주류인데, 2013년에는 1,844편이나 되는 작품이 만들어져서 연간 33억 달러 규모의 산업으로 성장했다고 한다.(UNCTAD, 2015, p.118) 이는 2013년 세계 86개국 합계 7,610편의 극장용 영화가 제작되는 가운데, 탑인 인도(1,724편)를 웃도는 숫자이다.(아울러 2위는 미국[738편], 3위는 중국[638편], 4위는 일본[591편], 5위는 프랑스(270편)였다.[UNESCO, 2016])

이렇게 보면 앞으로 지적재산 전략, 문화적 재화와 서비스의 무역

을 둘러싸고, 권리강화를 주장하는 북, 그에 반대하는 남이라는 종래
의 구도로는 파악할 수 없는 움직임이 나타날지도 모른다.

4. 일본의 경제정책과 콘텐츠산업

이상 언급해 온 세계의 사정과 비교하여, 일본의 콘텐츠산업정책은
어떤 상황일까?

국가레벨에서는 콘텐츠를 포함하는 지적재산 보호와 활용에 대한
정책이 2000년대부터 강화되어 왔다. 2002년에는 지식재산 기본법이
시행되었고, 2003년에는 지식재산 전략 본부가 내각부(內閣府)에 설치
되는 등, 지식재산으로 일본의 국제 경쟁력을 강화하고자 하는 움직임
이 가속화되었다. 그중에서도 콘텐츠산업을 다루는 경제산업성은 특
히 중핵적 역할을 담당하고 있으며, 2001년 정부의 성(省)과 청(庁)을
재편성할 때에는 미디어콘텐츠산업과를 설치하였다. 그리고 그것들
을 포괄하는 큰 개념으로 정부 전체가 추진해 온 '쿨재팬 전략'이 있다.
이는 일본의 만화, 애니메이션, 게임 등이 해외에서 인기를 모으고
있는데 주목하여, 일본의 국가 브랜드 강화를 꾀하고자 하는 정책이
다. 이에는 미국의 저명한 국제정치학자 조셉 나이가 제창한 '소프트
파워론'(쉽게 이야기하자면 국가의 경제력, 군사력과 같은 하드 파워에 대해
문화적 매력[소프트 파워]을 갖는 나라가 국제사회에서 존경을 받고 국가 간
교섭에서 유리한 입장에 설 수 있다는 것), 그리고 일본에 체재한 미국인
저널리스트 맥글레이가 일본의 팝 컬처에 감명을 받아 그것을 칭찬하
며 일본은 그것들을 더 이용해야 한다고 주장한 기사가 이론적 지주가

되어 관(官)과 산(産) 각 분야에 영향을 주었다.

이렇게 하여 2010년 무렵부터 쿨재팬 관민 유식자회의, 쿨재팬 운동추진회의, 쿨재팬 전략 추진위원회의 등 몇 개나 되는 회의체가 조직되었고, 각자 많은 보고서와 제언을 내놓았다. 2009년에 나온「일본 브랜드 전략-소프트파워산업을 성장의 원동력으로」, 2011년「새로운 창조-『문화와 산업』, 『일본과 해외』를 잇기 위하여」(쿨재팬 관심 유식자회의 제언서) 등이 대표적인데, 정부의 '일본재생 기본 전략', 「신산업전략」 등에도 쿨재팬은 영향을 끼쳐왔다.

이러한 국가(혹은 지역) 브랜딩은 실은 세계적 흐름으로, 어느 나라나 어느 지역도 '쿨 ○○' '쿨 크리에이티브'와 같은 캐치 프레이즈를 내걸고 있어, 국가 브랜딩은 바야흐로 하나의 산업이라고 할 수 있다. 세계적으로 관광업과 컨벤션 비즈니스(Meeting, Incentive, Conference, Event=MICE라 한다)가 성장하고 있고, 이 파이를 차지하기 위해 각 국가와 지역이 필사적인 것도 그 배경에 있다. 일본은 이런 움직임에 뒤쳐졌지만, 2000년대부터 본격적으로 대응하게 되었다. 비자 발급 조건의 완화, 일본에 대한 싼 항공 취항 등의 조건도 정비되어, 2005년 무렵부터 방일 외국인 수는 급속도로 증가하였으며(2010년 처음으로 연간 1,000만 명을 돌파했고, 2018년에는 3,000만 명을 넘었다), 외국인 관광객에 의한 일본 국내 소비에 대한 일본 경제 의존도도 높아졌다. 2007년에는 관광입국추진기본법이 시행되고 관광입국추진기본계획이 각의에서 결정되는 등, 관광 입국 만들기는 현재 일본 경제정책에서 중요한 위치를 차지하고 있다. 그러한 가운데 해외 사람들에게 어필하는데 있어서도 또 방일객들이 일본에서 즐길 수 있도록 하는데 있어서도 일본의 문화자원은 중요하다고 인식하게 되었다.

한편 콘텐츠산업 자체는 제1장에서 언급했듯이, 큰 기대를 모은데 비해서는 총액이 증가하지 않고 제자리걸음 상태가 이어지고 있음도 밝혀졌다. 또한 일본의 애니메이션, 만화는 해외에서 인기가 있다고 해도, 그것을 적극적으로 수출하는 것은 그렇게 간단하지만은 않다. 위에서 언급했듯이, 관광정책이 활기를 띠는 가운데 문화산업 자체의 수출력보다 오히려 해외에서 일본 팬들을 늘려 일본의 다른 제품을 사게 하는 계기를 만들거나 일본으로 관광객을 유치하는 열쇠가 되게 하는 식으로, 그 위상이 후퇴한 것은 자연스런 흐름이었다. 쿨재팬이 중앙의 성과 청 전체(경제산업성에 더해 외무성, 국토교통성, 농림수산성 등)를 아우르며 그 영역이 확대되는 가운데(경제산업성의 크리에이티브 산업과도 2017년에는 쿨재팬 정책과로 개조), 콘텐츠산업보다 관광업이나 음식과 관련된 산업이 해마다 증가한 방일객 수에 비추어 봐도 성장을 기대할 수 있다고 시각이 변화했다.

2013년 관민에 의한 자금 갹출로 만들어진 해외수요개척지원기구(통칭 '쿨재팬기구')는 일본의 문화, 라이프스타일을 해외에서 판매하기 위한 자금을 투자라는 형태로 제공하는 기관이다. 동남아시아에서의 백화점 사업, TV프로그램 수출 등에 대해 투자를 해 왔지만, 손실도 크고 기타 이유에서 매스컴에서 평판은 좋지 않은 것으로 알려졌다. 원래 쿨재팬의 어느 제품, 서비스의 어느 과정에 투자할 것인가 하는 기준이 정해져 있지 않은 점에 대해서도 비판의 목소리가 있다.

쿨재팬 그 자체도, 해외에서의 인기는 원래 불법으로 유통된 콘텐츠에 기인하고 있으며, 공식 루트를 통한 해외수출로 성공한 것은 극히 일부에 지나지 않는다. 2016년 시점에서 일본 생산 콘텐츠가 세계시장에서 차지하는 매출 점유율은 겨우 4.4%에 지나지 않았다. 분야별로 보면 글로벌 시장에서 일본의 점유율이 가장 큰 것은 게임(특히 콘솔게임)으로 20%가 되지만, 애니메이션에서도 10% 정도이고 음악, 영화, 방송 콘텐츠는 1% 미만에 불과하다. 또한 만화는 40% 가까이나 되어 눈에 띄게 높지만, 원래 만화를 읽는 문화는 세계적으로 보급되어 있지 않아서 시장 자체가 작다.(경제산업성, 「2017년도 지식재산권 워킹 그룹 등 침해 대책 강화사업에 따른 콘텐츠 분야 해외시장 규모 조사」, 조사는 Roland Berger에 의함) 확실히 쿨재팬의 인기는 있을지 모르지만, 일부 열광적 팬, 오타쿠가 있다는 정도에 지나지 않으며(미하라[三原], 2015), 세계 각국의 대중에게 친근한 콘텐츠가 일본에서 발신된다고 하기에는 거리가 있는 상황이다.

경제산업성의 정책도 콘텐츠과가 생긴 당초에는 각 산업의 구조적 문제, 비즈니스 과제에 대해 궁리를 거듭하여 적절한 대응을 하고자 했지만, 오늘날에는 그 단계는 지났고 딱히 새로운 중심축이 나올 기미는 보이지 않는다. 이와 같이 쿨재팬 정책도 다소 정체된 상황이다. 그러나 2020년 도쿄올림픽, 패럴림픽 경기대회 개최 및 그 후를 바라보며, 문화이벤트에 의지하여 일본이라는 나라, 각 지역의 존재감을 강화해 가고자 하는 기운이 정부 내에서 고조되었다. '일본박람회'도 기획되어 2019년에서 2020년에 걸쳐 일본의 문화를 전국 각지에서 소개하는 공연, 전시, 기타를 총괄하게 되었으며, 문화의 영역이 정부 중추부에서 어느 정도 존재감을 가지게 되었음을 알 수 있다.

보다 넓게는 문화정책의 방향이 변화하고 있다는 사실도 언급해야 할 것이다. 종래의 문화정책이 문화재의 보존 및 문화, 예술의 창조와 보급이라는 문화 고유의 영역에 머물러 있었다고 한다면, 현재 국내외 문화정책은 문화, 예술과 산업사회, 지역 경제, 마을 만들기, 사회 포섭, 국가와 지역 브랜딩 등 다종다양한 정책 영역과 연계를 꾀하고자 하는 방향으로 가고 있다. 일본의 문화정책을 담당하는 문화청의 행정 대상은 원래 문화재의 보존, 보수가 출발점이며, 그 다음으로 현대 예술문화활동의 지원으로 범위를 넓혔다. 그러나 최근에는 그러한 문화자원을 다른 정책영역에 도움이 되게 하고자 하는 경향이 강해지고 있어서, 정책문서에도 경제, 관광, 사회포섭과 같은 키워드가 자주 등장한다.

그와 보조를 맞추듯이, 지방자치체에서는 본장 제1절에서 언급한 '창조도시론'에 대한 관심이 높아졌다. 창조도시정책이란 널리 음식, 공예, 패션까지 포함한 문화적 자원이 지닌 창조성이 관광이나 산업진흥, 지역활성화에 도움이 되게 한다는 것이다. 특히 지방에서는 소자화(小子化)와 고령화의 흐름 속에서 경제의 침체와 쇠퇴가 심각해지면서, 새로운 산업을 일으키거나 도시를 활성화하거나 아니면 정주인구를 늘리는 계기의 하나로 문화에 대한 기대가 높아지고 있다. 콘텐츠산업과의 관계에서 말하자면 그 지역과 관련이 있는 만화가의 이름을 딴 뮤지엄을 만들거나 관련 이벤트를 개최하는 것 같은 문화사업을 펼치는 지자체의 예도 있는데, 전체적으로는 보다 넓게 문화, 예술에 대한 관련성을 높이는 경우가 많다.

이와 같은 지방의 움직임을 문화청도 촉진하고 있으며, 예를 들면 2018년부터 시작된 문화청 '국제문화예술발신거점형성사업'에서는, 지방자치체를 중심으로 하는 사업체가 기획, 운영하는 현대 아트, 연극, 댄스, 만화나 2.5차원 오페라 등 각종 아트 페스티벌과 같은 대형 프로젝트에 대해 매년 1~3억 엔 정도를 5년에 걸쳐 보조금으로 지급하고 있다. 문화청의 보조금으로서는 막대한 금액이기에, 이들 사업은 지역의 문화자원을 활용한, 질이 높은 것이라는 사실을 전제로 하고 있으며, 더 나아가 국제 발신을 충분히 하여 방일관광객을 늘리는 도시 만들기, 음식, 복지, 산업, 교육 등의 분야와 유기적으로 연계하여 경제 효과를 내는 국가 브랜딩 확립에 기여할 것을 요구받고 있다. 지방 자치체의 문화담당국에 그 정도로 다기에 걸친 정책영역을 아울러서 문화예술사업을 기획, 운영할 수 있는 힘이 있을까 하는 의문은 남지만, 적어도 문화정책은 그런 방향으로 나아갈 것을 요구받고 있다.

한편 2000년대 후반 무렵부터 활성화된 '콘텐츠 투어리즘'의 대상이 되어 의외로 많은 관광객을 맞이하게 된 지역도 있다. 즉 애니메이션 작품의 무대로서, 작품 내에서는 명시되지 않았는데도 불구하고 설정의 배경이 된 지역을 팬들이 찾아내고 이후 그곳을 '성지(聖地)'로 방문하는 현상이 일어난 것이다. 〈러키스타(らき☆すた)〉라는 애니메이션의 성지가 된 사이타마현(埼玉県) 구키시(久喜市)의 와시미야신사(鷲宮神社)에는 오타쿠 참배자들이 2008년 무렵부터 갑자기 밀려오게 되었다. 그 지역에서는 처음에는 불쾌하게 여겼지만, 작품 관련 굿즈 판매를 시도하거나 팬들이 신사의 축제 때 신위를 모신 가마를 멜 만큼 지역 주민들과의 교류로도 이어진 예로 유명하다.(야마무라[山村], 2009) 이러한 가운데, 제작 측과 지역이 방송 개시 전부터 타이업하여 지역 진흥으로 연결시키고자 하는 케이스도 생기게 되었다. 대표적인 예인 〈걸즈 앤 판처(ガールズ＆パンツァー=GIRLS und PANZER)〉의 무대는 이바라키현(茨城県) 오아라이마치(大洗町)로, 방송 중일 때부터 많은 팬들이 성지순례로 탐방하여 지역 진흥으로 이어졌다. 2016년에 공개되어 중국 등에서도 크게 히트한 극장판 애니메이션 〈너의 이름은(君の名は)〉으로 한해 기후현(岐阜県)이나 도쿄 도내 모델지역에는 중국인 관

광객도 많이 몰려들었다. 이러한 붐을 타고 애니메이션 제작 회사 측에
먼저 프로모트하는 자치체도 적지 않은데, 그 의도가 너무 강하게 드러
나면 오히려 팬들로부터 멀어질 위험이 있어서 양자의 이해가 반드시
일치하지 않는 경우도 있다. 현상으로서는 흥미롭지만, 창조도시 계획
에 활용하기는 어렵다.

5. 맺음말

각국 정부에서 창조산업 정책은 새로운 경제성장의 원천의 하나로
주목받게 되었다. 특히 선진 제 국가에서는 제조업의 지위가 저하되면
서 새로운 지식 경제로의 전환을 꾀하는 가운데 창조성이라는 키워드
에 가장 가까운 콘텐츠산업에도 큰 기대를 걸게 되었다. 마침 종래의
복지행정적인 문화정책도 한계에 달하여, 지역경제와 국가의 수출력
에 공헌하는 문화, 콘텐츠산업에 대한 관심의 증대는 문화 분야에 대
한 공적 관여의 양상을 변용시키고 있다. 특히 도시 정책과 연계되는
가운데 도시의 재활성화에 문화를 이용하는 방식이 유행하고 있고,
이 역시 콘텐츠산업으로서는 좋은 기회가 되고 있다. 최첨단 부가가치
산업을 유치하여 지역 경제의 힘을 향상시키고자 하는 도시 간 경쟁
속에서 창조도시론은 영향력을 확대해 가고 있다. 그런 한편, 위에서
언급한 바와 같은 논리가 어느 정도 실증적 근거를 바탕으로 하고 있는
가 하는 의문이나 문화 가치에 뿌리를 두지 않은 문화정책은 결국 자승
자박의 결과가 되는 것은 아닌가 하는 우려의 목소리도 있다.

일본 국내에서도 특히 만화나 애니메이션 같은 대중문화는 콘텐츠

투어리즘이라는 흥미로운 현상을 낳고 있다. 그것들이 해외에서 인기를 모으고 있는데 주목하여, 외국인들의 일본에 대한 친근감을 높임으로써 일본 제품 구입이나 방일 관광을 유치하고자 하는 정책도 근 10년 정도 활발하게 실시되었다. 쿨재팬 전략이라고 할 때는 국가 브랜딩도 포함하는 커다란 시스템을 가리키지만, 요는 문화를 경제 활성화로 연결하고자 하는 것이다.

이러한 국가 전략이 주효할지의 여부는 일본발 콘텐츠의 창조성, 독자성, 다양성에 따라 달라지겠지만, 그것을 어떻게 유지, 발전시켜갈 수 있을지는 금후 중요한 정책과제가 될 것이다.

이제 콘텐츠산업정책은 선진국이 전유하는 영역이 아니라 개발도상국에서도 중요시되고 있다는 사실도 언급했다. 영화의 날리우드의 예도 언급했지만, 그 외에 음악산업에도 그 현저한 예가 보인다.

인용문헌

佐々木雅幸(2014),「創造農村とは何か, なぜいま, 注目を集めるのか」, 佐々木雅幸·川井田祥子·萩原雅也編著, 『創造農村』, 学芸出版社.

佐々木雅幸(2001), 『創造都市への挑戦』, 岩波書店.

スロスビー, デービッド(2010), 『文化政策の経済学』(後藤和子·坂本崇監訳), ミネルヴァ書店.

フロリダ, リチャード(2008), 『クリエイティブ資本論』(井口典夫訳), ダイヤモンド社, 원저는 2002년.

マイケル·E. ポーター(1992), 『国の競争優位』(土岐坤, 中辻万治, 小野寺武夫, 戸成富美子訳), ダイヤモンド社.

ボウモル, ウィリアム J., ボウエン, ウィリアム G.(1994), 『舞台芸術―芸術と経済のジレンマ』(池上惇, 渡辺守章 監訳), 芸団協出版部.

本田洋一(2014),「在来作物による食文化発信 鶴岡市」, 佐々木雅幸, 川井田祥子, 萩原雅

也編著, 『創造農村』, 学芸出版社.

三原龍太郎(2015), 『ハルヒ in USA』, NTT出版.

山村高淑, 「観光革命と21世紀—アニメ聖地巡礼型まちづくりに見るツーリズムの現代的意義と可能性」, 『メディアコンテンツとツーリズム』, 北海道大学観光学高等研究センター.

Griffiths, R.(1998), "Making Sameness: Place Marketing and the New Urban Entrepreneurialism", in Oatly, N. (ed.) *Cities, Economic Competition and Urban Policy*, Paul Chapman.

Healy, K.(2002), "What's New for Culture in the New Economy?" *Journal of Arts Management, Law, and Society*, 32, 2, pp.86~103.

Kearns, G. and Philo, C. (eds.) (1993), *Selling Places*, Pergamon Press.

Kong, L. et al.(2015), *Arts, Culture and the Making of Global Cities : Creating New Urban Landscapes in Asia*, Edward Elgar.

Porter, M. E.(1995), "The Competitive Adevantage of the Inner City" *Harvard Business Review*, May~June 1995, pp.55~71.

Tepper, S. J.(2002), "Creative Assets and the Changing Economy" *Journal of Arts Management, Law, and Society*, 32-2, pp.159~168.

UNCTAD(2015), *Creative Economy Outlook and Country Profiles: Trends in International Trade in Creative Industries*, United Nations.

UNESCO(2016), *Diversity in the Film Industry: An Analysis of the 2014 UIS Survey on Feature Film Statistics*, UNESCO Institute for Statistics, Montreal, Canada.

United Nations(2010), *Creative Economy Report 2010: A Feasible Development Option*, United Nations.

United Nations(2008), *Creative Economy Report 2008: The Challenge of Assessing the Creative Economy: Towards Informed Policy-Making*, United Nations.

참고문헌

▪ 출판된 지 몇 년 지났지만, 문화를 이용한 도시 재개발에 대한 뛰어난 연구서

Bianchini, F. and Parkinson, M.(eds.) (1993), *Cultural Policy and Urban Regeneration: the West European Experience*, Manchester University Press.

ビアンキーニ, フランコ, 「都市における持続可能性と文化政策との関連性」, 佐々木雅幸, 河島伸子, 川崎賢一編(2009), 『グローバル化する文化政策』, 勁草書房.

増淵敏之(2010), 『物語を旅するひとびと』, 彩流社.

■콘텐츠 투어리즘 연구의 개관, 주요 예를 알기에 편리한 연구
　岡本健編著(2015), 『コンテンツツーアリズム研究―情報社会の観光行動と地域振興』, 福村出版.

■일본의 '쿨' 콘텐츠 케이스 스터디
　Craig, T.(2017), *Cool Japan: Case studies from Japan's cultural and crastive industres*, BlueSky Publishing.

■일본 대중문화의 해외 보급 및 전략, 실패와 성공 등 관련 연구
　松井剛(2019), 『アメリカに日本のマンガを輸出する』, 有斐閣.

　Daliot-Bul, M. and Otmazgin, N.(2017), *The Anime Boom in the United States*, Harvard East Asian Monograph.

　Otmazgin, N.(2013), *Regionalizing Culture: The Political Economy of Japanese Popular in Asia*, University of Hawaii Press.

제3장

디지털 콘텐츠산업의
경제적 특징과 비즈니스 모델

본서에서 다루는 디지털 정보로서의 엔터테인먼트 콘텐츠에는 예를 들면 자동차나 PC와 같은 일반적 상품과는 다른 성질을 지닌다. 한마디로 말하면 '정보재(情報財)'라는 것이다. 그러한 특성으로 인해 그것을 다루는 산업의 구조, 비즈니스 전략, 그것을 둘러싼 법적 환경 등은 큰 영향을 받는다. 본장에서는 이들 재화의 특성과 그 영향을 자세히 살펴본다.

1. 문화적 재화의 특성

처음 예를 든 자동차나 PC를 새로 구입하려는 경우를 상정해 보자. 수많은 제품 가운데 하나를 선택할 때, 소비자는 무슨 생각을 하고 어떤 행동을 취할까? 카탈로그에 실려 있는 제품 정보, 예를 들면 PC로 말하자면 메모리의 사이즈, 사용하고 있는 CPU(중앙처리장치)의 종류에서 상정되는 처리속도 등의 기능, 소재와 크기 등을 보고 자신의 용도에 맞는 것을 예산 한도 내에서 고를 것이다. 디자인이나 색을 확인하고 싶으면 실물을 보면 될 것이고, 자동차라면 시운전을 하여 시승감과 브레이크, 엑셀 등의 느낌, 차체의 크기 등을 실제로 확인하고 납득이 되면 살 것이다. 수많은 제품을 비교하고 별 차이가 없다면, 좋아하는 브랜드(메이커 그 자체 혹은 제품의 시리즈) 중에서 고르는 경우도 많을 것이다. 브랜드에 대한 애착, 신뢰와 같은 정서적 부분과 그 제품이 갖는 기능, 성능을 바탕으로 하는 합리적 판단을 종합하여 사람들은 상품을 선택한다.

그러나 영화나 음악의 경우에는 자동차 같은 물리적 실체가 없고 정보로서만 존재하는데 큰 특징이 있다. DVD나 서적을 살 때는 하드가 있다고 생각할지도 모르지만, 그것들은 어디까지나 정보로서의 영상 작품이나 문자 텍스트를 실은 미디어(매체)일 뿐이다. 콘텐츠의 본질은 무형의 정보이다.

정보란 경험을 해 보지 않으면 그 내용물을 알 수가 없는 것이다. 자동차라면 실물을 보고 확인하고 시승까지 하고 살 수 있는 데 반해, 영화 작품은 돈을 지불하고 경험하는 것 자체가 구입, 소비하는 것이다. 따라서 미리 그 기능을 합리적으로 판단하여 제시된 가격을 지불할지 말지 결정하는 것은 매우 곤란하다. 쉽게 말하자면, 소비자는 재미가 있는지 없는지 잘 모르는 상태에서 작품을 구입하게 된다는 것이다. 이러한 재화를 '경험재'라고 하는데, 이는 정보, 디지털 콘텐츠에 한정되지 않는다. 외식을 한다든가 레저를 하러 간다든가 하는 경우에도 실제로 먹어보거나 가서 그 장소를 체험하기 전에는 그것이 소비자의 기대를 충족시킬 수 있을지 없을지 알 수가 없다. 콘텐츠가 구체적 기능이나 효능을 가지지 못한다는 것은 요컨대 생활필수품은 아니라는 것이다. 소비자가 추구하는 '즐겁고' '자극적인' 경험, 감동, 발견과 같은 기쁨은 인생을 풍요롭게 하는 것이지만, 일정량의 수요가 있는 것은 아니다. 또한 콘텐츠를 창조하는 측에서도 반드시 마켓에 현재하는(혹은 잠재적으로 있는) 수요를 대상으로 상품 개발을 하는 것은 아니며, 아티스트, 크리에이터의 생각, 감정 등이 표현되는 것이다. 이러한 개인의 표현 의욕이 작품으로서 산업적 결실을 맺을 수 있을지 어떨지는 예측불가능한 부분이 있다.(어떤 작가가 언제 대작을 써 줄지, 팔리는 작품을 써 줄지, 출판사는 모른다) 요컨대 수요도 공급도 컨트롤하기 힘들다는 점은 이 산업의 경영상 구조적인 문제라고 할 수 있다.

디지털 콘텐츠의 또 한 가지 큰 특징은 개개의 타이틀의 다양성이다. 영화는 연간 수백 편이 공개되지만, 음악CD는 신작 앨범 타이틀 수로 보면 일본 내에서만도 연간 1만 곡이나 된다. 매년 이와 같이 신규로 발매되는 것을 합치면 상당한 수의 타이틀이 축적된다. 자동차, PC, 냉장고 등의 가전제품, 혹은 세탁용 세제, 볼펜, 각 티슈 등 일상생활용품을 생각하면 확실히 점두에는 수많은 상품이 진열되어 있는 것으로 보이지만, 그 종류의 수는 디지털 콘텐츠에 비하면 비교가 되지 않을 만큼 적다.

정보재, 경험재, 비기능성, 타이틀의 다양성이라는 특징은 몇 가지 산업적 특성으로 연결된다. 그리고 또 그 특성 때문에 그것을 소비자에게 팔기 위한 마케팅 활동에서도 독특한 방법을 취하게 된다.

첫째로, 정보재의 생산에 있어서는 원작품=마스터 카피를 만드는 데에는 그 나름의 비용이 들지만(특히 영화나 디지털 게임의 경우는 막대한 투자가 필요하다), 그에 비해 복제를 한 단위 만들 때의 비용은 상대적으로 또한 절대적으로도 상당히 적다. 그것을 팔기 위한 마케팅 비용(유통 네트워크 형성 비용, 물류비용, 광고 및 선전비 등)이 싸다고 할 수만은 없지만, 복제물의 생산 그 자체에 다대한 비용이나 특수한 기술이 필요한 일은 없다. 따라서 만약 마스터 카피를 무료로 입수할 수 있다면, 저비용으로 많은 이익을 낼 수 있을지도 모른다. 이러한 '무임승차' 현상을 막기 위해 복제 행위를 금지할 필요가 생긴다. 이것이 바로 저작권이라는 법적 권리가 생기는 근거라고 설명할 수 있다.

둘째, 디지털 콘텐츠로 팔리는 정보는 기능적인 가치를 지니는 경우가 적고, '창조성'이라는, 공급 측과 수요 측 어느 쪽에서도 극히 애매한 추상적인 가치, 주관적으로 판단되는 가치에 의존하는 재화이다. 그런 만큼 가령 공급자 측이 자신 있게 시장에 내놓아도 그것이 소비자에게 어떻게 받아들여질지는 미지수라고 할 수 있다. PC와 같은 제품이라면, 원래 수요 동향을 예상할 수 있고, 전 세대의 기종에 비해 분명히 기능 면에서 진화가 될 것이기 때문에, 신기종이 얼마나 팔릴지 어느 정도 예상이 가능하다. 디지털 콘텐츠의 경우에도 인기가 있다고 알려진 아티스트의 작품은 이 정도는 팔릴 것이다 라고 예측할 수 있겠지만, 그러한 기대가 아무리 배반을 당한다 해도 이상할 것이 없다는 점에 이 비즈니스의 어려움이 있다. 할리우드의 영화 비즈니스에서는 아무리 호평을 받은 시리즈 작품이라도 공개 후 많은 관객이 영화관으로 몰려들지 어떨지 프로듀서들은 몹시 불안하다고 한다.

세 번째로, 소비자가 구입하는 것은 물건이 아니라 경험이기 때문에, 소비확대에 있어 최대 제약은 시간이다. TV의 채널이 다양해지고 아무리 많은 프로그램이 공급되어도, 하루는 24시간 밖에 없고 한 사람이 TV시청에 쓸 수 있는 시간은 한정되어 있다. 그것을 더 늘리기 위해서는, '프로그램 시청'을 한정된 시간 중 틈새 시간으로 밀어 넣는 수밖에 없다.

넷째, 경험재의 마케팅에 있어 기능이나 효능을 설명하는 형태의 마케팅 커뮤니케이션은 도움이 되지 않는다. 오히려 하이패션처럼 브랜드 이미지를 전달하는 전략을 취해야 한다. 그러나 디지털 콘텐츠에서는 그것도 어렵다. 왜냐하면 상품이 다양하여 브랜드를 하나씩 구축하는 것은 거의 불가능하기 때문이다. 예를 들어 소니 픽처스, EMI 등과 같은 이름은 메이저 기업이라는 사실을 전달하지만, 그 자체는 소비자에게 별 의미가 없다. 따라서 이들 기업은 뭔가 다른 브랜드를 만들어 상품 선택의 단서가 되는 정보를 제공하려 한다.

음악이라면 개인성이 강하기 때문에 아티스트 자신을 브랜드화하여 그 사람의 뉴 앨범 발매라고 하며 선전하는 것은 당연한 전략이다. 영화의 경우에는 개인적 작품이라기보다 집단적으로 만드는 것이고 그 개인의 조합도 작품에 따라 다르다고 하는, 음악과는 다른 사정이 있다. 그리하여 영화 작품의 마케팅에서는 출연하는 배우의 이름 혹은 감독, 때로는 프로듀서를 브랜드화한다. '스필버그 작품'이라고 할 경우에는 스필버그가 감독을 한 경우와 작품 프로듀스를 한 경우가 있다. 하지만 그 정도가 되면 그것이 어느 쪽이라도 브랜드로서의 힘을 지니고 그 자체가 '매우 뛰어난 고품질 작품, 봐서 손해 볼 것은 없는 작품'이라는 메시지를 발신하게 된다. 또 한 가지 자주 취하게 되는 수단은 시리즈화하는 것으로, 영화나 게임에서는 자주 볼 수 있듯이 '파이널 판타지XV' 등 숫자를 붙여서 연속성을 갖게 함으로써 소비자가 이미 알고 있는 전 작품의 매력에 의존하여 다른 작품도 재미있다고 전달하는 것이다. 또한 전에 히트한 상품의 재탕, 수정은 개발 비용의 저감으로도 이어진다.

혹은 할리우드 영화의 선전에 자주 사용되는 수법으로, 제작비의 규모로 소비자에게 작품의 장대함, 호화로움을 어필하는 경우가 있다. '총제작비 2억 달러의 대작!'과 같은 선전 문구는 영화 팬이 아닌 사람들에게는 그게 뭐 어떻다는 것이냐는 생각이 들겠지만, 적어도 뭔가 대단한 스케일의 작품일 것 같다는 기대를 갖게 할 수는 있다. 예를 더 들자면, '전미 흥행 제1위!', '뉴욕타임스 절찬!'과 같은 선전 문구도 자주 볼 수 있다. 이미 작품을 경험한 사람들 사이에서 확립된 평판에 의존, 그러니 여러분도 즐길 수 있다고 설득하고자 하는 것이다.

그러나 브랜드화한 제품의 브랜드 이미지를 전하다는 수법을 쓸 수 없는 경우도 많기 때문에, 결국은 작품의 예고편 광고를 만들어 그것을 대량으로 내보내는 것이 콘텐츠 마케팅의 상투수단이 된다. 물론 최근에는 별로 선전을 하지도 않은 작품이 소셜 미디어상에서 화제가 되어 순식간에 큰 인기를 모으는 예도 적지 않다. 소비자들 사이에서 순식간에 정보가 확산하여 크게 히트하기도 하는 점은 다른 상품에서도 볼 수 있는 경향이다.

2. 콘텐츠의 '공공재'적 특성과 저작권의 경제학

본장 제1절에서는 콘텐츠의 정보재적 특징을 중심으로 그것이 마케팅상 어떤 함의를 지니는지에 대해 논의해 왔다. 그런데 산업의 또 하나의 중요한 성질로서 '공공재'적이라는 사실에 대해서도 언급을 해야 할 것이다. 그것이 바로 저작권이라는 법적 틀을 규정하고 있으며, 콘텐츠산업은 그것을 사용하여 비즈니스를 전개하기(혹은 콘텐츠산업의 근간은 저작권 비즈니스라고 하는 것이 적절하다) 때문이다.

전근대적인 저작권이 처음으로 생기고 발달한 것은 15~6세기의 영국에서였다. 구텐베르크가 발명한 인쇄 기술이 발달하고 근대 시민사회에 이르는 이 시기에 영국에서는, 중상류 일반인 사이에서 서적을 손에 넣는 것이 유행하였다. 중세에는 성서도 손으로 필사하는 것이 기본이었고, 서적이 일반사회에 널리 유통되는 일은 거의 없었지만, 인쇄 기술 보급 후에는 문학을 읽는데 필요한 교양과 자금을 지닌 시민층이 성장하여, 서적을 출판하는 것은 충분히 상업행위로서 성립 가능한 시대가 되었다. 그러나 복수의 업자가 같은 작품을 복사하여 출판을 하게 되면, 처음에 작가에게 금전을 지불하고 작품을 입수한 업자로서는 손해가 된다. 그래서 인쇄업자들이 조합을 만들어 조합원이 출판하는 책과 같은 복제물을 만들지 않기로 합의하는, 소위 사적인 저작권 제도를 운영하게 되었다.

이러한 상황은 정보를 컨트롤하고자 하는 왕실로서는 반가운 상황이었다. 왕실은 그 조합에만 '인쇄권'을 주어서 보호하기로 하고, 조합은 대신 왕실에 대한 비판이나 이교(異敎)를 소개하는 서적을 출판하지 않기로 약속을 한 것이다. 이렇게 해서 사적인 저작권=카피라이트(특정인만이 카피를 해도 되는 권리)는 공적인 틀 안으로 들어가게 되었다. 그러나 이러한 소위 검열과 독점적 시장을 조합한 제도에 대한 사회적 불만이 고조된 결과, 1710년에 세계에서 처음으로 근대적 저작권법(Statute of Anne라 한다)이 제정되어 인쇄업자가 아니라 저작자에 대해 권리가 주어지게 되었다. 그 결과 그때까지 왕실과 의회의 비호하에 권익을 독점해 왔던 인쇄업자들은 시장 경쟁의 거친 파도에 내몰리게 되었다.

저작권법의 목적이 역사적으로 원래는 작자 보호가 아니라 인쇄업자의 권익 보호에 있었다는 사실은 흥미롭지만, 경제학적으로는 '공공재'라는 개념으로 저작권의 존재이유를 설명하는 것이 일반적이다. 공공재에는 일반적으로 비배제성, 비경합성이라는 두 가지 특질이 있다. 이는 자신이 점유하고 있는 것 같아도, 타인의 사용, 이용을 방해할 수 없다, 그리고 자신이 사용, 이용할 때도 동시에 타인이 사용, 이용할 수 있다, 라는 특성을 가리킨다. 공공재로서 가장 전형적인 예는 국가의 방위, 도로, 지구환경 등이다. 예를 들어 도로를 건설할 경우에 건설비를 부담하지 않은 사람들의 도로이용을 제한하려 한다면 막대한 비용이 들 것이다. 그렇기 때문에 건설비를 부담한 사람이나 부담하지 않은 사람이나 똑같이 도로를 이용할 수 있게 하는 것이다. 또한 도로 서비스의 공급비용은 도로를 몇 명이 통행하든 거의 같다. 한편 사적으로 공급되는 공공재도 존재한다. 예쁘게 가꾼 정원에 의해 형성되는 주택가의 경관이 그 대표적인 예이다. 이러한 공공재적 성질이 정보재로서의 문화, 콘텐츠에도 적용이 된다는 사실은 명백하다. 어떤 음악은 패키지로 CD를 구입해도 내용물인 음악이라는 정보자체가 줄어들지도 않고, CD나 기타 전달수단으로 그 음악정보는 다른 곳으로 흘러가 버리기도 한다.

그렇다고 한다면, 그것을 굳이 돈을 내고 얻으려는 사람은 없게 될 것이다. '무임승차'하는 사람이 끊임없이 나오는데 나 혼자만 비용을 부담하는 것은 의미가 없다고 생각하는 것이 일반적이기 때문이다. 즉 재화의 편익에 외부성이 있어서 그것을 독점할 수 없는 것이라면, 시장에서의 거래에는 맞지 않게 된다. 이렇게 해서 국가의 방위, 경관, 정보로서의 음악 등이 생산, 유지되지 못하게 되든가, 아니면 본래 있었으면 하는 양보다 적은 양밖에 생산되지 않게 된다. 그 지점에서 소위 '시장의 실패'가 발생하기 때문에, 만약 그러한 재화의 계속적 생산이 사회적 견지에서 바람직하다고 한다면 그것은 정책적 개입이 필요해진다.

일반적으로 문화의 영역(단 제1장에서 언급한 ③에서 정의한 문화임에 주의)에 대한 공적 개입, 정책영역의 정당성은 문화가 초래하는 효과의 외부성에서 구할 수 있다. 예를 들면 역사적 건축물은 그것을 소유한 회사, 국가에게 위광으로서의 가치가 있지만, 만약 그 경영 모체에 건물 등의 관리, 운영 일체를 맡기면, 경영 모체는 입장료만으로 그것을 유지할 수 없는 경우, 일부를 떼어 팔거나 개조하여 현대적 용도로 사용할지도 모른다. 그러나 그 건축물이 원형을 유지하는 것은 주위의 지역사회, 국가 전체 입장에서 가치가 있기 때문에 국가가 문화재로 지정하여 함부로 개축할 수 없도록 제약 조건을 다는 데에 의의가 있다. 혹은 미술관에 가는 사람들은 거기에서 뭔가 감동적인 체험을 하고 교육 레벨이 올라가게 된다. 그러한 범위 내에서는 그곳을 방문한 사람들만 돈을 지불한 만큼 뭔가를 얻는 데 불과한 시장거래이다. 그러나 실은 그 사람이 얻은 것은 주위 사람들에게도 영향을 주어 사회 전체의 교육 레벨을 높이게 된다. 그렇다면 이는 시장 밖으로 긍정적 외부 효과를 내게 되는 것이기 때문에 시장 가격 이상의 가치를 지니게 된다. 만약 시장 거래로서 적정한 가격을 매기면 아마 미술관 입장료는 지금보다 훨씬 비싸게 책정되어야 할 것이다. 그러나 그러한 외부 효과까지 고려하면, 그 가격을 싸게 유지하여 더 많은 사람들이 오게 하고 그 부족분은 공적 보조금으로 충당하는 것이 합당할 것이다. 있게 된다. 비영리 예술, 문화에 대해 공적 보조금을 교부하거나 문화보호를 위해 정부 규제를 하는 것은, 이러한 문화라는 재화의 공공재적 성질에 근거를 두는 것이다. 물론 순수한 공공재라기보다는 사적으로 소비되는 부분도 크기 때문에 준공공재 혹은 혼합재라고 하는 것이 적절할 것이다.

정보재적 성질을 갖는다는 점에서는 비영리 목적의 예술이든 영리 목적의 콘텐츠이든 똑같지만, 영리 목적의 문화산업에 대한 정부의 개입은 통상 한정적이다. 특히 산업 보호를 위한 보조금 교부는 복잡하다. 영리 목적의 문화는 대중성을 지니며 대량으로 복제한 동일 내용의 상품을 시장에서 판매함으로써 성장해가야 하며, 그것을 정부가 관리하거나 자금 원조를 하는 것은 자본주의 사회에서는 예외적, 한정적이어야 한다. 그러나 이와 같이 영리 목적의 문화제품(콘텐츠)이 거래되기 위해서는 시장 거래에 맞는 '상품'이 되어야 한다. 그래서 발생한 것이 저작권법이며 이것이야말로 복제 가능한 문화에 대한 가장 유력한 공적 지원이라고 할 수 있다.

즉 역사적 경위에 대해 설명했듯이, 정보재로서의 문화는 공공재적 성질과 외부성을 가지고 있어서 그냥 내버려두면 아무나 무임승차를 해 버리기 때문에, 결국 문화적으로 중요한 사회적 가치를 지니고 있어 아무도 생산하지 않게 될 위험성이 있다. 이는 문화 창조와 그 성과물의 유통을 촉진하고 싶다는, 사회 전체의 요청에 비추어 보면 적절하지 않다. 그래서 본래는 틀이 없고 자유롭게 유통되는 문화적 재화를 마치 유형물인 것으로 상정하고 그 소유권 제도를 만들게 된 것이다. 이에 의해 자동차를 소지하는 경우와 마찬가지로 자신이 창조한 작품에 대해서는 그것을 이용, 처분할 권리(누군가에게 대차하거나 매각하는 권리)를 모두 모아 소유한다는 제도를 만든 것이다. 저작권을 소유하는 자는 대상물인 저작물을 이용하는 권리를 가지기 때문에 역으로 말하자면, 자신이 권리를 가진 저작물을 타인이 마음대로 카피하는 것을 금지할 수 있게 된다.(현행 저작권법은 복제권중심주의를 기본으로 하고 있다. 단, 이에 대한 의구심에 대해서는 다무라[田村], 2006, pp.108~111 참조) 그리고 현대사회에서는 저작권을 갖는 자가 저작물의 사용허락의 대가(영화의 방영료나 카페, 노래방의 음악 사용료 등)를 받음으로써 그 작품이 보다 많은 사람들에게 받아들여지면 질수록 수입도 증가하는 구조로 되어 있다. 이러한 제도가 있으면, 크리에이터로서는 자신이 애써 만든 작품의 이용에 대해 컨트롤할 수 있어 안심하고 창작 활동에 종사할 수 있게 된다.

이상과 같이 문화적 재화에는 공공재적 성질뿐만이 아니라 외부성이 있기 때문에 시장의 실패가 일어나는 것이며, 그 대책으로서 문화정책은 비영리 문화, 예술에 대해 공적 보조금 제도와 규제라는 두 가지 수단으로 보호를 하는 방향을 취하고 있다. 그러나 영리 베이스로도 성립할 수 있는 콘텐츠산업에 대해서는, 공공 방송과 같은 예외적인 경우도 있지만, 대개 저작권법이라는 틀로 무형물인 문화적 재화를 유형물처럼 설계하여 재능이나 인기가 있는 자일수록 시장에서 금전적 성공을 거두는 시스템을 만드는 방향을 취하고 있다. 문화경제학에서는 영리 목적의 콘텐츠와 비영리 예술, 문화를 나누어 생각하는 경향이 강하며, 지금까지는 후자에 관심의 중심이 있었다. 그러나 그렇게 생각하면 보조금을 중심으로 하는 문화정책과 저작권법에는 같은 경로가 있음을 알 수 있다.

3. 저작권 제도의 경제학

저작권의 경제학에 대해서는 이상과 같은 설명이 일반적이지만, 이하에서 조금 더 상세히 검토해 보겠다. 그것은 특히 저작권이 근 수십 년 동안 강화된 결과, 문화의 유통, 이용에 대한 제한이 너무 강해져서 본래 문화의 창조를 촉진하기 위한 제도였던 저작권법이 오히려 문화의 발전을 저해하고 있는 것은 아닌가 하는 목소리가 나오기 시작했기 때문이다. 저작권 보호가 강할수록 문화를 소중히 여기는 나라라고 생각하기 쉽지만 그러한 견해는 일면적이다.

경제학자는 저작권에 대해서 언급할 경우 원래부터 저작권의 존재 자체에 대해 확실히 소극적, 회의적인 태도를 보인다.(Towse, 2008) 경제학에서는 국가가 부여하는 독점적 권리에 강한 저항감이 있다는 것이, 그러한 태도의 배경에는 있다. 그것은 독점을 허락하면, 공급자가 시장에서 정해져야 할 가격보다 비싸게 가격을 설정할 수가 있고, 그렇게 되면 잉여가 축적되어 버린다. 그 결과 경제학의 기본 견해에서 보면, 사회 전체의 복지를 해친다고 하는, 매우 바람직하지 않은 상태가 발생하게 된다. 특정 콘텐츠 작품의 시장을 생각하면 여기에서의 재화는 세계에 단 하나밖에 없고 공급자도 하나이기 때문에 경제학에서의 '독점'적 상황은 늘 발생한다. 즉 특정 콘텐츠 저작권자는 이용을 허락할 권리를 '배타'적으로 가지고 있다. 이상을 염두에 두고, 저작권 제도를 문화경제학 시점에서 조금 더 자세히 검토해 보자.

우선, 저작권에 의한 보호 범위가 넓어지면 질수록,(예를 들어 보호기간의 연장에 의해) 저작물 이용에 대한 제한이 강해진다. 문화적 작품을 사람들이 무료로 자유롭게 읽거나 듣거나 봄으로써 사람들은 자신의 감정이나 지식, 교양을 풍부하게 할 수 있고, 이는 사회 전체로 봐서 유용한 것이기 때문에, 그것을 마음대로 하지 못하게 하는 것은 손실이라고 할 수 있다. 바꿔 말하면, 저작권은 새로운 창조활동에 대한 인센티브로서 존재하지만, 실은 이러한 희생 위에 성립하고 있다는 것이다. 사회 전체의 복지 관점에서는 사회적으로 가장 플러스가 많은 지점에서 이 두 가지 상반되는 이익을 조정해야 한다.(田中·林編著, 2008; 中山·金子編, 2017) 그러나 그것을 조정하기 위해 코스트와 편익을 정확하게 측정하는 것은 매우 어렵다. 우선 저작권의 존재가 크리에이터에게 얼마나 구체적인 인센티브인가가 명확하지 않다.(河島, 2013) 실제로 저작권은 작품의 질과 관계없이 창작활동과 동시에 자연적으로 발생하는 것이기 때문에,(예를 들면 개인의 일기에도 저작권이 있다) 저작권이라는 것이 없었던 경우의 창작 활동 레벨은 알 수가 없고, 창작 인센티브로서 저작권의 효과를 실증하는 것은 사실상 불가능하다. 더욱이 저작권이 존재하지 않는 경우에 아마 가격은 낮아지겠지만, 그 결과 수요가 어느 정도 변화를 할 것인가 하는 것도 잘 알 수가 없다.

저작권에 의한 보호와는 반대 이익을 갖는 저작물 '이용자'는 일반 청중이나 독자에 한하지 않는다. 저작자 자신도 장래에 창작활동을 하는 데 있어 축적된 문화적 소산물에 따라 그것을 이용하고 새로운 창작을 하고 싶은 경우도 있다. 저작권은 복제의 금지만이 아니라 번안이라는 2차적 저작물의 창작(예를 들면 소설의 영화화)을 허락 없이 실행하는 것도 금지할 수 있기 때문에, 그러한 활동의 자유가 제한되게 된다. 즉 오늘날 저작물을 보호하는 것은 크리에이터에게 인센티브를 주는 것인지는 모르겠지만, 동시에 이는 차세대 크리에이터에게 제한을 가한다고 하는 양면성을 지닌 것이다.

저작권이 존재함으로써 이루어지는 개별 거래 비용(예를 들면 사용 허락에 필요한 교섭과 지불)[6] 및 저작권법 제도의 운영, 법의 집행(저작권 침해를 둘러싼 재판 등)에 드는 비용도 있다는 사실에 유의하기 바란다. 저작권이라는 것이 이들 비용을 넘어선 편익을 초래하고 창조활동의 인센티브를 확실하게 제공한다는 것이 명확하지 않은 한, 이것을 설정하는 의미는 거의 없다는 관점에서 오는 반대의 목소리는 사실 오늘날 점점 더 설득력을 얻고 있다.

물론 특히 프랑스나 독일 등 유럽 대륙계의 저작권법에서는 저작자가 되는 것 즉 창작활동에 내재하는 본질적 가치를 인정하고 그 결과로서의 권리를 갖는 것을 자연스러운 것(자연권)이라고 생각하기 때문에 경제학의 관점이 저작권법을 지탱하는 전부는 아니다.

그러나 저작권은 최근 정보의 디지털화와 네트워크 사회의 구축에 의해 큰 영향을 받고 있다. 디지털 정보는 그것을 복제, 가공하는 것이 용이하고 인터넷상에 공개함으로써 즉시 불특정 다수에게 쉽게 접근할 수 있게 한다는 특징이 있다. 우리들이 디지털 기술의 은혜를 풀로 받아들이는 데에는 현재의 저작권법이 종종 방해가 된다는 사실은 이전부터 지적이 되어 왔다.(中山, 1996) 또한 아날로그 정보를 베이스로 한 저작권법에는 한계가 있으며 언젠가는 한계를 드러낼 것이라는 지적도 있어 왔다.(名和, 1996)

---

6 예를 들어 할리우드 영화 제작에서는 배경 등에 우연히 뭔가 상품 브랜드의 로고나 저작권이 있는 그림이 들어가게 되면, 권리자들이 소송을 제기할 가능성이 있기 때문에, 그것을 체크, 권리 처리하는 작업에 상당한 수의 스탭이 붙는다고 한다.

4. 비즈니스 모델의 변화

이상과 같이 생각해 보면 콘텐츠산업의 비즈니스 모델은 변화 상황에 직면하고 있다고 할 수 있다. 전통적인 비즈니스 모델로서는, 첫째, 콘텐츠를 판매하고 그 대가를 소비자로부터 직접 받는 것과, 둘째, 콘텐츠를 목적으로 '모이는' 소비자를 노리는 광고주에게 시간과 스페이스를 판매하고 광고 게재비를 받는 것이 있다. 첫 번째에 해당하는 것이 영화관에서 보는 영화, 서적이나 음악CD, 패키지 게임 소프트 등이고, 두 번째에 해당하는 것은 민간 방송, 프리 페이퍼[7] 등이며, 신문이나 잡지, 유료 TV방송 등은 이 두 가지 모델의 혼합형이다.

그러나 제1장에서 언급했듯이, 디지털 정보문화, 스마트폰의 발전에 의해 이들 모델은 변용되고 있다. 우선 직접 과금과 광고비의 혼합형으로서 새로 '프리미엄'이 생겼다. 이는, 우선 소비자는 콘텐츠에 무료로 액세스할 수 있지만 광고에 노출되어야 한다, 그리고 이것을 피해서 보다 쾌적하게 혹은 더 확대된 서비스를 이용하기 위해서는 유료 회원이 되거나 뭔가 지불을 해야 한다, 라고 하는 것이다. 모바일 게임, 음악 등의 콘텐츠 전송 서비스 등이 이에 해당된다. 무료로 액세스하는 소비자가 많으면 많을수록 광고비도 많이 들어오게 되는데, 그보다 유료 쪽으로 많은 사람들을 유도하는 것이 비즈니스의 관건이다.

더 중요해진 것은, 소셜 미디어와 스마트폰의 발달에 의해 소비자

---

7 [역주] 일본제 영어. 원래 영어로는 프리 뉴스페이퍼(free newspaper), 프리시트(free-sheet)라고 했다. 광고 수입을 바탕으로 정기적으로 제작되어 무료로 특정 독자층에게 배포되는 인쇄물. 원래 신문의 형태로 시작했지만, 1980년대부터 생활정보지와 같은 잡지 형태를 띤 것도 포함하여 넓은 의미로 프리 페이퍼(free paper)로 총칭하게 되었다.

속성, 행동, 열람 이력, 기호 등이 플랫포머나 앱 서비스 제공자에게 데이터로서 제공되고 그것을 다른 일반 기업의 마케팅에 활용할 수 있도록 제공한다고 하는 것이다. 이러한 상황에서는 소비자 모집에 도움이 되는 콘텐츠는 큰 가치를 지닌다. 프라이버시와 개인 정보 보호, 데이터의 과도한 독점이라는 점이 오늘날 세계적으로 문제가 되고 있어, 소비자의 데이터를 타 기업과 공유하고, 파는 행동에는 저항감을 느끼는 사람들도 많다. 이에는 정책적인 규제가 필요하며, 우리에게 안심할 수 있는 상황이 확보될 필요가 있다.

그러나 오늘날 다종다양한 데이터를 활용하여 비즈니스상의 이노베이션을 일으키거나 기존 비즈니스의 효율화를 꾀하는 것은 극히 합리적인 전략이다. 따라서 어느 기업에서나 소비자의 속성과 행동을(개인 속성 판정이 불가능한 상태에서) 정리하여 제공하는 비즈니스가 확산되고 있다. 실제로 『일본경제신문』이 독자적으로 조사한 바에 의하면, (2019년 2월 26일 조간 게재) ANA(全日本空輸株式会社=ALL NIPPON AIRWAYS CO., LTD), 오이식스(Oisix ra daichi Inc)[8], 미쓰이스미토모 카드회사 등의 회사는 50개 이상의 기업과 데이터 공유를 하고 있다고 한다. 이러한 데이터를 바탕으로 새로운 비즈니스 찬스를 발견하게 하거나 타깃을 좁힌 광고, 프로모션 활동에 도움이 되게 하기도 한다. 예를 들어 화장품 회사도 점두나 온라인 판매를 통해 소비자 데이터를 축적하고 있는데, 새로운 고객층(바쁘게 일하는 40대 여성, 지방 도시 거주 등)을 개척하고자 한다면, 페이스북, 인스타그램, 트위터, LINE 등에서 그러한 속성을 갖는 사람들을 추출하여 그들을 대상으로 일제히

---

8 [역주] 유기, 무첨가 식품 밀키트 통신판매 회사.

정보를 발신하는 광고를 하는 것은 이미 일상적이다. 소셜 미디어는 소비자 스스로 만든 콘텐츠 정보(User Generated Content, User Generated Information)를 중심으로 하지만, 산업측이 제공하는 콘텐츠의 장도 같은 역할을 한다. YouTube의 공식 음악 비디오나 TV프로그램 전송 앱, 게임 앱 등도 직접적인 광고비 수입만이 아니라 타기팅 광고를 위한 데이터 제공업자로서 모여드는 소비자가 많으면 많을수록 많은 데이터를 제공할 수 있게 된다. 동영상, 게임, 전자서적 등을 전송하는 DMM.com은 전술한 조사 결과에서 데이터 공유처가 많은 회사로서 상위에 이름을 올리고 있다.

첫째로 든, 직접 지불형 비즈니스 모델에서 저작권이 중요한 열쇠를 쥐고 있는 것은 말할 것도 없지만, 다른 모델에서도 저작권이라는 것이 이 세상에 없었다면 성립하기 힘들어진다. 저작권이 없으면 동일한 콘텐츠가 네트상 여기저기에 존재하게 되어 유저를 모을 수 있는 가치는 현저히 떨어지게 된다. 그러나 본장에서 기술해 온 것처럼 디지털화, 네트워크화가 저작권의 본질을 뒤흔들고 있는 오늘날, 더 새로운 비즈니스 모델도 나오고 있다. 그것은 디지털 정보를 쉽게 손에 넣을수록 반대로 아날로그 정보, 물리적 재화의 가치가 상대적으로 올라간다는 사실을 바탕으로 한다.(新宅·柳川編, 2008) 음악을 예로 들면, 라이브 콘서트가 말하자면 아날로그 정보에 해당하며, 라이브 동영상 스트리밍이 있다고 해도 현장에서의 체험, 감동의 유일성에 흔들림은 없다. 종래의 음악 비즈니스에서 라이브는 앨범을 팔기 위한 프로모션으로 위치지어졌지만, 실은 앞으로는 반대로 무료로 YouTube 등에 공개하는 음악 비디오가 그 아티스트, 그룹의 프로모션이 되고 진짜를 구경하기 위해 사람들이 라이브 콘서트에 모인다는 구조도 충분히 가능하다. 물론 라이브를 여는 데는 물리적, 시간적 제한이 있기 때문에 이익의 최대화를 위해서는 티켓 요금을 비싸게 하겠지만, 다른 청중들과 함께 현장의 감동을 맛보는 데에는 프리미엄이 붙어도 괜찮을 것이다. 그렇게 되면 가창력, 연주력보다 오히려 라이브에서 '잘 나오는' 타입의 아티스트가 잘 팔리게 될지도 모른다.

아날로그의 물리적 정보로서 희소가치를 갖는 것을 디지털 정보에 부가시키는 형태로 판매하고 거기에서 수입을 확보하거나 카피 제품에는 없는 오리지널 제품 독자의 부가가치를 갖게 하는 것도 하나의 전략이 될 수 있다. 현재도 CD 커버 자켓을 좋아해서 패키지로 음악을 구입하는 사람들이 적지 않다.

어쩌면 보다 현실적으로는 '과금을 하기 쉬운 부분부터 과금을 한다'는 전략이다. 예를 들어 사적인 범위에서 복사하여 그것을 즐기는 사람에 대해 일일이 과금을 하는 것이 현실적이거나 효율적이지 않은 경우에, 그 미디어인 공 비디오테이프, CD, DVD나 녹음 녹화기기의 가격에 약간 추가하여 그 금액분을 제조업자에게 징수하는 방법이 있다. 그러나 실은 저작권과는 관계가 없는 미디어의 이용(자신이 직접 찍은 사진을 미디어에 보존하는 등)에 대해서도 과금을 하게 되어, 공평하다고 할 수는 없다. 디지털음악 휴대 플레이어(iPod 등)에 대해서 저작권이 있는 음악 데이터가 복사되고 그것으로 기기가 팔리기 때문에 음악 저작권 관리 단체가 이들 기기에 대한 과금을 주장하지만, 그와 같은 문제에 봉착하게 된다.

마지막으로 본래 저작권의 목적이 창조활동의 촉진에 있다는 사실로 되돌아가서, 문화정책으로서 정부 혹은 다른 분야의 주체(기업이나 개인)가 앞으로 많은 문화적 재화를 생산할 수 있는 것으로 보이는 우수한 주체에 대해 조성금이나 상금, 일의 발주 등의 형태로 뭔가 지불을 하는 것도 하나의 방법이다. 저작권이, 보호 대상인 문화적, 예술적 질의 고저를 전혀 문제 삼지 않고 포괄적으로 보호하고 시장에서 성공한 자에 대해 사후 보수를 보장하는 시스템인 것에 비해, 문화정책은 선택적으로 사전에 창작 인센티브를 주는 점에서 효율적이라는 면도 있다. 그러나 한편 누가 어떤 기준으로 '우수한' 문화를 고르는가 하는 문제가 영원한 과제로 남으며, 그 정치성에 대한 문제도 많다.

이상 거론한 대체 시스템들은 모두 뭔가 미흡한 점이 있으며, 현행 저작권법 자체가 완벽하다고 할 수 없다는 점은 전 세계적 과제라 할 수 있다. 그러나 복제가 간단한 분야와 그렇지 않은 분야, 비즈니스 정보에 부가가치를 부여하는 것이 용이한 분야와 그렇지 않은 분야도 있어서, 저작권이 전혀 없는 세상으로 돌아간다고 해도 사회적으로 바람직할 만큼 문화 창조가 활발해질지는 확실하지 않다. 일단 현 시점에서는 여러 가지 시행착오가 있어서 전통적인 저작권의 핵심을 남기면서도 상기와 같은 비즈니스 모델도 일정한 발전을 보여서 그 혼합 양상이 이어질 것이라고 보는 것이 타당하다.

5. 맺음말

디지털 정보로서의 콘텐츠는 정보재, 경험재로, 기능이나 효능으로 소비자에게 소구할 수 없다. 그 내용은 아티스트, 크리에이터의 감정과 자기표현을 많이 포함하며 그것이 시장에서 받아들여질지 어떨지를 예측하는 것은 통상의 상품에 비해 현저히 어렵다. 소비자들은 콘텐츠를 경험하기 전까지는 그것이 즐거운 것인지 어떤지 모르는 채 소비 행동을 결정해야 한다. 이러한 재화의 마케팅에서는 소비자에게서 시간을 얼마나 얻어낼 수 있을까, 그리고 상품의 브랜드를 어떻게 구축할 수 있을까 하는 두 가지 큰 과제가 있다.

콘텐츠는 준공공재적 성질을 가지고 있는 것도 큰 특징이다. 정보는 그에 대해 시장에서 지불을 한 사람들뿐만 아니라 다른 사람들, 사회 전체에 대해서도 편익을 가져다준다는 외부 효과를 갖는다. 따라서 지불하지 않고 무임승차하는 사람들이 늘기 때문에, 콘텐츠의 생산자는 창조 의욕을 잃고 결국 사회 전체에 바람직하지 않은 결과를 초래한다. 그래서 저작권이라는 창작물에 대한 배타적 지배권을 설정하여 창작활동에 대한 인센티브를 주는 시스템이 저작권법이다.

그러나 저작권의 존재로 인해 소비자에게는 저작물에 대한 이용제한이 생기며, 차세대 창작자들로서도 기존 저작물을 이용한 새로운 창작 활동은 마음대로 할 수 없게 된다. 저작권법이 문화의 발전을 목적으로 하는 것이라면, 저작물의 보호와 그 자유로운 이용 사이에서 적당한 밸런스를 취해야 한다. 경제학에서도 원래 배타적인 권리, 독점적 시장이라는 것에 대한 회의가 있기 때문에, 저작권의 경제학, 복제의 경제학이라는 분야에서는 저작권에 대한 의문이 제기되어 왔다.

저작권법이 디지털 사회의 상황에 잘 대처하고 있다고 할 수는 없다는 사실도 지적했다. 적정한 법적 제도의 구축이야말로 넓은 의미에서 콘텐츠산업에서 가장 큰 과제일 것이다.

본장에서는 콘텐츠산업의 비즈니스 모델이 붕괴하고 있다는 사실도 언급했다. 종래에는 소비자로부터의 직접 지불(CD나 서적에 대한 지불), 광고비(민간 TV방송), 이 두 가지의 혼합을 수입원으로 성립해 온 비즈니스였지만, 인터넷과 스마트폰의 발달에 의해 종래의 수입원에 의존하는 것만으로는 비즈니스로서 성립하기 힘들게 되었다. 특히 음악은 제9장에서 언급하겠지만, 세계적으로 인터넷상의 스트리밍 서비스가 늘고 있다. 무료로 들을 수 있는 부분은 광고가 붙지만, 유료 회원이 되면 정액으로 매월 지불이 발생하므로 소비자 입장에서는 음악에 대한 지불의 양상은 이전과는 상당히 달라지게 되었다. 한편 소비자들은 아날로그적 경험(라이브 등)이나 관련 상품에 대한 지불을 늘리고 있다. 또한 네트상에 소비자가 남기는 행동 이력 등의 데이터는 콘텐츠산업 외 기업 마케팅에 큰 가치를 지니며, IT플랫폼은 이 양쪽을 연결시키고 있다. 앞으로 모든 산업이 온라인상에서 어떤 비즈니스를 전개할까 하는 점이 문제가 되고 있다. 자신의 수중에서 자신에게 편리한 시간과 장소에서 콘텐츠를 소비하고 싶다는 소비자의 요구에 앞으로 산업측이 어떻게 대응할지 주시해야 할 것이다.

인용문헌

河島伸子(2013), 「現代美術と著作権法－インセンティブ論に関する一考察」, 同志社大学知的財産法研究会, 『知的財産法の挑戦』, 弘文堂.
新宅純二郎・柳川範之編著(2008), 『フリーコピーの経済学－デジタル化とコンテンツビジネスの未来』, 日本経済新聞出版社.
田中辰雄・林紘一郎(2008), 『著作権保護期間－延長は文化を振興するか?』, 勁草書房.
田村善之(2006), 『著作権法概説第2版』, 有斐閣.
中山信弘(1996), 『マルチメディアと著作権』, 岩波新書.
中山信弘・金子敏哉編(1996), 『しなやかな著作権制度に向けて－コンテンツと著作権の役割』, 信山社.
名和小太郎(1996), 『サイバースペースの著作権』, 中公新書.

Towse, R.(2008), "Why Has Cultural Economics Ignored Copyright?" *Journal of Cultural Economics*, 32, pp.243~259.

* 문화적 재화의 특징에 대해 가장 참조가 많이 되는 연구서
Caves, R. E.(2000), *Creative Industries: Contracts between Art and Commerce*, Harvard University Press.

* 저작권에 관한 입문서
福井健策(2015), 『18歳の著作権入門』, ちくまプリマー新書.
福井健策(2012), 『ネットの自由 vs 著作権』, 光文社新書.
福井健策(2010), 『著作権の世紀』, 集英社新書.
福井健策(2005), 『著作権とは何か』, 集英社新書.

* 법률서를 읽고 싶은 사람에게 추천
島並良・上野達弘・横山久芳(2016), 『著作権法入門第2版』, 有斐閣.

* 저작권에 관한 경제학 연구서
Gordon, W. J. and Watt, R.(eds.) (2003), *The Economics of Copyright: Developments in Research and Analysis*, Edward Elgar.
Towse, R.(2001), *Creativity, Incentive and Reward: An Economic Analysis of Copyright and Culture in the Information Age*, Edward Elgar.
Towse, R.(ed.) (2001), *Copyright in the Cultural Industries*, Edward Elgar.

* 지적 재산권 일반에 걸친 각종 법률의 경제 분석
Landes, W. M. and Posner, R. A.(2003), *The Economic Structure of Intellectual Property Law*, The Belknap Press.

제4장

아티스트, 크리에이터와 콘텐츠산업

제1장에서는 콘텐츠산업의 구조를 제작, 상품화와 마케팅 활동을 포함하는 유통, 소매의 각 과정으로 나누어 분석하고, 부가가치의 연쇄에 대해 생각해 보았다. 20세기에 발달한 콘텐츠산업의 특징은 수많은 개인 아티스트를 중심으로 제1차 창작 활동이 이루어지고, 그것을 상품화하는 소수의 '유통업자'(영화 메이저 기업, 출판사, 레코드 회사 등)의 활동에 의해 성립되는 데 있다. 제1차적 창작활동은 문화, 아트, 상상력, 창조성 등으로 대표되는 독창적인 크리에이션이며 기본적으로는 개인이 표현하는 행위이다. 그것이 뭔가 다른 사람의 지시나 명령을 받아 기계적으로 종사하는 활동과는 양태가 완전히 다르다는 점은 누구나 다 이해할 수 있을 것이다. 즉 그러한 활동은 납기나 분량과 같은 것(예를 들면 마감일, 숫자 제한 등)으로 어느 정도 제약이 있기는 하지만, 그 활동의 성과물에 대해 품질 면에서 혹은 시장에서의 성공을 구체적으로 미리 지정하고 주문할 수는 없다. 즉 제1차 창조자에 대해서는 일반적으로는 느슨한 컨트롤이 있을 뿐으로, 적어도 작품의 구상이 이루어지는 단계가 되어야 비로소 구체적인 컨트롤을 하게 되는 것이다.

그에 반해 유통업자들 사이에서는 매우 비즈니스답게, 예산관리, 프로젝트 진행, 제품의 시장 전개 등의 점에서 타이트한 컨트롤이 이루어진다. 따라서 메이저 기업에서 일을 한다고 하는 것은 크리에이티브한 활동을 돕는다기보다는 오히려 이익의 최대화를 꾀하는 기업 경영의 일단을 담당하게 된다는 것이다. 영화의 메이저 기업에서는 한때는 영화를 아주 좋아하는 사람들이 우연히 그 일을 하게 된다는 식이었지만, 지금은 미국의 경영대학원 졸업생들이 마치 금융업에 종사하는 것처럼 자금 계산만 하고 있다고 한탄을 하는 영화인들도 적지 않다.

그렇다면 창조적 자율성을 지닌 아티스트, 크리에이터들과 그들의 표현활동 결과를 상품화하는 냉철한 비즈니스 정신을 따르는 유통업자 사이의 미크로한 레벨에서의 관계는 어떨까? 본장에서는 이 양측의 관계를 살펴보기로 한다. 또한 제1장에서도 사용했듯이, 본서에서는 '유통업자'라는 말을 사용하지만, 뭔가 크리에이티브한 소재를 '상품화, 제품화'하고 그것을 시장에 내보내는 마케팅 활동에 종사하는 기업(구체적으로는 출판사, 레코드회사, 영화 스튜디오 등)도 포함하여 추상적 의미로 사용한다.

1. 게이트 키퍼

이 양자의 관계를 이해하는데 가장 유효한 열쇠가 되는 것은 문화사회학에서 사용하는 '게이트 키퍼'라는 개념이다. 여기에서는 문자 그대로 '문지기'라고 해석하여, 문의 입구에서 통과시킬 사람과 통과시키지 않을 사람을 선별하는 사람이라는 의미로 이해하면 될 것이다.

이 사람들은 무수히 존재하는 창조활동의 성과물을 상품화하는 과정에서 큰 역할을 한다. 세상에 수없이 많이 존재하는 소설, 음악 작품, 영화의 아이디어 등 모든 것을 상품으로서 판매하는 것은 비효율적이며 실제로는 불가능하다. 그렇다면 누군가 상품화 이전 단계에서 입구를 만들고 문 안쪽으로 들어가려는 사람(창작의 발상, 성과물)의 흐름을 컨트롤해야 한다. 그것을 지키는 것만으로도 큰일이지만, 통행을 시켜야 할 사람이 적을 경우에 문지기는 적극적으로 문 밖으로 나가 누군가 문을 통과하기에 어울리는 사람을 찾아와야 한다. 문 안쪽에서 상품화 작업을 하는 사람들로서는 문을 통과하지 못한 사람(창작물)에게 무슨 일이 있는지 알 수 없기 때문에 문지기의 심사 능력을 신뢰하는데서 일이 시작된다.

이와 같이 큰 영향력을 지닌 문지기란 대체 누구인가? 문지기는 어떤 가치관과 심사능력을 가지고 있을까, 또한 문지기는 액티브하게 문밖으로 나갈 여유와 필요, 능력을 갖추고 있을까, 실제로 문지기는 어떻게 의사결정을 하는 것일까? 그들은 아티스트, 크리에이터의 업무상 성공의 열쇠를 쥐고 있으며, 한편으로 사회 전체의 시각에서 보면, 그들의 의사 결정은 문화의 방향성, 내용, 발전에 큰 영향을 미친다. 이렇게 게이트 키퍼의 업무는, 기본적으로는 ① 상품화 가능한 재능의 발굴과 선정에 있지만, 일은 문 밖에도 있어서, ② 제1차 창작자를 고무하여 작품을 보다 잘 만들게 하기 위한 조언, 작품 창조 과정에 관여하거나 완성된 작품을 독자적 시점에서 재배치 혹은 조합하는 큐레이션 등의 일, 그리고 보다 넓게는 ③ 완성된 창조적인 작품을 마켓에 팔기 위한 프로모션의 일까지 포함한다.(松井, 2019, p.19 참조)

예를 들어 음악 세계로 말을 하자면, 우선은 레코드 회사의 A&R(아티스트 & 레파토리) 부문에 있는 신인 개척자가 이에 해당할 것이다. 그들에게는 프로모션용 녹음 데이터가 산더미처럼 밀려 들어오지만, 한편 재능 있는 아마추어를 찾기 위해 라이브 하우스, 학생 콘서트, 길거리로 나가 이거다 싶은 신인에게 말을 거는 경우도 있다. 음악 프로듀서라는 사람들은 뮤지션에게 악곡에 대해 어드바이스하고 함께 녹음을 완성하는 일을 한다.

영화에서는 각본을 쓰는 것이 제1차 창작자의 일이기 때문에 그것을 영화제작 프로듀서에게 보내고 흥미를 갖게 함으로써 비로소 영화화의 길을 걸을 수 있다. 영화 프로듀서는 직접 아이디어를 생각해내거나 자신이 직접 발견하거나 소설의 영화화권을 사는 방법을 취하는 경우도 있지만, 여기저기에서 보내온 각본 중에서 뛰어난 것을 발견하는 것도 중요한 기획개발 수법이다. 그러나 그렇게 영화화할 꿈을 꾸며 각본을 쓰는 사람들은 얼마든지 있다. 그들은 그런 작품들 대부분은 상업화할 가치가 없다고 판단하지만, 산더미 속에서 반짝반짝 빛이 나는 작품을 발견하는 것은 매우 어려운 기술이고 시간도 걸려서 비효율적이다.

이에 게이트 키퍼로서 영화 프로듀서가 취할 수 있는 전략은 그런 작업을 누군가에게 대행하게 하는 것이다. 프로듀서 자신이 '각본을 읽는 전문가'를 고용할 수도 있지만, 보통은 각본가 에이전트(대리인)에 어느 정도 의존한다. 물론, 에이전트의 '안목'을 신뢰하는 것이 대전제이다. 각본가에게 일이 오게 되면 에이전트는 각본가가 받을 금액의 일부를 보수로 받는다. 에이전트는 자신의 보수와 관련되는 일이기 때문에 프로듀서에 대해 단순히 각본을 보내고 답변을 기다리는 것이 아니라 적극적으로 전화를 걸거나 하여 각본을 파는 활동을 한다.

할리우드 엔터테인먼트 업계(이하 본서에서는 할리우드라 한다)는 이러한 사정에서 모든 아티스트, 크리에이터(감독, 배우, 각본가, 뮤지션, 그리고 프로듀서 자신까지)에게 에이전트가 붙는다고 해도 좋을 것이다. 제1차 크리에이터는 개인이며, 창작에 종사하기 위해서는 그것을 파는 것은 누군가 신뢰할 만한 사람에게 맡기고 수많은 구입처와 접촉하기를 바라기 때문이다. 한편 상품화 과정을 담당하는 업자(예를 들면 출판사의 편집자)에게는 이들 크리에이터의 활동을 파악하여 적당히 접촉하는 것은 매우 품이 드는 작업으로, 비즈니스 교섭은 중개역을 통해 신속하게 진행하고 싶어 한다. 따라서 할리우드의 생성 초기부터 (문예에서는 더 예전부터) 크리에이터의 대리업이라는 것이 발달했고, 이는 일반적으로 탤런트 에이전시라 한다. 일본처럼 탤런트가 '소속 사무소'에서 급료를 받는 시스템과는 달리 아티스트, 크리에이터 측이 에이전트를 고용하고 에이전트에게 수수료를 지불한다는 사실에 주의하기 바란다.

이 에이전시 자체도 일종의 게이트 키퍼다. 현재 할리우드에서 가장 유력한 에이전시는 4개 있는데(윌리엄 모리스 엔데버, UTA, ICM, CAA), 그들의 클라이언트는 초일류 아티스트, 크리에이터뿐으로 신참 배우는 이런 격이 높은 에이전시에는 얼씬도 못한다. 신참 배우들에게는, TV드라마나 CM 일 등과 같은 영상업계에서는 격이 낮은 일의 오디션을 소개하는 작고 격이 낮은 에이전시가 있어서, 우선 그런 곳에서 출발해야 한다. 그리고 인기가 올라감에 따라 격이 높은 에이전시로 옮기고, 마지막에는 앞에서 언급한 A랭크 에이전시에 도달한다. 할리우드에서는 업계 사람들이 이런 형태로 랭크가 명확하기 때문에 B랭크 배우가 A랭크의 에이전시에 소속되는 일은 있을 수 없으며,

그 반대도 마찬가지이다.

　문제는 A랭크의 배우가 인기를 잃고 영화에서 큰 역할을 맡지 못했을 때의 일이다. 과거의 영광으로 봐서 싸구려 일이라고 생각되는 일이기는 하지만, CM의 출연계약(일본과 달리 영화배우가 출연해서는 안 된다고 생각한다)도 맺지 못하고 출연료도 나빠질지 모른다. 그러나 일단 A랭크가 된 배우가 아무리 인기가 떨어졌다고 해도 B랭크로 가는 일은 없다는 것이 할리우드의 원칙이다. 따라서 A랭크의 배우에 대해서는 그런 일을 하자는 권유조차 하기 어렵게 된다. 물론 그런 배우는 고령이 되면 실은 금전적으로 어려운 경우가 많다. 인기 절정기에 익숙해진 화려한 삶을 유지하는 것도 상당히 큰일이다.

　이러한 에이전시에서 일하는 사람을 에이전트라 하는데, 특히 A랭크의 에이전시에 들어가는 것은 엔터테인먼트 비즈니스에서 커리어를 쌓기 위한 하나의 루트로 확립되어 있다. 예를 들면 캘리포니아대학 로스앤젤레스교(UCLA)의 비즈니스 스쿨에는 엔터테인먼트 매니지먼트라는 대학원 전문코스 혹은 같은 학교의 필름 스쿨이라는 영화학을 전공하는 대학원이 있는데, 이들 졸업생의 취직처로 전혀 손색이 없는 일이다. 에이전트로서의 첫 일이라면 엘리트 선별주의가 통상인 미국 기업의 경우와 달리 도제제도에 가까운 방식을 오늘날에도 유지하고 있다는 것은 놀라운 사실이다. 즉 처음 1년 가까이는 어시스턴트로서 누군가 에이전트에 붙어서 걸려오는 전화에 응답을 하거나 손님의 안내, 우편물의 분리작업 등을 한다. 이러한 일은 같은 학력으로 말하자면 투자은행에 근무하는 사람들이라면 틀림없이 비서에게 맡길 단순한 업무들뿐이다. 그러나 이 업계에서는 이것은 중요한 연수프로그램으로 여겨지고 있다. 그것은 업계의 체질이 오래되어서가 아니라, 그런 과정을 통해, 할리우드에서는 누가 누구와 사이가 좋고 빈번하게 연락을 하며 어떤 식으로 연계가 되어 있는가, 하는 인맥의 구도를 파악할 수 있게 되기 때문이다. 에이전트의 일에서 가장 중요한 정보는 이들 단순작업을 성실하게 처리함으로써 상당 부분 흡수할 수 있다. 다만, 소셜 미디어가 발달한 오늘날 그러한 부분에는 변화가 있을 수도 있다.

연수 기간을 마치고 훌륭한 에이전트가 되면, 세 종류의 직종이 있다. 첫째는 아티스트, 크리에이터 등 클라이언트 응대이다. 개개의 아티스트는 생활이 달려 있기 때문에 필사적으로 일을 맡게 해 달라, 혹은 더 유리하게 교섭을 해 달라고 하며 때로는 감정적으로 접근한다. 그러한 요구를 적당히 반영하면서 클라이언트로서의 커리어 개발을 생각하여 적절한 일을 획득할 수 있도록 연결해 주고 그 수수료를 받는 것이 중요한 일이다. 두 번째는, 메이저 회사나 큰 제작회사의 영업 담당으로 빈번하게 그들과 식사를 하거나 만나거나 하면서 그들이 무엇에 관심이 있고, 어떤 니즈가 있는지를 탐색하는 일이다. 이러한 두 종류의 직무가 에이전시 내부에서 어우러지면서 누구를 누구에게 소개하고 어떤 프로젝트를 짤까 하는 기획개발을 하는 것이, 현재 에이전시의 일이다. 그리고 세 번째는 각본가, 감독과 주연 배우 등을 영화 혹은 TV드라마용으로 '패키지화'하여 그것을 프로듀서에게 파는 일이다. 이는 원래는 TV초창기에 영화회사가 TV프로그램을 만드는데 소극적이었던 시기에 나온 방법인데, 오늘날에는 당연한 것으로 영화 제작에서도 볼 수 있게 되었다. 그러한 경우에 그 안이 통과하면, 크리에이터들이 받는 보수의 일부가 아니라 방송국에서 프로그램 제작 회사에 지불되는 금액의 일부를 받고, 프로그램이 히트하여 케이블TV시장이나 다른 2차사용으로 파는 경우에는 그 매출의 일부를 받는 보수 제도가 정착되어 있다. 이렇게 되면, 이미 크리에이터의 대리인이라는 입장을 넘어 스스로가 기획자로서 비즈니스에 참가하는 셈이 되어 때로는 그쪽의 이익이 클라이언트인 배우의 이익과 상반되는 경우도 있다는 문제를 안고 있다.(Bielby and Bielby, 1999) 그러나 이 시스템을 무너뜨릴 요인은 특별히 없어서, 할리우드에서 기획자로서 가장 힘이 있는 것은 유력 에이전시라고 알려져 있다.

또한 여기에서 에이전트가 여기저기 각본을 보냄으로써 그것을 받은 프로듀서가 원형이 되는 발상을 훔치거나 누군가 다른 사람이 각본 그 자체를 훔치거나 하는 일은 없는지 걱정이 되는 독자도 있을 것이다. 우선 후자와 같은 일이 일어나지 않도록 통상 각본가는 송부 전에 각본가 조합이 운영하는 각본 등록 시스템에 신청하여 자신의 각본을 등록한다. 그렇게 해서 나중에 그 각본과 같은 것이 나왔을 경우에는 먼저 등록한 자를 저작자로 재판에서도 인정하고 있고 업계 룰로서도 확립되어 있기 때문에, 일단 안심하고 많은 상대들에게 송부할 수 있게 되어 있다.

그러면 전자와 같은 행위, 즉 아이디어 면에서 아주 비슷한 작품의 출현이라는 사건은 어떠한가? 이에 대해서는 소송에 이르는 일도 적지 않다. 각본가로서는 완전히 쓸모없어졌다고 생각하고 있던 자신의 각본과 비슷한 스토리가 영화화되어 있다, 그러나 그에 대해 지불을 받은 기억은 없다, 라고 하는 저작권 침해에 대해 소송을 하는 것이다. 이러한 사건은 사실 인정 면에서 어렵다. 우선 비슷하다는 것이 '아이디어'라고 인정되면, 그것은 저작권 침해 대상이 되지 않는다. 예를 들어 「로미오와 줄리엣」에 아직 저작권이 있다고 해도, '라이벌인 두

집안의 남녀가 사랑에 빠져 비극적 결말을 맞이했다'고 하는 스토리의 근간, 아이디어 자체를 보호의 대상으로 해 버리면, 저작권 존속 기간에 별 특별하지도 않은 아이디어를 표현할 자유가 제한되고 창작활동 전체가 위축된다는 부정적 영향을 미치기 때문이다. 그러나 원작의 일부 표현을 그대로 모방했다고 한다면 복제권을 침해했다고 할 수 있는 여지가 생긴다. 물론 흔한 표현인 '안녕하세요. 별일 없으세요', '잘 지냅니다'와 같은 대화를 보호 대상으로 한다면, 새로운 각본은 아무도 쓸 수 없게 될 것이다. 저작권법학자 다무라 요시유키(田村善之, 2006, p.15)는 가와바타 야스나리(川端康成)의 소설『설국(雪国)』의 유명한 시작 부분인 '국경의 긴 터널을 빠져나오자 설국이었다'라는 한 문장은 보호 대상으로 할 수 없다고 한다. 이러한 흔한 표현을 보호대상으로 하여 후속 창작활동을 방해하는 일이 있어서는 안 된다고 생각하기 때문이다. 이런 표현의 문학성은 차치하고, 국경의 터널을 나오니 온통 눈 천지였다는 상태는 단순한 아이디어로, 자작권 보호 관점에서 보면 창작성이 없다고 판단된다는 것이다. 또한 설령 두 표현 사이에 상당한 유사성이 보인다 해도 그 양이 전체적으로 봐서 상대적으로 적다고 판단되면, 그것은 저작권 침해라고 할 수 없는 경우가 많다. 역으로 설령 양적으로는 적어도 그것이 그 작품의 창조적 표현 부분을 재생하고 있는 경우는 저작권 침해가 될 수 있다. 이렇게 객관적으로 판단하는 데에는 어려운 점이 많기 때문에 저작권, 복제권 침해에 대해서는 해당 사안이 어느 쪽에 속하는지 사실 판단하기 어렵다.

또한 지금까지 상세히 언급해 온 게이트 키퍼의 역할이 오늘날 디지털 사회에서 어떻게 변화했는가 하는 점도 신경이 쓰이는 바이다. 음악을 예로 들자면 레코드 회사를 통하지 않아도 자기 나름대로 음악 데이터를 업로드하고 그것을 직접 자신이 팬에게 파는 것을 지원하는 웹사이트는 수없이 많다. 지금까지와는 달리 모두 '직거래'로 아티스트로서도 팬의 반응을 직접 접할 수 있고 그것을 보면서 다음 곡을 업로드할 수도 있다. 그리고 그것이 우연히 히트로 연결되는 일도 오늘날처럼 소셜 미디어가 발달한 세상에는 얼마든지 많다. 아티스트가 아무에게도 힘을 빌리지 않고 편곡, 블랜딩, 프로모션, 마케팅까지 모든 것을 관장하는 것은 큰일이기는 하지만, 적어도 레코드회사에 중간착취를 당하는 느낌은 들지 않을 것이다. 이러한 움직임은 '탈 중간업자화 (disintermeditation)'라고 하며, 여기에서 민주주의적, 풀뿌리 문화의 발전과 같은 이상을 보는 사람도 있지만, 완전한 인디즈가 Spotify나 Apple Music에 업로드하기 위해서는 역시 다른 의미에서의 중간업자 (음악 콘텐츠를 모으는 업자로, aggregator라고 한다)를 통해야 한다. 그들이 어느 정도의 음악을 '상품'으로 생각하고 그 질적 심사를 하는지는 잘 모른다. 플랫폼에 제공하는 음악 라이브러리는 크면 클수록 좋고, 효율적인 계약을 할 수 있는 상대인지가 중시되어, 굳이 말하자면 인디즈는 제외되게 된다. 또한 스트리밍 서비스에서는 인기 플레이리스트를 만드는 사람(큐레이터라고 한다)이 '인플루언서'로서 중요성을 더해가고 있다. 그 리스트에 올라가는 바람에 갑자기 인기가 올라가는 일도 있기 때문에, 새로운 게이트 키퍼가 출현했다고 할 수도 있다. 이러한 새로운 게이트 키퍼의 파워에 주목하는 사람들은 '탈 중간업자화'는 환상에 지나지 않는다고 하고 있다.

아티스트, 크리에이터와 중간업자와의 관계가 앞으로 어떻게 변화할지 주시할 필요가 있다.

2. 제1차 창조자의 노동시장

앞에서 제1차 창조활동에 종사하는 아티스트, 크리에이터는 얼마든지 있다고 언급했는데, 정확히 얼마나 있는 것일까? 그리고 그런 사람들의 노동시장은 어떤 구조로 되어 있을까, 그리고 위에서 언급한 게이트 키퍼와의 관계는 어떤 성격을 띠는가? 이러한 문제들은 콘텐츠산업의 시스템을 이해하는데 중요하다.

우선 주의해야 할 것은, 일반적으로 '아티스트'라 칭하는 사람들은 업무상 비영리 예술계와 영리 콘텐츠계의 구별을 별로 의식하지 않는다는 것이다. 문화경제학, 문화정책학의 관점에서는 양자를 분리하여 논하고 싶지만, 개인 아티스트에 관한 통계나 자료에서 그 구별은 의미가 없다. 개인 아티스트는 어쨌든 뭔가의 형태로 보수를 얻는 것을 목적으로 하기 때문이다. 설사 직접적으로 돈이 되지 않는다 해도 아티스트로서의 사회적 명성으로 이어지는 일을 하는 것은 그것이 장래 커리어에 도움이 되기 때문이다. 자신이 좋아하는 일을 하는 데 따르는 만족감은 매우 비금전적이기는 하지만 문화경제학에서는 그것을 심리적 수입(psychic income)이라 하며, 통상의 노동자가 자유시간을 할애하여 팔면서 일을 하고 돈을 얻는 것과는 다르다. 일종의 가치를 지닌 보수라 생각한다. 이렇게 생각하면 시간과 노력에 합당한가 아닌가와는 별도로 아티스트는 상대가 영리, 비영리 목적 여부에 관계없이 자신의 서비스를 제공하고 보수를 얻게 되는 것이다. 따라서 아티스트의 수나 수입을 통계적으로 봐도, 그 안에서 콘텐츠산업 종사분만을 추출하는 것은 매우 어렵다.

여기에서 일본의 통계자료를 보면 【표 4-1】, 우선 '예술가'라는 직

【표 4-1】 예술가 인구(2015년)

(단위 : 명)

예술가(기자, 편집자 제외)	25,290
조각가, 화가, 공예미술가	37,820
디자이너	193,830
사진가, 영상촬영자	63,730
음악가	23,180
무용가, 배우, 연출가, 연예가	53,960
합계	397,810

출전: 총무성 2015년도 인구조사

업을 가진 사람들의 합계 수가 40만 명 남짓으로 의외로 많다는 사실을 알 수 있다. 이 조사에서 예술가란 직업란에 '저술가', '조각가, 화가, 공예미술가', '디자이너', '사진가, 영상촬영자', '음악가', '무용가, 배우, 연출가, 연예가' 중 어느 하나에 해당한다고 기입한 사람들이다. 자기 나름대로 이들 문화활동을 직업으로 삼고 있다고 자기 신고한 사람들인데, 실제로 어느 정도 수입을 얻고 있는지는 알 수 없다. 그래서 '음악가'를 예로 들어 저작권 수입을 얻을 수 있을 것 같은, 작사, 작곡을 직업으로 하는 음악가가 어느 정도 있는지를 추측해 보고자 한다. 이에는 일본음악저작권협회(JASRAC)의 회원, 신탁자로 되어 있는 사람들의 수가 하나의 참고 자료가 된다. 이에 의하면, 2017년 4월 시점에서 작사가 3,163여 명, 작곡가 2,619명 남짓, 작사 작곡가는 5,119명에 이른다. 그들이 현재 활동을 하고 있는지 어떤지는 전혀 알 수 없다. 통상, 작사, 작곡을 직업으로 삼고 있는 경우는 음악출판사에 저작권 관리를 위탁하여 음악이 사용될 때마다 허락료를 받는데 등록에는 비용이 들기 때문에 완전한 아마추어가 등록한다고 할 수는 없다. 또한 클래식 음악을 기초로 한 순수음악(현대음악)도 이 분류에 들어갈 수는 있겠지만, 그러한 분야의 아티스트는 숫자가 한정되어 있기 때문에, 일단 대부분이 상업음악계라고 봐도 좋을 것이다. 그러나 그중에는 30년 전에 만든 곡(저작권은 살아 있다)이 아직도 노래방에서 사용되고 있기 때문에 회원 등록을 계속하고 있는 경우도 있다.

특히 '디자이너'라는 구분의 크기도 눈에 띄는데, 이는 그래픽 디자이너, 잡지나 웹 등의 디자인 등 상업적 디자인과 관련이 있는 사람들이 많다는 것을 반영하고 있다고 여겨지며, 2000년에는 13만 명 미만이었던 것에 비추어 보면 큰 폭으로 증가했음을 알 수 있다.

이와 같이 수적인 부분에서의 정확한 통계는 얻을 수 없지만, 특징으로서 상당한 수의 사람들이 창조활동에 종사하며 뭔가의 형태로 보수를 얻고 있거나 혹은 앞으로 얻으려고 한다는 것은 확실히 알 수 있다. 그러나 일반적으로 아티스트의 노동시장은 항상적으로 공급 과다라고 한다. 아티스트, 크리에이터가 되고 싶은 사람들은 수없이 많지만, 항상적으로 그 수요는 부족하기 때문에 본장 제1절에서 언급한 게이트 키퍼가 존재하는 것이다. 이러한 수급의 불균형은 영리, 비영리 문화를 불문하고 마찬가지라 할 수 있는데, 이는 왜 그런 것일까? 그 이유를 알기 위해서는 우선 아티스트, 크리에이터의 수입이 어느 정도인지를 알아야 할 것이다. 그러나 전술한 바와 같이, 취업자 수조차 잘 파악할 수 없기 때문에 그들의 수입에 관한 통계를 얻기는 더 어렵다. 일반적으로 일부 스타 아티스트는 매우 부유하지만, 그 외 대부분은 겨우 근근이 먹고 살 수 있을 정도라는 이미지가 있다. 이는 아마 크게 틀린 말은 아닐 것이다.(八木, 2019)

구미의 다양한 조사 결과를 종합한 타우스(Towse, 2001, p.52)에 의하면, 평균적으로 봐서 아티스트의 수입은 동등한 교육 레벨을 받은 고용자에 비해 많다고는 할 수 없고, 그에서 약간 떨어지는 정도라고 한다. 물론 그들의 연 수입에는 부차적인 아르바이트수입(교원, 교수업, 기타 아트와는 무관한 아르바이트 등)이 포함되며, 배우자 등의 도움으로 생활을 유지하는 경우가 많고, 순수한 아트 활동에 의한 수입은 역시 적다고 한다. 그러나 앞에서 언급한 심리적 보수가 있기 때문에, 설령 현금 수입으로서는 좀 부족해도 심리적으로 그것을 보완하고 있는지도 모른다.

어쨌든, 수입수준도 그렇게 높지 않으면서도 이러한 일에는 마이너스 요소도 많다. 예를 들면 일이 불규칙하고 부정기적으로 있어서 안정적이지 않고, 장시간 노동에 처하기 쉬우며, 가혹한 노동조건하 촬영현장에서의 사고 위험도 적지 않다는 점을 들 수 있다. 일본에서는 애니메이터가 너무나 저임금으로 장시간 노동을 하고 있다고 매스컴에서 화제가 되는 일도 있는데, 그러한 가혹한 노동조건은 애니메이션 업계만이 아니라 일반적 현상이다. 또한 성공이나 커리어 형성의 루트가 확정되어 있지 않기 때문에 장래에 대한 불확실성은 늘 존재한다. 일단 성공한 사람들이라 해도 자신의 전성기가 언제 끝날지 늘 불안한 마음을 품고 있다. 배우라면 젊었을 무렵의 이미지와는 다른 이미지로 재기를 꾀하는 것이 필요한 시기도 있는데, 그에 실패하면 그것으로 업계로부터 외면을 당하는 일도 있다. 반대로 '전성기'일 때 CM등에 너무 노출이 되면 질려버려서 탤런트 생명을 단축시키는 경우도 있다. 그러나 스타가 되기를 꿈꾸며 적지 않은 그 가능성을 걸고 리스크를 두려워하지 않는 사람들이 많다. 또한 미술대학 등 고등교육 기관이, 졸업생의 대부분이 일이 없다는 현실과는 상관없이, 젊은 인재들을 적극적으로 받아들인다는 제도적 문제점도 보인다.(물론 대학은 직업

훈련소가 아니기 때문에 그래도 괜찮을지도 모른다) 어쨌든 스타의 지위에 이르는 정해진 길이 제시되는 일이 없기 때문에, 정보가 불충분한 상태에서 사람들은 꿈에 현혹되어 시장에 진입하는 것인지도 모른다. 스포츠처럼 힘의 차이가 명확하게 드러나는 분야, 혹은 뭔가 자격제도가 있는 분야와는 다른, 크리에이티브한 일에 특징적인 현상일 것이다.

또한 크리에이티브 산업에서 일을 하는 사람들의 노동조건이 일반적으로 열악하고 임금도 낮은 것을 문제시하는 연구도 많다.(Hesmond-halgh and Baker, 2011) 더욱이 구미에서는 크리에이티브 산업에 한한 것은 아니지만, 대학 졸업 후 무급 인턴십 기간을 거치지 않으면 애초에 취직이 불가능한 경우가 많기 때문에 그것을 극복하는 것은 나름의 부유한 가정의 아이들로 한정이 되고, 그 구조가 미디어산업 등에서는 매니지먼트층까지 계속된다는 지적도 있다. 민족적 마이너리티 출신자나 여성도 전체적으로 불리한 입장에 있다고 한다.

3. 제1차 창조자와 유통업자의 관계

이러한 노동시장이기는 하지만, 장래 아티스트, 크리에이터가 되려는 사람들은 정보가 불충분해서인지 아니면 일반인보다 리스크를 받아들이는 데 적극적인 탓인지, 적어도 젊은 시절에는 이 노동시장에 들어서고자 한다. 게이트 키퍼의 심사를 통과하면 훌륭하게 유통업자(출판사나 레이블)와 계약 관계에 들어갈 수가 있다. 그러나 이 계약 관계에는 많은 충돌이 있다.

우선 유통업자로서는 특히 아직 이름이 없는 아티스트의 작품을 상품화하여 팔게 되면, 그 제작이나 선전에 비용이 드는 데 비해 원금을 회수하기 힘들다는 리스크가 있다. 아티스트로서는 가능한 한 유리한 조건으로 계약하고 싶지만, 팔리기 전에는 교섭력이 약하다. 계약 내용에는 지불 액수와 방법, 그 시기 각 당사자의 의무 내용, 위반했을 경우의 효과 등이 포함된다. 서적, 음악CD의 출판, 판매와 관련되는 계약과 영화의 출연, 감독 등과 관련된 계약의 경우, 유통업자 측이 아티스트, 크리에이터에 대해 서비스나 콘텐츠 제공에 대한 보수를 일괄 지불로 하는 방식과, 완성된 작품의 판매 상황에 따라 그 판매 가격이나 이익의 몇 퍼센트를 지불하는 인세방식이 있다. 인세방식의 경우에는 일괄 지불의 조합이 많지만, 일단 개념상 두 가지로 나누어 생각할 수 있다.

실제로는 유명 아티스트, 신인 아티스트를 불문하고 인세방식을 취하는 경우가 매우 많다. 일괄로 하는 것이 손해라는 이미지가 있을지 모르지만, 일괄 금액에 따라서는 그렇지 않다고 할 수 있다. 또한 인세방식의 경우에는 판매고에 좌우되어 결국 얼마가 될지 모른다고 하는 큰 리스크를 안게 된다. 게다가 그 지불이 이루어지는 것은 어드밴스(일정액을 먼저 받지만 최종적인 인세 합계액에서 공제된다)를 제외하면 장래의 일이므로, 현금의 흐름이라는 점에서 불리하다. 저명 아티스트라면 인세방식을 일괄 방식과 조합하는 데에는 큰 메리트가 있는 것 같지만, 신인 아티스트가 인세방식을 선택하는 것은 판매의 불확정 리스크를 스스로 떠안는 것을 의미한다. 특히 영화의 경우는 촬영에 들어가도 작품이 뭔가의 이유로 인해 완성이 되지 못했을 때 보수를 받지 못하고 끝날 위험이 있다. 아티스트 개인에 비해, 기업은 다양한 프로젝트를 안고 있어 리스크 분산이 쉽기 때문에 압도적으로 유리함에도 불구하지만 말이다. 신인이라면 당장 현금으로 받는 것이, 불확실하게 미래에 소액씩 지불을 받는 것보다 유리할 것이다. 아티스트 전체로 보면, 인세방식은 결국 일부 슈퍼스타에 대해 보수가 편중되게 하고 그 외 대다수는 그를 위한 보험을 지불하는 것과 마찬가지인 것이다. 그럼에도 불구하고 왜 인세방식이 우세하고 또 아티스트들은 그 방식을 좋아하는 것일까?(이 점에 대한 논의는 Hansmann and Santilli, 2001을 참조)

그 설명 중의 하나로, 이는 유통업자에 대해 아티스트 측이 자신의 일의 질에 자신을 가지고 있음을 나타내는 효과가 있고, 유통업자는 그러한 아티스트와 계약을 하고 싶어 하기 때문일 것이라는 설이다. 유통업자란 어떤 의미에서 벤처 캐피탈업자이기 때문에, 투자처를 생각할 때 리스크 회피만을 생각하며 저자세를 취하는 아티스트보다도 스스로 리스크를 안고 함께 성장하기 위해 노력하는 태도를 보이는 아티스트에 대해 투자 의욕이 생기는 법이다. 또한 많은 아티스트들 입장에서 보면, 작품의 질이 좋고 인기가 있으면 다음 작품에도 그 효과가 미쳐 그 판매고도 올라가는 일이 많기 때문에, 인세방식을 선택함으로써 앞으로도 좋은 작품을 만들기 위해 노력을 하겠다는 자신의 책임감과 장기적 커리어 플랜을 표명할(그러한 시그널을 보여줄) 수도 있다. 이러한 '시그널 효과설'에는 자신의 재능, 일에 대한 열정, 돌파해 나가려는 의지 등에 대해 판단할 때 보다 많은 정보를 가지고 있는 것은 유통업자가 아니라 아티스트 개인이라는 전제가 있다.

이러한 시그널을 보여주는 아티스트는 유통업자로서는 반가운 존재이다. 역으로 한 번 매절계약으로 돈을 받고 나면 도망을 쳐버리는 아티스트는, 장기적으로 자사가 떠안을 포트폴리오 전체의 시각에서 보려고 하는, 자금력이 풍부한 유통업자에게는 매력적인 존재는 아니다. 물론 아티스트 개인이 많은 정보를 가지고 있어도 그 판단에 실수도 있을 수 있고 리스크도 매우 크다는 위험도 있다. 작품의 질과 일에 대한 열정만이 아니라 시장에서 팔릴까 팔리지 않을까를 판단하는 데에는 유통업자 쪽이 더 많은 정보를 가지고 있다는 사실에 주목하면, (사회적으로는 비효율이 발생해서) 시그널 효과설의 전제가 무너지기 때문에 이 설명은 절대적이라고 할 수는 없다.

다른 설명으로서는 (그 나름의 실적이 있는 아티스트들 사이에서) 작품 완성 전에 계약이 체결되는 경우에 인세방식은 유통업자에게 리스크 회피 효과를 낳는다는 사실을 들 수 있다. 인세방식이 선호되는 세 번째 설명으로서는, 아티스트 자신에게 자신의 작품을 적극적으로 프로모트하는 인센티브를 주는 셈이 되고, 그것은 유통업자에게도 이익을 낳기 때문이라는 점을 들 수 있다. 예를 들면 아티스트가 적극적으로 콘서트 투어나 사인회를 가면 자신에게도 이익이 되고 유통업자의 판매고 증가로도 이어진다.

또 한 가지는 유통업자에게 있어 인세방식이 일괄지급을 하는 것보다 큰 이익을 낳을 가능성이 높기 때문이다. 통상 개별 작품이 어느 정도 팔릴지, 상품화에 드는 비용은 어느 정도일지 등에 대한 정보는 유통업자가 압도적으로 많이 가지고 있으며, 아티스트 쪽은 그 점에 있어 불리한 상태에서 계약할 수밖에 없다. 유통업자는 이러한 정보의 비대칭성을 이용하여 부당하게 다대한 이익을 얻고 있다는 것이 여기에서의 전제조건이다. 즉, 인세방식으로 하면, 일괄지급이었다면 지불해야 한다고 내심 생각하고 있던 가격보다, 결국 적게 지불해도 된다고 유통업자는 계산하는 것이다. 반대로 이러한 원리는 매우 저명하여 출판사들 사이에서 경쟁의 대상이 되는 작가가, 아직 구상중인 차기 작품의 출판사를 찾을 때 복수의 경쟁 관계에 있는 출판사에 대해 일괄지급으로 얼마를 줄지 제시하라고 입찰을 내세우는 경우를 생각하면 이해가 될 것이다.(이러한 입찰은 미국에서는 실제로 자주 있는 일이다) 이 경우 각 출판사는 냉정하게 그 작품의 가치를 추측하고 시장가치에 어울리는 금액이 얼마인지 본심을 드러낼 수밖에 없게 된다.

또한 작품 완성 전의 계약에서는 제작에 드는 노력의 정도나 질을 미리 특정하고 그것을 지킬 의무가 잘 이행되고 있는지를 감시하기가 어렵다. 따라서 영화출연자, 감독 등에 대한 보수의 지불 계약에 대해서는 인세방식으로 좋은 작품을 만들도록 유인을 하는 것이, 유통업자에게는 효율적이라 할 수 있다. 그러나 인세방식의 계약을 체결하는 데 있어서는 지불액의 계산 방법, 지불 시기 등에 대해 개별적, 구체적이고 상세한 결정이 필요하기 때문에 일반적으로 거래 코스트가 많이 들게 된다.(Chishom, 1997, pp.175~176)

물론 영화처럼 한 사람의 힘만으로는 흥행상의 성공을 결정할 수 없는 프로젝트에서는 배우의 출연료 지불은 고정급과 인세의 조합이기는 하지만, 배우는 고정급을 올리는데도 힘을 쏟고 있다. 인기가 있고 흥행상의 성공을 가져올 가능성이 높은 스타 배우라면 물론 인세방식도 요구하지만,(영화업계의 용어로는 participation이라고 한다) 영화처럼 성공, 실패의 예측이 어려운 업종에서는 확실히 고정급을 최대한 확보하는 것이 안전하기 때문이다. 또한 인세 부분의 계산에 대해서는 유통업자도 프로듀서도 '창조적 회계(creative accounting)'에 의해 영화 프로젝트가 얼마나 손실을 내고 끝냈는지를 보여주는 악명 높은 방법을 발달시키고 있다. 이는 순이익(Gross Receipts)의 몇 %에 해당하는 '참가자'에 대한 지불을 최소한도로 억제하고 메이저 스튜디오 및 프로듀서의 수중에 남는 금액을 최대화하기 위해서이며, 배우에게는 불리한 상황이다.

이상과 같은 이론을 치졸름(Chisholm, 1997, p.177)은 다음과 같이 정리하고 있다. 영화제작에서 배우에 대한 지불에는, 인세방식을 도입하는 데 따른 계약의 거래와 감시 비용이 많이 들어도 그것을 웃돌 정도로 큰 편익이 있는 경우, 그리고 영화 제작 시처럼 배우의 노력의 정도가 계약대로 지켜지는지를 측정하고 감시하는 비용이 너무 높을 경우(즉, 일괄 지불에 의해 모럴 해저드가 일어날 경우)에도 노력에 대한 인센티브를 금전적으로 주는 인세방식이 선호될 것이다. 치졸름은 이 이론이 실증적 데이터에 의해 어느 정도 증명되고 있다고 논하고 있다.

물론 실제로는 아직 바리에이션이 많이 있어, 이론에만 토대하여 일괄적으로 어떤 방식이 우세할 것이라고 단언하기는 어렵다. 프로듀서 및 유통업자 측으로서는 실패했을 때, '저 스타를 투입했는데도 이 정도였다'라고 변명할 수 있기 때문에 혹은 그만큼 해당 프로젝트에 기대를 걸었다는 것을 보여주고 싶기 때문에, 어떻게든 그 스타 배우를 확보하기 위해 과할 정도의 계약 금액을 일괄하여 지불하는 경우도 있다.(Chisholm, 2004) 혹은 프로듀서에 따라서는 최초로 지불하는 금액은 '고정비'이므로, 될 수 있는 한 그것을 억제하고 싶다는 고려에서 인세방식을 권장하고 대신 그 비율을 높이는 교섭 방법을 쓰는 경우도 있다.

4. 맺음말

콘텐츠산업에서 가치 연쇄는 제1차 창작활동에서 시작되지만, 그

성과물이 상품화되어 유통기구를 통해 이동하기 위해서는 많은 게이트 키퍼의 심사를 통과해야만 한다. 할리우드에서는 특히 에이전시가 발달하여 프로듀서들을 위해 제1차 심사를 실시한다. 팔리는 소재라면, 에이전시에도 수수료가 들어오기 때문에 그것을 판매하기 위해 필사적이 되고 프로듀서로서는 효율적으로 일을 할 수 있게 된다. 할리우드에서 유력한 탤런트 에이전시는 배우, 감독, 각본가 등 다기에 걸친 직종의 탤런트를 확보하고 있으며, 이들을 조합하여 영화나 TV 프로그램의 프로듀서에게 제안을 하는 경우도 있다. 이렇게 해서 기획이 결정되는 경우도 많기 때문에, 에이전시는 할리우드에서는 큰 영향력을 갖는 조직이 되었다.

제1차 창작활동에 종사하는 아티스트, 크리에이터의 수는 항상적으로 수요를 훨씬 넘고 있다. 정확한 숫자나 수입에 관한 통계는 거의 없어서 실태는 확실하지 않지만, 아티스트란 하이 리턴을 목표로 하이 리스크 커리어 형성을 노리는 사람들이다.

그들이 일단 게이트 키퍼의 심사를 통과하여 유통업자와의 계약에 도달했다고 하면, 이번에는 어떠한 보수 형태를 취하는가에 대한 문제가 발생한다. 크게는 일괄지급방식과 인세방식(소위 성공보수)이 있는데, 콘텐츠업계에서는 후자를 선호하는 경향이 보인다. 인세방식에는 아티스트가 일에 대한 책임감을 보여주는 효과가 있으며, 그것은 유통업자들이 선호한다는 점, 그리고 양자가 시장에서의 성공이라는 목표를 공유한다는 점에서 서로에게 유리하다. 그러나 일반적으로 인세방식은 아티스트에게 작품이 팔리지 않을 경우의 리스크를 떠안게 하는 것으로 리스크 분산이 쉬운 유통업자에게 유리한 지불형태로 여겨지기도 한다.

물론 아티스트가 신인인지 아니면 대스타인지에 따라 리스크에 대한 허용도는 다르다. 또한 영화배우처럼 인세방식이(일괄지급에 더해) 적용되는 것은 대스타에 한정되는 업계와 출판이나 음악처럼 그것이 표준화되어 있는 업계를 나누어 생각할 필요가 있다.

인용문헌

田中善之(2006), 『著作権法概説 第2版』, 有斐閣.

松井剛(2019), 『アメリカに日本のマンガを輸出する』, 有斐閣.

八木匡(2019), 「芸術家と労働」, 後藤和子・勝浦正樹編, 『文化経済学』, 有斐閣.

Bielby, W. T. and Bielby, D. D.(1999), "Origanization Mediation of Project-Based Labar Markets: Talent Agencies and the Careers of Screenwriters" *American Sociological Review*, 64, pp.64~85.

Chisholm, D. C.(2004), "Two-Part Share Contracts, Risk, and the Life Cycle of Stars: Some Empirical Results from Motion Picture Contracts" *Journal of Cultural Economics*, 28, pp.37~56.

Chisholm, D. C.(1997), "Profit-Sharing versus Fixed-Payment Contracts: Evidence from the Motion Pictures Industry" *The Journal of Law, Economics and Organization*, 13-1, pp.169~201.

Hansmann, H. and Santilli, M.(2001), "Royalties for Artists versus Royalties for Authors and Composers" *Journal of Cultural Economics*, 25, pp.259~281.

Hesmondhalgh, D. and Baker, S.(2011), *Creative Labour: Media Work in the Cultural Industries*, Routledge.

Towse, R.(2001), *Creativity, Incentive and Reward: An Economic Analysis of Copyright and Culture in the Information Age*, Edward Elgar.

참고문헌

▪ 기타 문화산업의 노동시장 연구에서 가장 저명한 연구자의 서적

Menger, P-M.(2014), *The Economics of Creativity*, Harvard University Press.

제2부

콘텐츠산업 경제의 지리

글로벌 전개와 로컬 거점

제5장

콘텐츠산업을 둘러싼 글로벌 환경의 변화

    콘텐츠산업은 통상의 산업과 마찬가지로 자율적으로 시장 공략 전략을 입안하고 그것을 실행에 옮겨서 성장, 확대하고자 하지만, 산업을 둘러싼 경제적, 정치적, 법적, 기술적 환경 변화의 영향을 받는다. 또한 역으로 스스로의 이해와 합치한 비즈니스 환경의 정비를 향해 입법에 영향을 주는 활동도 필요해진다. 할리우드의 메이저 기업은 미국 의회에 대해 적극적으로 로비활동을 하여 자신들에게 유리한 비즈니스 환경을 만들기 위해 움직여 왔다.

    근년에 현저해진 마크로한 환경변화는 경제, 문화의 글로벌화이지만, 콘텐츠산업에서도 국외 수출은 중요성을 더하게 되었다. 그만큼 콘텐츠산업도 국제적인 정치 무대, 무역 교섭의 장에서 문화나 경제의 첨예한 대립에 휘말리게 되었다. 또한 콘텐츠산업의 중핵을 이루는 저작권 비즈니스가 확대됨에 따라 이 역시 마찬가지로 국제 교섭의 대상이 되어 글로벌 경제시대에 맞게 저작권법 수정이 이루어지고 있다. 더욱이 모든 콘텐츠가 유통되기 위한 수단으로서 혹은 콘텐츠산업 그 자체로서도 방송이나 인터넷 통신의 중요성이 증가함으로써 방송, 통신을 둘러싼 법규제(및 그 완화)의 변화에도 주목해야 한다. 본장에서는 콘텐츠산업을 둘러싼 글로벌 환경변화를 살펴본다.

1. 저작권법-확장의 역사

제3장에서 살펴보았듯이, 근대적인 저작권법이 생긴 것은 18세기 영국에서였지만 그 후 그것은 기술혁신과 함께 확대일로를 걸어왔다.

우선 법의 생성기에는 문예작품이 저작권 보호의 대상이었지만, 그 후 보호는 지도, 미술, 음악 등도 대상으로 하게 되었고, 더 나아가서는 사진, 영화 등 19세기 말에서 20세기 초에 걸쳐 등장한 새로운 문화 표현도 대상으로 하게 되었다. 특히 20세기 후반에는 컴퓨터 소프트웨어라는, 지금까지 보호해 온 창작활동 성과물과는 좀 성격을 달리하여 문화적이라고 하기보다는 실무상의 기능성이 강한 지적 생산물까지 포함되게 되었다.

보호의 대상만이 아니라 보호 기간도 확대일로를 걷고 있다. 18세기 법률이 생길 당시에는 보호기간이 불과 14년이었지만, 그 후 각국의 저작권법에서는 몇 번이나 기간이 연장되어 왔다. 현재 저작권법에 관한 국제조약인 베른 조약상으로는 저작자의 생존 기간 중 및 사후 50년을 가맹국으로서는 최저한 법으로 정해야 한다. 유럽에서는 이것이 사후 70년으로 길다. 미국에서도 1998년 법 개정에 의해 그때까지 50년이었던 것을 유럽에 맞춰 70년으로 개정했다. 미국에서의 법 개정에 대해서는 마침 당시 디즈니사의 미키 마우스의 저작권이 끊길 때가 된 사정이 영향을 미쳤다. 법 개정이 없었다면 미키 마우스는 '퍼블릭 도메인'[9]으로 들어가서 그 이미지를 누구나 자유롭게 사용할 수 있게 되었을 것이었다. 그러나 그 캐릭터가 지닌 경제적 가치를 20년간 더 독점하고 싶었던 디즈니 및 그와 이익을 같이 하는 할리우드의 엔터테인먼트 업계는 의회를 대상으로 활발한 로비활동을 벌여 미국에서의 저작권 보호를 더 연장하는 법 개정에 성공했다.(다만, 이 경우는 법인저작으로, 원래 작품의 공개 후 75년간 보호였던 것이 공개 후 95년으로 연장된다고 하는 개정이었다) 이러한 경위가 있었기 때문에 연장을 위한 법을 야유하여 '미키 마우스 보호법'이라고 부를 정도이다.

그리고 오랫동안 저작권의 생존기간 중 및 사후 50년간을 보호기간으로 해 온 일본에서도 결국 2018년 법 개정으로 미국, 유럽과 보조를 맞춘 70년이 되었다. 이전부터 구미 제국으로부터 압력도 있었고, 몇 번인가 연장이 검토되기는 했지만, 2010년까지의 시점에서 일본 정부로서는 계속 보류를 해왔다. 그러나 미국이 TPP(환태평양 파트너십)라는 관세 기타 무역 장애가 되는 것을 철폐한 일대 자유경제권을 만들고자 움직이기 시작했고, 그 가운데 저작권 보호기간을 미국과 발을 맞출 필요가 있다고 주장하게 되었다. 그런데 교섭 도중에 미국의 정권 교체가 있어, 트럼프 대통령은 그 구상에 반대를 했고 저작권 보호기간 연장 이야기도 사그라드는 것처럼 보였다. 그러나 미국이 빠진 TPP11의 발효와 함께 비교적 명확하게 연장이 결정되어 버렸다. 원래 연장에 반대하는 지식인 포럼도 있었고, 다나카(田中)·하야시(林) 저(2008)에서도, ① 연장에 의해 '퍼블릭 도메인'으로 들어가는(자유롭게 사용할 수 있게 되는) 시점이 미루어지게 되고, ② 보호기간이 길어지면 그 권리자

---

9   퍼블릭 도메인이란 저작권 보호기간 만료 등의 이유에 의해 저작물에 대해 저작권을 행사할 수 있는 주체가 존재하지 않는 상태를 일컫는다. 누구나 자유롭게 이용해도 되는 저작물 풀이라고 할 수 있다.

를 찾아서 사용을 교섭하는 것이 그만큼 부담이 되며, ③그에 비해 일부 저작권자 이외에는 별 메리트가 없기(몇 십 년이나 계속 팔리는 작품은 극히 적다) 때문에 연장에 의한 마이너스가 플러스보다 크다는 주장이 있었다. 그럼에도 불구하고 별 큰 이슈가 되지 않고 법안이 국회를 통과한 것을 유감으로 생각하는 식자들도 적지 않다.

저작권법이 저작물을 컨트롤할 권리의 종류 면에서도 확대된 것은 중요한 의미를 갖는다. 콜롬비아대학의 우 교수(Wu, 2004)에 의하면, 미국의 저작권법은 문화의 전달, 유통에 관한 기술혁신 때마다 개정의 큰 국면을 맞이하여 문화 미디어의 일종의 규제로서 작용해 왔다고 한다. 예를 들어 미국에서는 주크박스(바 등에 설치되어 있는 기계로, 코인을 넣고 자신이 고른 곡을 업소 전체에 들리도록 틀 수 있다)가 생겨서 보급이 되었을 때도, 라디오 방송이 보급이 되었을 때도, 레코드 업계는 맹렬하게 반발하며 저작권 침해를 호소했다. 업계로서는 패키지 미디어로서의 레코드를 판매함으로써 이익을 얻는 비즈니스 모델을 무너뜨리는 위협이 되기 때문이다.

확실히 라디오 방송이나 주크박스를 통해 음악을 저작자의 허락 없이 틀어서 들려주는 것은 저작권자로서는 기회 이익의 손실에 해당할지도 모른다. 하지만 그렇다고 해서 그러한 음악의 보급 수단을 불법으로 보는 것은 이미 발달, 보급된 효율적 기술을 후퇴시키는 것에 다름 아니다. 또한 저작자의 허락을 받아야만 한다고 하는, 종래의 저작권법을 적용하면 라디오든 주크박스 제공자든 번거로운 수속을 밟아야만 한다. 그 결과 허락을 얻지 못하는 경우가 많아지면, 결국 그 새로운 음악 유통수단은 성립할 수 없게 된다. 그래서 지불은 의무가 되지만, 허락에 대해서는 저작자에게 유무를 묻지 않기로 하는 '강제 허락' 제도를 취하는 방향으로 저작권법상의 개정이 이루어졌다.

한편 TV방송이 발달한 후에 TV의 지상파를 그대로 유선으로 방송하는 케이블TV가 시작되어 방송서비스로서 발달했다. 오늘날의 미국에서는 이 케이블TV는 산간 벽지 등 난시청 지역에도 TV방송을 보내거나 다채널화를 가능하게 하는 등 방송 서비스 확대에 기여한 중요한 기술이며, 방송문화를 크게 변화시키는 영향력을 지니고 있지만, 당시에는 확실히 기존 TV방송국으로서는 위협으로 보였다. 여기에서 방송국 측에서는 TV방송 신호 자체를 일종의 무형 재산이라 하여 그 보호를 주장하는 논법을 취하거나 연방 방송 행정에 로비를 하고 부정경쟁방지법·저작권법위반이라고 하는 소송 제기 등의 수단도 사용하며 어떻게든 케이블TV를 억제하고자 하는 투쟁을 10년 이상 전개했다. 그러나 케이블의 불법화라는 방송국 입장에서의 전면적 승리는 결국 무리라는 사실이 밝혀지고 입법에 의한 타협적 해결을 보게 되었다. 라디오 등의 경우와 마찬가지로 TV프로그램 저작권자에게 일일이 허락을 받아야 한다면, 결국 케이블TV방송의 내용을 아무것도 얻을 수 없을 가능성이 높고, 난시청지역의 TV방송 수신의 편의를 꾀할 수 없게 된다. 이렇게 새로운 기술을 억제하는 것은 사회적으로 바람직하지 않다는 판단에서 TV프로그램의 저작권자에 대한 지불이 저작권법상 의무화되기는 했지만, 방송 허락을 반드시 해 주어야 하게 되었다.

이들 사례를 보면, 저작권법은 저작물 보호를 통해 창작활동에 대한 인센티브를 주는 것이라고 통상 이해되고 있지만(제3장 참조), 반면 저작물의 유통에 종사하는 기존업자와 새로운 기술로 그 시장에 진입한 신규사업자와의 대립 해결을 통해 문화 콘텐츠의 유통규제(특히 그 완화)를 해왔다고 볼 수 있다는 우교수의 주장에는 설득력이 있음을 알 수 있다. 그 주장을 한발 더 나아가서 보여주는 것이 미국에서 몇 개의 할리우드 영화회사가 소니를 저작권(간접적) 침해행위로 고소한 사건일 것이다.

그 소송에서 1970년대 당시 할리우드의 영화회사(유니버설사, 디즈니사)들은, 새로 탄생한 소니제 가정용 비디오 녹화기로 TV에서 방영하고 있는 자사 영화를 마음대로 사람들이 녹화하는 것은 저작물을 허락 없이 복제하는 행위이며 저작권 침해에 해당한다고 주장했다. 특히 그러한 행위를 가능하게 하는 기계를 제조, 판매하여 저작권 침해를 촉진, 방조하고 있는 소니를 간접침해자라고 고소한 것이었다. 사실 관계를 보는 한에서는 확실히 개인 시청자가 하는 행위는 복제물의 작성이라고 할 수 있으며, 실제로 재판에서도 1심에서는 소니가 이기기는 했지만 2심에서는 영화회사 측이 이겼다. 그러나 최고재판소[10]에서는 하급심을 부정하고, 가정용 비디오 녹화기라는 당시 획기적인 문화유통에 관한 기술의 보급이 이미 있음에도 불구하고 그것을 저작권자들의 경제적 이익을 지키기 위해 금지하는 것은 사회 전체로서 바람직하지 않다고 하는 고려하에 '타임 시프트'(영화의 방영시간과는 다른 시간대에 녹화한 영화를 보기 위한 시간적 이동)를 목적으로 한다면 개인이 녹화를 하는 것은 '페어 유쓰'[11]라는 공정한 행위로 저작권자의

10　[역주] 한국의 대법원에 해당함.

11　[역주] '페어 유쓰(공정이용)'란 미국의 저작권법상 일반적으로 저작권의 제한을 인정하는 법리이다. 쉽게 말하자면 복제나 번안 등의 행위를 제3자가 권리자의 허락 없이 행했을 경우라도 여러 가지 사정을 감안하여 그것을 침해행위로 보지 않는다고 하는 법리이다. 일본의 저작권법에서는 개별적으로 상세한 제한 규정이 있지만, (예를 들어 교육목적의 이용, 사적 이용의 경우), 이 사례 사항 이외의 일반적 이유로 허락 없는 복제행위 등의 저작물 이용행위가 불법이 아니라고 인정하는 것은 어렵다. 이에 대해 미국의 페어 유쓰는 저작물의 이용 목적, 저작물의 성질, 이용 부분의 양과 질적 중요성, 이용행위가

허락 없이 해도 괜찮다는 판결로 귀결되었다. 그 기계가 저작권으로 보호받지 못하는 작품 등의 녹화에도 사용되고, 일반 소비자들에게는 그것을 사용할 권리가 있을 것이라는 생각도 판결을 이끄는 데 영향을 미쳤다. 반대의 판결이 나왔다면 미국에서는 지금쯤 가정용 비디오 녹화기가(더 나아가서는 복사기, CD를 복사하는 소프트웨어, 휴대 디지털 음악 재생기 등도) 존재하지 못했을 지도 모른다. 실제로 할리우드로서도 위협이라고 생각했던 기기가 오히려 영화의 수요를 확대시키는 바람직한 결과를 초래하여 그 시야가 얼마나 좁은지를 노정시키고 있는 것은 흥미롭다.

그 외에도 영화 비디오 대여 금지권, 공중 송신 금지권(예를 들면 작품을 허락 없이 방송하는 것의 금지권) 등도 새로운 기술, 유통수단, 비즈니스 형태가 생길 때마다 그것을 일정한 틀로 수렴하기 위해 창설되었다. 2000년 무렵부터 문제가 된 파일 교환 소프트가 이러한 새로운 기술, 유통 수단의 일례임은 분명하다. 이에 대해서는 제9장에서 다시 거론하기로 하겠다.

저작권자에게 주는 경제적 손해의 유무 등의 사정을 고려하여 저작권자의 허락 없는 이용행위를 공정하다고 볼 수 있는 일반 조건이다. 실제로는 이용 행위의 불법성에 대해 소송을 당한 피고가 재판에서 항변으로 원용하는 것이며 재판소는 전술한 바와 같은 관점을 적용하여 종합적으로 판단하게 된다. 페어 유쓰는 판례법과 함께 발전해 온 것이며 판단 기준은 객관적으로 명확하다고 할 수 없다. 따라서 예측가능성이 적고 법적 안정성의 관점에서는 문제가 있다. 그러나 운용상의 유연성이 풍부하다고 하는 이점이 있기 때문에 최근 일본에서도 크게 주목받게 되었으며, 이것을 저작권법에 적용해야 한다는 의견도 있다. 실제로 2018년 저작권법 개정에서 '유연한 권리제한 규정'의 정비가 있었으며, 디지털 네트워크 기술의 발전에 의해 새로 발생하는 다양한 저작물 이용 니즈에 적확하게 대응하기 위한 규정이 저작권법에 도입되었다. 다만, 미국의 페어 유쓰와 같이, 극히 광범위에 걸친 유연성을 갖는 것은 아니다.

2. 국제무역과 콘텐츠산업

저작권법의 확장 경향은 이러한 신기술, 새로운 비즈니스 형태에 대응하는 것으로서 보호대상, 기간, 권리의 면에서 볼 수 있지만, 그것만으로는 선진국의 콘텐츠산업으로서 불충분하다고 여겨져 왔다. 특히 미국 같은 콘텐츠 수출 초대국으로서는 세계 각국에서 미국과 같은 레벨의 보호를 해 주는 저작권법이 제정되어 실제로 효력을 가지고 있지 않으면 의미가 없기 때문이다. 특히 개발도상국에서 영화나 음악의 불법 복제가 만연하고 싼 가격으로 팔리는 것은 콘텐츠산업으로서는 끔찍한 사태이다.

그래서 미국은 1980년대부터 국제적 교섭의 장에서 세계 각국이 저작권법을 제대로 정비하고 법이 그림의 떡이 되지 않고 실효성 있는 집행이 이루어지도록 진력하여 오늘날에는 일정한 성과를 올렸다. 그것은 국제무역의 시스템과 지식재산권(저작권 외에 특허권, 상표권 등을 포함하는 보다 넓은 개념) 보호의 시스템을 긴밀하게 연동시킴으로써 가능해졌다.

우선 미국에서는 할리우드 영화는 단순한 문화나 오락이 아니라 일대 수출 산업으로서 큰 힘을 가지고 있다고 인식되어 왔다. 이는 근년에 시작된 것이 아니라 1920년대 제1차 세계대전으로 피폐해진 유럽의 영화산업이 힘을 잃고 있을 동안 영화를 수출하게 된 데서 그 발단을 찾을 수 있다. 그 당시 이미 미국 영화수출협회라는 조직이 생겼지만, 제2차세계대전 후에도 미국 영화를 수출함으로써 외화를 벌뿐만이 아니라 미국 문화, 미국적 생활양식에 대한 동경을 세계에 확산시킬 수 있는 중요한 '문화외교'의 수단으로서 인식되기도 하였다. 그리고 그 협회 자체가 '작은 국무성'이라고 불렸을 정도이다. 이 조직은 수출의 가격, 수량, 거래 조건 등의 면에서 할리우드 메이저들이 카르텔을 만들어 일률적인 조건으로 배급계약을 맺어 가는 것을 법적으로 용인하기 위한 소위 받침대 구실을 하면서, 동시에 의회를 상대로 로비활동도 활발하게 전개하여 미국 영화계의 이익 확보에 진력해 왔다.

영화, 음악산업 및 소프트웨어 산업 등의 업계 단체가 의회에 대해 늘 호소하는 것은 미국의 '저작권산업'(즉 콘텐츠산업)의 이익이 해외의 저작권법이 불충분하여 손해를 본다는 것이었다. 베른 조약 가맹국(미국의 가맹은 유럽 제국보다 100년이 늦은 1989년의 일이지만)에서는 일정 레벨의 저작권법이 정비되어 있을 것이며, 또한 국제연합 전문 기관인 세계지적소유권기관(WIPO)에서도 국제적으로 저작권법 보호를 추진하고 있지만, 할리우드는 그들 기관이 위반에 대한 제재권한을 가지고 있지 않은 데 대해 강한 불만을 품고 있었다. 그래서 우선 1980년대에는 미합중국통상대표부(UATR)라는 국가 기구에 호소하는 전략을 취했다. 이 기구 자체는 일본과의 사이에서 말하자면, 반도체나 자동차의 수출을 둘러싼 미일무역마찰에서 미국의 이익을 주장하는 강경한 기관이었던 것으로 알려져 있다. 그로써 알 수 있듯이 특히 저작권이나 지식재산에 관한 전문 기관은 아니다. 그러나 특히 1984년의 법 개정에 의해 통상과 지식재산권의 보호 관계가 심화되었다. 우선 미국의 통상법 301조 및 슈퍼 301조에서 무역상대국이 '적절한 상대'가 아닌 경우 대통령이 미국 수입 관세를 면제한다고 하는 특혜적 사항 부여를 취소할 권한(혹은 USTR 자신이 행동을 할 권한)을 가지게 되어 있다. 이에 착목한 할리우드는 완전한 저작권법의 정비와 그 집행력의 실효성을 표시하지 않는 한, USTR로 하여금 무역상의 특권을 취소하는 조치를 취하게 했다. 실제로 브라질, 한국, 중국 등에서는 불법 복제가 나돌고 있었는데, 이 조항을 발동시키는 것은 각국의 수출에 큰 타격이 되기 때문에 그 가능성을 시사하는 것만으로도 충분히 효과가 있어, 세계의 신흥국에서 저작권법이 강화되게 되었다.

이러한 조치는 양국 간 협의의 결과이지만, 다국간 협의, 국제 교섭의 장에서도 마찬가지로 무역과 문화를 둘러싸고 할리우드의 이익을 베이스로 논의하는 움직임이 시작되었다. 그 장의 첫 번째가 GATT(관세 및 무역에 관한 일반 협정)였다. 여기에서도 미국의 주장은 할리우드의 이익을 대변하는 것이었다. 내용상으로는 첫째, 영화나 TV프로그램도 자동차나 농작물처럼 무역의 장벽을 극력 폐지하여 자유무역의 대상으로 해야 한다는 주장이 있었다. 보다 구체적으로는 제7장에서 언급할, 유럽 각국의 영화 산업 보호를 목적으로 하는, 방영시간 할당제와 자국 영화 산업에 대한 보조금을 교부하는 조치가 공격의 표적이 되었다. 이에 대해 프랑스 및 캐나다는 영상 산업은 '문화적' 재화로, 통상의 무역 대상물과 똑같다고 할 수 없으므로, 무역상의 제한을 가해 자국의 문화를 보호하는 것은 타당하다고 주장하며 미국과 정면에서 대립했다. 프랑스는 자국 문화에 자긍심이 높은 나라이며 문화대국으로도 알려져 있기 때문에, 그런 입장을 취하는 것은 이해가 된다. 한편 캐나다는 미국의 가장 가까운 이웃나라인 만큼 자칫 잘못하면 미국의 문화적 지배하에 놓이는 것이 아닌가 하는 의구심이 강하여, 프랑스와 마찬가지로 그러한 방어적 자세를 취하고 있다.

이러한 프랑스와 캐나다의 주장은, 미국에서 보면 무역 자유화의 흐름에 걸림돌로 보일지 모른다. 그러나 영화, 영상 산업에는 문화적,

상징적 의미가 많이 내포되어 있다는 주장은 공허한 핑계라고 할 수만은 없다. 보다 넓은 시야에서 보면 이는 미디어 문화의 글로벌화와 그에 수반하여 발생하고 있다고 여겨지는 문화적 동질화라는, 1980년대부터의 큰 흐름에 대해 로컬 차원에서 사소한 저항이 시도되고 있는 현상이었다고 할 수 있다.

오랜 교섭의 결과 결국 미국 측의 주장은 관통되지 못하고, GATT는 문화적 재화에 대해 예외적 조치(Cultural Exception=문화적 예외)를 취하는 형태로 끝났다. 프랑스처럼 미국 영화를 대량으로 수입하는 나라에서 아직 미국 입장에서 보면 불합리한 조치가 취해진 것이다.

GATT는 그 후 1995년 항상적인 국제기관인 WTO(세계무역기구)가 되었지만, GATT에서 문제가 된 문화적 재화는 오늘날에도 합의의 대상에 포함되지 않고 있다. 즉 문화적 예외가 존속하고 있는 것이다. 더욱이 그 후, 이 논의는 UNESCO(국제연합교육사회문화기구, 유네스코)로 장소를 옮기게 되었고, 미국의 반대에도 불구하고 일본을 포함한 148개국이나 찬성을 하여 '문화적 표현의 다양성 보호 및 촉진에 관한 조약'(문화다양성조약)이 2005년 유네스코 총회에서 가결되었다. 이 조약에서는 각국 고유의 문화를 지키고 그 다양성을 세계적으로 보호하는 것의 중요성이 주장되었으며, 자국 문화산업에 대한 보호 조치, 그리고 특히 미국 등의 외부로부터 밀려 들어오는 획일적 문화에 대한 저항이 정당화되게 되었다.

물론 미국은 이 조약을 비준하지 않고 있다. 실은 채택에 찬성한 일본도 오랫동안 비준하지 않았다. 그런데 비준국이 늘어나고 그 네트워크로 콘텐츠 무역이 확대되고 있는 현상에 비추어, 일본의 콘텐츠 수출 대상국의 확대로 이어지는 것은 아닌가 하며 조약 비준을 향해 정부가 움직이기 시작했다는 보도가 있다.(『일본경제신문(日本経済新聞)』 2019년 7월 29일, 전자판) '문화다양성'이라는 개념을, 각국 로컬 문화를 지구 규모로 보장하고자 하는 의미로 볼 것인가, 아니면 각국의 소비자가 접할 수 있는 문화의 다양성을 일컫는 것으로 볼 것인가, 하는 큰 문제가 있음을 상징하는 사건이라 할 수 있다. 또한 미국은 전략을 바꾸어 미국 문화의 수출에 관한 자유화에 대해서는 양국 간 협의에 의한 자유무역협정(Free Trade Agreements, FTAs)에 의해 상대별로 컨트롤을 해 왔다.

한편 또 하나의 새로운 전략으로서 다자간 협의의 장인 WTO를 이용하여 다시 저작권법의 정비와 집행성에 관한 문제에 착수하였다. 그 결과는 훌륭한 성과를 내서, 1994년 TRIPs협정(지적 소유권의 무역 관련 측면에 관한 협정)이라는 조약의 비준에 이르렀다. 그 조약의 내용과 그것이 의미하는 바는 복잡하다. 우선 세계의 자유무역에 참가하여 그 경제적 은혜를 얻기 위해서는 WTO에 가맹하는 것이 오늘날에는 대전제가 되고 있지만, 그를 위해서는 TRIPs협정에 관한 부속서류를 수락해야만 한다는 조건이 생겼다. 이는 지식재산권의 보호가 국가에 따라 불균형하면 무임승차를 하여 해적판을 만드는 나라에는 수출을 하고 싶은 인센티브가 저하한다, 따라서 자유로운 세계 무역의 확대라고 하는 WTO의 목표에 반한다, 라고 하는(미국 중심의 선진국의) 논리에 바탕하고 있다. 구체적으로 TRIPs에서는 우선 지식재산권을 보호하는 법률의 제정이 의무화되어 있지만, 그 내용에 저작권법에 대해서는 국제조약인 베른 조약보다 보호에 두터운 최저기준도 포함된다. 즉 베른 조약의 상위에 있는 국제적 저작권법의 최저기준이 정해진 것이다. 각국이 그 기준 이상으로 보호를 두텁게 하는 것은 상관없다.

또한 법의 제정만이 아니라 법의 집행체제(예를 들면 재판소의 시스템)와 침해행위에 대한 구제조치가 적절하게 정해질 것도 요구하고 있다. 즉 신흥국은 물론 아프리카 등의 발전도상국들도(개개의 사정은 다소 고려된다고는 하지만) 국제 무역에 참가하고 싶어 하기 때문에, 지식재산권에 관해 선진국과 같은 국내법이 필요해진 것이다.

할리우드를 비롯한 콘텐츠산업 입장에서 TRIPs가 더 적절하다고 판단되는 더 중요한 포인트는 뭔가 다른 나라의 상황에 불만이 있는 경우(예를 들면 저작권법 위반을 엄하게 단속하지 않기 때문에 불법 복제가 끊이지 않는 경우)에, 다른 나라에 소송을 제기하기 위한 시스템(Dispute Settlement Body, 분쟁해결기관)이 생겼다는 것이다. 분쟁해결기관이 당사자의 협의를 시도해도 문제가 해결되지 않는 경우, 불만을 가진 측의 나라는 '패널(소위원회)'이라는 소위 재판소와 같은 시스템을 통해 처리에 나서기를 촉구하는 소송을 제기할 수 있다. 재판처럼 쌍방의 주장, 반박을 듣고 증인 심문, 증거 조사 등이 이루어지면 패널은 결론을 낸다. 지식재산법의 전문가로 구성되는 패널이 WTO 내 분쟁 해결기구에 제출하는 보고는 이 기관 구성원 전원 일치가 아니면 뒤집을 수가 없다. 상소도 가능하지만, 패널처럼 전문가로 구성되는 상소를 심리하는 조직(The Appellate Body, 상급위원회라고 번역)이 제출한 보고가 판결이 되고, 각국은 그 결론에 따른 행동을 취하든가 소송을 제기한 나라로부터의 제재를 받게 된다. 그야말로 재판과 같은 시스템이다.

TRIPs가 WTO에 가맹한 개발도상국을 포함하는 다수의 가맹국에게서 찬동을 얻어 1994년에 맺어진 것은 기적에 가깝다고 할 수 있다.(Drahos with Braithwaite, 2002에서는 조약 비준이 성공에 이른 것은 민주정치가 국제사회에서 기능하지 않았기 때문이라고 주장하고 있다) 기본적으로는 선진국인 미국, EU 제 국가, 일본처럼 지식재산권이 경제활동에 큰 의미를 지닌 국가에는 이익이 되겠지만, 개발도상국에서는 확실히 컴퓨터 소프트웨어, 의약품(특허권) 등을 허락 없이 복제하여 싼 값으로 국내에 보급시키는 것이 어렵게 되었다.

저작권법의 국제적 확대 경향은 특히 디지털화 움직임에 대응하는 형태로도 일어났다. 즉 디지털화에 의해 정보를 복제하기 쉬워졌기 때문에, 업계로서는 그것을 방지하는 신호(예를 들면 음악CD에 한때 심어 두었던 카피 가드 등)를 제품에 끼워서 판매했지만, 신호를 회피하는 디바이스가 나돌게 되었다. 업계 측은 그러한 기기의 보급을 막기 위해 기기의 제조, 판매 등을 불법화하는 국제조약을 체결하도록 정치적으로 영향력을 행사하였고, 그것은 멋지게 성공했다. 그 결과 50개국 이상의 조약 가맹국의 저작권법에는 '기술적 보호수단'의 회피에 관한 조항이 설정되었다. 물론 일본의 법에도 반영이 되어, 위에서 언급한 바와 같은 복제 컨트롤을 회피하는 기기의 판매 등의 행위를 금하고 있다.

여기에서 문제가 되는 것은 위법이 아닌 복제도 할 수 없게 되는 것으로, 그것은 표현의 자유(이에는 정보를 알 권리도 포함된다)를 저해하게 된다는 것이다. 업계가 취한 이익보호수단이 기본적 인권의 하나인 표현의 자유를 저해하는 것은 간과할 수 없는 중요한 문제를 포함하고 있어서 법학자들 사이에서도 이론이 다양하다.

3. 통신을 둘러싼 규제 완화와 콘텐츠산업

근 20~30년 동안 콘텐츠산업을 둘러싼 큰 환경변화로서 한 가지

더 주목해야 할 것은, 통신과 방송에 관한 규제 완화, 민영화·상업화의 움직임이다. 원래 미국과는 별도로 유럽 각국, 일본 혹은 구 소련 등 사회주의 제 국가에서는 방송, 통신 모두 정부의 직영 혹은 독점적 공공사업으로 운영되어 왔다. 일본의 경우 민간 방송이 활발한 나라임에는 틀림없지만, 역시 공공 방송인 NHK는 확고한 지위를 차지하고 있다.

이러한 구조는 시장 경쟁과는 무관하며 정부가 결정한 가격과 양의 서비스를 공급하기 위한 기업체가 시장을 거의 독점하고 있는데 지나지 않았다. 일본에서는 방송에 대해서는 NHK가 그러한 지위에 있으며, 통신관계에서는 일본전화전신공사가 그에 해당된다. 그 외에 예를 들면 철도에서는 국철, 담배·소금 관계에서는 전매공사 등이 있었다. 이러한 공기업에 의한 독점적 상황이 있는 것은 1980년대까지는 대개 각국에 공통된 현상이었다.

그러나 그 후 신자유주의가 세계적인 경제정책으로 유행하고 많은 분야에서 공기업의 민영화, 경쟁원리의 도입 등의 방책이 취해졌다. 통신에서도 마찬가지로 국가적으로 만든 기본 통신구조는 그대로 두면서 통신망의 일부에 대해서는 민간사업자의 진입을 허용하여 경쟁원리를 작동시킴으로써 가격 저하를 꾀하게 되었다. 일본에서도 전전공사(電電公社)가 민영화하여 우선 NTT가 되고, 그것이 분사(分社)하여 더 많은 수의 전화사업회사가 등장하여 서비스 제공에 임하게 되었다. 또한 동시에 이동체통신(移動體通信)이라는 무선통신기술이 특히 발달하여 큰 비즈니스 찬스를 발견한 업자들이 진입하였다.

방송의 민영화와 사업자의 증가는 특히 유럽에서는 현저한 사회변화로 이어졌다. 1980년대 이전에는 방송은 공공성이 극히 높은 것으로서, 영국을 제외한 거의 모든 나라에는 국가적 방송국 밖에 존재하지 않았지만, 민영화가 진행되어 각국에서 채널수가 증가하였다. 더욱이 나라에 따라서는 위성방송, 케이블TV등의 방송(및 통신수단이기도 하다) 인프라 골조가 정비되어 수없이 많은 채널이 난립하고 있다. 21세기에 들어설 무렵에는 디지털화 프로젝트가 진행되어, 한층 더 전파 이용가능성이 확대되고 한 가정에서 수신할 수 있는 채널수는 100개를 넘어서기까지 했다. 종래의 국가적 방송국은 민영화하여 공공 서비스의 제공자로서 위치지워지는 일이 많았다. 그러나 재원의 일부에 광고 수입이 들어가거나 직접 세계적인 보도 서비스의 스테이션으로서 비즈니스에 나선 곳도 있어서 종래의 관료적 체질이라기보다는 기업가 정신에 넘치는 콘텐츠산업으로서 일신하게 되었다. 이러한 움직임은 서구 제국, 호주, 뉴질랜드, 캐나다 등의 선진국에 한하지 않고, 이어서 구 공산권인 동구 제국, 구 소련, 중국 등으로도 시장 개방 정책의 일환으로서 확대되어 갔다. 중국에서는 중국 중앙 TV(CCTV)라는 국영 방송국이 유일한 존재로 유지하고 있다고는 하지만, 그 재원의 100%는 광고수입이며 수신료도 국가 보조금도 받지 않는다. 그에 따라 중국의 광고 시장은 1990년대부터 눈에 띄게 성장했으며 금후 미디어의 발전과 광고 비즈니스의 전망은 기대가 된다. 또한 근년에는 프로그램을 글로벌하게 전개하고 있는 점에서도 약진을 하고 있다고 할 수 있다.

통신과 방송 영역에서의 민영화에 대해 설명을 했는데, 그것들과 콘텐츠산업은 어떤 관계에 있는 것일까? 방송의 민영화가 직접적으로 초래한 영향으로서 제일 먼저 들 수 있는 것은 방송 시간을 채우는 프로그램에 대한 수요의 급증이다. 이렇게 되자 미국처럼 상업적 TV 방송이 고도로 발달하여, 제작비가 많이 들어간 오락작품으로서 잘 만들어진 드라마, 다큐멘터리 등의 2차 사용, 해외 수출 등에도 뛰어난 나라가 우위에 서는 것은 당연하게 여겨지게 되었다. 그렇게 해서 일부 TV프로그램이 미국에서 유럽, 남미, 중동, 아시아, 오세아니아 지역 등의 각지에 널리 수출되게 되었다.

일본의 TV방송에서는 일본 고유의 프로그램이 차지하는 비율이 높아, 미국의 인기 프로그램은 '해외 드라마'라는 별도의 틀에서 밤늦은 시각이나 위성 방송 채널로서 방영되는 일이 많지만, 유럽에서는 더빙을 한 미국 프로그램이 골든타임에 그대로 방영될 만큼 인기도 높다. 이러한 현상과 마찬가지로 1980년대 후반 무렵부터는 일본의 TV프로그램도 그 형태 그대로 혹은 프로그램의 포맷(실제 프로그램은 현지에서 만든다)을 근린 아시아 제국으로 수출하게 되었다. 혹은 2000년 전후부터는 한국 드라마가 일본에서 유행하게 된 것처럼 한국이나 중국 등에서 일본으로 프로그램이 수출되어, 다 채널화하여 확대된 방송 시간에 대응하여 소프트를 공급하고 있다.

이것이 바로 앞(본장 제2절)에서 언급한 국제무역에서의 문화적 재화의 제외를 인정하느냐 안 하느냐라는 문제의 기원이었던 것이다. 할리우드에서는 '영화오락(filmed entertaiment)'이라 부르는 영화 및 TV프로그램 영상제작을 합친 부문의 새로운 판매처가 늘 적극적으로 개척되고 있다. 이 부문이 낳는 작품에 대해 수출 지역 국민들의 수요가 확실히 있음에도 불구하고 유럽 제국이나 캐나다가 '문화적 자립'을 방패로 미국으로부터의 영상 수입을 막고자 비관세 장벽을 설치하는 것은 큰 기회이익의 손실을 초래하는 것이라고 할리우드는 주장하고 있다. 한편 유럽으로 보자면 반대 근거는 자국 문화의 존중으로, 원래 공공성이 높고 중요한 미디어라고 여겨지던 TV 영역에 미국적 가치관이나 문화가 들어오는 데에는 큰 저항이 있다. 물론 자국 콘텐츠산업 발달에 저해가 될 것이라는 위기감도 있다.

이러한 방송(과 통신)의 민영화와 자유화를 거쳐 특히 1990년대 후반부터 자주 언급되고 있는 정책 목표는 무엇보다도 '방송과 통신의 융합'이다. 이러한 융합이 촉진되는 가운데, IT기술과 정보사회도 더 발전되면서 생활의 모든 것이 고도로 정보화된 근미래 사회상이 상정되고 있다. 예를 들어 아침에 일어나면 뉴스 프로그램에서 자신이 미리 고른 보도 몇 가지가 선택되고, 그것은 거실에 들어선 순간부터 자연스럽게 흘러나온다. 의료나 교육 분야에서도 인터넷상에서 의사나 교사가 면담을 하고, 필요에 따라 전자 정보 혹은 약이나 책을 별도로 우송해 주는 식이다. '방송과 통신의 융합'은 방송의 디지털화에 의해 정보가 이전보다 훨씬 콤팩트하게 그리고 어떤 경로를 거쳐도 전달 가능해진 것의 당연한 귀결이다. 즉 이전에는 전파의 형태로 지상 혹은 위성을 통해 방송용 동영상과 음성 데이터를 송신했고, 한편 통신 경로인 전화선은 목소리와 같은 비교적 소량의 정보 데이터를 주고받는 데 사용한다고 하는, 두 가지 방식이 있었다. 그러나 현재 대량의 정보 데이터를 위한 전송로의 발달(예를 들면 케이블, 광파이버 등의 브로드밴드화)과 그와 관련된 플랫폼이 고도로 발달한 덕분에, 음성, 정지화면, 동영상 기타 데이터를 순식간에 대량으로 주고받거나 인터넷을 통해 방송 데이터를 PC상에서 주고받는 것도 얼마든지 가능해졌다. 역으로 방송용으로 확보해 둔 전파에는 방송의 디지털화에 의해 공백이 생기고 있기 때문에, 거기에 무선 통신인 휴대전화의 전파 등을 할당하여 유효하게 활용할 수도 있다.

이렇게 되자 방송과 통신을 구분하여 규제하는 것의 의미는 희박해지고 방송과 통신이 융합 방향으로 나가는 것이 자연스런 흐름이 되었다. 이 '융합'이란 정보 전송로에서의 융합, 정보단말에서의 융합, 두 서비스의 상호 이용, 사업체의 상호 이용의 네 가지 현상을 가리키는 넓은 개념이지만, 우리들의 생활에 가장 밀접한 관련이 있는 것은 정보단말상의 방송과 통신의 구별이 애매해진 부분이다. 즉 TV, 휴대전화, 휴대게임기 등은 각각 가장 기본적인 기능(방송수신, 통화, 게임으로 노는 것 등)을 넘어 인터넷과 연결되어 거기에서 정보를 얻거나 물건을 사기 위해 즉시 결제를 하거나 TV프로그램을 보거나 하는 각종 디지털 정보를 조작할 수 있는 정보기기가 되었다. 이러한 상황이 되지 않은 것은 TV프로그램을 통신(인터넷)을 통해 시청하는 행동뿐이라고 해도 좋다. 이것도 제11장에서 언급하겠지만, 가까운 미래에 어느 정도 실현될 것이다. 앞으로는 모든 디지털 기기가 같은 다기능을 갖게 되고 소비자는 그것들을 상황에 따라 나누어 사용하게 될 것이다.

이렇게 방송과 통신의 융합이 진전되면, 앞으로 방송 규제의 실질적 의미는 거의 없어질 것이다. 종래 통신에 관해서는 내용적 규제는 있을 수 없었지(통신의 비밀과 자유는 보장되어야 한다)만, 방송에 대해서는 폭력이나 성적 표현 등에 대한 소극적 규제(업계에 의한 자주규제를 포함한다)와 중립적이고 정확한 내용의 보도를 장려하는 적극적 규제가 있었다. 그것을 어떻게 할지는 앞으로의 논의 과제이다. 또한 통신의 자유화, 민영화, 방송의 민영화는 정보사회에서 큰 경제적 영향력을 가지고 있으며, 미지수이기는 하지만 다대한 비즈니스의 가능성을 지니고 있기 때문에, 기업의 진입이 잇따랐다. 그 경쟁을 촉구하고 국제 경쟁력을 키워 가기 위해서는, 이들 영역에 대한 개입은 독점금지법 등에 의해 시장 경쟁이 건전하게 이루어지는 환경 유지를 중심으로 하고, 방송사업에 종사하는 자에 대한 면허제나 소유 규제, 내용 규제 등은 필요 최소한으로 제한하는 등, 가급적 규제를 완화하는 방향에서 정책을 운용하는 것이 자연스러운 흐름이다.

이렇게 해서 선진국을 중심으로 전 세계적으로 통신사업의 민영화와 시장 원리의 도입, 방송 업무의 (일부) 민영화, 방송전송로의 다원화와 다채널화, 방송과 통신 사이의 상호 이용 개시, 시장 경쟁의 건전화 정책, 과잉 규제·개입의 제한, 내용 규제의 완화, 미디어 소유 규제의 완화 등의 움직임이 통신과 방송을 둘러싼 행정의 세계적 동향이 되었다.

4. 맺음말

이상 언급해 온 국제적 동향은 콘텐츠산업, 통신산업에서의 기업 매수·합병의 가속화로 이어졌다. 그리고 그렇게 해서 생겨난 거대 기업체에게 유리한 비즈니스환경이 조성되었다고도 할 수 있다. 즉 큰 자본력을 가지고 대규모 투자를 하며 새로운 통신과 방송 비즈니스에 진입하는 업자들에게 이미 매력 있는 콘텐츠를 가지고 있는 것은 우위성을 의미하여, 역으로 콘텐츠를 생산하는 측으로서는 그 생산물의 경제적 가치가 한층 더 높아져서 정보사회를 담당하는 하나의 커다란 부문으로서 존재감을 확대하게 된 것이다. 저작권 강화에 대해서는 본장 제1절에서 언급했듯이, 일관되게 권리의 강화, 보호 범위의 확대를 꾀하는 한편, 국제적인 무역 교섭과 관련하여 세계 각국의 저작권법도 미국과 동등한 레벨의 보호 규정, 실효성 있는 집행력을 겸비한 지적재산 보호체제의 정비를 촉진해 왔다.

이들 행동의 결과로서 실제로 문화의 질 ― 구체적으로는 문화적 작품·활동의 다양성, 개개의 작품·활동의 질 등 ― 이라는 관점에서 좋은 결과가 나오는가의 여부, 그리고 이들 문화적 재화와 향수자 사이의 관계의 향방 등에 대해서는 의문이 제기되고 있다. 특히 후자에 대해서는, 방송과 통신의 융합정책과 그에 수반하는 규제 완화는 대규모 오락·미디어계 거대 기업, 미디어 복합기업의 이익에 이바지하는 것이기는 하지만, 그것은 엔드 유저를 단순한 소비자로 파악하고 있다는 점에서, 정보사회 본래의 목적은 유저의 정보섭취·처리를 신속하고 효율적으로 하여 보다 풍요로운 사회를 만드는 것이라는데 비추어, 그 목적에 이바지하는 바가 적다는 비판도 있다. 오늘날에는 대량 오락 정보가 시장에 나돌고 있기는 하지만, 그것은 굳이 말하자면 단일적, 상업적이며 시장 거래를 대상으로 한 배타적인 것인데 대해, '오늘날의 문화는, 시민의 다양한 요구에 대응하는 포섭적인 것이어야 한다'라는 문화정책의 견해에 비추어 보면, 현재의 방송, 통신 정책은 경제 중심, 유통업자의 이익 고려에 너무 치우쳐 있다고 비판을 받고 있다. 물론 특히 미디어의 다양성이라는 가치에 대해서는 다소 고찰이 편중되어 있다는 문제가 있으며 소유 규제의 완화가 미디어의 단일성을 이끈다는 견해에 대해서 필자는 유보적으로밖에 찬성할 수 없다. 이에 대해서는 제11장에서 자세히 논하기로 한다.

인용문헌 ─────────────────────────────────────

田中辰雄·林紘一郎(2008),『著作権保護期間─延長は文化を振興するか?』, 勁草書房.

Drahos, P. with Braithwaite, J.(2002), *Information Feudalism: Who Owns the Knowledge Economy?*, Earthscan.

Wu, T.(2004), "Copyright's Communications Policy" *Michigan Law Review*, 103, pp.278~366.

참고문헌 ─────────────────────────────────────

■ 이 장의 내용에 대해 정리된 책은 상당히 전문적인 책이지만, 일단 다음과 같이 제시해 둔다.

Arup, C.(2000), *The New Trade Organization Agreements: Globalizing Law Through Services and Intellectual Property*, Cambridge University Press.

Voon, T.(2007), *Cultural Products and the World Trade Organization*, Cambridge University Press.

■ 이하의 논문은 비교적 읽기 쉽다.

Bruner, C. M.(2008), "Culture, Sovereignty, and Hollywood: UNESCO and the Future of Trade in Cultural Products" *N. Y. U. Journal of International Law and Politics*, 40, pp.351~436.

Footer, M. E. and Graber, C. E.(2000), "Trade Liberalization and Cultural Policy" *Journal of International Economic Law*, 3, 1, pp.115~144.

■ 법학 문헌이 아닌 것은 다음과 같다.

Van Hemel, A., Mommaas, H. and Smithuijsen, C.(eds.) (1996), *Trading Culture: GATT, European Cultural Policies and the Transatlantic Market*, Boekman Foundation.

田中鮎夢(2008),「文化的財の国際貿易─課題と展望」,『文化経済学』13, 2, pp.29~39.

■ 시장의 글로벌화가 문화적 다양성에 이바지한다는 설을 전개하는 연구서.

コーエン, タイラー(2001),『創造的破壊─グローバル文化経済学とコンテンツ産業』(浜野志保訳), 作品社.

제6장

할리우드 모델과 글로벌한 미디어 복합기업

 오늘날 할리우드라고 하면, 누구나 세계적인 영상산업의 기지라고 생각할 것이다. 소위 할리우드 영화는 호화 캐스트, 화려한 연출, 반전에 반전을 거듭하는 스토리 전개로 관객을 매료시키는 것이 많고, 그것이 세계 각국의 영화시장에서 우세를 자랑하고 있다는 것은 누구나 잘 알고 있다. 그러나 실은 20세기 초에는 영화는 뉴욕이나 파리, 런던, 베를린 등의 도시에서도 활발하게 제작되고 있었다. 오늘날처럼 할리우드가 세계적 규모로 압도적인 존재가 된 데에는 어떤 배경과 이유가 있었던 것일까? 또한 할리우드가 우세를 자랑하는 것은 영화에 한하지 않고, 출판, 방송, TV프로그램 제작 등 많은 엔터테인먼트 산업에 걸쳐 있는데, 이것들은 실은 같은 자본관계로 묶인, 몇 개의 복합기업체에 지배를 받고 있다. 그러한 형태가 현저해진 것은 1980년대부터의 일인데, 그에는 어떤 배경이 있었던 것일까? 본장에서는 '할리우드'의 비즈니스 모델의 생성에서 오늘날의 모습의 형성에 이르기까지를 분석한다. 특히 그 모델의 중심에 있는 영화산업에 초점을 맞추어 그것을 설명함으로써 다른 콘텐츠 비즈니스와의 관계도 밝혀본다.

1. 할리우드의 생성과 변천

1) 고전적 할리우드의 생성

19세기 말에 프랑스의 뤼미에르 형제에 의해 공중을 대상으로 하는 상영이 시작되어, 유럽, 미국을 비롯하여 세계 각국에서 19세기 말~20세기 초에 걸쳐 성장한 영화는 순식간에 서민들 사이의 오락으로서의 지위를 구축하였다. 물론 20세기가 된 지 얼마 되지 않은 시점에서, 미국에서의 영화제작은 주로 뉴욕, 그 외에 시카고에서 조금씩 만들어지는 정도였고, 캘리포니아는 오히려 로케이션 촬영 장소로 사용된 것에 지나지 않았다. 원래 캘리포니아주 자체가 아직 개척 도상에 있었을 뿐, 로스앤젤레스(그중에서도 할리우드 지구)는 영화산업의 일대 생산 거점이라는 지위는 전혀 없었다.

할리우드가 뉴욕을 능가하여 영화산업의 거점이 된 중요한 원인 중 하나는 남 캘리포니아의 좋은 기후(맑게 개인 날이 많고 공기가 건조한 것), 남아도는 광대한 토지, 산, 바다, 사막 등 풍부한 자연 등으로 인해 스튜디오 밖에서 실사영화를 찍는데 적합한 풍경이 풍부하다는 자연의 조건을 들 수 있다.

로케이션 촬영을 위해 이 지역을 찾은 미국 동부의 영화인들이 이 지역에 매료되어 사무소를 개설함에 따라 주변 업종도 성장하면서 비즈니스가 눈덩이처럼 확대되어 갔다. 그러는 동안 동부에서는 영사, 촬영기술 특허를 받은 에디슨을 중심으로 한 회사가 몇 개 트러스트[12]

---

12 [역주] 트러스트(trust). 경영 같은 업종의 기업이 경쟁을 피하고 보다 많은 이익을 얻을 목적으로 자본에 의하여 결합한 독점 형태. 가입 기업의 개별 독립성은 없어진다.

를 짜고 그 독점적 지위를 남용하는 행위를 벌여, 반 트러스트법 위반으로 적발되었다. 또한 새로운 비즈니스 모델이나 영화제작의 예술면에서의 이노베이션을 게을리 한다는 마이너스 요인도 있어서 뉴욕의 지위는 상대적으로 저하했다. 이상과 같은 사정에서 1920년까지의 사이에 로스앤젤레스는 영화 비즈니스의 중심지로서의 지위를 구축하였다.(Scott, 2005, Chapter 2)

외국과의 관계에서 보면, 특히 제1차 세계대전 종료 시까지는 유럽에 프랑스, 이탈리아 등의 영화제작의 대국이 있었고, 무성영화시대에는 프랑스가 미국에도 많은 영화를 수출하고 있었다. 그러나 제1차세계대전으로 유럽이 피폐해짐으로써 1930, 40년대를 통해 할리우드는 미국 이외 지역으로 수출 능력을 강화해 갔고, 제2차 세계대전이끝날 무렵에는 세계의 지배적 지위를 확립했다.(Kindem, 2000, p.316)

특히 제2차세계대전 직후의 냉전 시대에는 유럽(이나 일본 등)의 서방 진영 끌어안기 전략을 위해 미국 영화를 적극적으로 수출하는 정책이 연방 정부 레벨에서 펼쳐졌다. 영화 이외에도 미국 문화의 수출은다양한 수단으로 이루어졌지만, 영화는 미국의 라이프 스타일을 해외로 널리 알리는데 가장 효과적이었으며, 영화를 통해 미국 제품의 수출이 증가한다고 하는 부차적 효과도 있었다. 연방 정부는 그 무렵에존재하고 있던 메이저 업계단체였던 미국영화수출협회(Motion Pictures Export Association of America)와 결탁하여 해외 마켓에서 미국 영화의지위를 높이는데 진력했다.

이 시기의 할리우드를 지탱한 비즈니스 구조는 현재의 그것과는전혀 다르다.

우선 영화인들이 영화를 제작하기 위해 만든 영화회사는 성장 중에 합병과 흡수를 반복하면서 커다란 몇 개 사가 대두했다. 그것을 메이저 기업이라 부른다. 세계의 석유기업이 엑슨, 모빌 등 몇 개 회사로 한정되어 있어서 그것을 메이저라고 부르는 것과 마찬가지로 영화업계도 몇 개 안 되는 회사를 가리켜 메이저 혹은 업계 용어로 '스튜디오' 라 부른다. 당시 메이저계 영화회사는 다음과 같은 두 가지 특징을 가지고 있었다.

첫째, 영화회사가 감독, 각본가, 연출가, 배우 등 영화제작에 필요한 주요 인력을 전속 계약으로 끌어안고 급여를 지불하는 형식으로 영화를 만든다는 것이다. 통상의 제조업 등에서 볼 수 있는 사업형태와 다르지 않기 때문에, '드림 팩토리(꿈을 생산하는 공장)'라고 불렀다. 물론 특수 기술자나 크레디트[13]에는 이름을 올리지 않는 라인 스태프[14] 의 경우는 파견 노동자를 사용하거나 외주를 주는 일도 있지만, 기본은 그 회사에서 고용하는 사람들로 제작을 하는 체제이다. 전전의 일본에서도 이러한 형태로 제작이 되었다.

두 번째로는 '스튜디오'가 작품을 제작하고 그것을 유통시키는 배급회사, 더 나아가서는 흥행주인 영화관까지 포함한 자본제휴 관계를 맺고 제작, 배급, 흥행의 흐름을 장악하는 '수직적 통합' 체제를 형성하였다는 것이다. 만든 영화를 자신들의 자본과 관련이 있는 영화관에서 상영을 하고, 그 이외의 프로그램이 편성되는 일이 거의 없다고 한다면

---

13 [역주] 크레디트 타이틀(Credit Title)의 생략. 영화, TV프로그램에서 제작 스태프나 캐스트의 이름과 역할을 표시하는 것.

14 [역주] 기업의 주업무를 직접 집행하는 직능을 가진 조직, 부문을 라인조직이라 하며 이 라인 조직의 집행활동을 보좌, 촉진하는 기능을 수행하는 부분 혹은 사람을 스태프라 한다. 기업이 대규모일 때는 스태프가 필요하며, 스태프가 라인에 대해 명령권을 갖지 않고 조언, 권고의 권한을 가질 때 라인 스태프 조직이라 한다.

영화의 흥행 성공은 거의 떼놓은 당상이나 다름없다. 1990년대 정도까지는 일본에서도 도호(東宝)와 쇼치쿠(松竹) 두 회사가 각각 계열 영화관을 가지고 있으면서 거기에서 상영을 예정하는 것을 '블록 부킹'이라고 하였다. 즉 특정 영화에 대한 수요 동향을 감안하여 프로그램을 짜기보다는 수 주 동안은 같은 회사가 제작한 작품 상영이 애초에 결정되어 있어서 흥행주에게 기획의 자유는 거의 없는 상황이다. 이는 오늘날의 일본에서는 외국 자본의 시네마 콤플렉스의 등장과 함께 상당히 붕괴되었지만, 비교적 최근까지는 당연한 관행으로 여겨졌다. 20세기 전반의 할리우드에서는 특히 영화관 체인 산하로 수렴되어 독립계 회사가 제작하는 영화를 배제 혹은 냉대할 수도 있었다는 것은 큰 의미를 지녔다. 그러한 가운데, 이전에 수없이 존재했던 작은 독립계 프로덕션들이 차차 거대 자본에 흡수되면서, 요즘에는 극히 소수의 스튜디오가 독점적 지위를 과시하기에 이르렀다.(北野, 2001, pp.80~86)

2) 할리우드의 침체와 부활

이러한 영화산업은 1950년대부터 침체기에 들어갔다. 그 첫 번째 이유는 TV의 출현이다. 1955년 무렵부터 미국에서 영화의 연간 관객 동원 수는 20억 명에서 10억 명 정도로 격감했다. TV방송 초기에는 프로그램의 질이 나빠서 영화와 TV는 경쟁을 하지 않았고, 또 실은 TV는 영화방영의 매체로서의 가치를 지닌다고 영화계가 깨달으며 양자 사이에 상호의존관계가 시작되었지만, 당초에는 영화산업에 타격이 커서 TV에 대한 할리우드의 적개심은 점점 커졌다.

두 번째 요인은 영화제작회사가 영화관도 경영하는 것이(수직적 통합)이 독점금지법에 저촉된다는 연방재판소의 결정(파라마운트 판결이라 한다)이 나온 것이었다. 이 때문에 영화제작회사는 영화관과의 독점관계를 끊을 수밖에 없었고, 그때까지와는 다른 형태의 마케팅을 모색해야만 했다.

세 번째로는 그러한 기술 혹은 경영상의 요인보다 오히려 사회적 요인을 들 수 있다. 일찍이 유례가 없을 정도로 풍요로운 중산계급이 출현하고 교외화(郊外化)가 진행된 미국 사회에서 영화는 몇 안 되는 여가 시간 활용 중 하나의 선택지에 불과하게 된 것이다.

네 번째로는 수직적으로 결합한, 경쟁적이지 않은 시장을 확립했기 때문에, 작품을 만드는데 혁신이 이루어지지 않게 되어 영화의 내용 자체가 진부해져서 관객의 영화관 이탈에 한층 더 박차를 가했다는 의견도 있다. 즉 어떤 영화를 만들든 그것은 흥행할 것이 확실하기 때문에, 작품 내용을 궁리하는 데 필요한 인센티브가 약하고 또 동일한 스튜디오 내에서 고용한 감독, 배우 기타 인재를 풀로 활용해야 하며, 수많은 영화관의 스케줄을 채워야 한다는 요구가 선행된 결과 작품의 질이 희생되었다는 의견도 있다.

그러나 영화산업은 그와 같은 침체기를 거쳐 1970년대부터 다시 되살아난다. 스필버그와 루카스라는 천재적 영화인이 등장한 것은 이 시기 할리우드로서는 최대의 행운이었다. 더 나아가 전략적 구조 개혁으로서, ① 영화관의 스케줄을 때우기 위해 수많은 비슷한 작품을 만드는 방식에서 한정된 수의 다양하고 질이 높은 작품을 제작하는 방식으로, ② '스튜디오' 기능의 중점을 제작에서 유통으로, ③ 영화제작을 하는 단체(單體)의 사업회사에서 종합 미디어 오락산업의 복합기업으로, 라는 세 가지 변화가 있었던 것도 관련이 있다.

①로서 들은 질적 변화의 배경에는 뉴스 영화, 저예산·저품질 작품, 단편 애니메이션 등을 새로운 미디어인 TV에 넘겨주고 영화작품으로서는 큰 예산을 들여 영화관의 대화면이 아니면 안 되는, 박력 있고 깊이 있는 작품을 만드는 데 주력할 수 있게 되었다는 사정이 있다. 또한 이전과 같은 수직적 통합은 사내 고용의 슬림화와 파라마운트 판결에 의한 영화관 체인 분리라는 두 가지 요청에 의해 무너졌기 때문에 느긋하게 작품을 만드는 데 집중할 수 있게 되었다.

그러한 변화를 상징하는 두 가지 유명한 작품은 〈조스〉와 〈스타워즈〉이다. 이 두 작품의 공통점은 줄거리가 알기 쉬우면서(상어가 인간을 덮치는데 대한 공포, 우주 전쟁에서 악을 처치한다는 것), 각본이 잘 짜여지고 특수효과를 충분히 사용하여 관객을 끌어당김으로써 눈을 뗄 수 없게 하는 파워풀한 표현력을 갖는다는 점이다. 그러한 영화를 '하이컨셉 무비'라 부른다. 이는 제작비용도 대규모라는 경향을 띠며 그만큼 대대적으로 광고를 하여 크게 히트를 시켜야 한다. 대형 작품이라는 의미에서 '블록버스터 영화'라고도 한다.

논의를 더 진전시키자면, 할리우드 영화산업은 당초에는 TV의 출현을 적대시했지만, TV에서 방영하는 드라마 등과 같은 오락 프로그램의 제작 부문에도 손을 대어 TV방송계에 관여하게 된 것도 큰 의미를 지닌다. 일본에서는 TV방송국 자체가 프로그램도 제작하지만, 미국에서는 TV방송국은 '네트워크'라고 하듯이, 프로그램 전송에 주기능이 있고 프로그램 제작 부문은 독립되어 있다. 그리고 케이블TV 등 프로그램의 2차사용이 활발해지고 있기 때문에, 프로그램 거래 시장이 고도로 발달하여 거기에서 큰 이익을 얻을 수도 있다.

2. 할리우드 비즈니스의 변천

오늘날 할리우드에서 주류가 되는 블록버스터 영화(예를 들면 〈스파이더 맨〉, 〈해리 포터〉, 〈007〉)는 특수효과를 엄청나게 많이 사용한 대형 영화로, 그런 종류의 작품이 속속 공개됨에 따라 영화 인구는 다시 증가했고 영화 스크린의 수도 증가해 왔다. 이러한 변화에 의해 할리우드는 제대로 부활했지만, 그 과정에서 지금까지와는 비교할 수 없을 만큼 다대한 자금력을 필요로 하게 되어 비즈니스 형태도 변화하게 되었다. 그리고 그러한 변화에는 몇 가지 측면이 있다. 이하 그것을 하나씩 설명해 보겠다.

1) 제작회사에서 유통기구로

가장 큰 변화는 메이저 기업이 영화의 '제작'과 '흥행'에서, 오히려 작품 제작을 위한 '자금 조달'과 작품의 '유통' 즉 영화관에 대한 배급과 그 이외의 다양한 미디어에 대한 유통, 관련 굿즈의 개발과 판매 등 다면적 전개에 중심을 두게 된 점에 있다.(Schatz, 1997, p.78) 영화회사라고 하면 영화를 만드는 회사라고 생각하겠지만, 할리우드의 메이저의 경우는 제작에 100% 종사했던 것은 20세기 전반까지의 일이고, 오늘날에는 그런 것은 거의 없다고 생각할 수 있다. 변화의 이유는 영화제작의 대형화 그 자체에 있다. 줄거리는 심플하면서도 표현 면에서 스토리 전개에 최대한 노력을 기울이는 타입의 영화는 어쨌든 제작비가 비싸다. 블록버스터라면 제작비가 1억 달러 이상 드는 정도는 당연하지만, 제3장에서 언급했듯이 그것을 회수할 수 있을지, 이익을 낼 수 있을지는 전혀 알 수가 없다.

그래서 그 리스크를 낮추기 위해 몇 가지 궁리를 할 필요가 생겼다.

우선 제작 시스템을 보자. 제2차 세계대전 이전의 스튜디오 시스템에서는 감독, 스타, 기술자 등 모두를 고용 혹은 전속 계약으로 하여 작품을 만들었지만, 그것을 슬림화하였다. 원래 감독, 배우, 각본가 등은 제작을 하는 작품 마다 최적의 인재를 모으면 된다. 기술, 스태프는 로스앤젤레스에 집적하는 수많은 독립 프로덕션을 필요에 따라 활용하는 방법을 취하고 있다. 각종 소규모 전문 인재, 기업이 로스앤젤레스에는 수없이 많이 편재하며, 그것들을 연결하는 형식으로 영화가 만들어진다. 이러한 '프로젝트 방식'(이것을 '유연한 전문화'라 한다)이야말로 포스트모던한 기업 경영의 방식이라는 학설(Storper and Chresto-pherson, 1987)에서 할리우드의 영화제작은 좋은 예로 소개되고 있다. 이 학설에는 그 후 여러 가지 수정, 비판(예를 들어 할리우드의 본질이 제작 과정이 아니라 유통 과정을 지배하는 데 있다고 강조하는 Aksoy and Robinson, 1992)이 가해졌다. 그것은 그렇다 치고, 제작 편수가 압도적으로 줄고 그 대신 편당 제작비가 과거와는 비교가 되지 않을 만큼 비싸진 오늘날에는 모든 것을 끌어안는 방식보다는 전문적 기술, 재능을 필요에 따라 구입하는 방식이 효율적이다.

이렇게 해서 전문적인 인재의 외부화가 진행되자 리스크 저감을 위해 제작 자체를 점점 더 외부화하게 된다. 영화제작은 기획개발에서 촬영, 편집의 작업을 거쳐 완성이 되는데, 이것이야말로 영화 제작의 진수이며 재미있는 점이다. 작품이 팔리면 팔릴수록 수입도 들어오고, 다른 사업 전개도 포함하면 막대한 부를 얻을 수도 있다. 그러한 기대를 가지고, 리스크는 높지만 영화를 만들고 싶고, 그에 필요한 아이디어도 있는 프로듀서는 할리우드에 얼마든지 있다. 그러나 프로듀서는 비즈니스상의 성공을 위해 필수임에도 불구하고, 부족한 점이 두 가지 있다. 첫째는 제작한 영화를 유통시킬 수 있는 힘이다. 아무리 좋은 영화를 만들어도 프로듀서가 영화관으로 하나씩 팔러 다닐 수는 없다. 하물며 외국의 영화관, TV방송국에 팔거나 DVD화하는 것까지 생각하면, 그에는 막대한 조직력이 필요하다. 더욱이 아무리 훌륭한 작품이라도 그 나름 큰 비용을 들여 광고를 하지 않으면 사람들에게 그 가치를 전달할 수가 없다. 이에도 다대한 자금력과 조직력이 필요하다. 즉 영화작품의 완성과 그에 수반하는 선전, 마케팅을 전 세계적으로 전개할 힘이 필요한데, 그 힘을 가지고 있는 것이 바로 메이저인 것이다.(Hoskins et al., 1997, pp.51~56)

두 번째로 원래 영화제작에 필요한 막대한 자금을 조달할 필요가 있는데, 이 역시 프로듀서가 처음부터 가지고 있는 것은 아니다. 영화제작에 있어서는 우선 기획 개발 부분에서 예를 들면 소설의 영화화권을 우선 확보해야 하는데 그러기 위해서는 비용이 필요하다. 그리고 그 소설 혹은 아이디어를 각본화하고 감독이나 배우를 갖추어 촬영에 들어간다. 촬영이 끝난 것을 편집하는 작업까지 포함하여 앞서 언급한 것처럼 1억 달러 이상의 비용이 들며 공개 후 수입이 들어오기 전에 선행하여 비용을 마련해야 한다.

그러기 위해서 투자가를 모집하거나 은행에 융자 의뢰를 하는 것은 당연하게 된다. 그러나 메이저에 의해 유통된다는 확약이 없으면, 그 영화가 흥행상 성공을 거둘 가능성은 한정되기 때문에 필요한 비용은 모이지 않게 된다. 과거의 성공 이력이 아무리 화려해도 어디까지나 장래의 비즈니스적 성공 면에서는 미지수인 프로젝트에 담보 없이 융자를 해 주는 은행은 없다. 일본에서는 영화감독이나 프로듀서가 자택을 담보로 은행에서 돈을 빌리는 예가 많지만, 할리우드에서는 그런 정도로는 통용되지 않을 만큼 거액의 자금이 필요하다. 그러나 역으로 메이저가 그 프로젝트의 가치를 인정하고 작품에 관한 저작권을 미리 양도받는다(이에 의해 전 세계에 배급하거나 DVD화하는 등 비즈니스를 전개할 권리를 얻는다)는 계약이 이루어지면 그것은 그 영화의 경제적 성공을 약속받는 것이며, 투자도 은행 융자도 받기 쉬워진다.

한편 메이저는 미지수의 영화프로젝트에 자기 자금을 쏟아붓는 리스크를 경감하면서 작품에 대한 한정적 투자와 유통 약속을 함으로써 외부 자금을 끌어들이고 작품에 관한 권리를 손에 넣는다. 이로써 리스크가 하이에서 미들로 내려간다는 메리트가 있다. 이것을 기본형으로 하여 할리우드의 계약에는 여러 가지 바리에이션이 있다. 예를 들면 완전히 완성된 작품의 배급을 수수료를 받고 떠맡는 식의 방법도 있고, 프로젝트 시작부터 관여하여 메이저 자신의 자금을 투입하여 독립프로듀서와 공동 제작하는 예도 있다. 형태에 따라 리스크도 리턴도 다르지만, 어쨌든 현재는 모든 것을 떠안는 방식은 생각하기 어렵다.

물론 어떤 형태를 취하든 메이저가 손해를 보는 일은 거의 없다.(이하 Moore, 2011) 전 세계에서 모인 흥행(및 기타) 수입은 흥행주에게 일부를 배분한다. 나머지는 유통을 담당하는 메이저에게 넘어가는데, 여기에서부터 배분은 매우 복잡하고, 누가 얼마를 받을 것인가를 정하기가 애매한 경우도 있어서 분쟁이 일어나기 쉬운 지점이다. 우선 메이저는 흥행수입에서 영화관의 몫을 공제하고, 다음에 자신이 선전, 광고, 배급에 들인 비용을 제한다. 그리고 나머지 중 30~40%를 수수료라고 해서(게다가 이것은 이익의 30~40%나 된다) 빼고, 나머지를 프로듀서에게 돌려주는 형식을 취한다. 다음으로 프로듀서는 제작에 든 비용(주요 멤버에 대한 고정급을 포함)을 빼고, '순이익'의 일정 비율을 감독이나 배우 등에게 이미 지불한 출연료에 더해 소위 성공보수로서 지불한다. 이 '순이익'의 정의는 계약으로 정해지는 것으로 어느 항목을 어느 시점에서 경비로 계상하는가에 따라 결과는 크게 달라진다. 따라서 이 조건교섭은 될 수 있는 한 '순이익'을 적게(혹은 거의 없다고) 보여주고 싶은 프로듀서 측과 최대화하고 싶은 감독, 배우 측 사이에서 실랑이를 일으킨다. 프로듀서 자신도 마찬가지로 자신의 몫을 받고 그런 후에 남은 현금을 투자가에게 돌려주게 되는데, 영화는 돈이 되지 않는 장사라는 이야기가 나오게 된다.(따라서 투자가에 대한 배분은 없는 경우도 있다) 스튜디오는 들어간 자금을 비용으로 회수한 후에 수수료도 받기 때문에 손해는 없다.

이상 메이저 기업은 소위 작품 제작을 위한 금융기능을 담당한다고는 하지만, 여기에서 열쇠는 유통력, 비즈니스 전개력, 그것을 지탱하는 자금력이다.

2) 단체(單體) 비즈니스에서 복합기업으로

할리우드의 부활에서 보이는 두 번째 변화는, 메이저 기업이 합병, 매수를 반복하여 1970년대부터 컨글로머리트(conglomerate) 즉 복합형, 종합형 미디어 엔터테인먼트산업이 된 점이다.(【표 6-1】 참조) 예를 들면 영화, 영상의 워너브라더스는 잡지 출판의 타임사와 워너 커뮤니케이션즈가 1989년에 합병하여 만든 타임워너사의 한 파트에 해당한다. 타임워너는 그 외에 케이블TV, 출판 등도 복합하여 가지고 있는

【표 6-1】 미디어 오락계 복합기업의 사업 영역과 대표 기업(2019년)

	영화, 영상	TV지상파, 케이블 네트워크 등	음악	출판	기타
AT&T	Warber Brothers	Turner(CNN 등), HBO	주1	DC코믹스	
Disney	Disney 20세기 Fox	ABC		마블	디즈니랜드 디즈니스토어
Comcast	Univerasal Pictures	NBC	주2		유니버설 슈트디오(테마파크)
Sony	Sony Pictures		소니뮤직		SIE(게임), 인터넷 소네트, 가전·금융 외
Viacom	Paramount Television	Paramount Television, 주3			

주는 일찍이 해당 복합기업 내에 있었지만 매각된 회사.
주1: Warner Music / 주2: Universal Music / 주3: CBS
출전: 각 사 사이트에서 필자가 작성.

데, 이에 더해 2001년에는 인터넷의 AOL(America On Line)사와도 합병
했다. 그 후 AOL, 타임은 매각되고 워너 그룹 전체가 통신 대기업인
AT&T에 매수된다는 식으로, 변화가 격심한 세계이다. 한편 호주의
뉴스 코퍼레이션(및 그 스핀오프[15]였던 21세기폭스사)이 소유하고 있던
영화의 명문 스튜디오 20세기 폭스는 디즈니랜드에 매각되는 등, 이
업계 내 대규모 합병, 흡수는 끊임없이 일어난다.

　이들 오락 미디어 복합기업은 영상, 출판, TV, 테마 파크 등 오락
산업에 속한 기업의 주식을 보유하는 대자본으로, 각 시장의 대부분은
이들에 의한 과점 상태가 되어 있다. 또한 1990년대에는 음악도 여기

---

15 [역주] 스핀오프(spin-off)란 오리지널 영화나 드라마를 바탕으로 새롭게 파생되어 나
　온 작품을 말하며, 경제학에서는 기업의 경쟁력을 강화하기 위해 다각화된 기업이 한
　사업을 독립적인 주체로 만드는, 회사분할을 뜻한다.

에 포함되었는데, 2005년 무렵부터 그것을 매각하는 것이 유행이 되어 메이저 레코드회사에서는 브랜드로서 이름은 남기고 있지만, 소니 뮤직재팬 만이 복합기업 내에 있다.

이렇게 서로 다른 업종의 조합은 복합기업에 따라 다르며, 또한 한 업종이 복합기업 전체의 매상에 대해 어느 정도의 비율을 차지하는가 하는 점에서도 다르다. 그러나 이렇게 다종다양한 미디어를 통합('수평적 통합'이라 한다)함으로써, 제작한 영화 콘텐츠에 대해 다각적으로 비즈니스를 전개할 수 있고, 장기간에 걸쳐 제작비용을 회수하거나 이익을 낳을 수 있는 '시너지(상승) 효과'를 낳고자 하는 점은 공통되고 있다. 혹은 처음부터 관련 굿즈, 테마파크 내 어트랙션, 영화, TV프로그램 등을 종합한 콘텐츠 개발을 하는 '컨버전스(융합)' 전략이라고 할 수도 있다. 또한 2010년도 후반에는 복합기업 전체를 미국 통신 대기업 AT&T, 컴캐스트사가 매수하는 사례가 두 번이나 나온 것은 업계에서는 충격적으로 받아들여졌다. 이는 통신이라는 콘텐츠의 유통경로를 제공하는 회사와 콘텐츠제작업의 수직적 통합을 의미한다. 즉 각 통신회사에 의한 서비스의 매력으로서 독점적으로 산업을 배급하게 될지도 몰라서, 공정한 경쟁이 전개될지 크게 우려스럽기 때문이다.

수평적 통합으로 돌아가면, 여기에서 중요한 것은 영화 한편이라는 콘텐츠가 모습을 바꾸면서 장기적, 다각적으로 수익을 올리는 구조이다. 비디오 카세트 녹화기나 대여 비디오점이 발달하기 시작했을 무렵에는 영화관에 사람들이 가지 않게 되는 것이 아닌가 하는 우려가 있었다. 하지만 실제로는 그렇지 않아서 영화관에서 히트한 영화일수록 비디오의 판매, 렌탈 수입도 올라가게 되어 TV 등도 포함한 영화의 각종 '윈도우'는 대형 영화제작에 필요한 비용을 안정적으로 가져다주었다. 또한 영화뿐만 아니라 관련 캐릭터 제품이나 원작의 서적화 판매를 통해서도 서로 이익을 불러일으키는 구조도 생겨났다. 이렇게 하나의 소재=콘텐츠를 만들어 그것을 다각도로 사용함으로써 시너지 효과를 얻을 수 있는 것이다.

새로운 미디어가 등장함과 동시에 영화관의 흥행수입이 차지하는 중요성은 감소하여, 오늘날에는 메이저 영화회사 매출의 20% 정도밖에 차지하지 않는다고 한다. 그러나 영화관에서의 성공이 있어야 비로소 DVD 등의 판매나 TV방영권의 가격이 올라가기 때문에, 역시 극장 공개의 성공은 전체적인 성공의 열쇠가 된다.

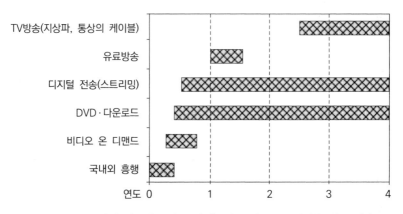

【그림 6-1】 한 편의 작품이 극장 공개 후, 다른 윈도우로 이익을 낳는 기간
(전형적인 예, 2014년 시점) 출전: Vogel(2015), p.139

더욱이 【그림 6-1】을 보면 알 수 있듯이, 영화 작품의 제작비, 선전비는 콘텐츠의 비디오화, TV방영과 같이 다각적으로 비즈니스를 전개하여 수년에 걸쳐 투자를 회수할 수 있다. 역으로 말하면, 이렇게 몇개나 되는 '윈도우'에서 수익을 올리기 때문에 원천이 되는 영화제작

(및 마케팅)에 막대한 비용을 들일 수 있게 된 것이다. 기본적으로 각 작품의 흥행 수입(및 TV방영권이나 비디오화권의 사전 판매)으로 단기간에 제작비를 회수해야만 하는 독립계와는 여기에서 큰 차이를 보인다. 제작비용과 마케팅 비용이 커지면 커질수록 영화가 흥행에 성공할 확률이 더 높다고만은 할 수 없다. 실제로 영화란 일종의 도박과 같다고 한다. 그러나 그러한 도박성이 있기 때문에 실은 '규모의 경제' 원칙이 작동하는 것으로, 하이 리스크, 하이 리턴의 원칙은 상당히 실증되고 있다.(제8장 제3절 참조)

또한 관련 상품(예를 들면 장난감)의 판매도 큰 의미를 지닌다는 점에 주의하고 싶다. 예를 들어 〈스타워즈〉의 감독인 존 루카스는 스튜디오와 계약을 할 때 영화관계 굿즈의 상표권을 유보했다. 영화 자체도 크게 히트를 했지만, 루카스는 장난감이나 의류 등의 라이센스료로 영화 흥행 수입의 10배 이상에 해당하는 4,000억 달러를 벌었다는 소문이 있을 정도이다.(Hoppenstand, 1998, p.235) 오늘날 캐릭터 비즈니스 시장이 얼마나 큰지는 잘 알려져 있지만, 1970년대 중반에는 이는 어디까지나 마이너한 것으로 보였다. 그 권리를 취득하지 않은 영화회사로서는 가장 큰 미스의 하나였고, 루카스의 비즈니스 센스가 얼마나 좋은지를 보여주는 유명한 사례가 되었다.(몰, 2001, p.155; Hoppenstand, 1998, p.235) 또한 완구 메이커로 유명한 해즈브로(Hasbro)는 자사 제품의 캐릭터를 메인으로 한 영화나 TV시리즈 제작과 배급에 착수하였다. 〈트랜스포머〉 시리즈는 그 성공례로, 할리우드 영화는 이제 다른 영역과 얼마나 협업하여 이익을 내는지가 중요해졌다.

1980년대 할리우드는 또한 특히 유럽의 TV방송 규제 완화, 민영화의 움직임 및 전 세계적으로 일어난 정보기술 혁명의 은혜도 받아왔다. 나라마다 그 시기와 속도, 중요성은 서로 다르지만 케이블TV와 위성방송이 보급되면서 TV의 가능성을 확대하였다. 즉 가정에서 볼 수 있는 TV의 채널 수가 대폭 증가하였기 때문에 새로 생긴 시간대를 채울 프로그램이 필요해졌다. 혹은 소니나 마쓰시타전기(松下電器)가 1990년대 초 할리우드의 영화 스튜디오를 매수했듯이, 가전(家電)이라는 하드웨어를 만드는 회사로서도 테크놀로지가 발전하여 서로 다른 종류의 가전(예를 들면 TV나 PC)이 융합하는 가운데, 거기에서 전개할 수 있는 소프트웨어를 충실하게 할 필요를 느끼게 되었다. 이러한 가운데, 영화라는 소프트웨어는, 신작에 한하지 않고 옛날 작품에 대한 수요도 증가하여 각 메이저가 보유하고 있는 영화작품의 '라이브러리'는 큰 자산 가치를 지니게 되었다. 이렇게 글로벌한(특히 유럽에서의) 미디어 산업의 변화는 할리우드의 경영에 큰 플러스 영향을 끼쳤다.(Balio, 1996, pp.25~27)

3. 글로벌 할리우드

할리우드에 거점을 둔 글로벌 미디어 복합기업 중에서도 특히 영화는 생산과 관련되는 부분에서 마케팅에 이르기까지 할리우드에 고도로 집중하면서도 모든 것을 글로벌 규모로 전개하는 전형적인 예이다.

산업에 지리적인 의미에서 집중이 일어난 역사적 경위에 대해서는 제1절에서 기술했지만, 경제학적으로는 지리적 집중이 강해질수록 거래 비용이 경감한다는 메리트가 있기 때문이라고 설명할 수 있다. 특히 콘텐츠산업에서는 프로젝트 베이스로 일이 진행되는 경우가 많다.

영화산업에서는 예전처럼 스튜디오에서 모든 것을 끌어안고 하는 방식이 비효율적으로 여겨지는 가운데, 각 작업이 분화되고 각각의 전문업자들이 육성되어 할리우드로 모여들고 있다. 예를 들어 영화 촬영에 필요한 차량이나 기타 도구, 소품을 빌려주는 것을 전문으로 하는 업자, 특수 메이크업 전문업자, 의상 대여 전문업자 등을 필요에 따라 고용함으로써 영화제작이 진행된다고 하는 프로젝트형 작업 방식이 지배적으로 되었다. 미국의 지리학자 스코트는 영화제작회사, 배우 등의 대리점, 캐스팅 디렉터 등이 로스앤젤레스 근교의 특정 지역에 얼마나 집중되어 있는지를 밝혔다.(Scott, 2005) 만약 한 회사에서 모든 작업이 완결된다고 한다면 그것은 시애틀에 있어도 애틀랜타에 있어도 될 것이다. 그러나 영화제작에 필요한 각종 인재와 기업은 각각 전문화된 작업에 대해(예를 들면 촬영 스태프), 조금씩 복수의 프로젝트에 동시에 관여하는 경우가 많다. 따라서 각각의 프로젝트가 원격 지역에 분산되어 있으면 그러한 작업 형태는 곤란하다. 프로젝트 쪽으로서도 우수한 인재를 특정 작업에 붙잡아 두고 싶기는 하지만, 자신들이 그 고용을 모두 책임지는 것은 부담이기 때문에 병행하여 다른 프로젝트가 몇 개 진행되는 것이 바람직하다.

또한 기능 레벨을 객관적으로 판단하기 힘든 타입으로, 창조성이 높은 업무일수록 인재는 다양하며 직접 면접을 해서 고용해야 한다. 스타 이외의 조역 배우가 그 전형적인 경우인데, 수많은 배우에 대한 오디션을 반복하기 위해서는, 그리고 배우 측에서도 몇 개의 오디션을 늘 보기 위해서는 쌍방이 지리적으로 집중되어 있을수록 효율적이다.(Caves, 2000)

이렇게 해서 지리적 집적의 시스템을 설명할 수 있겠지만, 새로운 할리우드 모델 즉 1980년대 이후의 최대 특징은 '가치 연쇄'가 일어나는 공간이 매우 국제적이고 글로벌해져서, 그 각각의 과정이 세계의 어느 지역에서 일어나는지가 복잡해진 데 있다. 이전 같으면, 할리우드 영화는 할리우드에서 기획되고 할리우드에서 자금과 인재를 모아서,(촬영은 해외 로케가 있기는 하지만) 편집, 완성, 마케팅에 이르기까지 모두 할리우드를 중심으로 이루어졌다. TV에 대해서는 TV방송국이 뉴욕에 많기 때문에, 뉴욕을 중심으로 비즈니스가 이루어졌다. 혹은 미국 이외의 나라에서는 각국에서 로컬하게 모든 과정을 마치고 해외 판매에 대해서는 전문 에이전트를 통했다. 그러나 콘텐츠 생산의 복잡화, 고도화는 지리적 확장 면에서도 보이며, 그중에서도 할리우드 영화는 그 경향이 가장 뚜렷하다.

근 20~30년 사이 할리우드 영화와 관련되는 모든 프로세스는 급속하게 글로벌화되었다. 이러한 현상은 첫째 자금 조달 면에서 보인다. 앞 절에서 언급했듯이, 바야흐로 영화산업은 오락, 미디어계의 복합기업의 일부이지만, 그 근간을 장악하고 있는 지주회사(持株会社)의 국적은 미국, 프랑스, 캐나다, 일본 등 다양하다. 전 세계의 부유층이 절세대책으로 할리우드 영화제작 자금을 대고 있다는 실태도 있다. 둘째로, 촬영의 글로벌화를 들 수 있다. 작품의 내용, 스토리에 따라서는 소위 해외 로케가 필요한 것은 이해가 되지만, 근년에는 제작비용을 줄이기 위해 해외에서 촬영하는 '런어웨이 프로덕션'이라는 방식이 유행하고 있다. 그런 장소로 가장 유명하고 유력한 곳은 캐나다의 밴쿠버로, '할리우드 북(Hollywood North)'이라는 말이 있을 정도이다.

밴쿠버에서는 왜 그렇게 촬영을 많이 하는가? 그 이유는 우선 캘리포니아와 마찬가지로 북미대륙의 서해안에 있어서 시차가 없기 때문에 할리우드와의 연락이 편리하다는 점, 기후가 온화하고 광대한 자연을 옆에 두어 로케의 어떠한 수요에도 대응할 수 있다는 점, 할리우드에 비해 손색이 없다는 점 등이 지리적 조건으로 거론되고 있다. 그에 더해 캐나다 쪽이 미국보다 물가 수준이 낮기 때문에 로케에 드는 인건비(카메라 크루 등) 면에서 미국에서의 촬영에 비해 몇 퍼센트든 싸게 치인다는 점, 또한 노동조합의 조건이 미국의 경우만큼 엄격하지 않기 때문에 촬영이 연장되거나 하는 경우 어느 정도 융통할 수 있다는 점 등을 들 수 있다. 그리고 무엇보다도 브리티시 콜럼비아주가 캐나다인의 일정 수 고용을 조건으로 영화제작을 세제상 우대하는 것도 있어서 이에 따른 플러스와 노동 코스트의 저하분을 아울러 생각하면, 전체적으로 미국에서 촬영하는 데 비해 20~30% 낮은 비용으로 끝낼 수 있다고 한다.(Coe, 2000, 2001) 밴쿠버에서는 이러한 로케이션 비즈니스에 착목하여 1980년대부터 현지 전문 스태프나 기기 대출업 등이 모여들어서 지금은 일대 산업을 이루고 있다. 2017년, 2018년에는 해외로부터의 촬영 프로젝트가 이 도시에서 전개되어 30억 캐나다 달러가 사용되었다고 한다. 금액 면에서는 캐나다 국내 촬영 프로젝트보다 해외에서(거의 미국)의 런어웨이 프로덕션이 더 많아 반 이상을 후자가, 그중에서도 영화와 TV프로그램 시리즈가 큰 비율을 차지하고 있다. 대부분의 지역에는 포스트 프로덕션의 기능(편집, 특수효과, CG 제작 등)도 있어서 현지에서 그것을 하면 더 세제 우대를 받을 수 있게 되어 있다.

이러한 로케 유치 정책을 추진하는 조직이 일본에서도 근년 급속도로 많아져서 그것을 '필름 커미션'이라고 하는데, 밴쿠버의 경우는 로케 촬영지라는 레벨을 넘은 훌륭한 할리우드 프로덕션지라고 할 수 있다. 마찬가지로 호주나 뉴질랜드도 같은 영어권이고 상대적으로 싼 인건비를 무기로 런어웨이 프로덕션을 획득하고 있다. 예를 들어 초대형작 〈반지의 제왕〉 시리즈 대부분의 신은 뉴질랜드에서 촬영되었다. 밴쿠버만이 아니라, 캐나다의 몬트리올, 토론토 그리고 유럽의 영국, 프랑스, 독일, 구 동구권 제국, 혹은 아시아의 말레이시아, 한국, 아프리카의 모로코, 남미 제국, 남아프리카 등 세계 각국, 각 도시들은 할리우드의 영상 촬영 프로젝트를 유치하는데 필사적이며, 이러한 국제 경쟁은 해마다 더 치열해지고 있다. 이러한 경쟁은 영상을 통해 지역 이미지나 홍보효과를 높인다기보다 고용이 창출되고 지역에 돈이 흘러 들어온다는 경제 효과가 최대의 목적이다. 이러한 경쟁에서 각 지역은 영어가 통한다거나 특수한 풍경이 있다거나 하는 점도 내세울 요소이지만, 무엇보다 세제상의 우대 조치가 프로듀서에게는 메리트임을 내세우고 있다. 일정 이상의 현지인 고용이 있고, 촬영 프로젝트에 의해 현지에 돈을 풀어주면, 들어간 비용의 몇 퍼센트를 캐시백 하겠다는 캠페인도 필수적이다.

실제로 프로듀서에게 소구하기 위해,(예를 들면 캐나다의 한 도시이지만) 마치 1920년대 파리처럼 보이는 거리가 있다는 점, 혹은 특별히 개성을 드러내지 않고 근미래 도시나 산간부의 풍경으로서 영상 속에서 위화감 없이 잘 녹아들 장소가 얼마나 많이 있는가 하는 점을 보여주는 이미지 화상 데이터베이스를 공개하는 필름 커미션도 많이 있다. 또한 각본에 따라 실제로 어디에서 촬영해야 할지를 프로듀서에게 제안하거나 공원, 일반도로 등 공공 공간을 사용하기 위해 필요한 인허가를 무료로 대행해서 받아주는 서비스가 포함되는 경우도 많다.

유럽에서는 영국이 특히 할리우드의 촬영 유치에 열심이다. 영국영화의 제작에 조성비용을 낸다고 하는 문화정책도 있지만, 오히려 이 세제 우대 조치에 의해 해외 프로덕션에 대해 간접적으로 내는 보조금이 금액상으로는 훨씬 커서, 영화 정책으로는 모순이라는 비판도 있다. 예를 들어 〈해리포터〉나 〈007〉 시리즈는 영국 내에서 촬영되고 그와 같은 메리트를 얻어 '영국과의 공동제작 영화'로 인정받고 있지만, 왜 할리우드에 나라의 보조금이 나가야 하는지를 정당화하기 어렵다.(브라질, 독일, 영국의 사례에 대해서는 Donoghue, 2017를 참조하기 바란다)

그러나 자국 내에서 로케 촬영을 하고 할리우드의 프로덕션과 공동으로 작업을 하면, 자국의 영상산업에는 없는 큰 스케일의 촬영에 참가할 수 있다. 또한 자국 내 영상산업이 활성화된다는 큰 경제적 메리트도 있다.

이러한 목적으로 영상 프로젝트 유치를 추진하는 나라, 도시, 지역은 앞에서 언급했듯이, 전 세계에 널리 퍼져 있으며 거기에 뒤쳐질 수 없다는 분위기가 있다. 프랑스처럼 자국 영상 문화에 자부심을 갖고 미국에 저항하는 문화정책을 펴는 나라조차, 지금은 자국에 대한 영상 로케 유치에 적극적으로 나오고 있으며 주요 언어가 영어인 작품을 미국과 공동제작하고 있다. 캘리포니아의 각종 조합에서는 할리우드의 일을 빼앗기고 있다며 문제 삼고 있지만, 로케 촬영은 미국 국내라도 다른 인센티브가 있는 주로 옮겨가고 있다. 프로듀서 측에서는 촬영에 들어가기 전에 자금 계획을 세울 때, 전 세계의 제도를 조사하여 이동이나 체재비용, 얻을 수 있는 특유의 풍경, 현지 스태프의 기술 능력 등을 신중하게 비교, 검토하여 결정한다. 제작 측으로서는 비용 면에서의 메리트뿐만 아니라 유럽 등 타국과의 '국제공동제작'으로 인정받음으로써 그 상대국 작품으로서 취급을 받는 메리트도 크다. 특히 유럽, 중국처럼 외국산(=미국산) 영화에 대한 직, 간접 제한이 있는 나라에서는 그것은 큰 의미를 갖는다.

일본은 이런 유치 경쟁에 참가하지 않는 예외적 나라이다. 일본에서는 영화산업이 경제적 가치를 낳는 큰 산업이라고 인식되지 않기 때문인지, 세제상의 우대 조치를 해주면서까지 해외에서 영상 프로젝트를 유치하려고는 하지 않는다. 다만, 지방 레벨에서는 필름 커미션을 말하자면, 지역 홍보 목적으로 하고 있으며 이미 100개 이상의 단체가 있다. 또한 국가 레벨에서도 힘을 기울여, 그것을 본격적으로 추진하기 위해 환경을 정비하고자 하는 방침을 2018년부터 취하기 시작했다.(내각부, 2018) 물론 국내 촬영을 저해하는 규제 완화가 주요 시책으로, 해외 프로젝트에 대한 보조금에 대해서는 부정적인 자세에 머물고 있다. 그렇게 하면, 해외 프로듀서로서는 물가가 비싸고 물리적으로 멀고 규제가 많으며 영어 커뮤니케이션이 원활하지 않은 일본에서 촬영을 하고 싶다는 인센티브는 생각하지 못할 것이고, 당분간 세계의 경쟁과는 무관하게 될 것이다. 편집 작업에 대해서도 해외 제 지역에서는 실력을 향상시키고 있어서, 현지에서 촬영하고 나면 그대로 편집 작업으로 이어지는 흐름을 만들어 단순한 로케지 이상의 영상산업의 중요한 거점 형성을 목표로 하고 있다. 마켓에 대한 진입, 기술의 도입, 기타 목적도 있어서 한국과 중국, 미국과 유럽 각국이라는 공동제작은 이전보다 더 활발하게 글로벌화가 진행되고 있다. 다음으로 작품이 완성된 후의 판매와 기타에 대한 것인데, 이 과정에서도 할리우드에서 기본형을 만들고 있기는 하지만, 당연히 글로벌한 전개가 이루어지고 있다.

마지막으로 영화의 소비라는 단계에 이르면, 영화의 내용 그 자체가 미국적 생활, 사회를 반영하고 있어도 이미 글로벌한 소비자들 사이에

서는 위화감 없이 받아들여진다. 오히려 최근 블록버스터 영화에 대해서는 원래 특히 어느 나라의 이야기라는 것도 없고 무국적적 내용으로 만들어지기 때문에 문제가 없다. 이렇게 할리우드가 수행하는 역할은 바야흐로 아이디어를 영화작품이라는 상품의 생산으로 연결짓고, 글로벌한 마케팅, 이익의 최대화를 향한 글로벌 비즈니스 플랜의 입안과 실행이라 할 수 있다. 이전에는 '로컬 자원을 조달하고 로컬하게 마케팅을 하는(local sourcing, global exploitation)' 타입의 비즈니스였지만, 지금은 '자원조달에서 마케팅까지 모두 글로벌하게(local sourcing, global exploitation)' 되었다. 즉 영상산업은 바야흐로 글로벌한 서비스산업이라고 할 수 있다. 아이디어 개발도 할리우드는 전 세계에서 구하고 있다. 예를 들어 워너브라더스재팬 합동회사는 미국 본사의 영화작품 배급을 주요 업무로 하고 있지만, 〈바람의 검심(るろうに剣心)〉 시리즈(2012년, 2014년 공개)를 제작하여 일본만이 아니라 아시아 기타 세계 각국에서 공개했다.(이는 일정 부분 현지화 전략도 담겨 있다. 그 점에 대해서는 Donoghue, 2017에 상세하다) 이것이 나름의 성공을 거둠으로써 〈은혼(銀魂)〉 등 다른 작품들도 계속해서 나오고 있다. 또한 일본에서 우수한 젊은 영화감독의 기획을 추천하여, 현지 스튜디오에서의 선고를 거쳐 미국에서 영화화하여 세계 시장에 내보내는 프로그램(WB's Young Artists and Creators, Incubation Program)을 개발했을 정도이다.(『닛케이 엔터테인먼트(日経エンタテインメント)』 2019년 1월호)

현재 할리우드는 디자인 센터적 기능을 가지고 각 프로세스에 대해서는 글로벌하게 최적의 자원을 조달하여 그것을 통합하고 있다는 점에서, 애플 등 글로벌한 제조업과 매우 유사해졌다.

아울러 비교하기 위해 일본의 애니메이션을 생각해 보면, 제작 하청작업은 이미 상당 부분 인건비가 싼 아시아 근린 제 국가로 넘어갔다. 물론 최초의 스토리 구상, 기획, 그리고 하청으로 내보내기 이전의 원화의 작화, 편집은 일본에서 이루어지고, 단순 작업만 국제 시장으로 나가는 구조이다. 즉 할리우드 영화만큼의 자금 조달, 프로젝트 기획에서의 국제화는 없는 것이나 마찬가지라 할 수 있고, 시간이 걸리는 작화, 묘화 작업이 해외로 나가고 있다는 점에서 하청 작업의 국제화에 불과하다 할 것이다.

4. 맺음말

20세기 전반 할리우드의 메이저 영화회사는 '수직적 통합'에 의해 제작, 배급, 흥행의 흐름을 지배함으로써 성장했다. 전후 TV의 등장에 의해 한때 침체했지만, 1970년대부터 하이 컨셉 무비, 블록버스터 영화 제작에 주력한다고 하는 질적 전환을 이루어 훌륭하게 되살아났다. 이것은 제작비, 마케팅비의 증가를 초래하였고, '스튜디오'라 불리는 메이저 영화회사는 제작은 외부 프로덕션에 맡기고 유통과 제작 자금 조달을 돕는 기구로 전환했다. 더 나아가 1980년대부터는 음악, TV방송, 출판 등의 이업종 엔터테인먼트, 미디어 업계와의 합병, 매수를 반복하여 국제적 거대 자본인 오락, 미디어계 복합기업의 일부가 되었다. 동일 복합기업 내에 서로 다른 업종이 병립하지만 서로 하나의 소재를 살려 다종다양하게 비즈니스를 전개하여 시너지 효과를 노렸다.

이렇게 해서 할리우드 영화 비즈니스는 막대한 예산을 들여 초 인기

스타나 특수 효과를 마음껏 사용한 블록버스터 영화를 계속 제작하여 세계 영화시장에서 확고한 지위를 구축하였다. 근년의 할리우드는 코스트 절감을 위해 해외 로케 촬영과 편집 작업을 하게 되었고, 그러한 영상 프로젝트를 획득하기 위한 국제 경쟁은 치열해지고 있다. 캐나다, 호주, 뉴질랜드, 유럽의 각국이 자국 내 영상 산업 육성, 발전에 힘을 쏟고 있으며, 세제상의 우대 조치나 로케이션 촬영에 관련된 각종 서비스를 무상으로 제공해서라도 할리우드로부터 일을 얻기 위해 안간힘을 쓰고 있는 등, 영상 작품의 제작 과정이 전 세계 지역으로 확대, 분산되고 있다. 그러나 할리우드는 소위 디자인 센터로서 기획 개발, 자금 조달, 촬영, 편집, 마케팅, 2차 판매와 같은 모든 기능을 관장하는 장으로서 여전히 중요한 위치를 유지하고 있다. 이러한 세계 전략에 대해서는 복합기업 레벨 및 영상산업 레벨에서 제8장에서 좀 더 자세히 살펴보기로 한다.

인용문헌

北野圭介(2001), 『ハリウッド100年史講義』, 平凡社新書.

内閣府(2019), 『ロケ撮影の環境改善に関する官民連絡会議 中間とりまとめ』, 内閣府知的財産戦略推進事務局.

モール, ミドリ(2001), 『ハリウッド・ビジネス』, 文春新書.

Aksoy, A. and Robinson, K.(1992), "Hollywood for the 21ST Century: Global Competition for Critical Mass in Image Markets" *Cambridge Journal of Economics* 16, 1, pp.1~22.

Balio, T.(1996), "Hollywood in the 1990s", in Moran, A. (ed.) *Film Policy*, Routledge.

Caves, R. E.(2000), *Creative Industries: Contracts between Art and Commerce*, Harvard University Press.

Coe, N. M.(2001), "A Hybrid Agglomeration? The Development of a Satellite

Marshallian Industrial District in Vancouver's Film Industry" *Urban Studies*, 38, 10, pp.1753~1775.

Coe, N. M.(2000), "On Location: American Capital and the Local Labour Market in the Vancouver Film Industry" *International Journal of Urban and Regional Research*, *24*, pp.79~94.

Donoghue, C. B.(2017), *Localising Hollywood*, Palgrave.

Hoppenstand, G.(1998), "Hollywood and the Business of Making Movies: The Relationship between Film Content and Economic Factors", in Litman, B. R. (ed.) *The Motion Picture Mega Industry*, Allyn and Bacon.

Hoskins, C., McFadyen, S. and Finn, A.(1997), *Global Television and Film*, Oxford University Press.

Kindem G.(2000), "United States", in Kindem, G. (ed.) *The International Movie Industry*, Southern Illinois University Press.

Litman, B. R.(1998), *The Motion Picture Mega Industry*, Allyn and Bacon.

Moore, S. M.(2011), *The Biz: The Basic Business, Legal and Financial Aspects of the Film Industry*, 4th Edition, Silman-James Press.

Schatz, T.(1997), "The Return of the Hollywood Studio System", in Barnouw, E. (ed.) *Conglomerates and the Media*, The New Press.

Scott, A. J.(2005), *On Hollywood*, Princeton University Press.

Storper, M. and Christopherson, S.(1987), "Flexible Specialization and Regional Industrial Agglomeration: The Case of the U. S. Motion Picture Industry" *The Annals of the American Association of Geographers* 77, pp.104~117.

Vogel, H.(2015), *Entertainment Industry Economics*, 9th Edition, Cambridge University Press.(동서의 제8판의 번역서로, 助川たかね訳, 『ハロルド・ヴォーゲルのエンタテインメント・ビジネス―その産業構造と経済・金融・マーケティング』, 慶應義塾大学出版会, 2013이 있다.)

참고문헌

▪ 본장 전체와 관련된 논문

前田耕作(2013), 「映画産業の変貌における日米の共通性と相違」, 河島伸子・生稲史彦 編著, 『変貌する日本のコンテンツ産業』, ミネルヴァ書房.

▪ 할리우드 영화 업계를 이해하기 위해서는 업계 고유의 사정, 관행 등에 관한 지식도 어느 정도 필요하다. 그 지식을 얻는데도 도움이 되는 우수한 논문으로 다음이 있다.

McDonald, P. and Wasko, J.(eds.) (2008), *The Contemporary Hollywood Film Industry*, Blackwell.

■ 개괄적, 입문서적인 연구
菅谷実·中村清編(2002), 『映像コンテンツ産業論』, 丸善.

■ 현장에 가까운 부분을 논한 연구
浜野保樹(2003), 『表現のビジネス―コンテント製作論』, 東京大学出版会.
Balio, T.(2013), *Hollywood in the New Millennium*, Palgrave Macmillan.
Wasko, J.(2003), *How Hollywood Works*, Sage.

■ 런어웨이 프로덕션에 대한 것
Elmer, G. and Gasher, M.(eds.) (2005), *Contracting Out Hollywood: Runaway Productions and Foreign Location Shooting*, Rowman and Littlefield.

제7장

로컬, 지역 콘텐츠 경제

　제5장, 제6장에서는 주로 미국 할리우드의 미디어, 엔터테인먼트, 복합기업의 위력에 대해 이야기했다. 그러나 할리우드가 미디어, 콘텐츠문화를 장악하고 있고, 세계의 모든 문화가 그에 호락호락 굴복하고 있는 것은 아니다. 로컬, 지역 레벨에서는 할리우드를 받아들이면서도 독자적인 콘텐츠산업을 전개하고 있는 곳도 있다. 가장 전형적으로는 일본의 음악이나 영화시장으로, 일본에서는 미국으로부터의 수입물을 좋아하는 경향도 있지만 그것이 일본의 오락시장을 석권하는 것은 아니라서, J-POP이나 일본 영화의 매출이 더 크다. 또한 각 국가와 지역에서 독자적인 콘텐츠산업을 발전시키고자 하는 문화정책도 존재한다. 개인 레벨이나 시민이 만드는 NPO에서도 인터넷이나 디지털 기기를 사용하여 여러 가지 형태로 할리우드와는 다른 문화의 창조와 발신에 노력하는 사람들은 세상에 수없이 많다. 본장에서는 이들 할리우드에 대항하는 정책 혹은 할리우드와는 다른 차원에서 움직이는 미디어 콘텐츠 경제를 살펴보기로 한다.

1. 콘텐츠산업 정책

콘텐츠산업 정책이란 음악이나 영화 등의 콘텐츠산업의 성장을 촉진하고 국제적 경쟁력을 높이기 위한 지원책 및 고도로 발달한 정보화 사회를 실현시키기 위해 통신이나 방송, 콘텐츠를 둘러싼 규제나 완화에 관한 정부나 지방자치체의 시책을 일컫는다. 영역상으로는 매우 넓어서 일본의 경우를 보면, 경제산업성, 정보·통신·방송행정에 관련된 총무성을 대표로 하여 문화청, 문부과학성, 지역개발 관계로는 국토교통성 등 다수의 성(省)과 청(庁)이 관여한다. 이 외에 일본 문화의 해외 발신, 문화교류의 측면에서는 외무성이 있으며, 또한 각 성청에 걸쳐 수상과 가까운 곳에서 종합 정책입안에 종사하는 내각부도 특히 콘텐츠의 해외수출, 일본의 매력 발신 등의 관계에서 중요한 존재이다. 앞에서 언급한 정의 중, 특히 통신·방송에 관한 행정에 대해서는 정부로서도 중요한 영역이며, 관련 산업의 규모도 특히 크지만, 대담한 개혁이 이루어져 온 분야이기 때문에 본서에서 본격적으로 거론할 수는 없다.

그러면 영화나 음악 등 콘텐츠산업 육성책의 실태는 어떠한가? '예술과 문화의 육성, 전통예술과 문화의 보호'를 목적으로 하는 문화정책에서 그 대상은 대량으로 복제되는 타입의 문화적 제품이 아니라 생 연주와 상연에 가치가 있는 타입의 예술문화활동, 혹은 미술의 원작품, 문화유산 등이며, 그것들을 정책적으로 지원하는 근거는 제3장에서 언급한 '시장의 실패'와 이들 문화에 내재하는 국민, 지역사회의 가치였다. 콘텐츠산업 정책이란 이러한 문화정책을 단순히 영역적으로 확장하여 콘텐츠산업을 포함하고자 하는 것일까?

문화정책에 관련된 문서에 창조산업(creative industries), 문화정책(cultural industries)이라는 용어가 등장한 것은 제2장에서 언급했듯이, 영국에서 이들 산업 규모 측정 프로젝트가 하나의 커다란 계기가 되었다. 이들 창조산업, 문화정책은 본서에서 말하는 콘텐츠산업과 겹치는 부분이 크지만, 구체적으로 무엇이 포함되는가에 대해서는 나라마다 또는 각 정책적 문맥에 따라 상당히 다르다. 특히 영국에서 사용되는 '창조산업'이라는 용어에는 컴퓨터의 소프트웨어나 광고산업이 포함되기 때문에 비판을 받는 경우가 있다. 확실히 어느 쪽도 창조적 행위를 원천으로 하는 것임에는 틀림없지만, 그것들은 예술적이라기보다는 다른 기능적 목적(업무처리나 커뮤니케이션을 효율적으로 하는 것, 마케팅으로서 뭔가를 파는 것)이 우선 존재하고 거기에 창조적 요소가 더해지는 것에 지나지 않는다고 생각되기 때문이다.

제1장에서 언급한 경제학자 트로스비는 창조산업을 몇 가지 동심원으로 이루어지는 전체로서 이해할 것을 제창하고 있다.(트로스비, 2002, pp.177~181; Throsby, 2008)(【그림 7-1】) 트로스비는 이 모델에서 재화의 생산과정에서의 인풋과 그 결과의 아웃풋에 얼마나 '문화적' 가치와 '기능적' 가치가 존재하는가에 주목하고 있다. 우선 중핵에 있는 창조활동에는 문학, 미술, 음악창작, 무대예술 등이 포함되는데, 이것들은 인풋 면·아웃풋 면 양쪽에 걸쳐 고도로 문화적 요소로 성립된다. 이러한 중핵을 둘러싼 다음 층으로는, 중핵에 있는 창조활동을 조직화, 산업화한 활동으로서 영화산업, 도서관과 뮤지엄 활동, 사진을 들고 있다. 그리고 인풋 소재로서 예술적, 창조적 활동에 의존하면서도 고도로 산업화된 복제행위 자체를 핵으로 하는 문화산업이 다음 층에 있다. 예를 들면 출판, 레코드, 방송, 게임산업 등이 여기에 포함

된다. 그리고 가장 바깥층에는 광고, 건축, 디자인, 패션 등을 관련 산업으로 포함시키고 있다. 이들 특징은 예술적, 창조적, 문화적 인풋을 포함하면서도 생산되는 재화의 목적은 고도로 기능적이라는 것이다. 소프트웨어와 (문화의 일부로 종종 여겨지고 방송의 내용으로서 가장 인기가 있는 '콘텐츠'인) 스포츠는 포함되지 않는다. 인풋 소재 면에만 주목한 분류라면 그것들이 포함될 것이다. 한편 세계지적소유권기관(WIPO)이 생각하는, '저작권산업' 즉 저작물의 창조, 제조, 배포 대상에 직접 혹은 간접적으로 관여하는 산업이라는 개념으로는 소프트웨어가 포함되지만, 패션이나 스포츠는 저작권과는 직접 관련이 없기 때문에 제외한다.

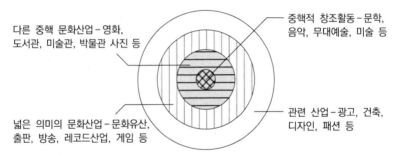

다른 중핵 문화산업 - 영화, 도서관, 미술관, 박물관 사진 등

중핵적 창조활동 - 문학, 음악, 무대예술, 미술 등

넓은 의미의 문화산업 - 문화유산, 출판, 방송, 레코드산업, 게임 등

관련 산업 - 광고, 건축, 디자인, 패션 등

【그림 7-1】 창조산업의 동심원 모델

출전: Throsby(2008), p.150.

이렇게 창조산업의 정의나 정책 대상에 무엇이 포함되는가 하는 점에 다양한 이견이 있는 이유는, 그러한 정의를 낳는 정치적, 경제적 배경의 차이에서 비롯되지만, 현실적으로는 어떤 층까지를 문화정책의 대상으로서 '창조산업'이라고 생각하고 정책입안을 할 것인지가 문제이다. 성질이 다른 것들이 너무 뒤섞여 있으면, 정책효과 면에서도 영향을 미치게 되기 때문이다. 또한 정책개입을 정당화하는 근거가 애매해진다고 하는 문제도 있다. 특히 위에서 든 동심원상의 중핵에 있는 창조활동 그 자체를 지원하는 것은 종래의 문화정책의 기본이며 그 가치관은 산업 그 자체의 사회적 중요성에 기초를 두고 있었다. 그런데 중심에서 먼 곳에 있는 복제 가능한 문화적 재화를 생산하는 산업(이쪽이 소위 콘텐츠산업으로서 이미지화되기 쉽고 본서에서도 염두에 두고 있다)에 대해서는, 정부가 관여하는 이유는 문화적 가치라기보다 는 경제적 가치가 주이기 때문에 여기에서 충돌이 일어날 위험이 있 다. 특히 경제적 가치(콘텐츠의 고용 창출력, 수출력, 다른 산업에 대한 파급효과, 정보화 사회에 대한 공헌 등)가 개입됨으로써 문화적 창조성, 가치 그 자체를 기초로 해 온 문화정책은 근본적으로 그 의의가 재고될 것이다. 실제로 유럽 제국에서는 종래의 문화정책의 양상, 즉 경제적, 사회적으로 혜택을 받은 일부 사람들이 관객의 중심이 되고 있는 예술 활동에 세금을 투입하는 것의 의의, 근거 제시에 고심하고 있으며, 그 타개책으로 문화예술을 보다 확대하려는 노력, 감상자를 개발하기 위한 교육활동 등에 힘을 쏟게 된지 오래 되었다. 역으로 말하자면, 그러한 문화정책의 존립 기반을 뒤흔드는 위협에 대항하기 위해, 산업 적, 경제적 측면을 넓히는 창조산업, 문화산업이라는 개념이 유행하 고, 중핵이 아닌 동심원 바깥쪽에 있는 콘텐츠산업에 대한 관심이 고 조되는 것인지도 모른다.

이렇게 동심원상의 바깥쪽에 있는 '콘텐츠산업'에 대한 산업정책은 종래의 문화정책과 어떻게 다를까? 우선 확실한 것은 실은 콘텐츠산 업 전문직에 대한 정책은 굳이 말하자면 한정적이라는 것이다. 국가가 관여하기 시작한 것은 그 산업의 존립이 중요한 데 더해 거기에 뭔가

'시장의 실패' 혹은 제도적 요인에 의한 성장저해 요소가 있기 때문이다. 콘텐츠산업 특유의 시장 실패에 대해서는 제3장에서 언급했듯이, 정보에 대한 무임승차의 문제가 있으며 그에 대해서는 저작권법의 제정, 국제적 강화라는 대응책이 취해지고 있다.(제5장 참조)

그 외의 정책입안에 대해서는 자국의 콘텐츠산업의 약점을 보완하고 그를 극복하기 위한 노력이 필요하다. 일본에서 문화청이 미디어 아트라는 분야에 조성금을 지원하거나 문화청 미디어 예술제를 개최하게 된 것을 일례로 들 수 있다. 한편 경제산업성은 콘텐츠산업의 중핵이 되는 소재 창조활동은 충분하다는 전제하에 그것을 상품화하는 프로듀스 인재의 육성에 관여해 왔다. 또한 콘텐츠 작품의 해외 수출을 촉진시키기 위해 해외 유통업자와의 마케팅 기회를 창출하거나 영화 작품제작 자금에 대한 투자를 촉진하는 법적 시스템을 정비하는 정책에 착수했다. 이렇게 보면 일본에서는 문화청은 문화생산의 중핵을 이루고 있는 창조활동에 포함되는 장르를 확대하는 형태로 문화정책을 전개하는 한편, 경제산업성은 어디까지나 산업정책으로서 콘텐츠산업에 주목하여 그 생산물의 질이 높다는 전제하에 산업적 전개 실력을 향상시키는 정책을 취하고 있다고 정리할 수 있다.(Kawashima, 2017) 물론 실제로는 그와 같은 구분을 넘어선 활동도 많이 있으며, 또한 자동차의 두 바퀴처럼 함께 움직이지 않으면 효과를 볼 수 없는 경우도 많기 때문에 종적행정[16]만으로는 불충분할 것이다.

오히려 지방자치체 레벨에서의 '창조도시' 전략 안에 콘텐츠산업정

---

16 [역주] 종적행정(縱割行政)이란 개개의 행정 사무 처리나 수행에 있어 각 성(省)이나 청(庁)의 횡적 커뮤니케이션이 없이 각자 수직적 관계만으로 이루어지는 일본 행정의 특징을 일컫는 말.

책이 포함되는 사례가 많다. 특히 유럽에서는 도시 및 조금 더 광역 레벨에서 영상산업이나 음악산업의 육성을 목표로 창조활동에 종사하는 사람들을 대상으로 하는 스튜디오 등의 공공시설을 정비하거나 창업 상담 혹은 중개를 하고 더 나아가서는 세제상 우대를 하거나 창조활동에 대한 보조금을 지원하기도 한다. 유럽 연합이 확대되고 지역 내 국가끼리 경쟁보다는 도시나 지역 간 경쟁으로 옮겨가고 있는 것이 그 배경의 하나이다. 일본에서도 예를 들면 요코하마시(橫浜市)가 크리에이티브 시티 요코하마라는 개념으로 예술문화, 콘텐츠산업을 불문하고 문화적, 창조적 활동을 축으로 거리 조성에 착수하였다. 이러한 도전은 문화행정만이 아니라 산업정책, 도시 조성 부서를 횡단하는 조직이 담당하고 있는 점도 주목할 만하다. 예를 들어 이러한 대형 프로젝트의 한 축에는 '영상문화도시' 구상이 있어서 이미 요코하마에 유치한 도쿄예술대학 대학원 영상연구과와 연계·협력하여 영상문화의 지역 침투를 도모하고 있다. 그리고 영상문화산업의 집적지가 되기 위해 조성제도를 실시하거나 아시아의 영화문화발신지가 될 수 있도록 영화제를 개최하는 등, 활력이 넘치는 도시 만들기를 목표로 다양한 영화를 소개하는 프로젝트를 추진하고 있다. 요코하마는 필름 커미션 협정하에 미나토미라이지구를 중심으로 TV드라마나 영화의 로케로도 자주 사용되고 있어서, 지역 영상 비즈니스 육성에 도움을 주고 있다. 또한 요코하마에서는 그 외에도 현대 아트를 소개하는 트리엔날레(triennale)[17]의 개최나 아트 NPO에 대한 지원도 있어, 순수예술, 상

---

17 [역주] 이탈리아어로 '3년마다'라는 의미의 형용사이다. 현재 밀라노 트리엔날레(1922
    년 발족, 1930년 이후 몇 차례 개최되지 않았으나 트리엔날레로 열리며, 공업미술이
    주체이다), 카네기 국제현대미술전(1896년 발족), 구겐하임상전(1956년 발족, 2년마다

업성이 높은 콘텐츠를 불문하고 창조적 문화활동이 지닌 힘이 도시 만들기에 공헌할 것이라고 크게 기대를 모으고 있다.

2. 유럽의 영화진흥책

본 절에서는 종래형 문화정책의 시각에서 영상 등의 콘텐츠는 뛰어난 문화예술이며 국민에게 가치가 있는 것이라는 이유에서 콘텐츠산업 장려정책을 추진하는 몇몇 국가의 사례를 살펴본다. 그리고 이들 대(対) 할리우드 정책의 효과는 어떠한 것인지를 검토한다. '경제, 산업'으로서의 콘텐츠가 아니라 '문화'로서의 콘텐츠의 내용과 질의 향상과 성과물의 보급을 꾀하는 협의의 '문화정책'은 할리우드 모델을 반드시 좋다고 보지는 않으며 미국 이외의 나라에서는 할리우드에 대항하기 위한 문화정책을 독자적으로 전개하는 나라도 있다. 할리우드 영화에서 가장 중요한 단일 시장은 미국 국내시장이지만, 해마다 해외의 비중이 높아지고 있으며, 국외에서는 유럽, 중국, 일본이 특히 중요한 시장을 형성하고 있다. 그중에서도 거대한 중국 영화시장의 중요성은 더 증가하고 있다. 실제로 어느 국가에서도 영화관 매출의 적어도 절반, 나라에 따라서는 대부분을 미국 영화가 차지하고 있다. 1965년 시점에서는 유럽에서 상영되는 영화의 60%는 유럽산 영화였는데, 할리우드 영화가 블록버스터화한 근 30년 동안 비율은 역전되었다.(최근

___

연 비엔날레로부터 중도에서 트리엔날레로 바꾸었다), 그렌펜국제색채판화전(1956년 발족) 등이 3년마다 개최되고 있다.

【표 7-1】 유럽 연합 내 미국 영화의 점유율(흥행수입 기준)

연도	공개영화작품수	스크린수	입장자수(백만 명)	유럽산(%)	미국산(%)
1997	560	20,605	765	32	66
1998	555	21,855	828	22	78
1999	603	23,181	810	29	69
2000	602	23,555	844	23	73
2001	627	24,448	935	32	65
2002	644	58,234	938	28	70
2003	672	25,774	890	26	71
2004	770	28,727	1,006	30	67
2005	815	29,020	854	38	60
2006	883	29,024	926	33	64
2007	1,033	29,394	923	35.1	62.7
2008	1,145	29,225	928.1	35.2	63.2
2009	1,429	29,817	981.8	30.3	67.1
2010	1,508	29,719	965.3	30.4	68.2
2011	1,523	29,626	968	36.6	61.6
2012	1,569	29,950	949	36.2	62.3
2013	1,623	29,958	906	27.3	69.5
2014	1,616	30,111	910	33.6	63.2
2015	1,662	30,621	978	34.1	63.1
2016	1,740	31,983	991	30.3	67.4

＊미국과의 공동제작 포함
출전: CNC(2008), European Audiovisual Obeservatory(2018)

의 동향은 【표 7-1】 참조) 오늘날에는 프랑스가 자국 영화 점유율이 비교적 높은 나라로서 겨우 체면을 지키고 있다.(【표 7-2】 참조) 특히 1990년대 후반부터 계속해서 선전하고 있음을 알 수 있는데, '프랑스 영화'의 정의에는 해외와의 공동제작도 포함되기 때문에 순수하게 100% 프랑스산이라고 할 수 있는 것은 4분의 1 정도의 점유율에 불과하다. 영국도 마찬가지로 어느 한 시기보다는 훨씬 되살아나서 나름 선전을 하고

【표 7-2】 프랑스 내 각국 제작 영화 점유율 1999~2017(흥행수입 기준, %)

	1999	2001	2003	2005	2007	2009	2011	2013	2015	2017
프랑스산	32.8	41.2	34.9	36.6	36.5	36.8	40.9	33.8	35.7	37.4
미국산	54.5	46.4	52.2	45.8	49.1	49.7	45.9	54.0	51.2	49.2
유럽산	11.1	8.0	5.6	15.7	12.4	10.0	10.9	7.5	9.7	10.6
독일산	0.6	0.8	1.0	1.0	1.4	1.2	0.8	0.9	1.4	0.3
영국산	8.7	6.0	3.6	13.6	9.6	6.6	6.5	4.4	7.2	8.4
스페인산	0.2	0.4	0.3	0.3	0.2	1.0	1.1	0.7	0.3	0.4
이탈리아산	0.9	0.3	0.4	0.4	0.1	0.2	0.2	0.1	0.2	0.2
기타	1.6	4.4	7.4	1.9	2.0	3.4	2.4	4.7	3.5	2.8

출전: CNC(2008, 2018), CNC(2008), p.9.

【표 7-3】 영국에서 공개된 영화 제작 국가별 내역(2017년)

제작 국가	공개 편수	공개편수 점유율(%)	흥행수입 점유율(%)
미국	193	25.4	57.7
영국	139	18.3	9.6
미국, 영국 공동제작	20	2.6	27.8
유럽	126	16.6	1.5
인도	150	19.7	1.1
기타	132	17.3	2.3
합계	760	100	100

출전: BFI(2018)

있다.(【표 7-3】 참조) 물론 기본적으로는 미국의 메이저가 크게 관여하여 국제적으로는 할리우드 영화로 볼 수 있지만, 영국산 히트작이 상위를 차지하는데 주의해야 한다. 미국과의 공동제작 작품은 겨우 20편(전체의 2.6%)임에도 불구하고, 흥행수입으로서는 27.8%나 차지하고 있다. 〈007〉 시리즈 등 할리우드 대형 작품이 영국 국내에서 로케 촬영을 하고, 영국인 스태프나 주요 멤버를 고용하며 영국 국내 제작회사가 업무에 관계를 한다는 조건을 충족함으로써 '영국영화작품'으로 인정받기 때문이다. 세제상의 우대 조치를 제공하고 마찬가지로 할리우드의 로케 유치에 열성인 캐나다, 호주, 유럽 제국 사이의 유치 경쟁에서 이겨야하기 때문에, 세수를 잃더라도 영상산업에서 고용이 창출되고 경제효과가 있다고 하여 영국도 적극적으로 나온 결과이다. 유럽 제국에서 또 한 가지 자국 영화산업의 약한 측면은, 실은 각국에서 상당한 편수의 영화를 제작하고 있음에도 불구하고 그것들의 국제적 경쟁력이 약하다는 점이다. 유럽 영화의 유럽 밖에서의 매출은 전체의 3% 정도(입장객 수의 2% 할 정도)밖에 되지 않으며(European Audiovisual Observatory, 2016), 그것도 겨우 몇 편만 팔리고, 그 외 수백 편의 유럽산 영화는 국제시장에 나갈 힘이 없다. 20세기 초에는 미국과 나란히 영화제작의 대국이었던 이탈리아나 프랑스, 영국에서는 오늘날에도 연간 100~150편 정도의 영화가 제작되고 있지만, 그들 중 유럽 제국 사이에서 거래되는 것조차 극히 일부이다. 유럽 지역 외로 배급되는 것은 국제 공동 제작된 것이 대부분으로 한정된 편수에 지나지 않는다. 최근이라면 영국의 국제 공동제작인 〈브리짓 존스의 일기〉 시리즈물이나 〈셜록〉 시리즈물 등이 이에 해당한다. 프랑스 이외의 유럽 각국에서는 독일도 스페인도 이탈리아도 모두 미국 영화가 대부분을 점유하고 있으며, 프랑스 영화의 점유율은 근년 높아졌지만 미국 영화에는 미치지 못 한다.(【표 7-4】, 【표 7-5】, 【표 7-6】) 프랑스 영화가 프랑스 이외의 나라에서 얼마나 성공할까 하는 것은 소수의 대 히트 작품에 좌우되며 일반화되기 어렵고 해마다 변동이 크다. 일반적으로 프랑스 대 미국 영화 무역수지는 큰 적자이다. 프랑스 국내의 미국 영화 매출은 프랑스 영화 매출을 웃돈다. 원래 미국 내 비 미국 영화 흥행 점유율

【표 7-4】독일 내 각국 제작 영화 점유율(흥행수입 기준, %)

	1999	2001	2003	2005	2007	2009	2011	2013	2015	2017
자국산 영화 공개편수	74	83	80	103	129	219	205	236	236	247
스크린 수	4651	4792	4868	4889	4832	4734	4540	4610	4692	4803
독일산	11.1	15.7	16.7	13.9	18.9	27.4	21.8	26.2	27.5	23.9
미국산	78.6	77.0	76.8	77.2	73.2	64.5	60.1	65.4	54.5	63.6
유럽 전체	0.7	1.6	0.9	2.9	3.9	12.5	15.6	6.1	15.7	11.2
프랑스산	14.3	11.9	8.1	22.2	19.5	3.4	4.9	3.1	3.4	n/a

주: n/a는 자본이 없다는 뜻. 【표 7-5】, 【표 7-6】도 마찬가지.
출전: CNC(2008, 2018)

【표 7-5】스페인 내 각국 제작 영화 점유율(흥행수입 기준, %)

	1999	2001	2003	2005	2007	2009	2011	2013	2015	2017
자국산 영화 공개편수	82	106	110	142	172	186	199	235	254	n/a
스크린 수	3343	3770	4253	4383	4296	4083	4040	3894	3588	3625
스페인산	13.9	17.9	15.8	16.7	13.5	13.2	15.8	13.5	19.4	17.3
미국산	64.2	62.2	67.3	60.3	67.6	70.8	69.0	69.5	62.0	66.5
유럽 전체	3.3	3.6	2.6	3.9	1.8	12.2	13.2	24.1	35.2	12.4
프랑스산	13.1	10.8	9.3	20.2	14.5	3.0	4.4	1.2	3.8	3.9

출전: CNC(2008, 2018)

【표 7-6】이탈리아 내 각국 제작 영화 점유율(흥행수입 기준, %)

	1999	2001	2003	2005	2007	2009	2011	2013	2015	2017
자국산 영화 공개편수	108	103	117	98	121	133	155	167	185	n/a
스크린 수	2839	2662	3038	3280	3092	3208	3837	3750	3917	n/a
이탈리아산	24.1	19.4	21.8	24.7	31.7	23.8	37.5	31.0	21.4	18.3
미국산	53.1	59.7	64.5	53.8	55.4	63.5	48.6	53.7	60.0	65.1
유럽 전체	2.7	3.8	1.9	3.0	1.0	12.5	13.8	10.8	15.5	13.6
프랑스산	14.3	19.3	12.3	21.2	14.1	1.9	4.6	4.0	4.6	4.6

출전: CNC(2008, 2018)

은 매년 5~8% 정도밖에 안 된다.(European Audiovisual Observatory 각 연도별 데이터에서) 다음으로 영국 영화시장을 보면, 2017년에 영국 내에서는 760편의 영화가 공개되었는데, 그중 영어인 것(및 영어가 주인 것)이 412편(미국산, 영국산 등 불문), 힌두어가 52편, 프랑스어가 35편, 기타는 예를 들면 독일어는 7편, 일본어는 18편으로 외국어 영화 수요는 많지 않음을 알 수 있다.(BFI, 2018, p.30) 영어권에서는 자막이 달린 영화 상영은 인기가 없는 것이다.

이러한 미국과의 사이에 발생하는 '문화수입 초과' 현황은 유럽의 문화정책에서는 오랜 동안 큰 과제로 여겨져 왔다. 코카콜라, 청바지, 햄버거로 상징되는 미국적 대량생산, 대량소비형 라이프 스타일, 문화는 유럽 사회의 지적 엘리트들은 혐오하지만, 대중들 사이에서 압도적인 인기를 자랑하는 현실은 부정하기 힘들다. 유럽 연합에서도 유럽 전체와 미국 사이의 영상 산업 분야가 60~70억 유로의 수입 초과 현상을 보이는 것에 대해 우려를 표하고 있다. 유럽에서는 '내셔널 시네마'라는 개념이 강하고 영화는 자국 문화, 혹은 통합된 '하나의 유럽'의 중요한 상징으로 여겨진다. 그래서 문화정책을 통해 영화산업에 대해서도 제작에서 유통, 상영에 이르기까지 포괄적으로 다음과 같은 시책을 펼쳐왔다.

전통적인 것은 20세기 초부터 있었던 영화수입에 관한 할당제도(Quota)이다. 이에 의해 미국산 영화의 수입을 규제해 온 것이다. 영국처럼 미국 문화와 친화성이 강한 나라에서도 그러한 정책이 1980년대까지 이어지고 있었다는 것은 놀라운 사실이다.(폐지된 것은 당시 신자유주의에 기반한 일련의 규제 완화의 흐름에 있었다. 그 외에 한국에서는 스크린 쿼타라고 해서 상영시간 통계로 한국영화 이외의 영화에 할당을 해도 되는

상한을 설정해 두고 있다. 이 제도에 대한 비판으로서는 Parc, 2017)

현재는 유럽 대부분의 나라에서 그러한 제도는 폐지되었지만, TV에서의 영화상영에 대해서는 EU의 규제가 여전히 존재하고 있다. EU에서는 1989년부터 '국경 없는 TV(Television without Frontiers)' 정책이라는 유럽 지역 내 TV방송 시장의 통일을 꾀하는 시책을 추진해 왔는데, 그 목적 중 하나는 유럽 내 영상산업의 국제경쟁력을 높이는 것이다. 그러기 위해서 '국경 없는 TV'에 관한 유럽 지령(가맹국에 그 의도하는 바를 달성하도록 요구하는 효과를 지닌 EU법. 2010년에 시청각 미디어 서비스 지령이 되었다)으로 TV방영시간에서 보도나 스포츠 중계, 광고 등을 제외한 시간 중, 반 이상을 유럽산 프로그램에 할당해야 한다고 정하고 있다. 즉 시청자들에게 인기가 있는 미국 영화, 미국 TV드라마만 방영해서는 안 된다는 것이다. 각국에서는 그것을 구체화한 법률을 제정했겠지만, 프랑스에서는 그 최저기준을 더 웃도는 것으로서 우선 프랑스산 작품의 방영시간을 40% 이상, 그리고 프랑스를 포함한 유럽산 작품의 방영 시간을 60% 이상으로 이중의 기준을 두고 있다. 이러한 할당제로 인해 1993년 관세와 무역에 관한 일반 협정(GATT 우루과이 라운드)에서 미국과 프랑스 사이에서 심각한 대립이 있었던 것은 제5장에서 언급한 대로이다. 그 후 세계무역기구(WTO)가 성립되었으나 여전히 현재까지 세계적인 규모의 영상산업수출입에 관한 규제의 폐지에는 이르지 못했고, 프랑스 같은 곳에서는 자국 산 작품의 방영 할당량을 확보하고 있다.

상영과 작품 국적의 관계 이외의 분야에서도, 영화진흥에 관한 문화정책에는 인재육성, 옛 영화의 복구나 아카이브 구축, 자막 작성비의 조성, 영화제의 지원, 비할리우드계 영화의 상영 지원(예를 들면 미니 씨어터 운영비용·프로그램 편성에 대한 지원) 등이 있다. 그 외에 스웨덴 같은 작은 나라는 정치, 경제상의 필요에서 영어교육이 이루어지고 있고, 읽고 쓰기만이 아니라 대부분의 국민이 영어로 말하고 듣는 데 저항을 느끼지 않는다. 그러니만큼, 자국어에 의한 문화표현을 추진할 필요가 있으며, 스웨덴어를 사용한 영화제작 및 그 상영에 대한 조성금을 지원하고 있다. 또한 프랑스에서는 지방 영화관의 개축비용 등에 대한 조성금도 있다. 파리 이외의 지역에서도 다양한 영화상영의 기회를 제공하고자 하는 의도이다. 영화관 감상 교육(예를 들면 감독을 초대한 토크 이벤트)이나 학교에서의 영상감상 교육에도 힘을 기울이고 있다.

영화진흥정책 중에서 가장 중요한 것은 제작 조성 및 융자 제도이다. 프랑스에서는 CNC(국립영화센터)가 영화관계의 문화정책과 행정을 포괄적으로 담당하는 조직이다. 연간 조성비는 7억 9,930만 유로 정도(2017)이다. 이러한 시책의 재원으로서 영국과 같은 조직(BFI=The British Film Institute)에서는 약 절반은 복권 수익금에서 나온 비용에 의존하는데, 프랑스의 CNC 재원의 대부분은 영화관의 티켓 매출이나 TV방송국 등(2017년부터는 프랑스 국내에서 받을 수 있는 네트상의 동영상 스트리밍 서비스도 포함한다)의 매출의 일부에서 프랑스 영화진흥을 위해 의무적으로 징수하는 자금이다. 목적세라고 할 수 있는 이 자금이 바로 영화제작조성금 재원의 대부분을 차지하고 있다. 전통적인 문화정책에서는 예를 들면 오페라나 미술관의 지원에 세금으로 막대한 자금을 할애하는 것과는 대조적인 상황으로, 흥미로운 예이다. 모인 자금은 행정비용을 제하고 영화와 TV프로그램 두 분야의 지원에 할당한다. 그중에는 순수한 제작비 보조 외에도 영화의 배급 관계에 대해서도 다소 배분이 있다. 그 구체적인 내용에는 상업 베이스로 접근하기 힘든 타입의 영화가 보다 널리 배급되도록 프린트비나 영화관의 개축 비용에 대한 보조도 포함된다.

이러한 제작비 보조를 받기 위해서는 우선 CNC로부터 '프랑스영화'(공동제작을 포함)라는 인정을 받을 필요가 있고, 프로듀서에게 상업적 성공의 실적이 없어야 한다.(조건만 충족시키면 경쟁 없이 자금을 받을 수 있기 때문에 '자동' 원조라 한다) 이는 영화제작자, 회사가 작품 제작을 계속할 수 있게 하기 위한 것이다. 아직 신참인, 실적이 없는 프로듀서는 다른 제도('선택적' 원조라 한다)에 의해 계획 중인 프로젝트의 심사를 거쳐 역시 지원금을 받을 수 있다. 이 경우에는 앞의 제도와 달리 자금을 받을 수 있느냐 없느냐는 영화의 문화적 질에 따른다. 이 경우, 실은 조성금이라기보다는 '흥행수입의 선불'이라는 성격이 있기 때문에, 상업적 성공을 거두면 그에 따라 변제를 하게 되어 있다. 그 혜택을 받는 것은 프랑스에서 제작된 영화의 20%에 불과하며 금액적으로는 영화제작에 드는 비용 전체의 3~5% 밖에 안 된다. 물론 갚을 수 있을 만큼 상업적 성공을 거두는 작품은 이 시스템에 들어간 영화의 10%에 불과하며 실질적으로는 보조금으로 기능하고 있다. 단편영화, 다큐멘터리, 예술영화 등은 시장에서의 경쟁력에 한계가 있기 때문에 예술문화로서의 영화작품 제작을 국가가 지원하는 것이다.

더욱이 프랑스에서는 1985년에 만들어진 SOFICA라는 영화투자조합회사 시스템이 있다. 이에 대한 개인, 기업의 투자는 일정 한도까지 세금 공제 전의 소득에서 공제가 되는 우대 조치를 받을 수 있다. 이 투자조합회사는 전국에 몇 개 사가 있으며, 2007년에는 88 작품에 대해 도합 4,060만 유로를 투자했다. 절대금액으로서 많지는 않지만 근 10년 동안 견실하게 신장해 왔다. 또한【표 7-7】에서 알 수 있듯이, 프랑스 영화 전체의 제작비 합계에서 보면 SOFICA로부터의 투자는 얼마 안 되지만, 귀중한 자금원이다.(CNC, 2018)

【표 7-7】 프랑스 영화 제작비 : 수입원별 비율(2017년)

수입원	프랑스 제작자	세제상 우대	SOFICA	CNC	TV방송국 방영권 전매 등	DVD 화권 전매	기타	해외 투자가
비율(%)	16.9	9.1	3.7	5.9	36.6	13.1	1.7	13.1

출전: CNC(2018, p.88). CNC의 지원과 승인을 받은 영화 작품 만.

이와 같은 지원책이 있는 것은 영화 제작에 막대한 투자가 필요하기 때문이다. 앞에서 언급했듯이 할리우드 영화는 지금 한 편 당 수천에서 수억 달러의 초 대규모 예산을 들여 제작하고 있다. 이에 대해 유럽 영화의 평균 제작비용은 수백 달러 정도에 불과하다. 해외(거의 미국)와 영국의 공동제작이 유럽 내에서는 평균 예산으로서 크지만 그래봤자 1,310만 유로이며, 프랑스(와 독일, 이탈리아 등과의) 공동제작의 평균 예산이 그 뒤를 이어 겨우 550만 유로이다. 독일, 스페인, 이탈리아가 되면 더 적은 금액이 된다.(European Audiovisual Observatory, p.8) 그러나 그 나름의 제작비는 필요하며 특히 담보도 없는 영화제작 프로젝트에 대해 통상의 은행 융자를 내는 것은 어렵기 때문에, 국가의 공적 조성, 융자 제도에는 큰 의의가 있다.

공적 분야가 관여하면서도 조금 다른 형태로 전개하여 성공한 사례로서 TV방송국에 의한 영화 제작에 대한 투자를 촉구하거나 의무화하는 제도가 있다. TV계와의 상호 의존 관계는 유럽 전체에서 보이지만,

프랑스에서도 이는 영화계로서는 유효한 수단이었다고 한다.(상세한 것은 湧口, 2009 참조) 프랑스의 지상파 TV방송국은 법률에 의해 매출액의 3%(영화와 스포츠를 전문으로 하는 케이블 유료 방송국 CANAL+의 경우에는 20%)를 프랑스(일부는 유럽)의 영화에 투자할 의무가 있다. '투자'는 영화의 공동제작, 혹은 완성작품 방영권의 사전 매수라는 형식을 취한다. 실제로 특히 후자는 프랑스의 영화제작비용의 30%에 이르는 매우 귀중한 수입원이 되고 있다.(【표 7-7】 참조)

영국에서도 TV방송국에 의한 영화제작에 대한 관여가 활발하다. 특히 방송의 내용에 대해 BBC(영국 공공방송)처럼 공적인 사명을 가지고 있는, 1982년에 정책적으로 만들어진 채널4라는 방송국은 큰 역할을 해 왔다. 이 방송국은 전적인 민간방송국이면서 프로그램의 내용과 제작 방법에서 신규 도전이나 실험적 방향을 목표로 종래의 TV프로그램에 만족하지 못하는 사람들에 대한 서비스를 전개한다는 기본 방침을 가지고 있다. 영화에 대한 투자는 그러한 경영환경에 있는 방송국으로서는 중요한 영역으로 적극적인 자세를 취해 왔다. 예를 들자면 2009년에 아카데미상을 받은 〈슬럼독 밀리어네어(Slumdog Millionaire)〉가 있을 정도로 실력이 있다. 1980년대부터 BBC나 ITV(민간방송국 네트워크)도 마찬가지로 영화투자를 계속했기 때문에 영국 영화계는 상당히 활기를 띠게 되었다고 한다.

그러나 이상과 같은 영화산업육성정책에 대한 비판은 이전부터 있었다. 예를 들면 일찍이 영국의 미디어 컨설턴트인 마틴 데일은 유럽의 영화는 국가적 문화정책의 보호를 받아 너무 예술성에 치우친 나머지 소비자의 눈높이를 맞추지 못한 결과 산업으로서의 활력을 잃었다고 지적했다.(Dale, 1997) 유럽의 문화부나 예술평의회 등의 문화관료 및 '예술적 영화 전문가 집단'의 편중된 가치관에 대한 의문은 문화정책 일반에 대한 비판과 일맥상통하며 데일이 특별히 할리우드의 상업주의 예찬자인 것도 아니다. 또한 조성금을 쉽게 지원해 주기 때문에 기획에 시간을 들이지 않는 '질 나쁜' 영화가 프랑스에서는 너무 많이 만들어진다는 비판도 자주 있다. 그렇기 때문에 유럽의 공적 영화정책과 관련이 있는 단체는 기획 개발, 각본의 준비 등 촬영에 앞선 프로세스에 대한 지원을 강화해 왔다.

TV방영시간 할당제에 대해서도 그런 이유로 질이 낮은 작품이 상영되고 의미가 없는 보호정책에 빠져 있으며 그 손해를 보는 것은 소비자라고 하는 지적도 있다.

또한 프랑스 영화 조성금 및 융자금 재원의 대부분은 국가가 징수하는 티켓 값에 얹은 금액과 영화관의 흥행수입에 포함된 세금이다. 이는 결국 프랑스 영화를 진흥하기 위해 아이러니하게도 할리우드의 성공에 의존하는 셈이 되는 것이다. 또한 프랑스 영화는 TV산업에 대한 법적 규제의 혜택도 받고 있다. 전술한 바와 같이 TV방송국이 영화에 투자할 의무를 지고 있고, TV에서의 영화 방영에 대해서는 '프랑스산' 영화의 방영시간이 최저 전체의 절반을 차지해야 한다고 하는 두 가지 규제에 의해 영화제작자는 TV방영권을 거의 확실하게 팔 수 있게 되며, 그 전제하에 영화를 만든다. 그 결과 영상, 음향 모두 TV에 맞추게(=반드시 극장 개봉에 적당한 것은 아닌) 된다는 문제도 있다. 그리고 프랑스 영화의 배급에 드는 비용도 CNC에서 조성되기 때문에 작품이 전국의 영화관에서 동시에 상영된다. 그러나 프랑스 영화 시장에서의 어필도는 약하기 때문에 흥행 측은 단기간 상영으로 끝내는 수밖에 없다. 그렇기 때문에 나머지 상영가능한 날을 할리우드 영화로 메꾼다는 인

센티브가 작동하게 된다.(Hayward, 2000, p.204)

한편 영국의 영화정책에 대해서는, 1990년대 말 UKFilm Council이라는 조직으로 일원화하여 전략적인 영화발전 시스템을 만들었지만, 그 후 그 조직은 폐지되고 BFI(British Film Institute)로 총괄되었다. BFI는 디지털 문화·미디어·스포츠부(Department for Digital, Culture, Media and Sport, DCMS)의 자금에 의존하는 공적 조직이기 때문에 문화적 목표도 내걸고 있다. 즉 영화산업의 경쟁력 강화를 목표로 하면서도 비상업적 영화의 보급이나 그 감상자 교육이라는 문화면도 배려하고 또한 영화산업의 고용 평등화(특히 '어버브 더 라인[ATL=Above the Line]계'[18] 일에서는 소수민족 출신자나 여성이 일하는 비율이 낮기 때문에)나 영화진흥을 통한 지역 활성화에도 관심을 두는 등, 다른 목적을 많이 내세우고 있다.

이렇게 보면 유럽의 영화진흥정책은 한편으로는 유럽 영화의 글로벌화를 목표로 하고 있고, 또 한편으로는 자국어 영화제작, 상영을 지원하는 로컬화의 움직임을 취하고 있다고 할 수 있다. 그러나 TV방송의 규제 완화와 그에 따른 공공방송의 상업화, 다채널화 등 통신방송 정책 등은 오히려 할리우드에 유리하게 작동한다는 점에서, 같은 나라 안에서도 문화정책과의 정합성이 부족한 부분이 있다. 더 나아가서는 공적 조성의 양상이, 첫째, 영화의 질적 향상에 꼭 기여하는 것은 아니라는 점, 둘째로, 할리우드 영화를 보다 더 많이 상영하는 흥행시스템으로 이어진다는 점 등, 많은 모순과 문제도 안고 있다. 1980년대

---

18 [역주] 광고거래에서 미디어 커미션의 대상이 되는 매체를 광고하는 것. 일반적으로 신문, 잡지, TV, 라디오의 4대 매체를 말함.

프랑스의 문화정책을 확장한 자크 랑 전 문화부 장관이 미국 영화의 유럽 침략을 격하게 공격하는 공식 연설을 하는 한편, 미테랑 대통령 (당시)이 스필버그 감독을 엘리제궁에 초대하여 영화제작을 격려했다는 사실도 프랑스 문화정책의 모순을 상징하는 것 같다.

3. 다극화하는 미디어 콘텐츠 경제

제6장 제3절에서는 글로벌 할리우드가 자금 조달, 제작, 촬영, 마케팅과 같은 일련의 활동을 국경을 넘어 실행하고 있다는 사실을 언급했고, 본장 제2절에서는 그에 대항하는 유럽의 문화정책에 대해 언급했다. 그러나 그것들만이 세계의 축도인 것은 아니며 세계 각지에는 일국 혹은 국가를 초월하는 지역 단위로 생산, 유통, 소비라는 독자적인 가치 연쇄가 얼마든지 일어난다. 【표 7-8】, 【표 7-9】에서 알 수 있듯이, 원래 영화제작 편수가 가장 많은 것은 인도이다. 콘텐츠 생산 거점의 다각화는 특히 1990년대 후반부터 할리우드가 힘을 키우는 가운데, 반대로 중요해져 왔다. 그것을 구미의 논자들은 오랫동안 주시하지 않았고, 말하자면 할리우드 제국주의 비판으로 일관해 왔다.(그 점에 대해, Curran snd Park, 2000 및 Curtin, 2003은 흥미로운 지적을 하고 있다) 아시아에서 일어난 광역 내 문화교류는 아시아 연구자들에게는 널리 알려져 있는데(Kawashima and Lee[eds.], 2017), 마찬가지로 그러한 광역 내 문화의 흐름은 남미에서도 보이는 등, 어느 정도 문화적 친화성이 있고 대중의 동경의 상징이 되는 라이프 스타일을 그려내는 광역 내 리더격 국가의 문화는 확산되고 있다. 이러한 미디어 콘텐츠 경제

【표 7-8】연간 영화제작 편수 탑 10개국
(2005~2011년 평균)

순위	국명	편수
1	인도	1,203
2	미국	757
3	중국	432
4	일본	414
5	러시아	292
6	프랑스	239
7	영국	225
8	독일	185
9	스페인	175
10	한국	137

출전: UNESCO(2013)

【표 7-9】연간 영화제작 편수 탑 10개국
(2017년)

순위	국명	편수
1	인도	1,203
2	미국	757
3	중국	432
4	일본	414
5	러시아	292
6	프랑스	239
7	영국	225
8	독일	185
9	스페인	175
10	한국	137

출전: European Audiovisionl Observatory
(2018)

의 지리적 다각화는 최근 들어 더 활발해지고 있다.

첫째로 들 수 있는 미디어 생산의 일대 거점은 일본이다. 일본은 특히 할리우드에 대한 장벽을 두고 있지 않음에도 불구하고 일본 영화가 국내 시장의 대부분을 점하고 있는 나라이다. 음악도 마찬가지여서 미국발 대중음악에 대한 혐오감이나 위화감이 국민들에게 있는 것이 아닌데도 불구하고, 어디까지나 일본 음악 즉 일본인 아티스트에 의한 일본 시장을 타깃으로 하는 음악이 우위에 있다. 애니메이션을 포함한 TV프로그램, 만화를 포함한 출판, 게임 등이 일본 고유의 거대한 문화권을 구성하고 있다는 사실은 아시아에서는 널리 알려져 있으며, 이들 산업은 부분적으로는 해외진출에도 성공하고 있다.

두 번째로는 한국이다. 1990년대 후반부터 한국제 TV드라마, 영화, 음악, 패션 등의 대중문화는 전 세계 시장을 석권하고 있다. '생산'

부분에서는 구미의 인재를 기용하는 부분도 있지만, 기본적으로는 한국제 콘텐츠로 글로벌한 팬 층을 가지고 있다. 그 이면에 글로벌하게 전개해 온 유통기구가 있는가 하면 그것은 아니고, 오히려 콘텐츠를 소셜 미디어상에서 자유롭게 무료로 개방하여 확산시킨 점에 의의가 있다. TV프로그램도 동남아시아 제국에 대해서는 무료로 방영허가를 내주어 한국문화 팬을 길러왔다. 프로그램 등 콘텐츠에는 한국의 재벌이 스폰서로서 광고를 내보내기 때문에, 자동차, 전자제품, 화장품 등 한국산 소비재는 수출을 증가시킬 수 있었다. 근년에는 중국과 공동제작을 하여 중국 시장에도 파고들고 있다. 그러나 한편으로 그것은 정치적으로 저지되는 등의 난맥상도 보이고 있다.

특히 영화에 관해서는 홍콩과 인도도 매우 중요한 거점이다. 홍콩은 영국에서 반환된 이래 중국의 한 행정구역이지만, 전통적으로 독자적인 영화산업을 가지고 있다. 침체기도 있었지만, 쿵푸 등의 액션물에 강점이 있으며, 중국 본토나 아시아 제 국가에서 혹은 작품에 따라서는 국제적으로 잘 팔리는 것도 있다.

인도는 누가 뭐래도 영화제작 편수에서는 세계 제1위로, 연간 1,000편 이상의 작품이 공개되며 국민에게 사랑을 받고 있다. 영국이나 미국의 인도계 이민이 많은 도시에는 몇 개의 작품이 수출되어 상영되지만, 작품의 대부분은 국내에서 소비된다. 소위 볼리우드 영화의 특징은 스토리는 대개 간단한 것이 많은데, 중간에 춤과 노래가 들어가고 전체 상영 시간이 3시간을 넘는 긴 것이 많다. 이전에는 시장이 거의 모두 인도 영화로 채워졌지만, 나라의 경제 수준이 올라감과 동시에 할리우드 등의 외국 영화 수입과 상영도 조금씩 늘고 있으며, 2017년 실적에서는 국내시장에서의 외국영화 매출은 15%를 차지하기에 이르렀다. 또한 나라가 풍족해짐에 때라 영화작품도 인도 국내만이 아니라 유럽 등에서 촬영하게 되었다.(和田, 2014에 상세함)

또한 잘 모르는 사람들로서는 의외의 장소이겠지만, 제2장에서도 언급했듯이 나이지리아는 영화제작에 관해서는 아프리카의 중심지이다. 지금도 영화작품은 극장 상영이 아니라 비디오 필름으로 유통되기 때문에 통계의 정의에 따라서는 나이지리아는 영화 생산국으로서 상위에 오르지는 못하지만, 실은 인도 다음으로 편수가 많은 것을 자랑한다. 이들 작품은 전 아프리카에서 또 아프리카로부터의 이민이 많은 세계 도시에서 비디오 렌탈이나 기타 방법으로 소비되고 있다.(Miller, 2016에 상세하다)

마지막으로 이 맥락에서 가장 중요한 나라로 중국을 들어야 한다. 특히 영화, 애니메이션, 게임에 대해서는 독자적인 생산체제를 가지고 있고 거대한 국내 시장을 가지고 있는 만큼, 타국에 대한 파급력은 한정적이지만 글로벌하게 보면 미국, 일본에 이어 제3위(혹은 일본을 제치고 제2위)의 시장규모를 자랑한다.

영화에 대해 주목하면 중국의 영화 시장은 매년 20% 이상이나 되는 비율로 계속해서 확대되고 있으며, 이미 스크린 수, 매출액 모두 일본을 훨씬 능가하여 북미를 잇는 제2위가 되었다. 미국을 제치고 세계 최대의 영화대국이 될 날도 멀지 않았다. 제작 편수도 세계 탑 클래스이다.(【표 7-8】과 【표 7-9】 참조) 국내 시장에는 본장 제2절에서 언급한 스크린 쿼터와 비슷한 것으로서, 해외로부터의 수입 편수에 제한이 걸려 있다.(기본적으로는 연간 34편까지) 할리우드 메이저의 자회사가 중국에서 활동할 수도 없고 중국의 배급업자와 이익을 서로 나누어야 해서 그 조건은 별로 좋지 못하지만, 그러한 방법으로 중국은 국내

【표 7-10】 북미 이외 해외 시장에서 할리우드 영화의 점유율

작품명	글로벌 흥행수입 (백만 달러)	해외시장 흥행수입 (백만 달러)	해외시장에서 일본의 점유율(%)	해외시장에서 중국의[2] 점유율(%)
트랜스포머: 로스트 에이지(2014)	1,104	859	3.0	37.2
어메이징 스파이더맨 2(2014)	709	506	6.0	18.7
어벤져스: 에이지 오브 울트론(2015)	1,405	946	2.8	25.4
타이타닉(1997)[1]	2,316	1,528	13.2	2.9

주1: 장르도 연도도 다른 영화이지만, 영화사상 가장 매출이 높은 작품 중의 하나로 비교를 위해 포함시켰다.
주2: 중국 통계의 정확성에 대해서는 명확하지 않은 점이 있다.
출전: Box Office Mojo(website).

영상산업 보호를 꾀하고 있다.(O'connor snd Armstrong, 2015에 자세하다) 그래서 해외 국가들은 해외로부터의 수입 타이틀 제한을 회피하기 위해 중국과의 공동제작 형태라는 전략을 취한다. 홍콩과의 공동제작이라도 상관없다. 이에 착목하는 나라는 많아서 중국과의 공동제작은 유행하고 있으며, 일본은 국제 공동제작협회를 전혀 갖지 않는(유일하게 캐나다와 있었는데, 실효성이 없었다) 보기 드문 나라였지만, 2018년에는 마침내 중국과의 협정이 발효되었다.

불리한 조건이기는 하지만 한정된 수입 편수의 대부분은 할리우드 작품이며, 13억 명이라는 거대시장이기 때문에 바야흐로 중국에서의 매출에 할리우드의 운명이 걸려있다고 해도 과언이 아니다. 이전 같으면 일본과 유럽 시장이 할리우드로서는 해외시장이었지만, 지금 일본은 벗어나 있고 중국이 해외시장으로서 강하게 의식되고 있다. 【표 7-10】을 보면 알 수 있듯이, 1997년 〈타이타닉〉이 크게 히트했을 때는

일본에서의 매출은 전체의 13.2%를 차지했다. 그러나 미국 코믹스 계 영화상품은 일본에서는 큰 매출로 연결되지 않고, 오늘날에는 중국의 점유율이 압도적이다.

또한 중국의 영화자본이 미국의 명문제작회사를 매수하거나 기타 파트너십도 진전되고 있기 때문에, 중국은 할리우드에 자본 제공도 하고 있는 셈이다. 중국인 배우를 작품에 기용하는 것도 중국 시장에서 팔리는 열쇠가 되기 때문에, 최근의 대형 작품에는 중국인 배우가 자주 출연한다. 이렇게 할리우드와 중국의 연계는 한층 더 깊어지고 있다.

한편, 중국은 중국에서 국산영화를 제작하고 있으며, 그 대부분은 국내 소비에 머물고 있기는 하지만 시장 자체가 거대하기 때문에 중국 국내에서 폭발적 히트가 되면 세계 랭킹에 오르게 된다. 세계의 매출 상위 20작품의 거의 대부분은 할리우드 작품이지만, 2016년, 2017년 에는 중국 영화가 한편씩, 2018년에는 세계 랭킹 9위, 10위는 중국산 영화라는 상황이 되었다.

애니메이션, 게임과 관련해서도 중국정부는 창조산업정책에 본격 적으로 힘을 기울이고 있기 때문에, 문화생산 거점으로서 중국의 존재 감은 금후 더욱 더 커질 것이다.

4. 일본의 커뮤니티 시네마

유럽의 영상 분야 문화정책이 대 할리우드를 강하게 의식하고 있는 데 반해, 미국 문화에 대해 별 위협을 느끼지 않고 미국 것을 '양화(洋 畵)', '양악(洋樂)'으로서 일본 것과 병존시키는 일본에서는 상황이 다르다. 근 수년 일본에서도 문화청이 '미디어 아트'에 대해 새로 인식하게 되었고, 우수한 영화작품에 대한 상을 설치하는 등 문화정책을 시작하고는 있지만, 한정적인 것에 머물고 있다. 오히려 경제산업성 쪽에서 영화산업을 창조산업의 중요한 분야로 위치 짓고, 영화제작에 관한 자금 조달을 쉽게 하는 시스템 조성, 인재 육성, 해외 수출 촉진 등에 착수하는 것이 눈에 띤다. 물론 이것도 아직 소규모이며 특별히 큰 특징을 갖는 것도 아니기 때문에 그 효과에 대해서는 금후 주시할 필요가 있다.

일본에서 흥미로운 것은 상영 부분으로, 할리우드 상업영화와는 다른 타입의 작품을 소개하는 시민 개인이나 NPO의 활동이다. NPO란 1990년 무렵부터 일본에서 생겨 정착한 것으로, 환경, 복지, 인권, 교육, 문화 등 여러 가지 공공적, 공익적 분야에서 기부금과 자원봉사를 자원의 중심으로 하여 서비스 등을 제공하는 시민활동을 하는 비영리 조직을 말한다. 종래 영화회사의 체인 등 상업영화관에서 상영되는 영화가 할리우드 상업주의에 편중되었다고 생각하고, 그 이외의 상업 베이스로 가기 힘든, 그러나 널리 친숙해질 수 있는 오락 작품 혹은 예술로서의 영상 작품 등을 소개하기 위해 영화애호자인 시민들이 각지에서 상영회를 열거나 영화제를 개최하여 그 기회를 만들어왔다.

그러한 움직임 가운데 비영리이면서 공공적인 상영 즉 영리목적은 아니지만, 순전히 소인수 동호 취미로만 하는 것이 아니라 작품의 예술적, 사회적 의의를 소개하여 커뮤니티에 문화적 자극을 주고자 하는 상영활동에 종사하는 사람들 사이에서 정보 교환과 교류가 이어지게 되었다. 이를 '공공 상영 네트워크'라 하는데, 그 주최, 지원자로서 국제산업교류에 관련된 재단법인 국제문화교류추진협회(에이스 재팬)가 오랫동안 중요한 역할을 해왔다. 영화상영 자체는 어디까지나 국내 활동으로 왜 국제교류인지 좀 이해가 안 되지만, 해외에서 문화적 가치가 높은 영화 필름을 빌리는 경우 비영리 기관인 에이스 재팬이 창구가 되어 그것을 각지 상영 조직에 빌려준다고 하는 형태로 상영이 성립되기 때문이다. 자치체가 관련이 있는 전국의 영화제도 아시아 혹은 프랑스 등 특정 국가를 테마로 하는 것도 많고 그런 경우에는 국제교류 관계의 예산에서 비용이 나오는 경우가 많다.

공공상영 관계자들 사이에서는 수년 전부터 커뮤니티 시네마라는 개념의 구축과 그 이상을 체현하는 상영조직의 정비가 급속하게 진전되어 왔다. 자칫하면 영화애호자가 마이너한 전문가 취향의 영화소개를 하는 장이거나 혹은 지역 살리기 이벤트로서 일본 영화의 감독이나 배우를 불러들인다고 하는 타입의 영화제가 많이 보이는 가운데, 커뮤니티 시네마는 영화감상이라는 문화활동의 공공성을 전면에 내세운 점이 획기적이었다. 그 후 2003년에는 '커뮤니티 시네마 헌장'이 책정되고 다양한 영상문화의 존재, 그것들에 대한 국민의 액세스 보장, 영화, 영상에 관한 리터러시의 향상 등의 목적을 위해 활동을 하는 기운이 고조되었다. 이러한 활동을 더 활발하게 하기 위해서는 프랑스나 영국에서 본 것 같은 포괄적인 영화정책의 발전과 공공 상영에 대한 공적 지원이 일본에서도 필요할 것이다.

커뮤니티 시네마에는 구체적으로 몇 가지 형태가 있다. 커뮤니티 시네마 센터에 의하면, 가장 큰 것으로는 센다이 미디어 테이크와 같은, 항상적으로 상영을 하며 영화영상 전문 스태프도 갖추고 있는 것이 있고, 상영사업을 하는 미술관 등이 전국에 19관 정도 있으며, 삿포로시(札幌市)의 시어터키노와 같은 상설 '미니 시어터' 등으로 불리는 시설이 전국에 200관 이상 있고, 기타 자주 상영 모임이나 공공 홀의 일부 기능 등, 전국으로 확산되는 양상을 보이고 있다.(2018년 커뮤니티 시네마 센터, 2018) 이들 시네마나 영화제에서는 비할리우드 영화의 상영에 한하지 않고, 영화에 관한 세미나나 심포지엄을 열어 시민에게 학습기회를 제공한다. 또한 영상 제작자를 응원하기 위해 워크숍을 열거나 제작자가 정보를 교환할 수 있는 기회를 제공하는 곳도 있다. (커뮤니티 시네마 지원 센터, 2008) 아직은 모두 맹아적인 단계이지만, 적어도 문화정책 시점의 이념인 '영화의 공공성'에 대한 개념이 확실해졌기 때문에, 앞으로는 운영에 관한 구체적인 문제를 하나씩 해결해가면서 발전해 갈 것으로 기대된다.

5. 맺음말

본장에서는 콘텐츠산업 정책의 개황을 기술한 후, 특히 유럽에서의 영상문화정책과 그에 대한 평가, 로컬 지역의 미디어 생산 거점에 이르기까지 할리우드의 대안으로 볼 수 있는 몇 가지 움직임에 대해 언급했다. 각국의 문화정책은 자국의 영화산업 등의 육성과 진흥, 수출 촉진에 힘을 쏟고 있다. 그러나 한편으로 넓은 의미의 콘텐츠산업 정책에서는 방송과 통신의 융합, 방송업계의 규제 완화, 시장 경쟁력 강화 등을 목표로 하고 있으며, 그러한 보호적 문화정책과는 반대되는 방향을 취하고 있다. 시장 경쟁력 강화야말로 창조산업에 적합한 공적 정책으로서 타당하다고 생각할지도 모르지만, 그러한 내부 모순을 끌어안고 제대로 될 수 있을지 의문스럽다. 문화적으로 사회 전체로 봐서 바람직한 상태는 다양하고 질 높은 작품이 풍부하게 공급되고 그것을 즐기기 위한 방법, 접근이 널리 정비되는 것에 있는 것 같지만, 그것을 전면에 내세우는 창조산업 정책은 거의 눈에 띄지 않는다. 그러나 그러한 할리우드를 의식한 문화정책과는 다른 차원에서 인도, 일본, 한국, 중국 등 영화생산과 소비의 합리적인 경제권이 발달하고 있는 것은 흥미로운 사실이다.

인용문헌 ―――――――――――――――――――――――――――――――

コミュニティシネマ支援センター(2008), 『「映画祭」と「コミュニティシネマ」に関する基礎調査報告書』, コミュニティシネマ支援センター.
コミュニティシネマセンター(2018), 『映画上映活動年鑑』, コミュニティシネマセンター.
スロスビー, デービッド(2002), 『文化経済学入門』(中谷武雄・後藤和子監訳), 日本経済新聞社.
湧口清隆(2009), 「フランスの映画・視聴覚産業への補助政策」, 菅谷実他編, 『映像コンテンツ産業とフィルム政策』, 丸善.
和田崇(2014), 「インド・ムンバイにおける映画生産・流通システムと空間構造」, 『広島大学現代インド研究―空間と社会』4, pp.41~54.
British Film Institute(BFI)(2018), *Statistical Yearbook*, 2018.
CNC(2018), Result 2017.
CNC(2008), Result 2007.
Curtin, M.(2003), "Media Capital: Towards the Study of Spatial Flows" *International Journal of Cultural Studies*, 6, 2, pp.202~228.
Curran, J. and Park, M-J.(2000), "Beyond Globalization Theory", in Curran, J. and Park, M-J. (eds.) *De-Westernizing Media Studies*, Routledge.
Dale, M.(1997), *The Movie Game*, Cassell.
European Audiovisul Observatory(2016), *The Circulation of European Films Outside Europe*, Council of Europe.
European Audiovisul Observatory(2018), *Yearbook 2017/8*, Council of Europe.
Hayward, S.(2000), "France", in Kindem G. (ed.) *The International Movie Industry*,

Soythern Illinois University Press.

Kawashima, N.(2016), "Film Policy in Japan: An Isolated Species on the Verge of Extinction?" *International Journal of Cultural Policy*, 22, 5, pp.787~804.

Kawashima, N. and Lee, H-K.(eds.)(2018), *Asian Cultural Flows: Cultural Plocies, Creative Industries, and Media Consumers*, Springer.

O'Connor, S. and Armstrong, N.(2015), *Directed by Hollywood, Edited by China: How China's Censorship and Influence Affect Films World Wide*, U. S.-China Economic and Security Review Commission.

Parc, J.(2017), "The Effects of Protection in Cultural Industries: The Case of the Korean Film Policies", *International Journal of Cultural Policy*, 23, 5, pp.618~633.

Throsby, D.(2008), "The Concentric Circles Model of the Cultural Industries" *Cultural Trends*, 17, 3, pp.147~164.

UNESCO(2013), *Emerging markets and the digitalization of the film industry. An analysis of the 2012 international survey of feature film statistics*, UNESCO.

참고문헌

▪ 본장과 같은 취지로 편집된 책으로 각국 영화산업 육성 정책에 대해 상세히 논한 것
菅谷実·中村清編(2002), 『映像コンテンツ産業論』, 丸善.
菅谷実·中村清·内山隆編(2009), 『映像コンテンツ産業とフィルム政策』, 丸善.

▪ 각국 영화진흥정책을 문화정책 전체의 틀에서 파악하여 설명한 연구
河島伸子(2002), 「イギリスの文化政策」, 財団法人国際文化交流推進協会, 『21世紀の芸術振興策を考える 芸術振興のための法と制度·中間報告書 ヨーロッパの映画振興を中心に』.
河島伸子(2002), 「フランスの文化政策」, 財団法人国際文化交流推進協会, 『21世紀の芸術振興策を考える 芸術振興のための法と制度·中間報告書 ヨーロッパの映画振興を中心に』.
河島伸子·大谷伴子·大田信良編(2012), 『イギリスの文化政策と映画』, 慶應義塾大学出版会.

▪ 공공 상영의 발전과 금후의 과제에 관한 연구
河島伸子(2009), 「文化政策における生き残り戦略―環境変化を経験する映画の今後 『文化政策研究』2, pp.38~58.

■ 유럽 연합의 영상 산업 정책 관계 논문을 정리한 것

Ward, D.(ed.) (2008), *The European Union and the Cultural Industries: Regulation and the Public Interest*, Ashgate.

■ 할리우드, 유럽의 각각의 전체상을 상세히 논한 문헌

Balio, T.(2013), *Hollywood in the New Millennium*, BFI/Palgreve Macmillan.

Jäckel, A.(2003), *European Film Industries*, BFI/Palgreve Macmillan.

■ 동아시아 영화산업에 대한 흥미로운 연구서

Davis, D. W. and Yeh, E.(2008), *East Asian Screen Industries*, BFI/Palgreve Macmillan.

■ 각국의 영화 정책에 관한 연구서

Hill, J. and Kawashima, N.(eds.) (2017), *Film Policy in a Globalised Cultural Economy*, Routledge.

제3부

각 산업의 특징과 동향

제8장

영화산업

1. 할리우드와 국제 영화시장

영화는 본서에서 다루는 콘텐츠산업 중에서도 시각, 청각 양쪽에 호소한다는 점, 제작비용이 가장 크다는 점으로 인해, 특별히 화려한 존재감이 있는 미디어이다. 또한 음악이나 방송산업 등은 각국의 독자적인 산업으로서 그 나라의 아티스트들이 활약하는 장이지만, 그에 비해 영화산업은 아무래도 할리우드가 글로벌적으로 강하다는 특징을 갖는다.

여기에서 우선 2017년 글로벌 영화시장에서의 흥행 수입 랭킹 탑10을 보면(【표 8-1】 참조), 거의 모든 것을 미국 영화가 차지하고 있으며, 그 대부분 절반 이상은 북미 이외의 지역에서 소비되고 있음을 알 수 있다. 2017년에 공개된 모든 영화의 흥행수입 합계는 406억 달러였으니까 탑10 작품(대부분이 미국 영화)의 매출 합계액(97.5억 달러)이 세계 흥행 시장의 24%를 차지한 셈이 된다. 이 해 세계에서는 합계 8,316편의 영화가 공개되었는데, 불과 10편이 시장의 4분의 1 가까이 벌었다고 하는, 집중도가 높은 시장이다. 여기에서 2008년의 같은 랭킹과

【표 8-1】 전 세계 흥행 수입 탑10 작품(2017년)

(단위 : 100만 달러)

타이틀	제작 국가	북미 흥행수입	북미 이외 흥행수입	세계 합계
1. 미녀와 야수	US	504	760	1,264
2. 와일드 스피드 ICE BREAK	US/CN/JP	226	1,012	1,2638
3. 스타워즈 : 라스트 제다이	US	517	534	1,051
4. 슈퍼배드 3(Despicable Me 3)	US	265	768	1,033
5. 특수부대 전랑 2(战狼 2)	CN	3	951	954
6. 스파이더맨 홈커밍	US	334	546	880
7. 가디언즈 오브 갤럭시 VOL.2	US	390	474	864
8. 토르: 라그나로크	US	311	537	849
9. 원더 우먼	US/CN/JP	413	409	822
10. 캐리비안의 해적	US	173	622	795
				9,750

출전: European Audiovisional Observatory(2018)

【표 8-2】 전 세계 흥행 수입 탑10 작품(2018년)

(단위 : 100만 달러)

타이틀	제작 국가	북미 흥행수입	북미 이외 흥행수입	세계 합계
1. 타이타닉	US/GB	531	466	997
2. 인디아나 존스: 크리스탈 해골의 왕국	US	317	470	787
3. 쿵푸 팬더	US	215	416	631
4. 핸콕	US	228	396	624
5. 아이언맨	US	318	264	582
6. 맘마미아	US/GB	144	429	573
7. 007 퀀텀 오브 솔러스	GB/US	166	380	546
8. 토르: 라그나로크	US	224	289	513
9. 원더 우먼	US	176	305	481
10. 나니아 연대기: 제2장 사자와 마녀와 옷장	GB/US	142	278	420

출전: European Audiovisional Observatory(2009)

【표 8-3】 각국의 미국산 영화의 시장 점유율(2017년)

(단위 : %)

국가	EU전체	스페인	영국	독일	이탈리아	프랑스	일본
%	67.4	63.6	57.7	63.6	65.1	49.2	36.9

주: 2017년, EU 전체는 2016년. 일본의 숫자는 자국 산업영화 이외를 모두 미국 영화라는 가정하
  에 작성. 영국의 경우는 기타 영국, 미국 공동제작 점유율이 27.8%가 된다.
출전: European Audiovisional Observatory(2017)

비교를 해 보면(【표 8-2】 참조), 상위 작품일수록 북미 이외의 시장에서
의 수입이 더 커지고 있음을 알 수 있다. 이는 제7장에서도 언급했듯이
중국 시장이 급속하게 확대된 것에 따른다. 북미와 세계 합계 10억
달러(1,100억 엔 정도) 이상 벌어들이지 않으면 안 된다는 업계의 새
'수준'도 잘 보여주고 있다. 또한 2017년 2위인 작품은 일본의 덴쓰(電
通)가 출자한 것이다. 5위는 중국의 액션 영화로 거의 중국 국내에서만
팔린 것이지만, 그것만으로 전 세계 5위나 된 것도 중국 시장의 크기를
인상적으로 보여주고 있다. 제7장에서 언급했듯이, 미국 이외의 나라
에서 만들어진 작품이 마켓에서 차지하는 비율은 어느 나라에서나 매
우 작고 또한 국외로의 수출력도 약하다. 특히 유럽 연합에서는 해마
다 변동이 있기는 하지만, 영화 흥행 수입의 60%는 미국 영화로 올리
고 있다.(【표 8-3】 참조) 영국 등과 미국 공동 제작 작품도 일반 소비자
들로부터는 소위 할리우드 영화로 인식되는 타입들 뿐이다. 이러한
현상은 어제 오늘 시작된 것은 아니며, 1980년대부터 그 경향이 점점
더 강해지고 있다. 볼리우드 등 예외에 대해서는 제7장 제3절에서 언
급한 대로이다. 근년의 일본도 국산 영화의 점유율이 비교적 높다.
종래는 영화의 연간 흥행 수입의 약 60~70%는 양화가 차지하고 그
대부분은 할리우드의 메이저 각 사에 의해 배급되는 영화였지만, 최근
에는 일본 국산 영화가 건투를 계속하여 2006년 이후에는 일본 영화가

60% 정도를 차지하게 되었다.

물론 영화의 경우 어느 나라에 '국적'이 있는지를 정의하기는 어렵다. 할리우드 산 영화로 미국 국내에서 설정된 스토리도 해외의 다른 장소에서 촬영이 되는 경우가 적지 않다. 또한 다국적 자본 형태도 점점 더 국적 특정화를 어렵게 만들고 있다. 여기에서는 '중요한 것은 생산 거점인 공장의 입지가 아니라 연구개발과 그 전개가 이루어지는 장소'라는 입장(Hoskins et al., 1999, p.37)을 취해, 자본의 출처, 혹은 촬영이나 포스트 프로덕션(촬영 후의 영상, 음성 등의 처리)의 물리적 장소가 아니라, 작품의 기획 개발 및 마케팅 등에 관한 전략적 결정이 이루어진 장소를 '국적'으로 생각한다.

콘텐츠산업 경제의 일반적인 가치 연쇄의 프레임워크, 즉 생산→유통→소비라는 시스템은 제1장에서 언급했지만, 특히 영화산업에 관해서는 제작→배급→흥행이라는 용어가 정착되어 있다. '메이저 계'일 경우, 2019년 현재는 월트 디즈니(20세기폭스사를 포함), 소니 픽처스, 파라마운트 픽처스, 유니버설 픽처스, 워너브라더스의 5개 사를 가리키는데, 드림웍스, MGM(Metro-Goldwyn-Mayer) 등을 포함하는 경우도 있다. 거대한 자본력을 배경으로 시장에서의 지배적인 지위를 유지하는 이들 기업은 20세기 전반의 할리우드에서 성장한 스튜디오(=영화제작회사)를 원형으로 하며, 제6장에서 언급했듯이 현재는 오히려 배급을 핵심으로 하는 기업체이다. 이들 메이저 이외에도 영화제작, 배급에 종사하는 회사는 수없이 많은데, 메이저 계역에 들어오지 못한 것을 독립계(인디펜던트)라 부른다.

할리우드계 영화와 독립계 영화로 대략 둘로 나누어 보면, 전자는 예산 규모가 크고 대중을 향한 오락 노선을 중심으로 하는 데 반해,

후자는 저예산으로 만들고 내용의 예술성이나 사회성에 중심을 두는 작품이 많다. 그러나 그러한 구분은 어디까지나 전체적 경향을 나타내는 것에 불과하여, 후자에도 오락적인 작품이 많이 포함되는 한편 전자에도 사회적인 문제를 다루는 것이 있다는 점도 주의해야 한다. 더 나아가 하나의 메이저 안에 복수의 영화제작 부문, 배급회사가 존재하고 있고, 블록버스터 영화를 중심으로 하는 유통 브랜드와 예술 영화나 틈새시장을 노리는 작품을 취급하는 브랜드로 나뉘어 있기 때문에, 순전한 독립계까지 합쳐, 전체적으로는 세 종류의 서로 다른 타입의 영화제작, 유통 시스템이 병립하고 있다고 할 수 있다.(Schatz, 2008, p.31)

또한 과거의 아카데미상 일람과 흥행수입 랭킹을 꼼꼼히 조사한 가케오(掛尾, 2012)에 의하면, 할리우드 영화가 '팔리는 것'과 '팔리지 않지만 상을 받을 수 있는 것'으로 양극화한 것은 대략 2000년대부터의 일이라고 한다. 과거에는 아카데미상을 받은 사회 드라마의 작품이 흥행랭킹에서도 상위를 차지했지만(예를 들면 〈황금 연못(On Goldon Pond)〉 1981년 2위, 〈애정의 조건(Terms Of Endearment)〉 1983년 2위, 〈포레스트 검프〉 1994년 1위), 지금은 그러한 일은 없다. 할리우드는 세계적인 유통망을 구축하고 컨트롤하여 작품을 세계 표준으로 바꿈으로써 특히 해외에서 매출을 신장시켜 왔지만, 작품력이 올라갔느냐 하면 그것은 별도의 문제이다.

할리우드의 영화산업을 지탱하는 사람들은 감독이나 각본가와 같은 대체 불가한 크리에이티브한 일에 종사하는 중요한 직능(영화프로젝트 회계상, 어버브 더 라인의 측에 들어간다)과 촬영 크루, 도구 담당, 운전기사 등 각종 현장 스태프(회계상으로는 빌로 더 라인의 측에 들어간

다)의 두 종류로 나뉜다.(【그림 8-1】)

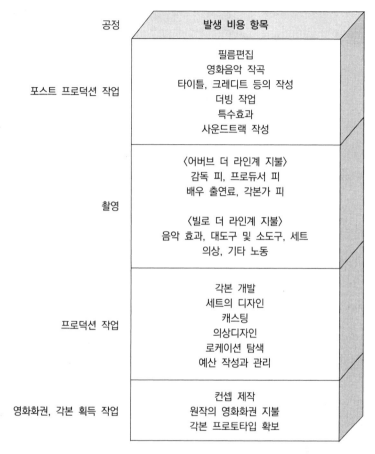

공정	발생 비용 항목
포스트 프로덕션 작업	필름편집 영화음악 작곡 타이틀, 크레디트 등의 작성 더빙 작업 특수효과 사운드트랙 작성
촬영	〈어버브 더 라인계 지불〉 감독 피, 프로듀서 피 배우 출연료, 각본가 피 〈빌로 더 라인계 지불〉 음악 효과, 대도구 및 소도구, 세트 의상, 기타 노동
프로덕션 작업	각본 개발 세트의 디자인 캐스팅 의상디자인 로케이션 탐색 예산 작성과 관리
영화화권, 각본 획득 작업	컨셉 제작 원작의 영화화권 지불 각본 프로토타입 확보

【그림 8-1】 영화 제작비 내역

출전: Vogel(2015), p.137

할리우드의 노동시장은 다양한 일을 포함하고 있지만, 그에 공통되는 특징으로서 대략 세 가지를 들 수 있다. 첫째는 특히 크리에이티브한 일에 대해서는 늘 공급 과잉 상태이며, 실업률이 높다는 것이다.(제4

장 참조) 대부분의 배우는 늘 오디션을 보지만 배역을 맡는 경우는 적어서 그 일로 생계를 유지하기는 힘들다. 비버리 힐스나 할리우드 근방의 음식점에서는 그러한 실업중인 배우가 웨이트리스, 웨이터를 하고 있는 경우가 많다고 한다. 두 번째로는 그러한 상황이기 때문에 빌로 더 라인의 스태프는 몇 가지나 되는 프로젝트에 조금씩 일을 맡고 있어서 지리적으로 집중되는 것이 고용자로서도 피고용자로서도 효율적이다. 세 번째 특징은 노동자들이 직능마다 조직화되어 있어서 각종 조합과의 교섭을 지키지 않고서는 영화제작이 불가능하다는 점이다.

빌로 더 라인의 조합에는 IATSE(=International Alliance of Theatrical and Stage Employees) 외 직능별로 있으며 최저 임금이나 시간 외 노동 등에 관한 세세한 노동조건을 엄격하게 설정하고 있다. 이 조합에 가맹한 자를 고용하면, 프로듀서는 그 조건을 지켜야 한다. 그것이 할리우드 영화제작비를 오르게 하는 요인 중의 하나라고 생각되며, 그렇기 때문에 코스트 삭감에 있어서는 실은 어버브 더 라인계의 인건비를 깎는 것이 더 큰 효과가 있음에도 불구하고 대체하기 어려운 인재를 어떻게든 확보하고 싶은 만큼 그런 방책을 취하지 않고 빌로 더 라인의 코스트가 싼 지역으로 일을 옮기는 사정이 있다.(런어웨이 프로덕션에 대해서는 제6장에서 언급) 혹은 최근에는 조합의 오랜 스타일을 싫어하여 가맹하지 않고 일을 하는 사람들도 나오기 때문에 그쪽을 사용하는 타입의 프로젝트도 있다.

할리우드에서 보다 큰 존재감을 자랑하는 것은 어버브 더 라인계의 조합이다. 이에는 감독들의 조합 DGA(=Directors Guild of America), 각본가들의 조합 WGA(=Writers Guild of America), 배우들의 조합 SAG(=Screen Actors Guild)가 포함되며 어느 조합도 소위 스튜디오와의 사이에서 각각 성서같이 두터운 합의서를 만들고 개정을 거듭해 왔다. 합의서에는 각각의 일의 최저 단가, 기타 각종 노동조건, 각종 2차 이용에 대한 보수 등에 관한 상세한 규정이 담겨 있다. 이들 합의서에 포함된 내용에 대해 분쟁이 있을 때는 재판정으로 가져가기보다는 중개기관이 소위 재판을 하여 업계 내에서의 해결을 도모하게 되어 있다.

이러한 업계 내부에서 독립적인 중재 기관이 고도로 발달한 것이 할리우드의 특징이다. 예를 들어 각본가 조합에 가맹한 각본가가 자신의 오리지널 작품을 우선 이곳에 등록하기 때문에, 도용의 의혹이 일어났을 때에는 조합에 해결수단이 있다는 점에 대해서는 제4장에서 언급했다. 또한 할리우드 영화에서는 복수의 각본가가 영화작품 제작에 관여하는 것이 일상적이다. 각본이 잘 안되어서 작품 제작이 진행이 안 되는 경우도 있고, 그 시점에서 각본가는 해고가 되고 다음에 임명된 각본가가 다시 쓰는 작업이 반복된다. 그렇게 되면 최종적으로 그 완성작품의 '각본가'로서 누가 크레디트에 이름을 올릴지가 문제가 된다. 이는 각본가 입장에서 보면 앞으로 작품에서 생길 수입(2차 이용 등도 포함하여)의 일부를 받을 권리를 얻을 수 있는가 라는 점에서 큰 차이를 낳는다. 앞으로의 커리어 형성이나 작가로서의 명예와도 관련되는 문제이다.

그래서 각본가조합 WGA(=Writers Guild of America West)에서는 그 점에 관한 업계 관행을 제시하는 매뉴얼(Screen Credits Manual)을 작성해 놓고, 프로덕션에 대해 새 각본가를 투입할 때마다 지금까지 관련된 각본가 모두에게 통지하고, 각본가는 자신의 일이 완성된 시점에서 프로덕션에 무엇을 언제 건넸는지에 대한 기록을 완전히 해 둘 것을 권장하고 있다. 통상은 프로덕션이 누가 주요 각본가로서의 역할을 했는지를 결정하고 각 각본가에게 통지하는데, 그 결정에 불만이 있는 각본가는 조합에 중재를 의뢰할 수 있다. 조합에서는 그 작품에 관련이 없는 베테랑 각본가를 3명 선정하여, 각자가 모든 자료를 읽고 그 각본가에게 주어진 크레디트상의 지위가 적절한지 어떤지를 판단한다. 결정에 불만이 있으면 한 번 더 위의 위원회에 제소할 수도 있지만, 최종 결정은 관계자를 구속하게 된다. 오랜 세월을 들여 업계에서 권위를 가진 그러한 제도를 구축한 것은 역시 할리우드만이 가능한 일이며, 각자 자유로운 신분으로 일하는 사람들이 안심하고 일할 수 있도록 조건이 정비되어 있다.

2. 특수효과산업

영상산업에 관련하여 근 20~30년 동안 발달한 최신 분야는 특수효과를 특히 컴퓨터 그래픽(CG)을 이용하여 만드는 일이다. 이 산업 역시 할리우드 주변에 집중되어 있으며 그 기술을 다용하는 것이 할리우드 영화의 강점 중의 하나이다. 예를 들면 개봉한 이래 크게 히트해온 〈쥐라기 공원〉 시리즈에서는 여러 가지 종류의 공룡이 나와서 달리거나 날아다니는데, 공룡은 물론 모든 것이 컴퓨터상에서 만들어진 것이다. 또한 판타지물에 나오는 이생물도 CG로 리얼리티를 높이고 있다. 이생물에도 표정을 갖게 하기 위해, 현재의 CG기술에서는 우선 인간의 여러 가지 표정을 다각도에서 '모션 캡처'라는 복수의 카메라로 촬영을 하고 컴퓨터에 담아서 거기에 이생물의 피부를 입히는 방식을 취한다. 그리고 대사에 맞춰 입술을 움직일 수도 있기 때문에 매우 리얼하게 말을 하고 눈도 깜빡이고 얼굴을 찡그리며 화를 내거나 웃기도 하는, 실제로는 지구상에 존재하지 않는 생물을 표현할 수 있는 것이다.

〈매트릭스 리로디드〉에는 악인 스미스라는 인물이 100명 정도 나와서 키아누 리브스가 연기하는 주인공과 계속해서 격투를 하는 장면이 있는데, 스미스는 모두 진짜 배우를 모델로 해서 만든 CG화상이다. 공룡 등 실재하지 않는 것의 경우와 달리, 인간을 만들게 되면 피부의 느낌, 얼굴 표정 등에 대해 고도의 정밀성, 정확성이 요구된다. 그렇기 때문에 이전에는 진짜 인간을 그대로 재현하는 것은 무리라고 했지만, 지금은 기술 발전의 결과 복제인간을 만드는 것조차 가능해졌다. 지금 할리우드 영화에서는 가장 단순하게 실사에 의지하는 것으로 보이는 작품도 어떤 형태로든 특수 효과를 포함하고 있으며, 특히 액션 영화에 대해서는 그야말로 스릴감을 높이는 중심적 존재이다.

CG전문업자는 로스앤젤레스의 할리우드 근교에 집중되어 있는데, 일을 발주하는 상대로서는 영화산업에 한정되지 않고 TV프로그램 제작, 비디오 게임 관계, 음악 비디오 제작, 광고, 웹 디자인 등 다기에 걸쳐 있다. 사용되는 기술에는 사람들의 움직임을 포착하여 그것을 수식으로 표현하고 그것을 모델로 인간이 움직이는 3차원화상을 만드는 기술, 혹은 물속의 움직임을 비디오로 녹화하여 거기에 비치는 빛이 물속의 생물이나 그 바닥에 어떻게 반사하는지 등을 연구하여 3차원 애니메이션으로 재현하는 기술, 어쨌든 모든 사물과 현상을 비주얼로 만들어내는 기술이 폭넓게 발달해 있다. 컴퓨터 공학의 분야에서 발달한 이들 기술은 대학 등 고도의 연구기관에서 나날이 발전을 거듭하고 있다.

할리우드에 집중되어 있는 이 분야의 기업은 당연히 일의 단위가 큰 영화 관련 발주 빈도가 높지만, 미국의 다른 지역에서는 오히려 광고나 기타 다른 일에 더 다양하게 관련되어 있다.(Scott, 2005, Chapter 6) 정보통신이 발달하여 대량의 데이터를 디지털 정보로 보내는 것은 옛날보다 훨씬 간편하고 저렴해졌지만, 특수 효과 관계는 단순한 기계적 일의 발주라기보다는 특수 효과 관계의 감독과 위탁받은 측의 책임자가 어떤 내용으로 할지 크리에이티브 면에서 상세히 논의하는 것이 필수적이다. 영화제작팀 안에는 특수효과를 전문으로 하는 감독이 포함되어 있지만, 자신의 이미지를 정확하게 전달하여 그것을 표현하게 하는 것은 상당히 어렵다. 그래서 어느 쪽이나 모두 실제로 한 장소에서 함께 화면을 보거나 그림을 그리며 시행착오를 거치는 작업이 매우 중요하기 때문에, 거리상 가까울 필요가 있다. 그러한 사정으로 남 캘리포니아에서 최근 발전한 CG산업은 IT로 유명한 북 캘리포니아의 실리콘 밸리와 할리우드가 잘 결합했다고 하여 '실리우드'라고 부르기도 한다. IT산업의 실리콘 밸리의 시스템과 마찬가지로 재능 있는 사람들이 모여들고 새로운 기술을 개발하여 속속 회사를 일으키는 성공담도 많아서 캘리포니아주 경제 발전의 한 축을 이루고 있다.

이 업계는 SIGGRAPH(시그래프, 정식으로는 ACM SIGGRAPH)라는 회의를 매년 여름에 개최한다. 이는 1947년에 미국에서 설립된 IT 관련 전문가와 학생의 스킬 향상을 목적으로 한 세계적 학회 중의 일부 회의로, CG에 특화되어 있다. 게임 개발자, CG기술자, 그리고 영상 관계자들이 전 세계에서 2만 수천 명이나 모이는 활기 넘치는 회의인데, 여기에서는 현장의 개발자와 대학의 연구자, 대학원생 등이 적극적으로 연구 발표를 하거나 신제품 발표를 한다. 그리고 그 자리에서 발표된 새로운 모델 구축 수법이 다음 해 영화제작에 이용되는 일도 충분히 있을 수 있다. 학술 연구와 실무적 개발이 밀착하여 연계함으로써, 엔터테인먼트 업계에서는 보기 드문 비즈니스 개발 형태를 보이고 있는 것이다.

또한 미국 외, 예를 들면 호주, 뉴질랜드, 프랑스를 비롯한 유럽 제 국가, 아시아 신흥국 등도 CG산업의 성장성에 주목하여 급속도로 발전해 왔다. 앞에서 언급했듯이 물리적 거리가 있다는 불리함은 있지만, 통신의 모든 수단을 사용하여 그것을 보완하는 고품질, 저가격 서비스를 목표로 한다면 할리우드에만 집중할 필요성은 낮아질 것이다.

3. 영화산업의 시장 공략 전략

제5장, 제6장에서 이미 영화산업을 포함하는 오락, 미디어 국제 복합기업이 세계의 영화시장에 대해 어떤 영향을 미쳤는지에 대해 언급하였다. 본장에서는 보다 미크로하게 영화산업 자체의 시장 공략 전략을 상세히 살펴보기로 한다.

우선 세계적 우위성에 공헌하는 할리우드의 요인으로서 미국 내 영화시장의 크기를 언급할 필요가 있다. 물론 미국은 세계에서 가장 큰 시장이며 영화 감상은 국민들 사이에 정착된 오락이다. 물론 제2차 세계대전 전 만큼 감상 인구가 많지도 않고, 최근 영화 감상인구는 젊은이들에게 편중되어 있기도 하지만, 3억 이상의 인구를 안고 있는 풍부한 단일 시장은 그 외에 달리 찾아보기 힘들다. 할리우드 영화가 글로벌한 시장으로 나가기 전에 국내가 일종의 실험적 시장이 되어 미국 내 시장에서의 매출만으로도 충분히 이익을 낼 수 있다는 사실은 의미 깊다. 또한 영화와 같은 문화상품은 다른 문화권에 전해질 때에는 소비자가 그 내용, 특징, 장점을 이해하는데 많든 적든 어려움이 생긴다.(이러한 현상을 여기에서는 Hoskins et al., 1997의 개념을 빌려 '문화할인'이라 부른다. 또한 아시아에서 유행하는 일본의 대중문화에는 '일본다움'을 희석하여 무국적적으로 하는='탈취화현상'이 보인다고 한다.[岩渕, 2001]) 할리우드 영화는 선진국 사이에서는 가장 많이 보급되어 있는 영어와 서양문화를 바탕으로 하고 있기 때문에 문화할인율이 적지만, 다른 나라 문화의 경우 할인율이 커지며 따라서 국제 마켓에서는 불리해진다. 같은 영어권, 서양 국가인 영국은 그런 점에서는 미국과 비슷하겠지만, 자국의 마켓이 미국의 4분의 1 정도 규모이기 때문에 전체의 절대적 숫자로서는 미국이 훨씬 큰 매출을 자랑하게 된다.(Hoskins et al., 1997, pp.38~42)

이렇게 할리우드 영화는 원래 국제적 우위성을 가지지만 국내 시장의 크기와 문화적 요인만으로 세계 시장을 장악할 수 있는 것은 아니다. 영화산업 레벨에서는 어떤 구체적인 시장 공략 전략을 취했을까? 제3장에서 언급했듯이, 이 산업은 리스크가 높기 때문에 그것을 회피하는 것이 가장 중요한 원칙으로 전략의 양상을 규정하고 있다. 그러기 위해서는 이하와 같은 전략이 취해진다.(Hesmondhalgh, 2019; Caves, 2000; Dale, 1997 등을 참고함)

첫째는 확실한 인재의 채용이다. 할리우드는 '보수적'인 곳이라고 흔히 말하듯이, 감독, 배우, 각본 등 모든 면에서 신인의 이례적 발탁은 사실 거의 없다. 영화인은 지금까지 관련한 영화가 얼마나 성공을 거두었는지에 따라 랭크가 매겨진다. 예산에 따라 뛰어난 실적을 갖춘 인재를 고르는데 철저한 것이 할리우드이다. 특히 대형 예산 영화라면 그만큼 리스크도 크기 때문에 그것은 당연한 원칙이다. 그래서 제4장에서 언급한 것 같은 랭크가 필요한 것이다.

둘째는 한 편의 영화 기획 개발에 다대한 시간과 비용을 들이는 것이다. 위에서 언급했듯이 한편으로는 증명이 된 인재에 주목하지만, 또 한편으로는 각본 선정을 중심으로 하는 기획 개발에 총예산의 1할이나 들인다고 한다. 시간적으로도 일률적으로 말할 수는 없지만, 8개월 정도는 보통이며 때로는 몇 년에 걸치는 일도 있다. 기획 개발의 초기 단계에서는 통상 아우트라인, 신, 등장인물 등을 쓴 20~50페이지 정도의 '각본' 심사가 있는데, 제4장에서 언급했듯이 그 심사를 통과하는 것이 각본가에게는 첫 번째 관문이다. 그것을 읽는 사람은 게이트 키퍼에 해당하는 셈인데, 프로듀서 등은 그것을 읽을 시간이 없다. 그래서 인턴, 신인 등이 그 일을 맡아서 몇 단계의 평가를 한다. 평가자가 신인이기 때문에 거기에 큰 선별 기능이 없어서인지, 이 단계에서 떨어지는 일은 그다지 많지 않다고 한다.(99%는 일단 통과된다고 추측된다. Wasako, 2008, p.47) 제4장에서 언급했듯이, 에이전트가 임시 대본을 여기저기 팔러 다니며 입찰 경쟁이 격화되면 이 단계의 각본이라도 즉 영화촬영에서 사용되는 각본의 초기 단계인 러프한 것임에도 불구하고, 100만 달러 이상 지불하는 경우도 있다. 또한 소설의 영화화라는 조건이 있을 경우에도 그 작품의 권리 취득에 얼마가 들지, 스토리를 영상에서 어떻게 살릴지, 감독이나 출연자는 누구로 할지 등등 면밀한 계획을 짠다. 영화화권은 예를 들면 마이켈 클라이튼 급의 베스트셀러 작가라면 500만 달러 가까이 지불해야 한다. 그리고 이 단계부터 각본가가 참가하여 몇십 번이나 다시 수정을 하면서 완성

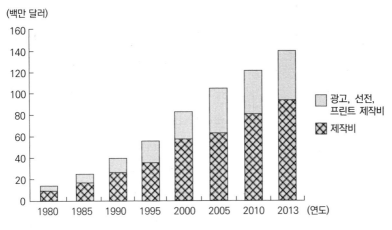

(백만 달러)

【그림 8-2】 메이저 영화 제작비, 마케팅비의 평균(1980~2013년)

출전: Vogel(2015), p.136을 바탕으로 필자가 작성.

을 향해 나아간다.

　리스크를 회피하기 위한 세 번째 수단은 거액을 들여 광고 선전 활동을 실시하는 것이다. 영화 제작에서 배급, 흥행에 이르는 과정에는 촬영, 편집에 드는 제작비와 마케팅 코스트라는 작품의 광고 선전비가 있다. 특히 1970년대부터 한 편당 제작비가 상승하여 지금은 평균 100~200억 엔 정도로 불어났다. 그에 따라 마케팅 코스트도 급상승했다.(【그림 8-2】 참조. 유감스럽지만 2013년까지의 수치밖에 입수하지 못했다) TV나 신문 등 매스미디어를 통한 광고는 비용이 든다. 그러나 다대한 제작비를 들여서 만든 작품인 만큼 광고에도 힘을 기울여야 한다. 제3장에서 보았듯이, 영화는 자동차나 PC와는 달리 객관적으로 우열을 판단할 수 있는 기능성 상품이 아니다. 게다가 한 편 한 편이 유일한 작품이다. 어느 메이저가 만든 것인가 라는 브랜드성이 있는 것도 아니다. 따라서 영화비즈니스에서는 한 편씩 매회 마케팅을 해야 하며 그 비용은 무시할 수는 없다. 그러나 확실히 광고를 많이 한 작품은 역시 잘 팔리기 때문에 광고, 선전 비용은 아낌없이 쓰는 것이다.(엘버스, 2015) 인기 배우 혹은 감독의 이름을 전면에 내세우는 마케팅은 영화작품에 브랜드성을 갖게 하는 시스템이다.(Hoskins et al., 1997, p.56) '저 감독의 작품이라면 틀림없이 재미있을 것'이라는 식으로 소비자가 작품의 질을 판단하는 단서를 만드는 시스템이다.

광고 선전과 비슷한 것으로서 홍보도 중요한 마케팅 수단이다. 여기에서는 영화 개봉에 맞춰 주연 배우나 감독 등을 각국의 주요 미디어에 노출시키고 영화의 사전 선전이 되도록 하는 것이 가장 중요하다. 그리하여 주연 배우를 각국에 보내고 기자회견을 여는데, 이러한 프로젝트는 비용이 들기 때문에 배우진은 바로 돌아오든가 다음 목적지로 가 버린다. 〈노팅힐의 연인〉이라는 영화에서 주인공의 한 명인 여배우가 홍보 담당자가 짠 빡빡한 스케줄에 따라 호텔 방 한 칸에서 잇따라 잡지 기자나 TV리포터들의 취재에 응하는 신이 있는데, 그런 것은 대형 기획에서는 통상의 패턴으로 정착되어 있다. 혹은 때로는 기자들을 대형 객선에 초대하여 영화 관계자들과 함께 파티를 하는 떠들썩한 행사를 열기도 한다.

또한 할리우드의 영화제작에서는 영화가 완성되기 전에 일반을 대상으로 시사회를 열어 몇 가지 서로 다른 엔딩을 보여주고 관객의 반응을 보는 경우도 있다. 감독은 그 조사 결과를 전면적으로 받아들일 필요는 없지만, 직접적으로 관객의 반응을 얻을 수 있는 많지 않은 기회이기 때문에 감독으로서도 귀중한 정보가 된다. 〈내 남자친구의 결혼식(My Best Friend's Wedding)〉이라는 영화에서는 줄리아 로버츠가 맡은 여성의 성격에 대해 시사회에서의 평판이 나빴기 때문에, 급거

예산을 짜서 하나의 신을 다시 찍은 결과 관객에게 호평을 받게 되었다는 일화도 있다.

오늘날에는 다른 소비자 관련 기업과의 타이 업도 활발하다. 예를 들면 블록버스터 영화에 대해서는 그 개봉에 맞추어 소프트 드링크나 패스트푸드의 용기 등에 그 영화의 캐릭터 그림을 넣어 그것을 판매하면서 영화 티켓을 할인하는 제도를 만들기도 한다. 할로윈 같은 연중행사에 맞추거나 하며 머천다이징을 대대적으로 전개하는 영화를 '이벤트 무비'라고 한다.

엔터테인먼트 산업에서는 이러한 거액에 이르는 제작비에 대한 출자, 선전, 홍보비를 들이는 대형 작품을 세상에 내놓는 '블록버스터 전략'이 결국 유용하다고, 하버드 대학 비즈니스 스쿨 교수인 엘버스(Elberse, Anita)는 주장한다. 그녀의 저서『블록버스터의 법칙』(세종서적, 2014)에서는 할리우드의 메이저 영화회사는 자원을 작품에 균등하게 배분하는 것이 아니라 제작과 마케팅 비용을 소수의 작품에 집중적으로 할당하여 막대한 매출과 이익을 노리는데, 그것이 올바른 전략이라고 한다. 이 책에서 워너브라더스가 2007~2011년에 가장 비용을 많이 들인 탑 10 작품과 그 이하의 작품의 리턴을 비교하였는데, 거금을 들인 작품일수록 결국 회사에 이익을 가져왔다는 사실이 밝혀졌다. 또한 기본적으로 블록버스터 전략과 같은 하이 리스크 하이 리턴 전략을 할리우드가 그만두지 못하는 이유로서, ① 만약 고액의 작품에는 손을 대지 않는다는 평판이 고정화되면 이후 우수한 작품의 기획이나 우수한 영화인이 떠날 염려가 있기 때문에, ② 유통 채널(영화관 체인, TV방송국 등)에 대해 행사할 수 있는 힘을 유지하고 싶기 때문에, 그리고 ③ 원래 인간은 사회적 동물로 다른 사람들과 같은 영화를 보는데 가치를 발견하기 때문에, 라고 밝히고 있다.

그렇다고는 해도 리스크 회피 수단은 있어야 한다. 수단의 네 번째로서는 연간 제작하는 영화의 포트폴리오를 만드는 것을 들 수 있다.

할리우드의 메이저는 최근에는 연간 총 170편 전후의 영화를 내놓고 있는데, 그것들 모두가 대형 영화는 아니다. 대형 영화는 매스미디어에서의 노출도가 높기 때문에 할리우드라고 하면 그쪽을 상기하기 쉽지만, 실은 저예산의 평범한 영화도 만들고 있다. 저예산 영화는 그만큼 어필 가능성도 적을지 모르지만 실패를 해도 큰 손해는 없다. 따라서 연간 포트폴리오 중에는 예산대가 다른 것을 믹스하여 토탈로 이익을 내는 전략을 취하고 있다. 예산대에 한정되지 않고 타깃층이 다른 것의 조합도 생각해 볼 수 있다. 예를 들면 젊은이 취향, 가족물, 남성 취향 등이 있으며, 장르로서도 액션, 호러, 서스펜스, 연애드라마 등 다양한 장르를 구석구석 커버하는 시도를 하고 있다.

엘버스(2015)에 의하면, 그러한 포트폴리오를 짜서 저예산 작품도 제작하는 데에는 다음과 같은 메리트가 있다고 한다. 첫째, 저예산 투자는 테스트 케이스가 되어 다음의 대히트 시리즈를 발견하는 단서가 되고 장래성이 있는 젊은 배우들에게 경험을 쌓게 하는 장이 된다. 새로운 형식, 장르를 시도하는 장이기도 하다. 둘째로, 영화관 체인, TV방송국 등에 대해 신작을 끊임없이 공급할 수 있는 것은 그들에 대한 우위성을 확보하는 데 도움이 된다. 셋째로 개봉일, 광고 선전비를 유연하게 변경할 수 있는 작품을 준비해 둠으로써 블록버스터 영화의 매출을 봐 가면서 공백 메우기를 하여 1년 내내 매출이 평준화될 수 있도록 조작할 수 있다. 더 중요한 것은 그러한 작품은 아카데미상 등 상을 받거나 비평가들이 호감을 가질 가능성도 있고(블록버스터물은 대개 그 범주 밖에 있다), 영화 관련 회사로서는 경제뿐만 아니라 문화적인 면에서도 성적을 올릴 수 있는 효과도 있다.

다섯 번째 리스크 회피 수단은, 외부의 독립 프로덕션으로부터 이미 완성된 작품을 사서 제작비에 대한 투자를 하지 않거나 그것을 극력 억제하는 것이다. 독립 프로덕션에서는 작품을 세계적으로 마케팅할 정도의 자금을 조달할 수 없다. 모처럼 만든 영화를 보다 많은 사람들에게 보여주기 위해서는, 그리고 제작비를 회수(혹은 조달)하기 위해서도 배급회사에(북미에서의) 배급권을 파는 것은 필수이다. 이는 가장 전형적인 패턴으로 업계에서는 '네가티브 픽업'이라는 방법이다.

제작비의 부담을 경감하고 리스크를 회피하기 위해, 할리우드는 유럽 각국이나 캐나다의 보조금제도도 활용해 왔다. 밴쿠버가 '할리우드 북(Hollywood North)'으로서의 지위를 구축하기에 이른 중요한 요인 중의 하나가 보조금을 제공하는데 있었다는 것은 제6장에서 언급한 바와 같다. 원래 자국 영화 육성을 위해 존재하는 유럽의 영화제작 보조금이지만, 외국의 제작자라도 그 로케이션 촬영이나 인재고용을 현지에서 조달함으로써 '프랑스 영화'라는 인정을 받을 수 있고, 따라서 보조금 교부의 대상도 될 수 있다. 이렇게 해서 제작비의 일부는 공적 지출, 또 일부는 현지 프로덕션과의 공동 제작이라는 형식을 취하면 코스트는 상당히 분담할 수 있게 된다.

4. 시리즈물 영화의 융성

앞 절에서 논한 영화산업의 시장 공략 전략은 실은 2000년대 후반부터 블록버스터 작품의 시리즈물에 거액을 투자하는 것으로 중심이 옮겨졌다. 이러한 시리즈물을 업계에서는 '프랜차이즈'라 부른다. 역대 세계 흥행 수입 랭킹(【표 8-4】)을 보면, 상위 작품의 대부분이 시리즈물의 일부임을 알 수 있다. 어떤 작품이 히트한 경우 그 속편은 팬의 마음을 사로잡기 쉽고 선전, 동원이 상대적으로 수월한 것은 명백하다. 이러한 사정에서 시리즈물은 종래부터 있었던 전략인데, 그러한 경향은 21세기에 들어서서 한층 더 강화되었다. 제작비의 대형화도 심해서 이들 작품은 각각 전 세계에서 10억 달러 이상의 흥행 수입을 내며 할리우드의 기둥이 되었다.

　이러한 작품에는 애니메이션 영화(이에 대해서는 다음 절에서 상술)도 포함되지만, 실사영화는 주로 〈007〉이나 〈터미네이터〉, 〈스타워즈〉, 〈해리 포터〉, 〈파이러츠 오브 캐리비언〉, 〈와일드 스피드〉, 〈쥐라기 공원〉, 〈미션 임파서블〉 등의 액션이나 CG 기술을 구사한 SF 혹은 판타지계 시리즈이다. 그중에서도 어벤져스 시리즈는 마블 코믹스에서 나온 아이언 맨, 캡틴 아메리카, 헐크, 토르 등 개개의 슈퍼 히어로를 총동원한 작품으로, 그 규모든 팬 베이스(fan base)[19]의 크기이든 타의 추종을 불허하는 존재이다. 마블의 슈퍼 히어로물은 이렇게 해서 이미 하나의 세계 혹은 세계관을 구성하고 있는데서 '마블 시네마틱 유니버스'라고 불리게 되었다. 2012년 첫 작품 이래 2019년 〈어벤져스 엔드 게임〉에 이르기까지 4작품 모두가 세계의 역대 흥행 수입 랭킹 탑10에 들어간 것은 경이롭다. 〈어벤져스 엔드 게임〉은 그때까지 세계

---

19 [역주] 팬 베이스(fan base)란 팬을 소중히 여기고 팬을 베이스로 중장기적 매상이나 사업 가치를 높이는 생각.

역대 흥행 수입 탑이었던 〈아바타〉를 웃돌아 28억 달러 가까운 흥행수입을 자랑하며 1위가 되었다.(또한 일본은 이 작품이 그해의 탑이 되지 않은 세계에서 보기 드문 나라이다)

【표 8-4】 세계 역대 흥행 수입 랭킹

순위	제목	누적 흥행 수입	공개 연도
1	어벤져스 : 엔드 게임	$2,797,800,564	2019
2	아바타	$2,789,968,301	2009
3	타이타닉	$2,187,463,944	1997
4	스타워즈 : 포스의 각성	$2,068,223,624	2015
5	어벤져스 : 인피니티 워	$2,048,359,754	2018
6	쥬라기 월드	$1,670,400,637	2015
7	라이온 킹	$1,652,054,209	2019
8	어벤져스	$1,518,812,988	2012
9	와일드 스피드 : SKY MISSION	$1,515,047,671	2015
10	어벤져스 : 에이징 오브 울트론	$1,402,805,868	2015
11	블랙 팬서	$1,346,913,161	2018
12	해리포터와 죽음의 성물 PART2	$1,341,932,398	2011
13	스타워즈 : 라스트 제다이	$1,332,539,889	2017
14	쥬라기 월드 : 폴른 킹덤	$1,308,467,944	2018
15	겨울왕국	$1,274,219,009	2013
16	미녀와 야수	$1,263,512,126	2017
17	인크레더블 2	$1,242,805,359	2018
18	와일드 스피드 ICE BREAK	$1,236,005,118	2017
19	아이언맨 3	$1,214,811,252	2013
20	미니언즈	$1,159,398,397	2015
21	캡틴 아메리카 : 시빌 워	$1,153,296,293	2016
22	아쿠아맨	$1,148,161,807	2018
23	스파이더맨 : 파 프롬 홈	$1,131,788,922	2019
24	캡틴 마블	$1,128,274,794	2019
25	트랜스포머 : 다크 사이드 문	$1,123,794,079	2011
26	반지의 제왕 : 오아의 권환	$1,120,424,614	2003

27	007 스카이폴	$1,108,561,013	2012
28	트랜스포머 : 로스트 에이지	$1,104,054,072	2014
29	다크 나이트 라이즈	$1,081,041,287	2012
30	토이 스토리 4	$1,070,855,907	2019
31	토이 스토리 3	$1,066,969,703	2010
32	캐리비안의 해적 : 망자의 함	$1,066,179,725	2006
33	로크 원 : 스타워즈 스토리	$1,056,057,273	2016
34	알라딘	$1,050,693,953	2019
35	캐리비안의 해적 : 낯선 조류	$1,045,713,802	2011
36	슈퍼배드 3(Despicable Me 3)	$1,034,799,409	2017
37	쥬라기 공원 3D	$1,030,314,141	1993
38	도리를 찾아서	$1,028,570,889	2016
39	스타워즈 에피소드 1 : 보이지 않는 위험	$1,027,082,707	1999
40	이상한 나라의 앨리스	$1,025,467,110	2010
41	주토피아	$1,023,784,195	2016
42	호빗 : 뜻밖의 여정	$1,017,003,568	2012
43	다크나이트	$1,004,934,033	2008
44	해리 포터와 마법사의 돌	$978,087,613	2001
45	슈퍼배드 2	$970,766,005	2013
46	니모를 찾아서	$969,023,261	2003
47	라이온 킹	$968,511,805	1994
48	정글 북	$966,550,600	2016
49	주만지 : 새로운 세계	$962,102,237	2017
50	캐리비안의 해적 : 세상의 끝에서	$960,996,492	2007
51	해리 포터와 죽음의 성물 PART1	$960,666,490	2010
52	호빗 : 스마우그의 폐허	$958,366,855	2013
53	호빗 : 다섯 군대 전투	$956,019,788	2014
54	해리 포터와 불사조 기사단	$938,580,405	2007
55	해리 포터와 혼혈 왕자	$934,326,396	2009
56	반지의 제왕 : 두 개의 탑	$927,600,630	2002
57	슈렉 2	$923,075,336	2004
58	보헤미안 랩소디	$903,655,259	2018
59	해리 포터와 불의 잔	$896,346,229	2005
60	스파이더맨 3	$890,871,626	2007

61	아이스 에이지 3 : 공룡시대	$886,686,817	2009
62	007 스펙터	$880,674,609	2015
63	스파이더맨 : 홈커밍	$880,166,924	2017
64	해리 포터와 비밀의 방	$879,465,594	2002
65	아이스 에이지 4 : 대륙 이동설	$877,244,782	2012
66	마이펫의 이중생활	$875,457,937	2016
67	배트맨 대 슈퍼맨 : 저스티스의 시작	$873,634,919	2016
68	반지의 제왕	$872,491,916	2001
69	특수부대 전랑2	$870,325,439	2017
70	헝거게임 : 캣칭 파이어	$865,011,746	2013
71	가디언즈 오브 갤럭시 VOL2	$863,756,051	2017
72	인사이드 아웃	$857,611,174	2015
73	베놈	$856,085,151	2018
74	토르 : 라그나로크	$853,977,126	2017
75	스타워즈 에피소드 3 : 시스의 복수	$850,035,635	2005
76	조커	$849,083,522	2019
77	트랜스포머 : 패자의 역습	$836,303,693	2009
78	인셉션	$829,895,144	2010
79	트와일라잇 사가 : 브레이킹 던-Part2	$829,746,820	2012
80	매트릭스 : 리로디드	$828,770,175	2003
81	스파이더맨	$825,025,036	2002
82	원더 우먼	$821,847,012	2017
83	인디펜던스 데이 : 지구침공	$817,400,891	1996
84	신비한 동물사전	$814,037,575	2016
85	코코	$807,082,196	2017
86	슈렉 3	$804,483,141	2007
87	해리 포터와 아즈카반의 죄수	$796,093,802	2004
88	캐리비언의 해적 : 죽은 자는 말이 없다	$794,861,794	2017
89	E.T.	$792,910,554	1982
90	미션 임파서블 : 폴 아웃	$791,115,104	2018
91	와일드 스피드 : EURO MISSION	$788,679,850	2013
92	2012	$788,550,900	2009
93	인디아나존스 : 크리스탈 해골의 왕국	$786,636,033	2008
94	데드풀 2	$785,046,920	2018

95	스파이더맨 2	$783,766,341	2004
96	데드풀	$782,612,155	2016
97	스타워즈 에피소드 4 : 새로운 희망	$775,512,064	1977
98	가디언즈 오브 갤럭시	$772,776,600	2014
99	와일드 스피드 : 슈퍼 콤보	$758,885,585	2019
100	말레피센트	$758,410,378	2014

【표 8-4】를 보면 원래 100위 이내에 들어 있는 작품 중 20세기에 제작된 것은 겨우 다섯 작품밖에 없다. 2000~2009년까지 제작된 것도 20작품 밖에 없고 그 대부분은 후에 이어지는 시리즈 제1작이었다. 즉 ① 세계 역대 흥행 수입 탑100 작품은 80%가 2010년 이후 제작되었고, ② 43위까지는 10억 달러 이상의 흥행수입을 올린 것이며, ③ 이들 상위 작품의 거의 모두가 시리즈물이다. 2010년 무렵부터 영화작품은 미국 코믹스에서 출발한 슈퍼 히어로물을 중심으로 한 액션, SF, 혹은 판타지 등의 시리즈가 중심이며 제작비도 흥행수입도 그 이전과는 다른 차원으로 돌입, 초대형화만 했음이 밝혀졌다. 〈어벤져스 엔드 게임〉은 제작비가 추정 3억 5,600만 달러로, 그 자체가 초대형 예산인데 전 세계에서 28억 달러 가까운 흥행수입을 올렸다.

본장에서 언급했듯이, 이전에는 스타의 효과로 작품은 관객을 동원했고, 오리지널 각본을 바탕으로 하는 코미디나 휴먼 드라마, 사회 드라마 등도 충분히 흥행수입 탑10에 들어갔지만, 그러한 현상은 지금은 거의 볼 수 없게 되었다.(그러한 현상이 진행되고 있다는 사실을 알아채지 못하고 뒤처진 소니 픽처스에 대해서는 Fritz, 2019에 상세하다. 이하 본절은 Fritz, 2019 및 Balio, 2013을 참조했다) 이러한 초대형화의 배경에는 첫째로 DVD의 매출 저하, 둘째로 해외시장의 발전이 있다. 2000년대 중반까지 미국에서는 영화작품 DVD(디즈니의 애니메이션 영화는 물론이고 특히 액션물 등 남성들이 좋아하는 작품도)를 사서 집에서 몇 번이나 보는 사람도 많았고, 피크였던 2006년 시점에서 가정용 DVD의 연간 매출은 160억 달러나 될 정도(렌탈샵의 매출도 포함하면 240억 달러)였다고 한다.(Belson, 2006; Balio, 2013, p.103) 이는 미국 내 연간 흥행 수입을 웃도는 숫자였다. 작품의 2차 이용 중에서도 특히 DVD는 같은 그룹 회사가 제작, 판매하는 경우도 있고 수익률이 높아서, 할리우드의 메이저 스튜디오로서는 중요한 수입원으로 확보되어 왔다. 그러나 그후 기술 발전이 진행되어 사람들이 네트상 동영상 스트리밍으로 이행했기 때문에 예전처럼 '황금알을 낳는 거위'는 아니게 되었다. 한편 중국 등의 신흥국이 발전하여 영화시장이 계속해서 크게 성장했기 때문에, 거기에서 DVD로부터의 수익을 보충하기 위해 전 세계에 어필하고 신흥국 사람들이 좋아하는 스펙터클한 대형 작품에 주력하는 것이 주요 전략이 되었다. 20세기 초 명문 스튜디오에서 시작한 메이저 스튜디오도 지금은 컴캐스트, AT&T 등의 거대 통신사 산하에 있으며, 이들 홀딩스 회사에서 영업성적을 낼 것을 강하게 요구받고 있어서, 실패와 성공의 조합으로 수지를 맞춘다는 엔터테인 업계의 관행은 허용되지 않게 되었다.

미국 코믹스 출판에서는 마블 코믹스와 DC코믹스의 2개 회사가 가장 유력하며 일본 만화의 경우와 달리 작가가 아니라 회사에 저작권이 있다. 마블은 슈퍼맨, 배트맨 등 1930년대부터 인기가 있는 히어로 작품을 많이 가지고 있으며 배트맨이나 슈퍼맨의 실사 영화도 많이 만들었다. 워너브라더스는 이들 히어로 영화를 새로운 기획으로써 '리부트(재시동)'했다. 마블은 히어로 캐릭터를 영화회사에 라이센스했지만, 2005년에는 직접 프로덕션을 만들어 보다 큰 이익을 확보하는 방향으로 움직였다. 마블이 가진 캐릭터를 각 영화회사는 너무나 가지고 싶어 하는데, 스파이더맨에 대해서는 소니 픽처스가 X-Men에 대해서는 20세기폭스사가 계약상 권리를 가지고 있고 그 외에 대해서는 마블 엔터테인먼트사가 가지고 있으며 그것을 독자적으로 영화화하기 위해 마블 스튜디오를 설립하였다. 그 무렵 동사는 자금상 곤란을 겪고 있었고 영화라는 미지의 사업 전개를 하는 것에 대한 고민도 있었지만, 과감하게 도전한 최초의 작품 〈아이언 맨〉(2008)이 예상을 넘는 대히트를 한 덕분에 할리우드 역사를 다시 썼다. 그 후 동사는 잇따라 작품을 만들어 계속해서 히트시키고 있다. 복수의 슈퍼 히어로가 있고 그들을 클로즈업시키는 '시네마틱 유니버스' 전략은, 통상의 시리즈에서는 속편의 공개까지 적어도 2년은 걸리지만, 주연배우의 스케줄에 구애받지 않고 매년 뭔가를 낼 수 있다는 메리트가 있다.

이러한 시리즈물은 피규어나 완구, 기타 관련 굿즈를 팔 수 있다는 메리트도 커서, 그룹 전체에 큰 수익을 가져다준다. 마블사가 영화제작에 끼어든 것은 완구를 팔기 위해 영화공개 시기를 결정할 수 있기 때문이라는 것도 큰 요인이었다.(라이센스만 해서 타사가 영화제작을 하는 경우는 그 회사 사정에 따라 개봉시기가 달라진다) 혹은 테마파크에서 인기가 있는 어트랙션과 연동시킬 수도 있다.(〈캐리비언의 해적〉은 원래 테마파크의 탈것에서 힌트를 얻은 영화작품이다)

마블 스튜디오는 그 후 2009년에 디즈니 산하에 들어가서 마블의 슈퍼 히어로들은 디즈니를 장악할 정도가 되었다. 디즈니사는 2012년에는 루카스필름도 매수하여 스타워즈 시리즈도 장악하였다. 애니메이션 관계에서는 픽사도 매수했다. 할리우드는 이렇게 바야흐로 디즈니와 디즈니처럼 되고 싶은 기타의 두 파로 양분되었다고 할 수 있다.

디즈니라고 하면 애니메이션 영화와 테마파크 이미지가 크지만, 회사 전체로서는 미키마우스와 함께 다양한 슈퍼 히어로를 가지고 있으며 현재 영화계에서는 최대급을 자랑하고 있다.[20] 2019년에는 우선 미국에서 동영상 스트리밍도 시작하였고, 이후 세계적 전개를 함으로써 다른 전송 업자에게 상당한 영향을 줄 것으로 예상된다.

시리즈물의 융성에 대해 살펴보면, 연애물이나 휴먼 드라마 같은 장르는 완구나 테마파크의 전개는 있을 수 없고, 출연금액이 비싼 스타에게 의지하는 바가 커서 크게 세계적 히트작이 될 가능성도 없다. 오리지널 작품인 만큼, 수익도 예측할 수 없고 선전비도 너무 많이 들고 해서 현재는 거의 존재감이 없게 되었다.

이러한 상황을 한탄하거나 우려하는 영화감독, 배우, 각본가들은 적지 않아 인재들이 다른 곳으로 새나가게 되었다. 첫째가 미국 TV드라마이다. 원래 TV드라마는 시추에이션 코미디, 소프 오페라[21], 형사물, 의료드라마 정도 밖에 없어서 영상업계에서는 지위가 낮았다. 이에 대해 영화는 미국의 대중문화를 대표하며 미국 사회의 유행을 선도해 옴으로써 훨씬 격이 높은 존재였다. 그러나 현재 문화적 의미에서는 역전이 되어서, TV드라마는 창조성과 독자성이 풍부한 장이 되었고 'TV의 새로운 황금시대'가 도래했다는 말도 나오고 있다. TV드라마

---

20 2019년 8월 말 시점에서 디즈니사의 미국에서의 영화흥행에서 차지하는 비율은 폭스사를 포함하여 40%를 넘고 있으며, 점유율이 2014년 기분 2배로 증가하였다고 한다.(『일본경제신문』 2019년 8월 30일, 원 자료는 Box Office Mojo)

21 [역주] 소프 오페라(soap opera)란 1920년대 말에서 1930년대 초에 등장한 가벼운 내용의 연속 방송극을 말한다. 고정된 배우들의 배역, 연기보다 비중이 큰 대사, 실제 생활보다 느린 전개 속도, 감상적이거나 신파적인 내용 따위를 특징으로 한다. 비누와 합성 세제 제조업자들이 오랫동안 재정 지원을 한 데서 붙은 이름이다.

제작 현장에서는 코믹스의 캐릭터가 아니라 각본가가 리드하는 것이 정착되어 있는 것이 요인 중의 하나이다. 쇼러너(Showrunner)라고 하는, 프로그램 기획의 매입부터 실제의 촬영, 예산 관리, 로케지 선정 등까지 결정권을 쥐고 있는 제작 총지휘는 실은 각본가인 경우도 많다. 각본이 중요한 것은 영화와 마찬가지이지만, 그 오리지널리티에 대해 가치를 인정받는 것은 지금은 TV의 세계이다. 그리하여 영화에서 우수한 인재들이, 예전처럼 격이 낮은 것이라고 생각하지 않고, 이 분야로 밀려 들어오는 것이다. 원래 유료 케이블TV 방송국에서는 HBO와 같이 오리지널 드라마를 히트시켜 브랜드화한 방송국도 있지만, 그것은 지상파, 그리고 다음에 언급할 동영상 전송 서비스로 확장되었다.

영화인이 흘러 들어간 또 한 곳은 넷플릭스, 아마존 프라임을 대표로 하는 동영상 전송 사이트이다. 두 회사는, 할리우드 메이저 작품은 극장 개봉 후 몇 달이나 기다리지 않으면 전송할 수가 없고 생각처럼 전송권을 얻을 수 없는 경우가 있기 때문에, 자체 작품 제작에 착수하게 되었다. 아마존 프라임에 동영상(드라마, 영화)을 전송하기 위해 아마존 스튜디오(Amazon Studio)라는 부문이 2010년에 설립되어 독자적으로 작품 제작에 착수하였으며, 영화제 등에서 예술적 평가가 높은 작품의 전송권을 사오기도 하는 등 적극적으로 나서고 있다. 초기에는 각본을 일반 공모하여 뛰어난 작품을 영상화하는 시도도 있었다. 어느 회사나 드라마, 영화 등의 콘텐츠 획득과 제작에 수십억 달러를 들이고 있다. 이렇게 제작비가 크고 기타 조건도 메이저계에서 영화를 제작하는 경우보다는 훨씬 낮기 때문에 영화인들이 이쪽으로 흘러 들어오게 된 것이다. 두 회사도 오리지널 작품의 전송 자체로 이익을 내려는 것은 아니며, 회원의 획득과 기획 브랜드 가치를 목적으로 지식층이나 중년 이상의 영화를 좋아하는 사람들이 즐길 만한 TV드라마, 영화작품을 제작하여 공개를 하게 되었다. 이제 할리우드에서는 제작할 수 없을 것 같은 작품을 이러한 공간에서 제작할 수 있게 되었다고 할 수 있다. 아카데미상 등의 대상도 될 수 있도록, 극장 개봉도 소규모이기는 하지만 실시하고 있으며, 실제로 몇 개 부문에서 수상을 했을 정도로 실력이 있다.(『ROMA』 넷플릭스 제작, 2019년 아카데미 감독상 등)

이러한 가운데 영화스튜디오 측에서도 오리지널 전송 서비스에 착수하여 다른 동영상 전송 서비스에 작품 전송을 허락하지 않으려는 움직임이 나왔다. 원래는 그것이 흥행수입에 영향을 주는 것은 아닌가 우려하며 소극적이었던 스튜디오도 스스로 그 분야에 진입하게 된 것이다. 디즈니가 2019년 11월에 미국에서 시작한 디즈니+(플러스)는 첫날만으로 등록자수가 1,000만 명을 넘었다고 한다.(『일본경제신문』 2019년 11월 8일 조간) 풍부한 콘텐츠가 강점으로, 넷플릭스에 도전을 하는 것이다. 애플사도 '애플TV플러스'를 시작했고, IT플랫폼사업자, 오락 복합기업 등 많은 주역들이 끼어들어 혼조양상을 보여주고 있다.

5. 일본의 영화산업

지금까지 미국의 영화산업에 대해 상세히 논해왔는데, 여기에서는 일본의 영화산업에 눈을 돌려 보겠다. 일본은 제2차세계대전 전에는 영화대국 중 하나로 도호(東宝), 도에이(東映), 쇼치쿠(松竹) 등의 회사가 미국처럼 '메이저'로서 스튜디오 시스템을 갖춘 상태에서, 감독,

주요 배우, 각본가 등을 전속으로 두고 1년에 400~600편이나 되는 영화를 생산하고 있었다. 그러나 전후 세계의 다른 나라와 마찬가지로 TV방송의 보급, 오락 대상의 확장 등으로 인해 영화 감상인구가 줄고 영화관도 속속 폐업을 해서 1970년대부터 영화산업은 위기 상황에 처했다.

그러나 현재의 상황을 보면, 우선 연간 제작 편수는 600편 이상으로 세계 유수의 지위를 점하고 있고, 자국 영화가 국내 시장에서 흥행수입을 절반 이상 점하고 있다는 점에서 세계 전체의 평균으로 보면 영화대국이라고 할 수 있다. 게다가 유럽 제국과는 달리 그에 대한 공적인 지원은 극히 한정적임에도 불구하고 말이다. 이렇게 활황을 띠게 된 이유와 현재의 상황에 대해 이하에서 살펴보겠다.

1970년대에 침체기에 있던 일본 영화계에 다시 활기를 불러일으킨 주역으로 우선 가도가와영화(角川映画)의 존재를 들 필요가 있다. 가도가와는 당시 소설 『이누가미가 일족(犬神家の一族)』의 프로모션으로 영화제작에 나섰다. 그것이 크게 히트하였고, 그 후 〈인간의 증명(人間の証明)〉(1977), 〈야생의 증명(野生の証明)〉(1978), 〈세일러복과 기관총(セーラー服と機関銃)〉(1981), 〈시간을 달리는 소녀(時をかける少女)〉(1983) 등 계속해서 히트 작품을 냈다. 이렇게 소설 등과 연동하여 영화 비즈니스를 전개하는 '미디어 믹스'라 불리는 수법이 정착하였다. 지금은 '소설을 팔기 위한 영화'라기보다는 하나의 콘텐츠(예를 들면 만화 작품)를 아니메 영화, 게임, 라이트노벨 등으로 다면 전개하는 것이 유효한 전략으로 의식되는데, 이런 수법을 처음으로 고안해서 대대적인 광고 예산을 쓰는 블록버스터 전략을 취한 점도 당시로서는 획기적이었다. 오락성과 스케일이 큰 대형 예산 영화를 화려하게 광고, 선전하는 일본

형 블록버스터 영화의 시초가 된 것이다.

더욱이 이러한 노선을 걸은 것은 TV방송국이 관계하는 인기 TV드라마의 극장판 영화이다. 1998년에 공개된 〈춤추는 대수사선(踊る大捜査線)〉은 당시 후지TV에서 인기였던 드라마시리즈였는데, 그것을 극장 스케일 감으로 확대한 작품으로 개봉을 하니 가도가와영화를 웃도는 인기를 불러 모아 사회 현상이 되기도 하였다. 흥행 수입은 오늘날에도 역대 탑 20위에 들어가 있다. 그 이후 〈춤추는 대수사선〉은 극장용으로도 몇 작품이나 만들어졌는데, 다른 드라마, TV방송국도 일제히 같은 전략을 취하게 되었다.

이렇게 해서 TV방송국을 포함한 '제작위원회' 방식의 자금 모집과 영화 프로듀스의 공동형식이 일본 영화제작의 공식이 된 것도 큰 영향 중의 하나이다. 제작위원회 방식이란 여러 업종의 각 회사가 참가하여 제작비의 일부를 부담하고 10개 사 전후로 위원회를 조직하여 영화제작비를 모아 각각이 계약에 의해 어떤 권리를 얻을지를 정하는 것이다. 참가하는 회사로는 우선 TV방송국이 있다. 작품의 베이스가 되는 드라마를 제작, 방영한 경우에는 당연하지만, 오리지널 영화작품의 경우에도 참가자에 포함되는 경우가 많다. TV방송국이 들어가면 공개 직전에 같은 방송국의 버라이어티, 정보 프로그램 내에서 주연 배우 등에 의해 직접 영화 선전을 무료로 할 수 있기 때문에 제작위원회에는 필수적인 존재이다. 그 외에 광고회사, 장난감 등의 머천다이징 기업, 출판사, 상사 등이 관여하는 경우가 많다. 각각 관련 비즈니스를 가지고 있으며, 영화작품에 출자한 성공보수 이외에 수수료를 얻는 것도 목적으로 하고 있다.

이러한 제작위원회 방식은 일본에서 독자적으로 발전한 것이다. 좋은 점으로서는 각 분야의 대기업이 출자함으로써 영화제작을 위해 종래보다 훨씬 거금의 자금을 모집할 수 있게 된 것이다. 또한 편의점이나 패스트푸드점 등 대형 종합상사가 출자하는 기업이 들어오는 경우도 많아, 이들 점포에서 영화 공개에 맞춰 캠페인, 프로모션을 할 수 있게 되어 오락 영화의 대중화가 가속화된 점도 들 수 있다. 한편 마이너스 면으로서는 이들 대기업에서 담당자로서 참가하는 사람들이 모두 샐러리맨이라, 비즈니스상 혹은 개인 커리어상 큰 리스크를 안고서라도 모험을 하고자 하는 헝그리 정신이 없다는 점이다. 누구나 안전하게 대충 이익을 확보하고 자사에 손해가 없으면 된다고 하는 입장이다. 또한 방영권, 온라인상 전송에 관한 권리, 머천다이징에 관한 권리 등이 위원회 내에서 분산, 소유되기 때문에, 국제적으로 비즈니스를 전개할 경우에는 해외의 상대측이 꺼려한다.(모든 것을 일괄해서 살지 말지의 여부를 결정하는 거래가 일반적이기 때문이다)

또한 일본 내 아니메 영화가 흥행 수입 랭킹 10위 이내에 상당히 많다는 점도 특징적이다. 일례를 들자면, 스튜디오 지브리의 영향이 커서 역대 흥행수입 랭킹을 봐도 탑은 〈센과 치히로의 행방불명(千と千尋の神隠し)〉(304억 엔, 2001)이며, 3, 4위도 〈하울의 움직이는 성(ハウルの動く城)〉, 〈원령공주(もののけ姫)〉로 지브리가 차지한다. 남녀노소를 불문하고 좋아하는 보편적인 주제를 다루며 아름다운 영상으로 스토리를 그리는 방향으로 지브리를 이끌어온 미야자키 하야오(宮崎駿) 감독의 공적은 크다. 지브리의 작품에 대해서는 일반적으로 제작비도 일본 영화로서는 크며(20~30억 엔 정도로 추정), 모두 사원인 애니메이터가 꼼꼼하게 만들기 때문에, 제작 기간도 길지만 그 결과 큰 이익을 낳고 있기 때문에 직접 다음 작품에 투자를 할 여유가 생긴다.

지브리를 비롯하여 일본 아니메는 2차원 묘사를 중심으로 하며 '아니메'로서 하나의 장르를 확립하고 있다. 그 외에 〈도라에몽(ドラえもん)〉, 〈명탐정 코난(名探偵コナン)〉, 〈루팡3세(ルパン3世)〉 등 TV로 방영하여 인기를 모았던 시리즈가 극장 공개판으로 만들어지면 틀림없이 그해의 탑10에 들어간다. 또 한편으로 호소다 마모루(細田守), 신카이 마코토(新海誠) 등이 만드는 소위 예술계 아니메 영화도 실력이 있어서 해외에서 수상을 하는 등 높은 평가를 받고 있다. 신카이 마코토 감독의 〈너의 이름은(君の名は)〉(2017)은 예상 이상으로 크게 히트를 쳐서 그해 흥행 수입 탑을 장식하였고 해외에서도 공개되었다. 또한 성인 대상 심야 아니메(〈러브 라이브(ラブライブ!)〉, 〈걸즈 앤 판처(ガルズ&パンツァー)〉 등)의 극장판도 공식화되고 있다.

그러나 아니메 영화는 일본에서만 강한 것은 아니다. '애니메이션 영화'는 세계적으로 큰 현상이 되고 있다. 다음 절에서 그에 대해 자세히 살펴보자.

6. 글로벌 애니메이션산업

'아니메'는 일본의 팝 컬처를 대표하는 존재이지만, '애니메이션'이 되면 실은 글보벌 강적이 다수 존재한다. 그 대표격이 디즈니인 것은 주지의 사실이다. 디즈니 애니메이션은 원래 3DCG영화이다.

CG가 미국에서 얼마나 발달한 산업부문인지는 본장 제2절에서 언급했지만, CG만으로 모든 것을 묘사하는 영화가 애니메이션 영화이며 글로벌한 영상산업에서는 3차원이 주류가 되어 있다. 그렇게 된 데에는 픽사라는 회사의 존재가 크게 영향을 미쳤다. 픽사는 원래 루카스필름스의 한 부문으로, CG의 하드와 소프트 개발에 관련된 기술을 개발했고 이후 독립했다. 한때 애플사에서 쫓겨난 스티브 잡스가 픽사의 경영에 관여를 했지만, 이후 디즈니사에 매수된다고 하는 이색 경력을 가진 회사이다.(레비, 2019에 상세하다) 이 픽사가 전력을 기울여 제작하고 1995년에 공개한 세계 첫 장편 3GCD영화 〈토이 스토리〉가 대성공을 거둔 이래 다른 메이저 스튜디오에서도 애니메이션 전문 스튜디오를 속속 설립했다. 1917년부터 1996년 사이에 제작된 애니메이션영화의 총수는 80편으로, 지금은 1년에 그 정도의 편수가 제작되게 되었다.(Yoon and Malecki, 2009) 세계흥행수입 탑10 내의 수편(2016년으로 말하자면 〈도리를 찾아서(Finding Dory)〉, 〈주토피아(Zootopia)〉 등)은 어딘가의 스튜디오가 제작한 3GCD 애니메이션 영화가 차지할 정도로 확고한 지위를 갖는다. 메이저 아니메 전문 스튜디오에서 제작한 이들 작품은 제작비가 100~200억 엔 규모이며 글로벌하게 마케팅을 한다는 점에서 액션이나 SF와 아무 차이가 없다.

또한 할리우드와 같은 세계적 파워를 가지고 있지는 않지만, 세계 각국에서 애니메이션산업은 근 10~20년 사이 많이 발달하였다. 기획 개발, 자금 조달, 마케팅, 머천다이징 등 부가가치가 높은 부분을 담당하는 거점은 할리우드가 뛰어나지만, 그 외에 영국, 프랑스, 일본, 중국도 같은 기능을 할 수 있는 나라이다. 실제로 작화(作畫), 촬영 등의 작업은 하청을 하는 나라가 전 세계에 펼쳐져 있으며, 3GCD와 같은 고도의 기술은 캐나다, 영국, 아일랜드, 한국, 대만, 인도, 호주 등이 우세하다.(Yoon, 2017) 일본의 아니메 작화 등의 단순작업은 아시아 신흥국이 담당하고 있다. 이러한 애니메이션산업의 확장에 각 국 정부는 주목하여 창조산업 육성 정책의 일환으로 뛰어들고 있다. 특히 유럽, 캐나다는 작품 제작, 배급 조성, 애니메이션 영화제 개최, 제작비 세제 우대 등 각종 정책을 실시하고 있다.

7. 맺음말

영화라는 대중문화에 대해서는 미국이 오랫동안 세계시장을 지배해 왔다. 영화제작에는 큰 투자가 필요하여 리스크가 크다. 1980년대부터 할리우드 영화는 제작비, 광고비 모두 증가 일변도에 있었다. 할리우드는 이러한 시스템을 구축함으로써 시장 진입의 장벽을 만들어왔지만, 항상 리스크를 직접 질 수만은 없었다. 콘텐츠산업에서는 일반적으로 제품의 매출 예측이 매우 어렵다. 그런 산업에서 성공하는 비결 중의 하나는 리스크 경감 조치를 취하는 것이다. 영화산업에서는 확실한 인재의 채용, 기획 개발에 대한 투자, 마케팅 활동의 중시, 포트폴리오 전략, 공동 제작이나 작품의 매입 등이 그 구체적 시책이다.

영화산업과 관련하여 로스앤젤레스에 발달한 CG산업의 동향도 흥미롭다. 특히 샌프란시스코 주변의 IT기업과의 유대는 강하기 때문에 '실리우드'라 불리며, 캘리포니아주의 일대 산업으로서 한층 더 연구 개발을 계속해야 할 분야이다.

이러한 할리우드 영화산업은 직능별 조합의 힘이 막강한 것으로 잘 알려져 있다. 스튜디오, 프로덕션 등과 고용조건이나 보수에 관련된 교섭이 결렬되었을 때에는 조합원이 태업을 일으키는 일도 있다. 2008년에는 WGA라는 각본가 조합이 수개월에 이르는 태업에 들어가

TV드라마 시리즈 등의 지연이 심각한 우려 상황에 있었고, 그에 수반하여 배우조합인 SAG도 태업에 들어가느니 마느니 하는 사태를 일으켰을 정도이다.

근년의 할리우드는 블록버스터 전략으로 크게 기울어져 있고, 그것도 특히 코믹이나 큰 인기가 있는 판타지 소설 등을 중심으로 테마파크나 관련 굿즈 판매까지 포함하여 몇 작품에 걸쳐 속편을 전개할 수 있기 때문에, 그것은 확실하게 돈을 버는 방법이라 할 수 있다. 특히 디즈니사는 그런 전략을 추진하기 위해 픽사만이 아니라 마블 스튜디오, 루카스 필름을 매수하여 메이저 기업 중에서도 최대의 존재가 되었다. 세계 시장에서 성공을 거두기 위해서는 CG를 충분히 사용하고, 내용적으로 어느 나라의 누가 보아도 알기 쉬운 액션, SF, 판타지 등의 장르가 전성기를 구가하고 있는 것이 현황이다.

한편 일본은 영화작품의 제작편수가 세계적으로 봐도 많고 국산 영화의 일본 내 시장 점유율이 크기 때문에 외견상 영화애호 대국이다. 1970년대에는 위기적 상황이었던 영화계는 이후 가도가와 영화, TV방송국이 진입하면서 오락 작품의 질을 올려 활황을 띠기에 이르렀다. 그러나 가케오(掛尾, 2012)는 일본의 영화감상 총수가 좀처럼 오르지 않고 무엇보다 해외진출이나 국제공동제작이 이루어지지 않는 것이 문제라고 지적하고 있다.

일본 영화의 성황은 스튜디오지브리 등 아니메 영화 작품이 잘 팔린 것이 하나의 요인이다. 물론 '아니메'가 아니라도 글로벌하게는 '애니메이션' 영화계가 있어서, 고도의 기술을 구사한 3DCG 작품이 많이 만들어지면서 영화업계 중에서는 가장 급속도로 발전한 부문이 되었다. 이 분야는 국제 경쟁도 심하여 메이저 영화회사에서도 힘을 기울

이고 있다. 그러나 그러한 상황은 일본의 아니메와는 다른 세계의 일
로, 일본의 갈라파고스화[22] 상황은 이 분야에서도 계속되고 있다.

인용문헌

一般社団法人日本映画政策者連盟(2019), 日本映画統計 http://www.eiren.org/toukei
/index.html(2019년 8월 23일 열람).

岩渕功一(2001), 『トランスナショナル・ジャパン』, 岩波書店.

エルバース, アニータ(2015), 『ブロックバスター戦略』(鳩山玲人監訳), 東洋経済新報社
(원저는 2013).

掛尾良夫(2012), 『日本映画の世界進出』, キネマ旬報社.

デジタルコンテンツ協会(2015), 『デジタルコンテンツ白書2015』.

レビー, ローレンス(2019), 『PIXAR ピクサー 世界一のアニメーション企業の今まで語
られなかったお金の話』, 井口耕二訳, 文響社.

Balio, T.(2013), *Hollywood in the New Millennium*, Palgrave Macmillan.

Belson, K.(2006), "As DVD Sales Slow, Hollywood Hunts for a New Cash Cow",
The New York Times, June 13, 2006.

Caves, R. E.(2000), *Creative Industries: Contracts between Art and Commerce*, Harvard
University Press.

Dale, M.(1997), *The Movie Game*, Cassell.

Eurpean Audiovisual Observatory(2018), *Focus 2018*.

Eurpean Audiovisual Observatory(2018), *Focus 2017*.

Eurpean Audiovisual Observatory(2018), *Focus 2009*.

Fritz, B.(2018), *The Big Picture: The Fight for the Future of Movies*, Houghton Mifflin
Harcourt.

---

22 [역주] 일본 비즈니스 용어. 고립된 환경(일본 시장)에서 제품이나 서브시의 최적화가
현저하게 진행되면, 외부(외국)의 제품과의 호환성을 잃고 고립될 뿐만 아니라, 적응성
(범용성)과 생존능력(저가격)이 높은 제품이나 기술이 외부에서 도입되면, 최종적으로
도태될 위험에 빠진다고 하는 것을, 진화론에서 말하는 갈라파고스제도의 생태계에 빗
대어 표현한 말. 갈라파고스 증후군이라고도 한다.

Hesmondhalgh, D.(2019), *The Cultural Industries*, 4th Edition, Sage.

Hoskins, C., McFadyen, S. and Finn, A.(1997), *Global Television and Film*, Oxford University Press.

Miller, Jade L.(2016), *Nollywood Central*, Palgrave.

Schatz, T.(2008), "The Studio System and Conglomerate Hollywood", in McDonald, P. and Wasko, J. (eds.) *The Contemporary Hollywood Film Industry*, Blackwell.

Scott, A. J.(2005), *On Hollywood*, Princeton University Press.

Vogel, H.(2015), *Entertainment Industry Economics*, 9th Edition, Cambridge University Press.

Wasko, J.(2008), "Financing and Production: Creating the Hollywood Film Commodity", in McDonald, P. and Wadko, J. (eds.) *The Contemporary Hollywood Film Industry*, Blackwell.

Yoon, H.(2017), "Globalization of the Animation Industry: Multi-Scalar Linkages of Six Animation Production Centers" *International Journal of Cultural Policy*, 23, 5, pp.634~651.

Yoon, H. and Malecki, E. J.(2009), "Cartoon Planet: Worlds of Production and Global Production Networks in Animation Industry" *Industrial and Corporate Change*, 19, 1, pp.239~271.

참고문헌

■ 본장의 내용을 상세히 논한 것

菅谷実・中村清・内山隆編(2009), 『映像コンテンツ産業とフィルム政策』, 丸善.

浜野保樹(2003), 『表現のビジネス―コンテント製作論』, 東京大学出版会.

■ 유럽을 중심으로 한 영화시장에 관한 편리한 통계 자료.

Focus: World Film Market Trends라는 리포트의 각 연도판은 European Audiovisual Observatory 웹사이트에서 볼 수 있다.

■ 아니메, 애니메이션 영화에 대한 것.

数土直志(2017), 『誰がこれからのアニメをつくるのか?―中国資本とネット配信が起こす静かな革命』, 星海社新書.

増田弘道(2018), 『アニメビジネス完全ガイド』, 星海社新書(업계 입문서 같은 제목이지만 실은 문화경제 시점에서 매우 흥미로운 책임).

増田弘道(2016), 『デジタルが変えるアニメビジネス』, NTT出版.

プライス, デイヴィッド(2009), 『メイキング・オブ・ピクサー』(桜井裕子訳), 早川書房.

キャットムル, エド(2014), 『ピクサー流―創造するちから』(石原薫訳), ダイヤモンド
社(저자는 픽사 사장).

ブルネ, トリスタン(2015), 『水曜日のアニメが待ち遠しい』, 誠文堂新光社(프랑스인
오타쿠로서 일본의 서브컬처의 매력을 논함).

津堅信之(2014), 『日本のアニメは何がすごいのか』, 祥伝社新書.

European Audiovisual Observatory(2014), *Mapping the Animation Industry in Europe.*

제9장

음악산업

　음악은 다양한 콘텐츠 중에서도 우리에게 가장 친근한 것 중의 하나라고 해도 좋을 것이다. 구입한 CD나 콘서트의 생연주를 듣는다는 형태 외에도 음악은 TV프로그램이나 CM 혹은 영화 속, 점포 안이나 거리에 흘러넘친다. 이러한 상황을 만들고 있는 음악산업은 어떤 구조와 매니지먼트 시스템을 지니고 있을까? 21세기에 들어서서 매출 감소에 고전하는 전 세계 레코드업계에서는, 불법으로 음악 데이터가 확산되는 것은 저작권법 위반이자 '해적행위'라고 비난하며 법집행 강화를 호소해 왔다. 그런 한편 CD와 같은 물리적 음악 패키지가 아니라 디지털 데이터로서 음악을 인터넷상에서 구입하는 방법이 보급되었고, 또 근년에는 음악 데이터를 자신이 소유하는 것이 아니라 정액제로 음악 스트리밍 전송 서비스를 이용하는 움직임도 가속화되고 있다. 음악업계는 앞으로 어떤 방향으로 나아갈까? 본장에서는 이들 문제를 고찰해 본다.

1. 음악 비즈니스의 기본 구조와 특징

일본의 녹음 시장(CD 등 오디오 레코드와 음악비디오, 음악 전송, 스트리밍의 합계) 규모는 3,048억 엔(2018)(일본레코드협회, 2019a)이다. 2018년 전 세계의 해당 분야 매출은 대략 191억 달라(IFPI, 2019)이다. 가장 큰 시장은 미국이며 일본은 제2의 시장을 형성하고 있다.([표 9-1] 2014년 수치 및 [표 9-2] 2018년 수치) 그 다음은 독일, 영국, 프랑스 등 유럽 제국과 한국, 중국이 뒤를 잇는다. 21세기 들어서서 세계적으로 CD 판매는 해마다 감소하여, 일본에서는 1999년에는 음악소프트 매상이 5,696억 엔이나 되었지만, 이후에는 거의 해마다 줄어들었다.([그림 9-1]) 물론 유료음악 전송이라 불리는, 인터넷이나 모바일상의 음악

[표 9-1] 세계 각국의 음악 매출(2014년)

국명		도매가격 베이스 US달러 (백만)	수입 점유율(%)		
			패키지 매출	유료음악 전송 매출	기타
1	미국	4898.3	26	71	4
2	일본	2627.9	78	17	4
3	독일	1404.8	70	22	8
4	영국	1334.6	41	45	14
5	프랑스	842.8	27	27	16
6	호주	376.1	56	56	11
7	캐나다	342.5	53	53	8
8	한국	265.8	58	58	4
9	브라질	246.5	37	37	22
10	이탈리아	235.2	33	33	16
세계 합계		14,966	46	46	

출전: 일본레코드협회(2015). 원자료는 IFPI 조사.

[표 9-2] 세계 각국의 음악 매출(2018년) 탑 10개국

순위	국명
1	미국
2	일본
3	영국
4	독일
5	프랑스
6	한국
7	중국
8	호주
9	캐나다
10	브라질

주: 각국 매출의 숫자나 전 세계에서 차지하는 비율은 출전 자료로부터는 알 수가 없다.

출전: IFPI(2019).

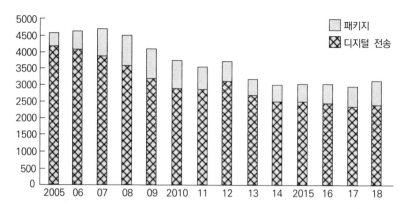

【그림 9-1】 일본 국내 음악 소프트 생산 및 유료음악전송 금액 추이
(억 엔, 2005년~2018년)

비고: 음악 비디오는 2002년부터 통계 개시.
출전: 일본레코드협회(2019a, 2015)에서 필자가 작성.

구입, 스트리밍 전송의 매출(회비 및 광고 수입)은 조금씩 증가하여, 2009년에는 910억 엔까지 되었지만, 그 후 착신음 구입이 줄어서 현재는 합계 645억 엔(2018)이 되었다.

사실 그러한 점에서, 일본은 세계의 동향에서 보면 상당히 특이하다. 세계적으로는 스트리밍 전송 점유율이 음악시장에서 급속도로 신장되었고, CD 매출이 1999년에는 252억 달러였지만, 2017년에는 불과 47억 달러가 되어 버렸다. 그 대신 음악 데이터를 온라인으로 구입하는 형태와 스트리밍 전송이 증가하여 이 둘을 합치면 CD 매출을 초과한 112억 달러가 된다.(2018년 IFPI, 2019) 세계의 평균상황(2018년, IFPI, 2019)을 보면, CD 등의 매출은 25%, 디지털 전송이 12%, 스트리밍(유료 및 광고에 의한 무료물 포함)이 47%, 즉 이미 절반 가까이가 Spotify, Apple Musisc 등 정액제 오디오 스트리밍에 의한다.(기타 연주권 수입이 14%, 싱크로 수입=CM 등의 이용료가 2%) 일본은 음악시장의 70% 이상이

CD 등 패키지 매출이기 때문에, 음악시장으로서는 미국이 일본의 2배라고 자랑을 하지만 CD 등 매출 단체(單體)를 비교하면 미국을 능가한다. 그렇기 때문에 CD만의 패키지 음악 미디어 매출의 세계 1위는 일본이며, 그 점유율은 38%로 2위인 미국의 17%를 멀리 따돌리고 있다.(2017년, IFPI, 2018) 의외로 온라인 대국인 한국에서도 30% 이상이 CD패키지인데, 인도의 경우는 70% 가까이가 스트리밍이다. 신흥국이나 개발도상국일수록(아시아에서는 인도네시아, 필리핀, 태국 등, 남미에서는 볼리비아, 에쿠아도르 등) 매출은 거의 디지털 전송과 스트리밍 전송에 의한다.(이러한 나라에서는 불법 CD가 나돌고 있으며, 정규 매출이 이루어지지 않는다는 사정도 있을지 모른다)

일본이 그와 같은 CD 중심의 패턴을 지속시키고 있는 배경에는 아이돌 그룹 문화가 있음은 물론이다. 2005년부터 '만나러 가는 아이돌'로서 도쿄(東京), 아키하바라(秋葉原) 극장에서 콘서트를 개최하여 팬을 늘려온 AKB48(2005~)은 2010년까지 국민적 아이돌로서 확고한 위치를 구축했다. 실제 멤버는 바뀌지만, 그룹으로서는 일관하고 있다. 팬들은 CD에 들어있는 악수권, '총선거권' 티켓을 가지고 싶어서 같은 CD를 복수 구입한다. 혹은 CD의 자켓 사진이 다르기 때문에 그것도 마니아로서 복수 구입하여 보존용, 듣는 용 등으로 나누어 컬렉션을 하게 된다. AKB48을 '발명'한 아키모토 야스시(秋元康) 프로듀서는 레코드산업으로서는 그야말로 구세주였다고 할 수 있다.

마찬가지로 아이돌 그룹으로서 몇 년 동안이나 인기를 끌어온 것은 자니즈 사무소에 소속된 남성 아이돌 그룹이다. 예를 들어 SMAP(1988~2016년)는 2016년 해산될 때까지 부동의 인기를 자랑하였고 그들의 악곡 〈세상에 하나뿐인 꽃(世界に一つだけの花)〉은 저작권 사용료가 그

해 최고로 많았다(방송에서 사용되고 노래방에서 선곡되는 등의 요인에 의한
다)고 해서 JASRAC금상(제1위)을 2004년, 2005년 연속 수상했다. SMAP
를 잇는 아이돌 그룹 아라시(嵐, 1999~2020)도 2020년 해산(정확히는
활동 휴지)하였으나, 2010년대는 AKB48와 아라시의 악곡이 오리콘차
트 탑 10을 차지했다. 자니즈 사무소에서는 소속 그룹의 앨범을 에이벡
스 외 다양한 레벨에서 내놓고 있지만, 디지털 전송에는 원래 소극적이
었다. 그렇기 때문에 Apple Music, iTunes으로 흡수되지 않고, 자니즈
계 아이돌 팬은 여전히 CD를 사게 된다.

　또한 결과적으로 일본의 음악 분야는 압도적으로 일본 내 아티스트
의 중심이며, 레코드 매출의 80% 전후는 매년 '일본음악'이 차지하고
있고, 글로벌하게 인기가 있는 '양악'은 마이너한 존재이다. 할리우드
영화와는 달리 음악에 대해서는 어느 나라나 로컬한 아티스트에 의한
히트가 상위에 오르는 경향이 있다고 해도, 일본은 극단적으로 국내
지향이 강한 편이라고 할 수 있다. 1980년대 정도까지는 양악이 더
인기가 있었지만, J-pop 융성 이후에는 리스너가 점점 더 일본 아티
스트 지향이 되고 일본의 아티스트가 해외에서의 경쟁력도 거의 없기
때문에, 일본 국내에는 거의 완결된 마켓이 형성되어 있다.

　생연주가 아니라 녹음된 음악 작품을 파는 음악산업(이하 레코드산업
이라 부른다)의 기본적 틀은 본서에서 언급한 창조의 가치 연쇄에 대입
해 보면, 창조→상품화→유통→구입, 소비라는 흐름으로 파악할 수
있다. 창조활동으로서는 악곡의 작사, 작곡과 관련되는 사람들이 있
고, 그것을 아티스트가 연주한다는 프로세스가 있다. 실제로는 작사,
작곡, 연주의 모든 것을 아티스트가 하는 경우도 많지만, 여기에서는
개념적으로 나누어 사용한다. 그리고 녹음한 음악을 '원반(原盤)'으로

데이터화하는 작업을 레코드 회사가 하고 그 원반을 레코드 회사가 프레스 공장에서 복제하여 CD 등의 제품으로 전국에 판매한다. 혹은 데이터인 채로 디지털 플랫폼(애플의 iTunes, Spotify, Apple Music 등)에 제공한다. 이는 상품화와 유통활동이다. 그리고 소비자에게 판매되는 것으로 이는 소매 혹은 소비자 측에서 보면 소비활동에 해당한다. 유통에서 소비에 이르는 단계에서는 실은 몇 가지 바리에이션 즉 상품화된 음악의 다양한 2차 이용법이 있다. 예를 들면 악곡을 CD로 고정한 것(및 동영상 정보도 포함한 뮤직비디오)은 라디오나 TV의 방송, CM에, 영화나 드라마의 주제가로서 다양하게 이용된다. 또 근년에는 인터넷을 통해 디지털 전송이라는 형태로 음악을 레코드회사(혹은 아티스트 자신)에서 직접 소비자에게 전하는 시스템도 발전하고 있다는 사실은 앞에서 언급한 바와 같다.

이러한 레코드업계는 아티스트를 중심으로 그 매니지먼트 회사, 레코드 회사, 그리고 음악출판사라는 3자가 얽혀 있다. 이 삼자의 '트라이앵글 체제'(安藤, 2018, p.9)를 결정짓는 것이 음악저작권(법률적으로는 저작권과 저작인접권의 두 가지)이며, 거꾸로 말하면 음악 비즈니스는 음악저작권으로 묶이는 개개의 권리 중에서 구체적으로는 어떤 권리를 근거로 누가 어느 정도를 배분 받는가 하는 것으로 이루어진다.

여기에서 이해를 해야 할 것은 '악곡'의 개념과 그것을 연주하여 고정된 결과의 '원반'이라는 개념의 구별이다. 이하에서 언급하듯이, 이 두 가지에 관해서는 서로 다른 권리관계가 있지만, 각각이 음악이 사용될 때마다(데이터를 전송하거나 기업의 TVCM에 악곡을 사용하거나 새 CD를 렌탈샵에서 빌리거나 하는 행위), 그 사용을 허락하는 대신 지불을 받는 구조로 되어 있다. 악곡에 대해서는 작사자, 작곡자가 기본적,

원시적 권리자이며, 원반에 대해서는 통상은 그 녹음에 대해 비용 부담을 한 자가 레코드 제작자라는 권리자가 된다. 악곡 녹음에 있어 가창, 연주를 한 자들(이하 연주가, 전문적으로는 실연가라고 한다)은, 녹음권, 녹화권이라는 저작권법상의 권리를 갖는데, 그것을 양도받은 레코드회사가 '원반'을 CD라는 상품으로 만들어 파는 것이며 연주가에 대해서는 매출의 일부를 배분한다.

이렇게 위에서 언급한 3자 중에서 '음악출판사'란 일반적으로 익숙하지 않지만, 간단히 말하자면, 작사자, 작곡자의 위탁을 받아 악곡의 프로모션과 저작권 관리를 하는 회사를 말한다. 악곡을 녹음한 CD가 팔리거나 그 악곡이 TV드라마의 주제가가 되는 등의 형태로 사용되거나 하면 악곡의 사용허락과 관련된 저작권 수입이 이 회사에 들어오고 그것이 원래의 작자인 작사자, 작곡자에게 배분되게 된다. 한편 레코드회사란 녹음된 악곡(원반)을 CD로 상품화, 제품화하여 판매하는 회사를 말한다. 예를 들면 유니버설 뮤직, 에이벡스 마케팅 등 우리에게 익숙한 이름의 회사가 있다. 연주된 악곡을 고정한 원반이 예를 들면 CM에서 사용될 때는 그 원반에 관한 권리를 갖는 '레코드 제작자'(레코드회사인 경우가 많지만, 그에 한정되지 않는다)와 원래의 악곡의 권리를 갖는 음악출판사에 대해 사용료가 지불되게 된다. 따라서 음악출판사, 레코드회사, 그리고 작사가, 작곡가, 연주가들은 CD가 팔리면 팔릴수록 또 렌탈이 되거나 방송에 사용되는 등 이용이 많으면 많을수록 더 많은 음악저작권 수입을 얻을 수가 있다.

이런 시스템에서는 원반을 관리하는 레코드 제작자가 우선 '레코드 탄생의 아버지'이고, 다음으로 레코드회사가, 원반을 복제, 상품화하여 유통시키기 위한 조직이라고 볼 수도 있다. 이것이 비즈니스로 성립되는 것은 악곡의 저작자에게 자신의 악곡을 마음대로 사용하여 녹음하거나 음악을 판매해서는 안 된다고 금지할 권리가 저작권법상 있기 때문이며, 또한 레코드 제작자에게도 타인이 마음대로 원반을 복제하여 CD를 팔아서는 안 된다고 저작권법상 금지할 수 있는 권리가 있기 때문이다.

한편 악곡에 관한 저작권은 작사자, 작곡자에게 있으며, 그 관리는 음악 출판사에 위탁되는 것이 보통이지만, 음악출판사의 몫, 즉 악곡의 저작권 수입도 가지고 싶은 레코드 회사는 음악출판사를 직접 만들어 버린다. 혹은 아티스트 자신이 그것을 만들어 자신의 수입을 확보하고자 하는 경우가 있어 서로 알력이 있다. 어떤 악곡의 음악출판사가 되는데 뭔가 조건이 필요한 것은 아니며, 아티스트와의 친분이나 그때그때의 교섭 과정에서의 역학 관계에 따라 다르다.

음악출판사에는 가장 오소독스한 것으로서 레코드회사 계열이 많지만, 일본의 경우 그 외에 방송국 계열도 많다. TV드라마의 주제가로 사용됨으로써 그 나름대로 히트를 전망할 수 있겠지만, 반대로 처음부터 TV드라마를 대상으로 악곡을 쓰는 경우도 적지 않다. 그 경우 TV방송국 측에서 음악 히트를 통해 생기는 이익도 받기 위해서는 직접 음악출판사를 끼고 있는 것이 합리적인 것이다. 물론 그 악곡은 TV방송국 계통의 음악출판사에 주고, 같은 앨범의 다른 곡은 레코드 회사 계통으로 하는 경우도 있다. 혹은 특히 아티스트 자신이 작사, 작곡을 하는 경우에는 아티스트의 매니지먼트 회사가 음악출판사의 역할을 겸하는 경우도 있다. 이로써 매니지먼트 회사는 저작권 수입을 얻게 되고, 담당하는 아티스트의 악곡을 더 확대시키고자 노력하는 것이다.

한편 레코드 제작자라는 지위의 매력은 원반의 이용이 있었을 때의 저작인접권 수입이다. 원반 제작을 위해서는 스튜디오를 빌리고 어렌 저에게 편곡을 의뢰하고 스튜디오 뮤지션과 엔지니어를 고용하기 때문에, 그 나름의 비용이 발생한다. 업계의 관행으로는 그 비용을 부담하는 자가 원반권과 속칭 권리를 갖는 '레코드 제작자'가 된다. 녹음을 하는 것은 레코드 회사의 일 그 자체이므로 레코드 제작자란 레코드회사를 의미할 것이라고 생각하겠지만, 꼭 그렇지만도 않다. 레코드회사가 그러한 비용을 들여도 팔릴지 어떨지 알 수가 없다는 리스크를 부담하고 싶지 않은 경우, 혹은 반대로 대히트할 것이 확실한 인기 아티스트의 경우에는 아티스트 소속 사무소에 큰 발언권이 있기 때문에, 그곳에서 투자하고 대여 스튜디오에서 원반을 제작하는 것은 충분히 가능하다. 이렇게 하면, 그 사무소가 '레코드 제작자'의 지위를 얻고 원반의 다양한 이용 허락에 따라 수입을 얻게 된다. 실제로는 리스크 분담을 위해 혹은 관계자의 이익 조정을 위해 다른 이해관계를 갖는 몇 개 회사가 '공동 원반'이라는 형태로 다른 권리관계를 분산시켜 가는 시스템이 오늘날의 주류라 할 수 있다. 물론, 가령 레코드회사 이외의 자가 원반을 제작했다고 해도 그것을 상품으로써 유통망에 올리고 선전을 하고 팔기 위해서는 역시 레코드회사의 힘에 의지하는 것이 편하기 때문에, 원반권을 소유하는 자는 원반의 복제권을 레코드회사에 양도하는 것이 일반적이다.

요컨대 악곡이 낳는 수입을 얻고자 음악출판사를 만들거나 레코드 제작자가 되려고 하는 강한 인센티브는 누구에게나 있겠지만, 코스트와 리스크의 균형으로 경우에 따라서는 트라이앵글 속에서 자신의 위치를 결정해 가게 된다.(安藤, 2018)

이상 원반권을 갖는 레코드회사 등에 주목해 왔는데, 악곡의 저작권을 갖는 작곡가, 작사가에게는 악곡을 이용할 때마다 그 사용료가 들어온다. 본장의 앞부분에서 언급했듯이, 음악의 이용은 다기에 걸쳐 있기 때문에 일일이 이용자와 교섭하여 요금을 징수하는 것은 현실적이지 않다. 그래서 중간에 저작권 관리 단체라는 것이 나타난다. 예를 들면 어떤 음악CD를 TV나 라디오에서 방송을 할 경우에는 일본에서는 사단법인 일본음악저작권협회(이하 JASRAC)라는 저작권 관리 단체에 대해 그 사실을 신고하고 규정의 사용료를 지불할 필요가 있다. 그 경우 저작권 사용료는 JASRAC가 저작권을 가진 음악 출판사에게 지불한다. 개개의 작가는 자신의 작품을 직접 프로모트하기 힘들기 때문에 음악출판사와 계약을 맺고 그 대행을 위탁하는 것이 통상이다. 그래서 계약에 따라 음악출판사는 JASRAC로부터 받은 저작권 사용료를 작가와의 사이에서 분배한다.

또한 노래방이나 파친코에서 이용되는 경우에는 원반은 사용하지 않는 경우가 대부분이기 때문에, 레코드회사나 악곡을 연주, 가창만 한 아티스트에게 수입은 들어오지 않는다. 그러나 악곡은 이용되기 때문에 저작권자(통상은 작사가, 작곡가)에게는 저작권사용료가 지불된다. 이는 얼마 안 되는 것 같지만, 실은 상당한 금액이 되는 경우도 많으며, 저작권은 저작자의 생존 중 및 사후 70년(종래는 50년이었지만 2018년 법 개정에 의해 연장되었다) 동안 이어진다. 소위 유행가는 그해에 한정된 것인 한편, 크리스마스 시기에 반드시 듣게 되는 곡 같은 것은 저작권자에게는 매년 사용료가 들어오는 등 생명력이 길다. 엔카(演歌)처럼 노래방에서 선호되는 곡도 오랫동안 돈을 벌 수 있다. 또한 대량으로 흘러나오는 CM에 사용되면 그 저작권 사용료도 상당한 액수가 된다. 의외로 곡이 발표된 지 몇십 년 후에 이용되는 경우도 있다.

JASRAC가 저작권 사용료를 배분한 곡 중 탑에 해당하는 수곡(연도별)에 대해 상을 발표하기도 한다. 그것을 보면, 1970년대 핑크레이디가 불러서 유행했던 〈UFO〉(작사 아쿠 유[阿久悠], 작곡 도쿠라 슌이치[都倉俊一])는 통신 대기업의 CM에 사용되어 2018년 3위에 올랐고, 전후 일본의 대중가요곡으로서 히트를 한 〈도쿄부기우기(東京ブギウギ)〉(작사: 스즈키 마사루[鈴木勝], 작곡 핫토리 료이치[服部良一])는 맥주 회사의 CM에 사용되어 2015년 제5위, 2016년 제8위가 되었다. 또한 게임 내 음악도 게임 소프트가 크게 히트하면 저작권료 탑에 올라간다. 마찬가지로 2018년 일본 내 2위는 〈드래곤퀘스트 서곡(ドラゴンクエスト序曲)〉이 되었다.

레코드 회사는 원래 미국이나 영국 등 각국에서 시작되어 독립된 회사 기구를 가지고 있지만, 1980년대부터 최근까지는 본서에서 종종 언급했듯이, 미디어, 오락계 복합기업, 거대 미디어 산업의 일부가 되었다. 그러나 2005년 무렵부터 매각이 이루어져서 지금은 '브랜드'로서 이름은 남아있지만, 자본 관계에서는 멀어진 것이 많다. 글로벌한 메이저 기업은 음악에서는 현재 유니버설, 소니, 워너 뮤직 그룹의 3사이다. 영화의 경우처럼 이들 메이저가 시장에서 약 80%를 컨트롤하는 한편 몇 안 되는 독립계 레코드회사가 그 나머지를 차지하고 있다. 물론 같은 레코드회사 중에는 장르에 따라 서로 다른 몇 가지 레벨이 존재하며 각각 다른 브랜드 전략을 취하고 있다.

이런 점에서 음악산업과 영화산업은 비슷하지만, 레코드산업은 영화산업과는 좀 반대 방향의 특징을 몇 가지 가지고 있다. 첫째, 영화는 제작에 다대한 투자가 필요하기 때문에 한정된 타이틀 수를 발표하는 데 대해, 음악산업의 경우에는 초기 투자에는 비교적 얼마 안 들어도 되서 그만큼 연간 발매되는 타이틀 수는 많다. 물론 아티스트에 따라서도 다르지만, 한 명에서 수 명의 아티스트가 모여 스튜디오에서 연주, 가창을 하여 악곡을 녹음하는 것으로 레코드 제작 최초 단계의 창조활동은 끝난다. 스튜디오 렌탈료, 녹음에 필요한 기사의 페이 지불에 나름의 비용이 든다고는 하지만, 영화제작처럼 수백 명의 사람들이 수개월 내지는 수년에 걸쳐 참가하는 프로젝트에 필요한 비용과 비교하면 미미한 것이다. 또한 근년 기술발달에 의해 녹음에 드는 비용은 훨씬 싸졌다. 시각을 달리하면 적어도 창조활동 단계를 보는 한, 음악산업에 대한 진입 장벽은 낮다는 것이다.

두 번째 특징은 음악 데이터 쪽이 동영상 데이터(영화작품)보다 데이터량이 압도적으로 적다는 점이다. 영화의 경우 작품의 페이 퍼 뷰[23], 온라인 전송, 비행기 내에서의 상영 등 다양한 상영 형태를 가지게 되었지만, 기본적으로는 한 편의 작품을 처음부터 끝까지 보는 방식으로 소비된다. 이에 대해 음악에는 싱글과 앨범이라는 두 종류의 판매 방식이 있고, CM, TV, 영화 등에 사용될 때는 한 곡을 끝까지 듣는다기보다는 그 일부를 떼어서 백그라운드에 흘려보내는 것이 통상이다. 즉 이용, 소비 형태가 다양한 것이다. 또한 DVD나 다운로드한 영화작품을 가지고 돌아다니며 자기 편할 때 그것을 본다고 하는 시청방법도 있을 수는 있지만, 음악처럼 뭔가를 하면서 자투리 시간에 즐기는 일은 거의 없다. 영화와는 다른 방식으로 소비되는 것이다.

셋째로, 특히 음악을 제작, 유통, 소비하는데 필요한 기술혁신에는

---

23 [역주] 페이 퍼 뷰(pay per view)란 케이블 TV 가입자가 보고 싶은 낱개의 프로그램을 선택하여 시청한 뒤 여기에 해당하는 금액만 지불하는 방식.

현저한 것이 있어서, 기술이야말로 사회에서 음악의 의미, 음악과 소비자의 관계에 영향을 주고 음악산업의 효율적인 비즈니스 모델을 결정해 왔다고 하는 특징을 들 수 있다. 영화에서도 촬영이나 상영에 관한 디지털화는 진행되고 있고, 통신, 방송이라는 영화작품을 전송하는 미디어가 하루하루 변화하고 있다는 사실은 큰 의미를 지닌다. 그러나 레코드산업에서는 그야말로 기술변화가 바로 그 양상을 결정해 왔다는 점에서 임팩트로서는 큰 차이가 있다. 이에 대해서는 다음 절에서 상세히 논한다.

2. 음악과 기술혁신

음악을 둘러싼 기술의 변화와 그것이 음악의 의미를 어떻게 변화시켜 왔는가에 대해서는 마스다(增田)·다니구치(谷口, 2005)의 흥미로운 고찰이 있다. 그들에 의하면, 음악의 역사는 길지만 근대 이전에는 레코드는커녕 악보조차 거의 존재하지 않았으며 늘 생연주를 전달수단으로 삼고 있었다. 그것이 악보에 기록이 되면서 '작품'이라는 개념이 성립되었다. 이는 출판이라는 형태로 시장에 널리 나돌게 되었고, 그것을 계기로 연주는 악보를 충실하게 재현하는 것이라는 것으로 위치가 변화되었다고 한다. 또한 19세기 유럽에 부르주아 민주주의, 자본주의가 성립되는 가운데, 연주자의 프로화, 연주회의 상업화가 이루어지면서, 연주를 하는 전문가와 그것을 수용하는 청중이라는 구분이 명확해졌다.

다음으로 큰 변화는 연주를 보존, 재생하는 기술인 축음기, 그리고 레코드가 생긴 것을 들 수 있다. 우선, SP레코드, 그리고 1940년대에는 보다 길게 녹음할 수 있는 LP레코드 기술이 개발되었고, 더 나아가 1980년대에는 CD(콤팩트디스크)가 등장하는 등 음악의 녹음, 패키지화 기술은 진화를 이루어 왔다. 또한 20세기 전반에는 라디오 방송이 각 국에서 시작되어 음악을 전달하는 매체로서 중요한 의미를 지니게 되었고, 제2차세계대전 이후에는 카세트테이프 레코더의 보급에 의해 사람들이 가볍게 가정에서 방송이나 다른 녹음 매체로부터 복사판을 만들 수 있게 되었다. 이러한 변화는 청중에게 녹음된 음악, 생연주 음악, 더 나아가서 악보로서의 작품은 서로 다른 것이라는 인식을 심어 주었고, 그것들이 병존하는 형태가 정착되었다. 물론 클래식 음악의 경우는 생연주를 기반으로 하고 있으며, 악보에 기입된 것을 '작품'이 라고 하지만, 대중음악에서는 녹음된 것이 너무나 친근하여 가볍게 소비할 수 있는 만큼, 그것이 '작품'이라는 지위를 얻었다. 그리고 생연 주, 라이브 콘서트는 '레코드의 복사'를 보러 가는 체험의 장이라는 의미를 지니게 되었다. 즉 음악의 의미는 원래 생연주 중심의 양상과도 악보중심주의와도 역전되게 되었다고 할 수 있다. 작곡→기보→연주 라는 과정에 더해 연주→녹음→재생이라는 과정도 부가되게 되었다.

마스다·다니구치에 의하면 이들 각 단계에서 그 나름의 '독자성', '창조성'의 인풋이 있지만, 특히 작곡→악보 작성이라는 과정에만 독 자적인 창작활동의 지고성(至高性)이 인정되고 거기에 저작권이 부여 되고 있는 것은 저작권법이 19세기 가치관을 바탕으로 하고 있다는 사실을 상징한다고 주장한다. 한편, 악보→연주라는 부분에 대해서 는 어디까지나 그 창작 활동의 연장으로서, 연주자에 대해 '저작인접 권'이라는 저작권보다는 약한 권리가 부여되는데 그치고 있다.

또한 근년의 중요한 혁신으로, 음악을 창조하는 과정의 디지털화와 기기의 발달이 있었다. 특히 샘플링이라는 수법으로 우선 기존의 악곡을 집어넣고 그 일부를 떼어서 베이스로 하면서 거기에 독자적인 음을 겹치거나 혹은 떼 낸 것을 조합함으로써 새로운 음악을 만드는 수법이다. 클럽 뮤직, 댄스 뮤직은 DJ가 클럽에 있는 청중과의 커뮤니케이션 속에서 매회 소위 '라이브'로 새로운 음악을 만든다는 점에서, 종래 음악의 양상과는 다르다. 그러면 DJ는 다른 사람의 창작물을 단순히 떼었다 붙였다 할 뿐으로, 거기에는 아무런 창작성도 없는 것인가 하면, 마스다·다니구치는 그렇게 생각하지 않는다. '작품'으로서의 저작물을 저작자, 저작권자의 허락 없이 재이용하는 행위는 확실히 저작권법상으로는 불법 행위에 해당할지도 모른다. 그러나 19세기에 발전하고 구축된 현행 저작권법에서 음악을 악보를 베이스로 한 '작품'으로 파악하는 것은 애초에 오늘날 음악의 상황과는 맞지 않는 것이 아닌가 한다. 즉 그러한 음악관은 현대의 클럽문화에서의 음악의 소비, 수용의 방법, 혹은 현대의 디지털 음악문화의 양상 및 가능성과 맞지 않게 되었다고 할 수 있다. '하쓰네 미쿠(初音ミク)'[24]의 보컬 소프트웨어에 의한 현상이 하나의 전형적인 예인데, 상업적으로 분포된 기본 멜로디를 베이스로 개개의 소비자가 독자적으로 노래를 만들고 그것을 인터넷상에 공개하거나 다른 사람이 만든 노래를 가공하거나 하는 활동이 활발해졌다. 이렇게 되자 이들 곡이 '누구의 작품'인가 하는 문제가 일어났다.

---

24 [역주] 크립톤 퓨처 미디어가 2007년 8월 31일 발매한 야마하의 음성 합성 보컬로이드 소프트웨어이자 이미지 캐릭터로 캐릭터 보컬 시리즈의 제1탄이다.

이렇게 음악산업을 둘러싸고는 우선 악보를 작성하는 기보법, 인쇄기술의 발명, 녹음 기술의 발명, 라디오 방송 개시, 가정용 녹음기기 및 미디어의 발달, 디지털판의 급속한 발달, 샘플링 기기나 전자음악 기기 발달 등 몇 가지 전환기적 기술혁신이 있었다. 이를 통해 음악의 본질인 '작품'의 의미나 음악과 사람들과의 관계에는 많은 변화가 있었고, 오늘날에는 '작자'라고 하는 개념(저작권법상 저작자의 개념은 가장 중요하다)조차 흔들리게 되었다.

음악업계는 이들 신규기술에 대해 기본적으로는 소극적인 태도를 취했다. 지금은 음악업계라고 하면 레코드사라고 생각하기 쉽지만, 보다 넓게 음악 비즈니스에 종사하는 사람들이라는 의미로 말하자면 녹음 기술이 생기거나 라디오가 생김으로써 연주자들은 일자리를 빼앗길 것이라고 생각하여 그에 대한 반대운동을 했다고 한다. 그 결과 생긴 말이 생연주로 이는 '라이브=살아있다'는 의미로 사용되며, 암암리에 녹음물을 '죽은 음악'이라고 표현하는 것이다. 그리고 녹음음악 산업이 곧 '음악산업'이라고 여겨질 정도의 규모가 되자, 이번에는 가정용 녹음기기가 그 이익을 침식한다고 적대시하였다. 실제로는 음질이 나쁘고 또 사용에 따라 질이 떨어지기는 하지만, 음악 카세트테이프는 음악을 소위 시청하거나 친구들과 공유하는 것을 통해 서로 음악에 대한 관심을 높이는 역할을 하여 음악산업 발전에 이바지하는 점도 있었다. 그러나 가정용 녹음기기가 레코드 매출에 마이너스 영향을 끼치고 있다고 생각하는 업계는, 각 개인에게 음악사용료를 징수하는 것의 비현실성을 감안하여 녹음기기와 녹음매체에 그 비용을 어느 정도 추가한 요금으로 판매하고 있으며, 그 추가분을 기기, 매체 메이커에게서 징수하는 방식을 저작권법상 인정받고자 하는 전략을 취했다.

(사적녹음녹화보상금제도라 한다) 실제로 일본에서는 '사적인' 복제는 저작권법상 인정되고 있는데, 그것은 영세한 복제행위를 사적 영역의 자유로 보장한다는 의미도 있지만, 그 대신 과금을 할 기회를 잃는 권리자에 대해서는 어느 정도 보상을 한다는 의미에서 존재하는 제도이다. 이 제도를 바탕으로 사적녹음에 이용되는 기기(예를 들어 MD, CD) 메이커는 매출의 일부를 지정관리단체에 납부하고, 지정관리단체는 그것을 권리자에게 배분해 왔다. 그러나 PC, 스마트폰 등 사적 녹음 이외의 용도가 넓은 범용 기기나 기록매체는 대상이 되지 않아 이 제도를 재고해야 한다는 논의가 오랫동안 이어졌다.

더 큰 임펙트를 지닌 기술문화로서 주목해야 할 것은 '유통'과 '소비'의 장에서의 변용이다. 구체적으로는 음악 데이터의 디지털화와 디지털음악을 보존, 재생하는 소프트웨어, 하드 기기의 다변화와 발달이다. MP3라는, 음악 데이터로서는 필요최소한에 머물렀던 기록 방식이 발명됨으로써, 음악을 용량이 작은 데이터로 정리하여 그것을 개인들 사이에서 다양한 디지털 기기를 이용해 교환하는 것이 쉬워졌다. 그 이전에는 카세트테이프에 녹음을 해서 그것을 상대에게 전달했지만, 이제는 파이널 교환 소프트의 발명에 의해, PC 조작 하나로 간단하고 간편하게 게다가 불특정다수를 상대로 자신의 음악 데이터를 제공할 수 있게 되었다. 2000년대 초 애플사에 의한 휴대음악 플레이어 iPod의 발매와, PC상에서 직접 집어넣은 CD를 관리하고 iPod에 동기(同期)하는 소프트웨어 iTunes의 개시(그리고 동 사이트 내에서 직접 악곡을 한 곡 단위로 구입할 수 있도록 한 것)는 음악을 즐기는 방법을 획기적으로 향상시켰다. 레코드산업으로서는 음악업계 외부로부터의 파괴적 행위로 받아들여질지 모르는 상황이었다. 그러나 우연히 글로벌한 메이저 각 사가 시작한 악곡의 다운로드 서비스가 분산되어 있어서 모두 고전하고 있던 참에, 당시 PC시장에서 압도적이었던 윈도에 밀리고 있던 애플사의 스티브 잡스는 이야기를 잘하여 대부분의 메이저 레벨 회사로부터 악곡을 제공받는 데 성공함으로써, 결과적으로 해당 업계의 기술을 한층 더 향상시키게 되었다.(今野, 2012, pp.47~48)

그러나 미국에서 최초로 냅스터라는 파일 교환 소프트가 나왔을 때는, 미국의 레코드 업계에 격진이 일었고 그에 따라 소비자들이 무료로 음악 데이터를 손에 넣어 자신들의 저작권이 대대적으로 침해를 받는다고 하여 재판으로까지 번졌다. 결국 냅스터 자체는 망했지만 이어서 KaZaa, Grokster 혹은 일본에서는 Winny 등, 같은 기능을 가진 소프트웨어가 개발되었다. 각 소프트의 테크니컬 구조가 다소 다르기 때문에 저작권을 둘러싼 일련의 재판에서는 그때마다 다른 논지전개가 있었지만, 본질은 새로운 기술에 대한 업계의 반격이었다.

물론 음악업계로서는 예를 들면 PC, 스마트폰 등의 전자기기에 대한 과금을 법제화하도록 압력을 가하는 것도 가능했지만, 그것들은 음악의 불법 복제 이외의 목적에 사용되는 빈도가 매우 높아서 그 주장은 인정되기 힘들다. 소프트파일 교환 소프트웨어의 박멸을 향한 소송이 반복되어 현재는 업계가 승리했지만, 앞으로 더 다른 기술이 생겼을 때 어떻게 될지는 알 수 없다.

2000년대에 들어서서는 인터넷상 동영상 투고 사이트의 발달이 음악업계를 괴롭혀 왔다. 그 가장 큰 업체인 YouTube에 이용자들이 마음대로 투고한 음악비디오가 수없이 많이 나돌고 있고, 그런 투고 비디오의 삭제를 요구한다고 하는 대책을 취한다고 해도, 다람쥐 챗바퀴 돌 듯 같은 일이 반복되고 있는 상황에 속을 끓이던 레코드 회사는 결국 YouTube에 직접 공식 채널을 개설하고 거기에서 광고비를 버는 방향으로 전환할 수밖에 없었다. 무료 전송 음악 비디오는 탑 레벨의 아티스트의 경우는 라이브 콘서트로의 유인이라는 역할을 한다. 원래 프로모션 비디오도 라이브 콘서트도 CD의 판매촉진을 위해서 하는 것이지만, 지금은 적어도 일부 아티스트에게는 역전이 되고 있다.

물론 YouTube상에서 비디오에 의한 광고 수입은 일부 아티스트로서는 매우 거금이 된다. 예를 들면 2016년에 유행한 피코타로(ピコ太郎)의 〈PPAP〉나 PSY의 〈강남스타일〉(2012) 등, 전 세계에서 수억 회 재생이 되어 두 아티스트 모두 억 엔 단위의 수입을 얻었다고 할 정도이다. 또한 그 후의 다른 활동으로 이어지는 의의도 있어, YouTube에서의 재생회수는 아티스트에게는 매우 중요해졌다.

다음에 일어난 큰 기술 변혁은 모바일 통신의 고도화, 모바일 기기의 진화이다. 특히 일본에서는 스마트폰이 보급되기 전, 휴대전화 피처폰에서 착신 멜로디라는, 전화의 착신음을 좋아하는 악곡의 일부 멜로디('착신 노래'라고 함. 곡이 아티스트의 가창을 포함한 모든 것이라고 하면 '착신 노래 풀'이라고 함)로 듣는 방법이 인기를 끈 시기가 있었다. 착신 노래의 경우에는, 악곡의 저작권자에게는 사용료가 들어가지만, 원반권을 가진 레코드회사에는 아무런 이익도 없기 때문에 착신 노래 풀로 진화한 것은 레코드회사로서는 유리한 것이었다.

그러나 스마트폰이 발달, 보급되고 나서는 착신 멜로디로 악곡을 즐기기 위한 설정에 품이 드는 경우도 있어 이것을 이용하는 사람은 격감했다. 한편 인터넷 환경이 정비되고 YouTube 기타 수단으로 악곡을 풀로 마음대로 즐기게 되었다. 실제로 일본 레코드협회의 조사에 의하면, 사람들이 음악을 듣는 가장 많은 방법은 YouTube를 통해서라고 한다.(65.9%, 2018년, 일본레코드협회, 2019b) 라디오나 TV를 통해 듣거나 아니면 렌탈한 CD로 듣는다는 종래의 수단을 훨씬 웃돌고 있는 것이다.

그리고 2010년대 후반이 되어 급속하게 확대되고 있는 것이 음악의 정액제 전송 서비스이다. 글로벌하게는 2008년에 스웨덴에서 탄생한 Spotify가 가장 유명하며, 광고가 들어오는 것을 허용하면 계속해서 무료로 사용할 수 있다. 2018년 1월 현재 4,000만 곡 이상을 가지고 세계 78개의 시장에 진출했다고 한다. 월간 평균 2억 명 정도의 활동 유저가 있고, 유료 회원은 전 세계에 8,700만 명에 이른다. 그 외에도 일본에서는 AWA, line Music, Apple Music, Amazon Music Unlimited 등이 있다. 이미 언급했듯이, 해외에서는 이러한 서비스를 이용하는 것이 상당히 주류가 되어 있다. 이는 예를 들면 월액 980엔(해외에서는 월액 10달러, 10유로 등이 많다)의 요금을 지불하고 그 서비스가 제공하는 몇 천 만 곡을 마음대로 들을 수 있는 것이다. 결과적으로 음악에 대한 연간 지출은 1인당 1만 2,000엔 정도 되는 셈으로 연간 1, 2장밖에 CD를 사지 않는 사람들을 기준으로 보면 훨씬 많은 금액을 지불하게 되는 것이다. 다운로드도 가능하여 오프라인으로 그 곡들을 즐길 수 있다는 점에서는 편리하지만, 서비스를 그만두면 모든 곡에 대한 접근권을 잃게 된다. 서비스 측의 음악 큐레이터가 제공하는 '플레이 리스트'를 듣거나 테마별로 정리된 곡을 듣거나 하는 식의 방법은 종래의 라디오와 같지만, 자꾸 사용하면 서비스하는 측이 유저의 취향을 이해하고 그에 맞는 곡을 추천해주게 된다는 점이 유저로서는 가치 있는 서비스라고 인식된다. 또한 플레이 리스트를 만들어 공개하여 팬들끼리 공유하는 소셜한 즐거움도 있어서 인기에 더 불이 붙게 되었다. 물론 일본에서는 일부 레이블이나 아티스트가 악곡을 제공하지 않기 때문에 젊은 층을 중심으로 이용 의향은 강하지만 아직 보급률이 낮다.

정액음악전송에 의해 레코드 음악산업(CD 및 온라인상의 악곡, 앨범의 판매)이 얼마나 잠식당했는가 하는 점에 대해서는, 소비자의 음악 관련 지출액을 조사해 보니 무료서비스 부분에 대해서는 확실히 소비자의 음악 소비에 따른 지출을 줄인 효과가 있지만, 유료 회비 지출은 많아서 토탈면에서는 음악에 대한 지출 합계는 늘었다는 연구가 있다.(Wiömert and Pspies, 2016) 실제로 세계의 녹음 음악시장은 2010년부터 스트리밍 전송 수입이 증가한 덕분에 전체적으로 매년 성장을 계속하고 있다.(IFPI, 2019)

이상과 같이 음악에 관한 기술과 유통 시스템이 변화함으로써 개개의 아티스트에 대한 이익에는 어떤 변화가 있었을까? 그리고 음악의 내용에는 어떤 영향이 있었을까? 이런 문제는 가장 신경이 쓰이는 부분이다. 우선 개개의 아티스트에 대한 이익 환원에 대해서는 특히 Spotify를 둘러싸고 받는 금액이 너무 적다고 불만이 속출하는 시기가 있었고, 테일러 스위프트(Taylor Alison Swift, 1989.12.13~) 등과 같은 아티스트는 자신의 곡을 일단 빼겠다고 소동을 벌인 일도 있었다. 예를 들면 100만 회 재생해서 받은 금액이 겨우 167달러였다. iTunes에서 곡이 100만 회 다운로드되었을 경우와 비교해서 너무나 적다고 하는 아티스트로부터의 항의가 속출했다. 한번 재생하는데 고정된 금액을 지불하는 것은 아니며 Spotify가 얻은 회비 합계 및 광고 수입에서 자신들의 경비와 이익을 빼고 나머지 금액을 재생회수의 비율에 따라 배분하는 시스템이기 때문에 유료회원이 많으면 자연히 그 지불도 많아지겠지만 한동안은 적었던 것이다. 이러한 '배분'제는 일부 스타 아티스트들에게는 문제가 없지만, 틈새 팬을 가지고 있는 아티스트로서는 iTunes로부터는 다운로드 회수에 따라 지불을 받지만, Spotify로부터는 거의 받을 수가 없게 되는 결과가 된다. 따라서 아티스트 사이에서 경제적 격차가 커지는 결과를 낳는다.(Marshall, 2015) 실제로 엘버스(2015, 제5장)에 의하면, 디지털화가 진전된 오늘날 음악 세계에서도 일부 메가 히트 콘텐츠에 대한 집중도는 한층 더 고조되고 있다고 한다. 원래 스트리밍 전송 이전의 악곡 다운로드(DL) 판매에 대해서도 엘버스가 닐센(Nielsen) 조사를 바탕으로 검토해 보니(2011년), 스마트폰 보급 이전인 2007년에는 390만 곡의 유료 DL이 있는 가운데, 100만 DL을 넘긴 것은 겨우 36곡이었고, 이들이 판매 총수의 7%를 차지했다고 한다. 그러나 몇 년 후인 2011년에는 100만 DL을 기록한 곡은 102곡(800만 곡의 겨우 0.001%)이고, 이것들이 합계 판매총수(12억 7,100만 회)의 15%에 달했다고 한다. 또한 2011년에는 원래 싱글 트랙의 DL은 800만 곡이었지만, 그중 94%(750만 곡)는 100DL 미만이고, 32%의 곡은 1회밖에 다운로드 되지 않았다고도 한다. 이는 아티스트 자신이 한 것인지도 모른다.

보다 장기적으로는 1974년부터 2013년까지(스트리밍 전송 보급 이전) 매주 갱신되는 빌보드 차트 탑 100(레코드 등의 매출과 방송을 합쳐서 작성)의 곡과 그 아티스트를 조사한 연구에 의하면, 그동안 ①CD라는 디지털 매체, ②MP3라는 보다 콤팩트한 정보기록 양식, ③P2P와 같은 불법적인 것을 포함하는 파일 교환 기술이 등장했는데, 전체 차트의 탑에 등장하는 스타 아티스트의 수는 줄고(같은 아티스트만이 등장한다) 차트에 오르는 곡 수도 줄었다는(같은 곡이 장기간 차트상에 있다는), 즉 집중경향이 더 강화되었다고 하는 것이다.(Ordanini and Nunes, 2016)

음악 제작의 현장에 대한 영향도 물론 있다. CD의 매출이 떨어지고 앨범 제작비도 떨어지는 한편, 다양한 디지털 기술이 음악제작에 채용됨으로써, 스튜디오에서 의견을 주고받는 가운데 새로운 음을 낳는다거나 하는 스타일은 줄고 각자가 PC상에서 만들어서 편집한 것을 자꾸 겹쳐가는 디지털협동형(協働型)으로 변화하고 있는 것이 하나의 커다란 흐름이다.(安藤, 2013) 실제로 음악프로듀서의 역할도 스튜디오 녹음에서 원반을 제작하는 매니지먼트라기보다는 마스터 카피의 리믹스, 편집과 같은 소위 포스트 프로덕션의 과정에서의 역할로 옮겨가고 있다.(Roger and Sparviero, 2011)

요컨대 음악업계는 자신의 밖에 있는 가전업계, 통신업계, IT산업 등의 성장, 기술혁신에 도움을 받기도 하였지만 휘둘리기도 하여 지금까지 다양한 이해 충돌을 경험해 온 것이다. 이들 업계는 전체적으로 음악업계 그 자체보다 더 큰 규모를 자랑하며 그 나름 정부에 대한 영향력을 가지고 있다. 음악업계는 그런 가운데 조금씩 다른 비즈니스 모델을 개발하여 성공을 거두었다고는 하지만, 앞으로의 동향에 대해서는 역시 이들 주변 산업의 영향을 받을 수밖에 없을 것이다.(Hesmondhalgh, 2019)

또한 이들 기술혁신에 선행 혹은 병행하여 역사적으로는 저작권에 관한 규정이 국제적으로 제도화되었고, 저작권을 지키기 위한 조직, 저작권 사용료를 저작권자를 대행하여 징수하는 조직 등이 생겼다. 20세기 후반에는 또한 유럽 등 각국에서 연대가 다르기는 하지만, 문화정책이 생겨서 음악을 둘러싼 제도나 산업의 시스템에 영향을 주게 되었다.(【그림 9-2】 참조)

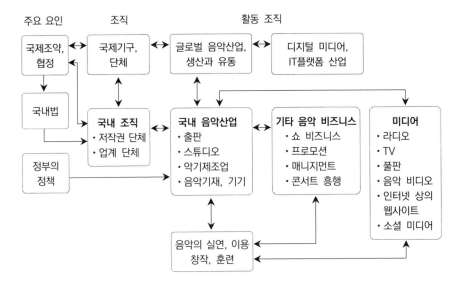

주요 요인   조직   활동 조직

【그림 9-2】 레코드산업을 둘러싼 조직

출전: 월리스(Wallis, Roger) & 말름(Malm, Krister)(1996)을 바탕으로 필자가 작성.

3. 레코드산업의 전통적 경영 전략

여기에서는 일단 주변 산업의 기술발전에 대한 대응이라는 견지는 차치하고, 레코드산업의 전통적 경영전략을 살펴보겠다.

미국의 사회학자 폴 허쉬는 1972년 논문에서 문화산업은 소비자에 따라 취향과 가치판단이 다른 상품을 팔지만 그것이 시장에서 성공을 할지 못할지 불확실성이 높은 것이라고 하며, 문화산업이 일반적으로 취하는 전략을 세 가지 들고 있다.(Hirsch, 1972)

허쉬가 첫 번째와 세 번째로 들고 있는 것에는 중복되는 부분이 있기 때문에, 그것들을 정리하면 다음과 같다. 우선 그에 의하면, 문화산업의 시스템이란 방대한 수의 아이디어, 소재를 필터링하여 그중에서 상업적 성공을 거둘 만한 것을 골라서 그것을 가공하는 것, 그리고 가공한 제품을 될 수 있는 한 확실하게 파는 것이다. 문화산업의 중심적 기업(여기에서는 레코드회사를 예로 든다)은 여기에서 조직에 대한 인풋과 아웃풋 양면에 관해 조직의 경계선을 넓힌다는 전략을 취한다.

음악산업의 경우, 영화처럼 제작 단계에서 많은 사람들이 관련되어 다액의 투자가 필요한 것과는 달리, 프로 아티스트가 아닌 사람들이라도 비교적 쉽게 샘플로 테이프를 만들거나 실제로 연주를 해 볼 수가 있다. 클럽이나 거리에서 연주를 하는 사람들, 레코드 회사가 주최하는 탤런트 발굴 캠페인, 콘테스트, 오디션 등을 통한 아티스트 발굴도 있고, 자체 기획해서 가지고 온 소재로 재능 있는 사람이 발굴되는 경우도 있다. 레코드회사에서 신인 개발을 하는 부문을 아티스트 & 레파토리 부문(A&R)이라 하는데, 소재를 찾는 프로듀서를 꼭 사내에 둘 필요는 없어서 프리랜서들에게 위탁하여 업무를 효율화하는 경우가 많다. 사내 프로듀서, 사회 프리랜서 프로듀서 모두 제4장에서 논한 게이트 키퍼에 해당한다. 이것은 인풋 면에서의 경계선을 넓히는 행위에 해당한다.

다음으로 아웃풋 면에서도 조직의 경계선을 넓힐 필요가 있다. 개발, 제작한 소재를 마켓에 제대로 팔기 위해서는 레코드점에도 작업을 해야 하지만, 그 이전에 라디오 DJ나 음악비평가들에 대한 소개나 프로모션이 중요하다. 새 상품은 단순히 만드는 것만으로는 시장에 자연스럽게 흘러 들어가지 않는다. 수많은 타이틀 중에서 이번에는 라디오나 클럽의 DJ 등 '게이트 키퍼'의 주목을 받아야 한다. 그래서 레코드 회사의 마케팅 부문에서는 그들과 자주 만나 신인 프로모션을 하고 꼭 거론해달라고 부탁을 한다. 일본의 경우 드라마의 주제가, 삽입곡, CM음악 등에 채용되면 히트할 확률이 상당히 높아지기 때문에, TV방송국의 프로듀서, 광고 제작의 프로듀서 등이 게이트 키퍼로서 중요하다.

이를 정리하면 소재 개발에서 가공, 유통까지의 경로를 포괄적으로 컨트롤하여 시장에서의 영향력을 높이는 전략이라고 할 수 있다.

허쉬가 들고 있는, 불안정 요인으로 가득 찬 음악산업 시장에서 또 하나의 경영전략은 과할 정도로 많은 상품(CD의 타이틀)을 내놓는 것과 각각의 신제품 프로모션에 큰 차이를 두는 것이다. 원래 일본에서는 락, 재즈, 클래식 등 모든 장르를 합하여 적어도 연간 1만에 가까운 타이틀의 새 CD(2017, 앨범만. 일본음반, 서양음반을 합친 것. 일본레코드협회, 2019a)가 발매되었다. 이는 앞에서 언급했듯이, 영화와는 달리 소재가공이 비교적 저 비용으로 가능하기 때문이며, 동시에 어느 것이 팔릴지 잘 모른다는 불안정한 상황에서 어쨌든 많은 종류의 작품을 만들어 두게 되기 때문이다. 그러나 광고 선전비를 들여서 본격적으로 판매촉진 활동 대상으로 삼는 것은 그중 극히 일부로, 나머지는 거의 아무것도 하지 않는다.

선전비를 거의 들이지 않는 작품이라면 제작비용도 별로 들지 않는 것으로, 다소라도 수중에 이익이 남기 때문에 속속 새로운 타이틀을 내놓을 수 있는 것이다. 독립계 레코드회사가 존속하는 것은 바로 그 때문이다. 따라서 어쨌든 타이틀을 내면 조금씩이기는 하지만 순이익이 축적되어 간다. 즉 50만 장 이상 팔리거나 하지 않아도 충분히 그 나름대로 장사가 된다는 것이다. 미국의 메이저계 CD는, 1장 당 소매 가격을 100으로 하면, 그중 소매점의 몫이 29, 레이블의 CD제조, 패키지 비용이 5, 홍보선전 비용이 15, 유통 비용이 6, 원반 인세가 5, 아티스트에 대한 인세가 10, 음악 유니온에 대한 지불이 1이라고 한다.

그 나머지가 레이블의 몫으로, 제 경비가 18, 이익이 10이라는 비율이 평균으로 추측되고 있다.(2013년 무렵 메이저 기업에 대해, Vogel, 2015, p.290) 레이블 즉 레코드회사의 수중에 남는 순이익은 소매가격의 10%로 적다고는 할 수 없다. 확실히 히트를 하는 앨범은 많지 않고, 거기에서 나오는 이익으로 다른 작품의 손실을 메운다는 감각은 실제로 있겠지만, 경영이 힘들다고 앓는 소리를 하는 것은 레코드회사의 사원 급료 등 간접 경비를 균등하게 각 앨범에 할당해서 계산하기 때문이라고 한다.

물론 앞에서 언급했듯이, 제작만 한다고 해서 팔리는 것은 아니다. 대대적으로 선전 광고를 하고 전국적인 판매망을 구축해서 재고를 관리하면서 적당히 소매점에 내보낸다고 하는 세세한 유통대책을 실시하기 위해서는 그 비용을 타이틀 전체에 할당하는, 즉 규모의 이익을 향수할 필요가 있다. 그것이 가능한 것은 메이저 기업에 한정되며, 인디즈계로서는 한정된 타이틀의 CD를 특정 고객층에게 될 수 있는 한 직접 파는 것이 가장 효율적이다. 인터넷 활용이 열쇠가 되는 것은 말할 필요도 없다.

4. 새로운 CD 비즈니스 모델

제3절에서 언급한 모델은 레코드, CD와 같은 패키지 음악 소프트의 생산에서 판매라는 전통적, 기본적인 것이었지만, 인터넷 보급 이후 음악 비즈니스에는 큰 변화가 있었다.

녹음 음악산업에 있어 최초의 위기는 해적판, 불법 데이터 교환 등에 의해 음악을 무료로 손에 넣는 사람들이 증가한 데 있었다. 해적판이 정규 매출에 얼마나 심각한 영향을 주는지는 측정하기가 어렵다. 해적판의 음악파일을 손에 넣는 사람은 원래 그 음악에 별로 관심이 없고 정규 매출에 공헌한 적이 없는 라이트 유저일 가능성이 높기 때문이다. 또한 음악이 팔리지 않게 된 데에는 다른 요인이 있을 수도 있다.

이는 문화경제학자들 사이에서 10년 이상에 걸쳐 관심의 대상이 되어서 다양한 실증 연구가 있다. 음악에 한정되지 않고 영상 콘텐츠의 해적판도 포함한 몇 가지 연구 결과를 조사한 스미스&테랑(2019, 제6장)에 의하면, 역시 해적판이 합법적인 매출에 중대한 영향을 미치고 있다는 보고가 많다고 한다. 이러한 상황에 대해 업계는 자기방위 수단으로서 다음 세 가지 수단을 사용했다. 첫째, 실제로 음악CD 등의 상품을 구매하는 소비자와 직접 계약을 체결하고 그 안에 금지행위를 포함시키는 것이다. 음악CD에서는 통상 별로 경험하지 못하지만, PC에 인스톨하는 OS나 앱에 대해서는 메이커 측이 제시하는 조건에 대해 거의 강제적으로 동의를 표명해야 해서, 소비자는 자연스럽게 사용허락 계약을 맺기 때문에 같은 방식을 적용한 것이다. 여기에 때로는 저작권법을 웃도는 금지행위(예를 들면 비영리, 교육목적으로 복제)를 포함하는 경우도 있어서 법률관계자들 사이에서는 문제시되고 있었다.

두 번째는 DRM(Disital Right Management)이라는 저작권 시스템이다. 권리자가 미리 특정 소비자에게 어느 정도 권리를 인정할지 제한을 걸어 두고, 그 이외의 행위는 기술적으로 할 수 없게 하는 것이다.

세 번째는 동영상 공유 사이트, SNS 운영자, 인터넷 서비스 프로바이더(ISP)라는 통신업자 등 제3자의 협력을 덧붙이는 것이다. 인터넷상의 불법행위(여기에서는 저작권 침해행위)가 있을 때, 진정한 가해자는 파악하기 힘들기 때문에, 프로바이더가 불법행위를 알면서 그에 대해 아무런 대책을 취하지 않은 ISP나 사이트 운영자의 간접 책임을 묻는 것으로, 일본에서도 프로바이더 책임제한법이라는 법률이 제정되어 있다. 또한 2012년에 저작권법이 개정되어, 유저측에 대해서도 불법적으로 업로드된 음악이나 영상 산업이라는 것을 알면서 그것을 다운로드하는 행위는 처벌하게 되었다.

그러나 이러한 일련의 대책을 거듭해도, 오히려 소비자로부터 반발을 불러일으키며 디지털 사회의 추세에 거스르는 것은 이제 무리한 상황이 되었고, YouTube상에 공식 채널을 설치하고 아티스트의 팬을 늘리는 것이 오히려 콘서트에서 돈을 버는 방법으로 여겨지게 되었다. 일본에서도 라이브 콘서트 시장은 연간 3,466억 엔(2017년)으로 추정되며(디지털콘텐츠백서, 2018, p.97), 이미 2013년에 CD의 매출을 웃돌고 있다. 몇 장의 CD값에 필적하는 티켓비를 지불해서라도 생으로 라이브 콘서트를 체험하고 싶다는 수요가 많아진 것은 흥미롭다. 디지털화가 진척되면 될수록 아날로그한 체험의 가치가 상대적으로 높아지는 것이다. 한국에서 전 세계로 팔려나가는 K-Pop도 이런 수법을 쓰고 있어서, 음악 자체는 무료로 전송하고 팬을 늘려 그 지역에서 콘서트를 연다.

최근에는 아티스트 측에서도 자신이 직접 사이트를 개설하고 거기에 팬들을 불러 모아 무료로 악곡 다운로드를 허락한다. 대신 팬에 대한 정보를 수집하여 그것을 바탕으로 마케팅 전략이나 콘서트 프로모션 전략을 세우는 것이 쉬워지게 되었다.

더 나아가서 자신의 웹사이트에서 곡을 직접 판매하거나 팬에게 앨범 제작비 기부를 크라우드 펀딩 형태로 의뢰하거나 하는 등, 팬과 직접 소통을 하는 움직임도 나오고 있다. 이렇게 해서 아티스트는, 음악 창조 부문에서 자신에 대한 프로모션, 팬과의 교류, 악곡 및 굿즈 판매 등을 스스로 하는 'DIY(=Do It Yourself) 아티스트'가 될 수도 있다. 그것은 그것대로 큰일이기는 하지만, 원래 메이저 레이블과의 계약에서 손해를 보고 있다는 감각을 가지고 있는 사람들이 많기 때문에 그 나름대로 이런 움직임은 확산되고 있다. 또한 이러한 DIY 아티스트를 돕는 서비스, 비즈니스, 사이트도 발전하고 있다. 크라우드 펀딩 한 가지만 봐도 2001년 미국에서 아티스트셰어(ArtistShare)[25]가 생기고 나서 계속해서 늘어나고 있다. 아직 유명하지 않은 아티스트를 발굴하고 지원하며, 자신도 창조 과정에 참가하고, 팬끼리 온라인 혹은 오프라인으로 교류하며, 아티스트와 직접 연결되는 것에 의의를 느끼는 음악 팬들이 이러한 장에 많이 참가하고 있다. 고도로 상업화되어 발전한 음악산업에 대한 일종의 안티테제로서 음악팬과 아티스트가 함께 가치를 창조하려는 프로세스가 생기고 있는 것은 흥미로운 일이다.(Choi and Burnes, 2013)

한편, 메이저 계열 레코드회사 쪽에서는 종래부터 각 방면과의 네트워크, 홍보, 선전력으로 아티스트와의 네트워크를 강화하고자 한다. 그 결과 지금은 신규 계약은 거의 모두 '360도 계약'이라는 것으로 되어 있다. 2007년에 마돈나가 그때까지 계약을 맺고 있던 레이블과의 계약을 해지하고 라이브네이션이라는 라이브 콘서트 제작회사에

---

25 [역주] 인터넷 최초의 상업용 크라우드 펀딩 웹사이트. 아티스트를 위한 음반사 및 비즈니스 모델로 운영되며 일반 대중이 직접 자금을 조달하고 창작 과정을 지켜볼 수 있으며 대부분의 경우 아티스트의 추가 자료에 액세스할 수 있도록 하여 프로젝트 자금을 조달할 수 있다.

그녀의 레코드 제작도 포함한 재능 활동 모든 것을 일임하는 계약을 맺은 것으로 유명해진 계약형태이다. 지금은 반대로 레코드회사 쪽이 이곳에 진입하려 하며, 앨범 제작과 판매만이 아니라 콘서트, CM이나 영화 출연 등에 대해서도 레코드회사와 계약을 하고 수수료로 일정한 비율로 지불하게 하는 것이 일반적이 되었다.(또한 실은 일본에서도 일반적으로 폭넓게 모든 재능활동에 소속 사무소가 관련되는 점은 마찬가지이다. 다만 미국에서는 '사무소에 소속된다'는 개념은 없고, 에이전시가 고용되어 일을 받아오고 그 일정 비율을 수수료로 받고 있다고 제4장에서 언급했다)

5. 맺음말

음악 업계는 20세기의 기술 발전과 함께 신장하기는 했지만, 어려운 상황에 처해 있다. 북미, 유럽, 일본 등의 선진지역 및 CD 패키지 등 유통의 침체는 심하다. 그러나 지역으로 보자면 중국·인도(10% 전후의 성장률), 그리고 디지털 전송은 전 세계적인 성장(14.2%나 되는 성장률)이 관측되어 CD 매출 감소분을 메울 정도가 되었다.

레코드산업의 핵심인 저작권은 악보를 베이스로 한 음악관에 바탕을 둔 것으로, 음악을 애호하는 사람이 소비자이자 동시에 창작자도 되어 음악을 자유롭게 이용하며 즐기는 행위에 대한 제한을 의미한다. 그것은 디지털 기술이 고도로 발달하고 인터넷이 보급된 오늘날에는 음악 비즈니스 모델과 소비자에 대한 요구, 창작성의 (오래된) 새로운 양상과는 맞지 않는다. 그러면 그렇게 본질적인 부분에서 위기 상황에 처해 있는 음악업계는 앞으로 어떻게 될 것인가? 모든 아티스트가 아마추어, 프로에 상관없이, 단순히 음악창작에 종사하며 그것을 네트상에서 공개하면 팔릴 사람은 팔린다는 오픈된 상황이 생겼다고 할 수는 없을 것이다. 정보가 범람하는 오늘날에는 일정한 게이트 키퍼의 필터를 통해야 하고, 또한 나름의 프로모션이 이루어져야 비로소 소비자의 귀에 도달할 수 있기 때문이다.

메이저 레코드 회사도 현실적으로 앞으로의 비즈니스 모델이라고 인정하고 받아들인 것이 정액제 스트리밍 전송이며, 그것은 바꿔 말하면 '액세스' 음악 과금이라는 시스템이다. 음악이라는 콘텐츠를 '소유'하는 것이 아니라 그것에 '액세스'하는 것에 대해 소비자들에게 돈을 내라고 하는 방법이다. 음악 데이터에 대해, PC, 디지털 뮤직 플레이어, 차 안 등 다양한 장소, 단말기에서 해당 서비스를 통해 직접 설정한 플레이리스트에 자유롭게 액세스하거나 혹은 지정한 장르의 음악이 늘 흘러나와 거기에 마음대로 액세스할 수 있게 하는 서비스이다. 음악을 단순히 무료로 손에 넣겠다는 것은 아니며, 오히려 많은 일반 유저는 음악에 접하는 체험가치의 향상을 추구하고 있다. 그리고 수많은 곡, 장르 중에서 자유롭게 다양한 음악을 들을 수 있고 자신이 마음에 드는 아티스트나 장르의 곡을 자동적으로 선택해 준다는 점과 소셜적 요소가 있어서 녹음음악을 통해 사람들과 커뮤니케이션도 할 수 있는 서비스가 있다는 점에서, 지금까지의 음악청취 체험에 신기원을 열었다고 할 수 있다. 이러한 이용이 확산되어 유료회원이 늘고 있기 때문에, 2014년부터 세계 각국에서는 음악시장이 조금씩 회복되고 있다.

물론 Spotify 등이 구세주라고 해도 그것은 음악산업 자체가 아니라 외부에 있는 테크놀로지 회사이며, 레이블은 그곳에 음악 데이터를 제공하는 존재가 되어 버려 어떤 의미에서는 자주성을 잃었다고 할 수도 있다. 또한 데이터 구동형 사회, 플랫폼형 경제의 융성과 데이터 점유에 따라 지나치게 힘이 강화되고 있는 IT플랫포머들은 위협 대상으로 여겨지고 있다. Spotify에서의 사용료 지불은 회사 전체의 수입에서 경비 등을 뺀 이익분을 재생 회수에 따라 상대적으로 아티스트들에게 분배하는 방식이며, 일반적으로 생각하는 것처럼 1회당 얼마로 고정된 금액이 있는 것은 아니다. 유료회원수가 많으면(그리고 무료회원을 대상으로 하는 광고 출고가 증가하면) 그만큼 배분해야 할 비용의 풀도 커진다. 그러나 그러한 비즈니스 모델에서 음악의 경제적 가치는 어떻게 파악해야 할까? 창조활동에 드는 비용이나 전송 회수당 드는 비용과 전혀 상관없이 아티스트가 얻는 대가가 결정되는 오늘날, 그 경제적 가치를 측정하는 것도 큰 과제로 떠오르고 있다.

두 번째로 일찍이 신타쿠(新宅)·야나가와(柳川)가 『프리 카피의 경제학(フリーコピーの経済学)』에서 논했듯이, 그리고 마스다·다니구치가 지적했듯이, 음악은 '녹음된 것'이 기본이고 라이브는 그것을 확인하는 의미를 지닌다는 것이 아니라, 오히려 역전되어 라이브야말로 온라인상의 가상공간에서 얻을 수 없는 임장감, 다른 고객들과의 일체감, 연대감을 느끼는 장, 귀중한 음악생산과 소비의 장이 되었다. 온라인 이용이 확산되고 그 자리에서 모든 것을 얻을 수 있게 되면 될수록, 몸을 사용하고 공간을 이동하여 오감을 구사하는 체험이 지니는 부가가치가 상대적으로 높아질 것은 확실하다. 실제로 글로벌 스케일로 활약하는 일부 아티스트의 경우, 라이브 수입이 수입 전체 중 CD 매출보다 훨씬 큰 비중을 차지하게 되었다고 한다. 혹은 물리적인 사물, 예를 들면 한정판으로 판매되는 피규어를 열광적으로 모으는 콜렉터가 늘어나고 있는 것도 버추얼이 아닌 아날로그한 실체험, 물건으로의 회귀라는 맥락으로 이해할 수 있다.

인용문헌

安藤和宏(2018), 『よくわかる音楽著作権ビジネス基礎編 5th Edition』, リットーミュージック.

安藤和宏(2013), 「音楽市場の低迷がもたらす音楽製作への影響」, 河島伸子・生稲史彦編著, 『変貌する日本のコンテンツ産業』, ミネルヴァ書房.

エルバース, アニータ(2015), 『ブロックバスター戦略』(鳩山玲人監訳), 東洋経済新報社.

今野敏博(2012), 「デジタル配信」, 『日本レコード協会70周年記念誌―2002年から2011年のレコード産業』, 日本レコード協会.

新宅純二郎・柳川範之編著(2008), 『フリーコピーの経済学―デジタル化とコンテンツビジネスの未来』, 日本経済新聞出版社.

スミス, マイケル D. & テラング, ラフル(2019), 『激動の時代のコンテンツビジネス・サバイバルガイド』(小林啓倫), 白桃書房.

デジタルコンテンツ協会(2018), 『デジタルコンテンツ白書2018』.

日本レコード協会(2019a), 「日本のレコード産業2019」, 日本レコード協会.

日本レコード協会(2019b), 「2018年度音楽メディアユーザー実態調査」, 日本レコード協会.

日本レコード協会(2015), 「日本のレコード産業2015」, 日本レコード協会.

日本レコード協会(2009), 「日本のレコード産業2009」, 日本レコード協会.

増田聡・谷口文和(2005), 『音楽未来形―デジタル時代の音楽文化のゆくえ』, 洋泉社.

ウォリス, ロジャー & マルム, クリステル(1996), 『小さな人々の大きな音楽』(岩村沢也・大西貢司・保坂幸正・石川洋明・由谷裕哉訳), 現代企画室.

Caves, R. E.(2000), *Creative Industries: Contracts between Art and Commerce*, Harvard University Press.

Choi, H. and Burnes, B.(2013), "The Internet and Value Co-Creation: the Case of the Popular Music Industry" *Prometheus*, 31, 1, pp.35~53.

Hesmondhalgh, D.(2019), *The Cultural Industries*, 4th Edition, Sage.

Hirsch, P.M.(1972), "Processing Fads and Fashions: An Organization-Set Analysis of Cultural Industry Systems" *American Journal of Sociology*, 77, 4, pp.639~659.

IFPI(2019), Global Music Report 2018.

Marshall, Lee.(2015), "Let's Keep Music Special. F—Spotify': On-Demand Streaming and the Controversy over Artist Royalties" *Creative Industries Journal*, 8, 2, pp.177~189.

Ordanini, A. and Nunes, J. C.(2016), "From Fewer Blockbusters by More Superstars to More Blockbusters by Fewer Superstars: How Technological Innovation Has Impacted Convergence on the Music Chart" *International Journal of Research in Marketing*, 33, pp.297~313.

Rogera, J. and Sparviero, S.(2011), "Understanding Innovation in Communication Industries through Alternative Economic Theories: The Case of the Music Industry" *International Communication Gazette*, 73, 7, pp.610~629.

Vogel, H.(2015), *Entertainment Industry Economics*, 9th Edition, Cambridge University Press.

Wlӑmert, N. and Papies, D.(2016), "On-Demand Streaming Services and Music Industry Revenues—Insights from Spotify's Market Entry" *International Journal of Research in Marketing*, 33, pp.314~327.

참고문헌

■ 사단법인 일본레코드협회 http://www.riaj.or.jp에는 각종 통계자료가 수없이 많이 게재되어 있다.

■ 음악산업 연구서 중 최근 간행된 것
Hughes, D. et al.(2016), *The New Music Industries*, Palgrave Macmillan.
Tschmuck, P.(2017), *The Economics of Music*, Agenda Publishing.
Wilkström, P.(2013), *The Music Industry*, 2nd Edition. Polity.

■ J-Pop에 대해서는 다음의 두 신서가 흥미롭다.
烏賀陽弘道(2017), 『Jポップは死んだ』, 扶桑社新書.
烏賀陽弘道(2005), 『Jポップは何か』, 岩波新書.

■ PRM과 표현의 자유에 대한 책
野口裕子, 「デジタル時代の著作権制度と表現の自由(上・下)」, NBL, No. 777, pp.18~27, No. 778, pp.32~39.

■ 음악산업과 저작권 전반에 관한 법학 이외의 어프로치를 취하는 문헌
Frith, S. and Marshall, L.(eds.)(2004), *Music and Copyright*, 2nd Edition, Edinburgh University Press.

제10장

출판산업

1. 출판산업의 현황

활자 이탈 현상이 나타난 지는 오래되었지만, 문자를 통해 정보를 전달하는 출판산업은 문화산업으로서는 전통적이며 우리의 일상생활, 사회 전체에 극히 중요하다는 점에 변화는 없다. 출판산업에는 신문, 잡지, 서적의 세 업계가 포함되며 각각 다른 산업구조를 지니고 있다.

여기에서 간단히 각 현황을 기술하면(이하 본장에 나오는 통계 숫자는 따로 언급이 없는 한 2017년도의 것으로, 덴쓰[電通] 미디어 이노베이션 라보 편, 2019에 의한다), 신문업은 일간 전국지, 지방지, 기타 많은 업계지를 합하여 매출 1조 7,100억 엔 정도이며, 주요 수입원은 독자에게서 받는 구독료와 광고비이다. 신문은 장기에 걸쳐 감소 경향을 걷고 있으며 시장 규모가 비교 가능한 2005년과 비교해도 대략 4분의 3의 규모로까지 축소되었다. 전국 각지의 세대보급률은 2.42%(『산케이신문(産経新聞)』)에서 14.38%(『요미우리신문(読売新聞)』)가 되었지만, 매년 몇 포인트씩 감소했다. 그렇다고는 해도 지방지의 세대보급도 있고, 전체적으로 신문은 TV처럼 매스미디어라는 존재감을 가지고 있다 할 수 있다.

잡지 시장은 6,548억 엔, 서적 시장은 7,152억 엔이며, 양자는 대략 같은 규모이다. 일찍이 출판업의 피크시기인 1996년 당시는 잡지 5 : 서적 3 정도였지만, 이후 잡지에 실리는 대부분의 실용 정보는 인터 넷상에서 얻을 수 있게 되기도 했고, 대부분의 잡지가 폐간, 휴간되어 매출은 큰 폭으로 축소되었다. 잡지의 비즈니스 모델은 기본적으로 신문과 마찬가지로 소비자에게서 받는 지불과 광고의 하이브리드형 이며, 서적은 소비자 지불형이다. 서적도 활자 불황으로, 1996년 이후 계속 감소하여 예전의 3분의 2 정도의 규모가 되었다. 출판사, 서점의 수도 줄었다. 물론 전자서적의 확산은 그 축소분을 메우고 있으며, 전자 잡지를 포함하는 전자서적 시장은 2,556억 엔이 되었다.

유통 면에서 신문이 전국의 택배 망에 의지하고 있는 데 대해, 잡지 와 서적은 도리쓰기(取次)라는 중개인, 즉 유통업자가 출판사와 서점 을 잇는 것을 기본형으로 한다.

지면상 각 업계의 특징을 망라하여 기술할 수는 없고, 이하 문화경 제학적으로 그리고 디지털과의 관계에서 흥미로운 점과 과제에 대해 언급하기로 한다.

2. 재판제(再版制)

서적, 잡지, 신문에 관해서 가장 특징적인 것은 출판사가 정한 '정 가' 판매로 봐야 한다. 같은 브랜드의 화장지가 슈퍼마켓이나 약국에 따라 다른 가격으로 팔리고 있는데 대해, 책은 어느 서점에서 사도

'희망판매가격'이 아니라 '정가'로 팔리고 있으며 싸게 파는 것을 보는 일은 없을 것이다. 출판사측에서 소매업자가 소비자에게 (재)판매하는 가격을 정해서 그것을 구속할 수 있기 때문이다. 그것을 재판매가격유지제도라 한다.

자본주의 사회에서는 유통업자나 소매업자 사이의 가격을 포함한 경쟁을 촉진하고 소비자에게 편익을 가져다주는 것이 사회후생상 바람직하다는 생각이 가장 기본적인 것이다. 상품의 공급자가 상품의 거래처인 사업자에 대해 전매(轉賣)하는 가격(재판가격)을 유지하고 그것을 준수하게 하면, 제조업자나 유통, 소매업자 입장에서 시장에서 결정되는 것보다 비싼 가격을 유지할 수 있고 소비자는 그것을 받아들일 수밖에 없게 된다. 자유경쟁은 시장으로서는 최적의 상황을 만들어낸다고 통상 생각하기 때문에 독점금지법에 따라 재판가격(제조자에게서 유통·소매업자에게, 더 나아가 소비자에게 판매하는 가격)을 고정하는 것은 금지되어 있다. 이는 선진 제국에 공통된 경제상의 경쟁 정책의 근간을 이룬다.

그러나 예외적으로 그 규정이 적용되지 않는 물품을 공정거래위원회가 지정하는 것은 가능하며, 1953년 일부 화장품, 일반용 의약품 등 지정상품이 있었다. 그러나 일본의 경제성장과 함께 그 지정은 해제가 되고 1997년에는 모두 없어졌다. 유일하게 적용 제외가 되는 지정품으로서 오늘날에도 남아있는 것이 '저작물'이다. 이 '저작물'이란 저작권법상 저작물이라는 개념과는 달리, 구체적으로는 서적, 신문, 레코드 음반, 음악용 테이프, 음악용 CD(디지털은 포함하지 않는다)를 가리킨다. 이를 공정거래위원회에서는 재판적용제외제도, 출판계에서는 재판매가격유지제도라고 하는데, 일반적으로는 줄여서 '재판제도'라고 하는 것이 통용되고 있다. 이하에서는 이 용어를 사용하겠다.

저작물재판제는 일본 특유의 현상이 아니라, 프랑스, 독일, 호주, 덴마크 등 유럽 제국에도 각각 시한을 정하거나 가격대를 제한하는 탄력적인 운용을 포함하여 재판매가격유지를 의무화하는 법률 혹은 업자간 계약, 협정이 많이 있다. 이러한 제도가 없는 미국 같은 나라는 베스트셀러 인기 작가의 최신작은 슈퍼마켓에 쌓아놓고 통상의 서점에서 파는 가격보다 상당히 할인된 가격으로 팔기도 한다. 아마존 같은 온라인 서점에서 팔리는 종이책에 대해서도 할인 가격이 크게 표시되기도 한다. 이런 현상은 일본 내에서는 찾아볼 수 없다.

일본의 경쟁정책을 담당하는 공정거래위원회로서는 저작물재판제도를 재고하여 폐지하는 것이 좋겠다는 생각을 일관되게 가지고 있어서, 몇 번인가 관계자 단체, 유식자 등을 포함하여 검토회의를 열어왔다. 최근의 예로서 1998년 크게 재고 검토가 있어서, 공정거래위원회는 '어디까지나 폐지해야 하는 것으로 생각하지만, 문화·공공 면에서 영향을 끼칠 우려가 있고 국민적 합의도 형성되어 있지 않다'고 인식하여 제도를 계속 유지할 것을 발표했다.

그러면 재판제도는 정말로 출판문화에 필요한 것일까? 출판사, 서점, 소비자 각각의 입장에서 메리트가 있는 제도라고 할 수 있을까? 원래 시장 메커니즘의 기능을 저해한다고 하는 이유로 독점금지법이 일률적으로 금지하고 있는 재판행위에 예외를 설정하는 이상, 상당한 특단의 이유가 필요하다. 확실히 출판물은 문화적 상품이지만, 다른 상품, 예를 들면 식품 등도 마찬가지로 공공성, 문화성이 있다고 할 수도 있다. 재판제를 필요로 하는 이유로서, 우선은 출판물은 시장 메커니즘에 맡길 수 없으며 시장의 실패가 일어날 수도 있고, 그렇게 되면 사회적으로 바람직한 양이 공급되지 못하게 된다고 하는 것이 있다. 출판물을 포함한 문화적, 창조적 활동의 성과물에 '시장의 실패'가 일어나는 원인은 그것이 공공재적 성질을 지니고 있기 때문이라는 것은 제3장에서 언급했다. 그렇기 때문에 복제가 불가능한 무대예술 등에 대해서는 보조금 등의 공적 지원이 있지만, 한편 복제 가능하며 시장경제에서 유통이 가능한 문화(본장에서 다루는 모든 콘텐츠산업)에 대해서는 저작권법이라는 틀을 부여하여 그 콘텐츠에 대해 독점적 지배권을(일정 기간에 걸쳐 다시 제한을 하는 경우도 있지만) 인정한다고 하는 것이 세계 각국이 19~20세기를 통해 구축한 문화정책의 기본적 모습이다.

출판물에 대해서도 물론 저작권이 부여되어 있다. 이에 더해 재판제도 출판이라는 문화를 지키기 위해 필요하다고 하는 주장에 설득력이 있는 것일까? 해외에서도 논쟁은 몇 번이나 있었다. 일반적으로 경제학자는 이 제도에 회의적인 입장을 취하는 경향이 있지만(Ringstad, 2004), 미묘하게 논조에 차이가 있다. 그중에는 재판제도가 경제학적으로 효율적이지 않다(사회 전체로 봐서 이익이 되지 않는다)고 주장하는 연구자도 있는가 하면, 일괄적으로 그렇게 단언하기 어렵다고 주장하는 연구자도 있다. 고품질의 책이 많이 출판되고 보다 넓은 소매점 네트워크를 통해 책을 보다 쉽게 입수할 수 있다는 점에서, 재판제는 유효하다고 하는 논자도 있다.(Appleman, 2003) 또한 재판제도를 철폐하면 책의 가격이 내려갈 것이라고 하는 경제학자는 많지만, 영국에서는 실제로 그렇게 되지는 않았다고 제시하며 출판산업의 구조변화에도 주목해야 한다고 하는 연구자도 있다.(Fishwick, 2008) 경제학 전문의 논의가 되기 때문에 여기에서는 더 이상 깊이 들어가지는 않지만,

전체적으로 반대론이 많은 것은 확실하다. 역으로 출판업계는 이것을 무슨 일이 있어도 사수하고자 하는 입장이다.

일본에서 큰 논쟁이 일어난 것은 1990년대 후반에 정부의 방침상 많은 분야에서 규제개혁이 있었기 때문이며, 재판제를 문화정책의 시각에서 재고한 것은 아니다.(원래 재판제는 문화적 시각에서 출판에 적용되었던 것도 아니다) 그러나 옹호론자는 문화적으로 필요하다는 주장을 전개해 왔다.(예를 들면 이케가미[池上], 1997) 문화정책으로 출판을 대상으로 할 때 중요한 목표는, 첫째로는 출판물의 질과 그 다양성을 들 수 있다. '질이 높다'는 것은 엄밀하게 측정할 수 없는 애매한 목표이기는 하지만, 문화정책의 기본적 목표의 하나이기 때문에 그것을 포함해서 생각하면 된다. 문화적 다양성이라는 것은 특히 서적, 잡지에 대해서는 다양한 장르의 타이틀이 출판되고(그 자체도 측정은 어렵다), 그것들을 사람들이 쉽게 입수할 수 있는 상황에 있는 것(물리적 거리, 가격 등의 점에서)을 말한다. 또한 원래 사람들이 독서를 하는 것을 촉진하는 것도 문화정책의 목표라고 해도 된다. 신문에 대해서는 어느 지면을 봐도 같은 논조가 전개되는 것이 아니라, 정확성, 중립성을 유지하면서도 각각 다른 시각에서 보도나 논설을 전개하는 신문사가 많이 있고, 그것들을 독자가 선택할 수 있는 상황이 바람직하다.

재판제도 옹호파는 재판제도가 없어지면 우선 책 할인 경쟁이 시작되어 서점이 매입하는 출판물은 베스트셀러로 편향되기 쉽게 될 것이라고 한다. 재판제도가 있으면 책의 소매가격이 안정되고 출판사는 잘 팔리지 않지만 질이 높은 학술서 등을 낼 수도 있어서, 그런 의미에서는 팔리는 책이 잘 팔리지 않는 책을 보조하는 '내부보조(cross-subsidy)'를 할 수 있다. 재판제가 없어지면 팔리는 책에 집중해야 하므로 출판되는 서적 타이틀의 다양성도 감소한다. 서점에서도 팔리는 타이틀에 집중하게 되고 특히 원격지의 중소 서점에서는 책의 가격이 상승하기 때문에 점점 더 책이 팔리지 않게 되어 폐업을 하게 된다. 이러한 사태는 소비자, 서점, 출판사, 저작자 모두에게 바람직하지 않다는 것이다.

그러나 첫째 중소형 서점이 망할 것이므로 재판제가 필요하다고 하는 주장은 경제학자 입장에서 보면 의미가 없다. 산업구조 자체 혹은 업태가 시대에 뒤처진 것이라면, 시장 경제 안에서 폐업을 하는 것이 있는 한편 새로운 찬스를 찾아 개업을 하는 것도 있어야 경제가 활성화하는 것이다. 업자를 지키기 위해 필요하다고 하는 것 자체가, 거기에 부당한 이익(rent)이 발생할 가능성이 있음을 스스로 보여주는 것이다. 후술하는 아마존 같은 온라인 서점이 등장함으로써, 아이템 구성이 나쁘고 주문을 해도 도착하는 데 시간이 걸리는 리얼 점포 서점의 가치는 점점 더 하락하고 있다. 신문의 전국 판매점망은 확실히 잘 갖추어져 있지만 재판제가 없으면 유지할 수 없다는 논리는 잘 납득이 되지 않는다.

둘째로 책의 질을 보장할 수 없고 팔리는 책만 남게 된다고 하는 사태는 확실히 문화정책상 바람직하지 않다. 그러나 재판제는 서점 등 소매업자 간 가격 경쟁을 불가능하게 하는 효과가 있을 뿐, 출판물 간 가격이 다르고 그에 따라 팔리는 책과 팔리지 않는 책이 나타나는 구도는 재판제와 관계가 없다. 재판제는 모든 출판물에 평등하게 적용되며 질이 높은 도서의 출판을 장려하기 위해서는 그러한 출판사, 저자에 대한 조성금을 지원하는 것이 효과적이라고 생각한다. 출판물의 다양성은 중요하지만, 재판제가 그에 공헌하는 제도인지 어떤지는 확실하지 않다. 또한 팔리지 않는 책을 출판하기 위한 '내부보조'가 실태로서 존재하는지도 불명확하다.

오히려 문제가 되는 것은 서점 간 경쟁이 아니라 책의 유통과 소매가 경직되는 것이다. 특히 일본의 특징으로, '중개상'이라는, 출판과 소매업자 사이를 연결하는 도매업자가 과점상태로, 어느 책방에나 모두 입지, 규모, 과거의 매출 데이터 등을 바탕으로 하는 '배본 패턴'으로 책을 배분하기 때문에, 책방에서 상품 구성에 공을 들이지 않는다. 또한 이것도 일본에 특징적인 시스템인데, 서적의 '위탁판매제도'라는 것이 있다. 중개상은 출판사로부터 책을 맡으면 그 시점에서 모든 책수의 대금을 지불하고 서점에 배포하는데, 서점은 중개상에게 지불을 할 필요는 없다. 책이 팔린 시점에서 자신의 몫을 공제한 금액을 돌려주면 되고, 팔리지 않고 남은 책은 반품한다. 이 시스템에 의해 서점은 완전히 경제 리스크 그리고 판매에 대한 궁리를 하지 않는 책 전시장이 되어 버리는 것이 문제점으로 자주 지적되고 있다. 대부분의 출판사는 우선은 중개상으로부터 전체 책 수에 대한 대금이 들어오고 나중에 반품(수십 %에 달한다)분을 돌려준다. 그러나 그때 다음 신간이 있으면 그것을 건네고 전체 책 수만큼의 대금을 받아서 상쇄한다고 하는 식으로 억지 경영을 하는 등, 신간의 남발은 일상이 되고 있다. 출판 불황이라고 하면서도 발간 수가 해마다 늘고 있는 것은 이런 사정이 영향을 주고 있기 때문이다.

이러한 출판유통사정을 비판적으로 보는 연구자는 많다.(木下, 1997; 三輪, 1997a, 1997b; 小田, 2008) 출판사로서는 자사의 상품을 어떤 유통 경로로 판매를 할까 하는 통상적 기업으로서 기본적 마케팅을 전개할 여지가 거의 없으며, '중개상 담당자 사이에서 몇 부를 받아줄지 필사

적으로 교섭하는 것'이 중심 전술에 지나지 않는다고 한다.(三輪, 1997b, p.71)

　세 번째로 재판제가 없어지면 책의 가격 경쟁이 일어나서 출판사로서는 경영상 어려운 상황이 일어나기 때문에 좋은 책을 출판할 수 없게 될 가능성이 높다고 한다. 그러나 가령 재판제가 없어져도 신간에 대해 소매서점 간에 가격 인하에 의한 가격 경쟁이 일어나는 것은 실은 상정하기 어렵다고 한다. 가격 경쟁은 반복 소비되는 대량생산품(예를 들면 세제), 프라이빗 브랜드나 수입품이 대체품으로 있는 것에서는 일어나기 쉽지만, 서적 같은 단일 상품에 대해서는 일어나기 어렵다.(中条, 1997, p.67) 실제로 미국처럼 재판제가 없는 나라에서는 베스트셀러를 대량으로 매입하여 판매하는 슈퍼마켓, 대형 체인 서점, 그리고 아마존 같은 대량 매입이 가능한 e커머스업자에게 가격 할인 판매가 많이 보이지만, 다른 타이틀에서도 같은 현상이 일어나는지는 확실하지 않다. 재판제(와 비슷한 제도)를 1995년에 폐지한(거래 제한에 관한 재판소 판결에서 불법으로 판결된 것은 1997년) 영국에서 어떤 사태가 일어났는지를 조사한 연구에 의하면, 슈퍼마켓의 베스트셀러 작품의 대량 입하가 확산되었고, 그에 따라 가격 저하를 염려한 출판사가 원래의 가격을 올렸기 때문에 전체적으로 책의 가격은 예상을 뒤엎고 올라갔다는 현상이 나타났다.(Fishwick, 2008)

　이렇게 보면, 재판제의 유지 혹은 폐지에 관해서는, ① 책의 가격은 어떻게 되는가, 소비자에게 합리적인 가격인가, ② 출판물의 질과 다양성은 어떻게 되는가(공급 측의 질과 다양성), ③ 양질의 다양한 출판물의 입수 가능성은 어떻게 되는가(소비자 측의 질과 다양성), 라는 세 가지 문제가 과제임을 알 수 있다. ①에 대해서는 이론적으로도 실증적으로도 의외로 복잡하여 일괄적으로 이렇다 하며 단언할 수는 없는 것 같다. ②와 ③은 중요한 과제라는 견해도 있어서(특히 van der Ploeg, 2004), 일본에서는 중개상과 위탁판매라는 시스템이 제도화되어 있는데, 그것을 질이 높고 다양한 출판물을 입수하기 쉬운 출판유통산업이라고 할 수 있을지가 관건이다.

재판제만의 문제는 아니지만, 출판유통업계가 보다 유연하고 혁신이 일어나기 쉬운 환경이 갖추어 진다면, 서점이 특색을 가지고 서비스를 강화하여 경쟁력을 높이고자 하는 움직임도 활발해질지 모른다. 대형서점은 물건을 갖추고 중소서점은 전문성으로 특징을 살려 소비자의 수요를 반영하면서 독서에 대한 흥미를 환기하는 시스템도 생길 것이다. 일본에서 재판제가 큰 논란을 불러 일으켰을 때, 반대론자였던 한 경제학자는 서점이 다른 상품도 동시에 취급하는 종합화도 선택지로 생각했다.(三輪, 1997b) 스포츠 관련 서적과 스포츠 관련 상품을 함께 갖추는 식으로 말이다. 실제로 그 후 쓰타야서점(蔦屋書店) 같은 일종의 라이프 스타일 제안형을 목표로 큐레이션(편집 기능)을 철저화한 서점이 유행하게 되거나 점포 내에 커피숍을 병설하여 커피를 마시면서 의자에 앉아 상품인 책을 손에 들고 느긋하게 읽을 수 있는 점포도 출현하고 있다. 서점 대상(大賞)이라는, 서점의 점원이 투표로 문학상을 결정하는 시스템도 생겼는데, 이는 바야흐로 책의 매출을 좌우하고 화제를 모으는 중요한 상이 되었다. 즉 현장에서 소비자와 가장 가까운 곳에 있는 점원들이 손님에게 추천을 하는 기획으로, 점원과 손님의 심리적 거리를 좁힌다는 점에서 흥미롭다.

3. 네트 사회와 출판물의 다양성

위에서 언급했듯이 몇 개나 되는 과제를 끌어안고 있는 출판업계도 디지털화에 따라 큰 변화가 일고 있음은 두말할 필요도 없다. 온라인상의 정보가 종이 매체의 정보(특히 신문, 잡지)를 대체하기 때문에 출판물의 매출이 떨어진다는 점에 대해서는 이미 언급했지만, 그 외에 ① 아마존을 대표로 하는 네트 통판이 확산되고 있고, ② 전자서적 등의 전자 출판이 발달하고 있는 것은 중요한 의미를 지닌다. 그에 대해서는, 본 절과 다음 절에서 그에 대해 상세히 살펴보기로 한다.

우선 책을 취급하는 인터넷 통판에는 2000년에 일본에 상륙한 아마존 이외에도 라쿠텐북스(楽天ブックス), 기노구니야서점(紀伊国屋書店)의 온라인 통판 등 몇 개나 있다. 온라인 판매 기업 중 주요 상재(商材)가 서적인 기업 중에서 판매액이 큰 것은 게임도 취급하는 에이투(A-too), 북오프 온라인(BOOKOFF Online) 등을 들 수 있는데, 아마존의 일본 내 매출은 2011년 1,920억 엔(高須, 2018, p.224, 『주간동양경제(週間東洋経済)』를 인용)이며, 소매서적 매출의 10% 이상을 차지하는 당당한 제1위 기업이 되었다.

일반 서점에서는 책을 손에 들고 자신에게 필요한 책인지 어떤지 내용을 확인하고 나서 살 수 있겠지만, e커머스에서는 그 점에는 한계가 있을 것으로 생각된다. 그러나 디지털화의 발전과 구글북스에 의한 책의 일부 공개가 시작된 이후 그 상황은 상당히 변하였다. 우선 자신의 관심사를 검색하고 구글북스상에서 어떤 책의 어떤 부분에 적혀 있는지를 확인하고 아마존에서 주문하는 흐름이 생긴 것이다. 아마존 자체의 '내용물 검색' 기능은 별로 충실하다고 할 수는 없지만, 사람들이 우선은 온라인 검색을 하는 오늘날, 그것은 큰 문제는 아니다. 오히려 아마존 사이트에서 해당하는 책에 관한 독자의 평가를 읽거나(프로 비평가가 아닌 사람들도 흥미로운 리뷰를 투고하고 있다), 그에 관련된 책이 계속해서 검색 목록으로 나오기 때문에 그것들을 비교해 보면서 정말로 원하는 것을 살 수가 있다. 아마존 자체의 검색 기능도 훌륭하기 때문에 대충 저자명이나 주제와 관련된 키워드를 넣으면 관련된 책이 검색이 된다. 이러한 검색 기능은 서점의 점포 내에서는 매우 늦다.

또한 온라인 서점의 강점으로, 대량 재고를 창고에 일괄 집중하여 갖추어 두고 있다가 주문을 받으면 창고에서 해당 물건을 찾아 즉시 발송하는 거대한 시스템도 이미 갖추어져 있다. 아마존 프라임 회원(일본 내에서는 2019년 6월 현재 연회비 4,900엔)이 되면, 책에 한정되지 않고 거의 모든 상품이 배송료 무료이며 주문 당일로부터 하루 정도면 배달이 되고 기타 동영상이나 음악을 무료로 즐길 수 있는 특전이 있기 때문에 소비자로서는 편의성이 극히 높다. 서적에 대해서는 일본 출판업계의 여러 경위를 거쳐(高須, 2018), 아마존상에서도 재판제를 지키고 있지만, 다른 상품에서 받은 포인트를 서적 구입에 충당할 수도 있고, 학생을 대상으로 10%포인트 제도를 만들어 실질적인 할인을 하던 시기도 있었다. 아마존이 이익을 올리고 있는 해당국에서 법인세나 소비세를 지불하지 않는다는 문제(EU의 '디지털 과제' 문제로 연결됨)나 아마존이 손을 댄 영역의 기존업자가 속속 쇠퇴하는 '아마존 이펙트'라는 현상 등이 일어났다. 그 문제에 대해서는 여기에서 깊이 들어가지 않겠지만, 어쨌든 웹 통판에 관한 알고리즘 개발, 상품의 조달과 물류, 회원의 획득 모든 것을 대상으로 투자를 한 결과 일본의 출판물 소매업계에서도 거인과 같은 존재가 되었다. 다카스(高須, 2018, p.272)

의 추측으로는, 2016년 무렵에는 출판사의 거래액 전체의 45%에 달하는 것이 아닌가 할 정도로, 대형 중개점은 경영이 어려워졌다.

이렇게 아마존이라는 거인이 기존의 출판유통업계에 큰 지각변동을 불러일으켜서, 출판계는 '파멸적이라고 할 정도의 사태'를 맞이하여 '난관을 돌파할 전망을 찾지도 못한 채, 나침반도 없이 격랑 속을 표류하는' 상태라고 한다.(高須, 2018, p.320) 종래 잡지, 서적 모두 일본에서는 만화의 매출에 의지하는 바가 컸지만, 그것도 피크시기인 1995년에 5,864억 엔(중 만화 단행본 2,507억 엔, 만화 잡지 3,357억 엔)이었던 매출이 2016년에는 2,953억 엔(단행본 1,947억 엔, 잡지 1,016억 엔)으로 반감하였다. 전자서적 만화가 그 감소분을 메울 정도로 신장한 덕분에 종이 매체와 전자서적 만화의 매출을 합하여 2014년 이후 4,500억 엔도 채 못 되는 상태로 변화하였다.

아마존 현상은 소비자의 편의성을 높이기도 하였지만, 또 한 가지 큰 의의로 롱테일 현상[26]을 일으켜, 지금까지는 재고로 남아 아무도 돌아보지 않던 서적이 검색에 의해 발견되어 팔릴 가능성이 넓어졌다는 점도 지적해야 할 것이다. 그렇다고 한다면 출판문화에서 중요한 다양성의 확보로 연결될 수도 있다. 앞에서 언급했듯이, 책의 타이틀의 다양성에 대해서는 출판기획의 다양성(공급측)과 소매 업장에서의 다양성(소비자가 다양한 타이틀에 액세스 가능한가, 실제 다양한 타이틀을 구입할 수 있는가)이라는 두 가지 측면이 있다. 이것들은 온라인 서점의 성장에 의해 어떤 영향을 받았는가?

---

26 [역주] 롱테일(long tail) 현상이란 IT와 통신 서비스의 발달로 시장의 중심이 20%의 핵심 소수에서 80%의 사소한 다수로 옮겨 가는 현상.

우선 공급자 측의 다양성(즉 출판기획의 다양성)에 대해 생각해 보자. 원래 다양성이란 무엇인가? 그 정의나 측정 기준은 일정하지 않다. 생태학 연구에서 힌트를 얻어 그것을 논한 프랑스 연구자의 논문(Benhamou and Peltier, 2007, UNESCO, 2011, pp.9~11)에 의하면, 문화다양성에는 버라이어티(variety), 밸런스(balance), 디스패러티(Disparity)의 세 차원이 있다고 한다. 버라이어티란 양적인 것으로 오리지널한 타이틀 수를 가리킨다고 생각하면 될 것이다. 예를 들면 어느 해에 출판된 서적의 타이틀 수가 많으면 많을수록 버라이어티라는 지표에 의한 다양성은 올라간다. 밸런스 쪽은 각각 오리지널한 타이틀의 개별 작품이 어느 정도 시장 점유율을 차지하는가와 관련이 되며, 역시 양적으로 측정 가능하다. 시장 점유율의 분포가 특정 작품에 편중되지 않고 넓게 분포되어 있을 때 다양성은 올라간다. '디스패러티'라는 지표는 질적인 측면을 포함하며, 측정에는 주관적 판단이 필요하여 어려운 점이 있다. 그것을 측정하기 위해서는, 개별 작품을 몇 개의 그룹으로 나누어(예를 들어 장르로 구별) 그 '그룹 간의 거리'를 측정할 필요가 있다. 예를 들어 영화라면 사용 언어, 제작 국가, 장르, 예산 규모(이는 종종 영화의 타입을 결정짓는 요인이 된다) 등의 요소를 가급적 종합적으로 평가하여 그룹으로 나누고, 그룹 사이가 떨어져 있을수록 다양성이 높다고 판단한다. 즉 비슷한 장르의 작품만 있다고 한다면 다양성은 낮다. 출판으로 말하자면 어쩌면 소설과 만화는 가까울 지도 모르지만, 학술서, 실용서 등과는 거리가 있다고 할 수 있다.

　그러나 장르의 설정, 개별 작품의 장르 구분 모두 고도로 주관적인 판단이 필요하여 완전한 결정판을 만든다는 것은 극히 어렵다. 특히 다른 장르 간 거리 측정, 예를 들어 '액션'과 'SF'간, '코미디'와 '드라마'

간 어느 쪽이 더 거리가 먼지 판단하는 것은 매우 어렵다. 확실히 다양성의 의미, 측정, 그것이 증감하는 메커니즘 등의 문제에 대해서는 신중할 필요가 있다.

인터넷 통판형 서점의 발달에 의해, 롱테일 현상이 일어나고 있는 것인지, 출판의 다양성은 증가하고 있는 것인지, 이 두 가지 문제에 주목해 보자. 롱테일은 공급자 측이 틈새 시장형 콘텐츠를 갖춘다는 측면과 그것이 실제로 어느 정도 팔리고 있는가 하는 소비자 측면을 함께 논하는 경우가 많으며, 또한 그 측정법도 다양하여 실증 데이터가 갖추어지지 않았다는 문제가 있다. 그 점에 대해서는 차치하고, 롱테일을 지지하는 설과 그것은 환상에 불과하며 실은 점점 더 블록버스터 전략이 강해지고 있고, 극히 일부의 초인기 콘텐츠의 매출집중도는 높아지고 있다는 설이 있어서, 2004년 무렵부터 10년 이상에 걸쳐 경제학자들 사이에서는 논쟁이 일고 있다. 여기에서 그 논의를 자세히 검토해 보자.

우선 롱테일이란 원래 저널리스트인 크리스 앤더슨이 2004년에 『와이어드(WIRED)』라는 웹 매거진에서 발표한 개념이다.(앤더슨, 2014) 종래에는 수많은 장소에서 각각 재고를 가지고 그것을 그 지역 사람들의 수요에 맞춰 배분하는 것이 유통의 역할이었다. 그러나 인터넷의 발달에 의해 점포와 그 관련 노동력은 불필요해지고 집중 관리한 정보 데이터베이스에서 보다 효율적으로 소비자에게 상품을 보낼 수 있게 되었다. 상품이 디지털재인 경우, 판매자로서는 거래 비용이 더 큰 폭으로 감소했다.

음악 CD를 예로 들면, 각 점포는 재고로 CD를 가지고 있었지만, iTunes의 등장에 의해 점포나 재고는 불필요해졌고 온라인상에서 집중 관리하는 음악 데이터에 각 소비자가 개별적으로 액세스하는 것만으로 즉시 원하는 곡을 입수할 수 있게 되었다. 종이 매체인 책에 대해서는 아마존처럼 집중적으로 창고에서 관리하는 시스템이 있고, 그곳에서 직접 받은 주문을 즉시 처리하는 시스템을 생각하면 된다. 이러한 극적인 변화에 의해 코스트 삭감이 가능해지고 팔리지 않는 상품을 저장해 두는 비용도 크게 감소했다. 아날로그 세계에서는 수없이 많아지는 틈새 콘텐츠에 관심을 갖는 소비자가 물리적으로 분산되어 존재하고 있고 그것을 수요로서 제대로 아우를 수 없어서 그러한 콘텐츠는 시장에서 오래 지속될 수가 없었다.

인터넷 덕분에 소비자들은 검색을 통해 그리고 추천 기능 덕분에 자신은 생각지도 못했던 타이틀을 만나게 되는 경우가 늘어서, 선택의 폭이 이전보다 훨씬 넓어졌다. 소비자들이 구입에 이르기까지 검색 코스트가 감소했다고 할 수 있다. 이렇게 해서 몇 안 되는 탑 타이틀에 시장 전체의 매출이 극도로 집중하는 현상은 완화되고, 얼마 팔리지 않는 상품의 숫자가 늘어나서 동물의 꼬리 같은 테일은 점점 길어지고 굵어지게 되어 결과적으로 언젠가 콘텐츠의 매출합계는 탑 히트 작품의 매출을 능가할 것이라는 것이 앤더슨의 생각이었다. 앤더슨은 '프리미엄'(앤더슨, 2009)의 컨셉에서도 전 세계에 영향을 준 인물로, 그러한 온라인 사회의 본질을 짧은 설명으로 나름의 설득력 있는 숫자를 첨부하여 소개해 왔는데, 기업에 대해서는 최대공약수의 산업 판매에 집중하지 말고 롱테일에 있는 틈새시장형 콘텐츠에 의한 이익도 중시해야 한다고 주장했다.

이상과 같은 롱테일에 대해 부정적인 연구자의 필두는 제8장, 제9장에서 소개한 엘버스(2015)이다. 그녀는, 인간은 사회적 동물이며 다른 사람이 좋아하는 것을 자신도 원한다고 생각한다는 것을 하나의 전제로 삼아, '일부 슈퍼스타가 시장의 대부분을 장악하는' 엔터테인먼트, 미디어 업계에서 자주 보이는 현상이 인터넷 사회의 발전에 의해 사실점점 더 강화되고 있다는 사실을 사례와 수치화된 자료로 논증하고 있다. 그에 앞서 문화경제학에서는 '슈퍼스타 현상'이라는 분야의 문헌이 축적되어 있다.(Rosen, 1981 등) 오늘날과 같이 정보가 글로벌하게 나돌고 있는 세계에서는 탑에 오른 사람들에게 점점 더 관심이 집중되어, 재능의 차이는 별로 크지 않음에도 불구하고 아티스트들 사이에서는 경제 격차는 점점 더 커진다는 생각이다.(八木, 2019, pp.221~224에 간단한 해설이 있다)

이상과 같은, 소비가 특정 타이틀에 집중되는 정도에 대한 논쟁은 '롱테일 대 슈퍼스타'로 불리는 경우가 많다. 그러한 논쟁을 리뷰한 논문에서, 기술변화가 공급측인 미디어, 엔터테인먼트 기업에, 그리고 소비자에게 어떤 영향을 미치는지는 이하와 같이 정리된다.(Brynjolfsson et al., 2010) 우선 공급측으로서는 팔리지 않는 타이틀을 재고로 관리하는 데 대한 비용은 한없이 저감되었기 때문에 틈새시장형 상품 전략도 함께 취할 수 있게 되었다. 동시에 글로벌화가 진행되었기 때문에 전 세계 소비자의 흥미를 불러일으키는 블록버스터 전략에도 더 많은 자원을 투자할 수도 있게 되었다. 원래 슈퍼스타 프로덕트의 경우에는 규모의 이익이 작동하여 한층 더 높은 이익을 낳을 수도 있다. 광고 선전비에 대한 이익환원율도 높은 경향이 있기 때문에, 엘버스의 말대로 일부 블록버스터에 제작비, 선전비를 집중시키는 것이 리스크를 우려하여 넓고 얕게 예산을 배분하는 것보다 훨씬 높은 이익을 기대할 수 있으며, 결국 리스크를 경감시킬지도 모른다.

소비자 입장에서는 검색 코스트가 줄고 가격의 비교, 다른 소비자의 평가 등도 사전에 얻을 수 있으며, 또한 퍼스널라이즈화한 광고 선전, 추천을 받을 수 있기 때문에 자신의 관심이 틈새적인 것이라도 그에 맞는 상품을 발견할 가능성이 높아졌다. 물론 검색 엔진 등의 알고리즘에 따라서는 역으로 대중이 좋아하는 것에 관심을 돌리게 할 가능성도 있다. 소셜 미디어의 이용이 확대되고 리뷰에 대한 신뢰도가 높아짐에 따라 확실히 온라인상의 화제가 인기를 불러와서 폭발적으로 히트를 치는 경우도 있다. 역으로 소셜 미디어 안으로 좁혀진 화제나 테마로 작은 커뮤니티가 형성되어 다른 사람들과 차별화를 꾀하는 경우도 있기 때문에 소셜 미디어는 사람들의 관심을 분산시키는 기능도 있다. 또한 소비자로서는 엘버스의 말처럼, 다른 사람들과 같이 즐기고 싶다는 본능적인 욕구, 사회성이 있다고는 해도, 히트를 치고 화제가 되는 것 자체를 질이 높은 시그널로 파악함으로써 다른 것들을 이것저것 찾아다니거나 질에 대한 체크를 하는데 드는 비용을 낮추고 싶어 하는 것인지도 모른다.

이 문제에 관심을 가지고 있는 연구자는 적지 않지만, 실제로 책이나 음악 타이틀 별 및 시장 전체의 매출 데이터를 충분히 입수하는 것이 어렵기 때문에, 실증적인 연구는 별로 이루어지지 않고 있다. 서적, DVD, 음악 등의 시장에서 롱테일 현상은 확실히 있다고 하는 논문도 있는가 하면, 그렇지 않고 슈퍼스타 현상이 더 강해지고 있을 뿐이라고 하는 연구도 있어서, 의견은 갈리고 있다.(Peltier et al., 2016에 정리가 되어 있다) 실증연구 중의 하나를 소개하면, 프랑스 출판시장에서는 온라인 서점이 리얼 점포 시장보다 팔리는 타이틀의 폭이 넓고, 또한 그 차이가 연구대상이 된 2004년부터 2010년에 걸쳐 넓어졌다고 한다.(Peltier et al., 2016) 이와는 반대 입장의 주장도 있기 때문에, 여기에서는 더 이상 논하지 않지만, 온라인 서점의 점두가 앞으로 출판물 유통업계에 어떤 영향을 미칠지는 각국의 출판계로서는 주목의 대상이 되고 있다. 또한 소비자의 행동도 앞으로 많이 변화할 것이다. 정보 입수의 방법, 경로, 다른 선택지와의 비교나 평가, 구입에 이르기까지 오늘날의 소비자 행동은 예전과 많이 다르다. 한편 정보가 너무 많은 가운데 선택에 어려움을 느끼는 소비자가 많아서, 슈퍼스타 현상이 강해진다고 생각할 수도 있다. 또한 추천 기능이나 검색 엔진의 알고리즘에 따라 사람들의 선택 행동이 크게 변화할 가능성도 높아 출판물의 다양성을 어떻게 확보할 수 있을지 예단할 수 없는 상황이다.

여기에서 출판문화의 향상을 위해 국가가 문화정책으로 무엇을 할수 있는지를 간단히 소개하고 싶다.(유럽 각국의 개요에 대해서는 Smith, 2004가 상세히 정리하고 있다) 우선은 사람들의 독서 습관을 늘리고 교육 레벨을 올리는 것이 중요하므로, 무료로 이용할 수 있고 풍부한 장서와 책 선택을 서포트하는 도서관을 전국적으로 넓히고 영화상영이나 다른 이벤트에 의해 활동 내용을 다각화하여 도서관의 접근성을 높이는 등 구체적으로 어느 나라에서나 취하는 정책이 있다. 일본에서는 공립 도서관이 이용자의 수요에 대응하는 형태로 베스트셀러 책을 복수권(그것도 대량으로) 구입하기 때문에 책 시장에서 매출을 저해하고 있다고 문제가 되기도 하지만, 영국에는 도서관에서 책이 대출이 될 때마다 저작권 사용료가 저작자에게 지불되는 보상제도(Pnblic Lending Right)가 있다.

또한 양질임에도 불구하고 많이 팔리지 않는 책의 집필, 출판, 판매를 지원하는 조성금이 있는 나라도 유럽에는 몇 국가 있다. 언어적으로 소국인 북유럽 제국이나 네덜란드, 벨기에 등에서는 특히 자국어 출판을 장려하는 제도가 마련되어 있다. 한편 영국에는 뛰어난 영국 문학을 해외에 소개, 수출하는 데 대한 지원정책이 있다. 또한 유럽 제국은 부가가치세(VAT)가 20% 전후로 고율이지만, 대부분의 나라에서 책에 대한 부가가치세(VAT)는 경감하거나 제로로 하고 있다. 이들 정책이 출판문화, 독서문화의 향상, 뛰어난 문학 작품의 배출이라는 목표에 얼마나 효과적인지에 대해서도 연구해야 할 과제이다.

4. 전자서적

마지막으로 출판업계의 디지털화의 가장 큰 영향은 전자서적 단말과 콘텐츠 모두가 발달했다는 것이다. 전자서적의 경우, 당초에는 전용단말기의 개발 경쟁이 샤프, 소니 등 대형 전자기기 메이커를 중심으로 이루어졌지만, 모두 패권을 장악하지 못하고 iPad, 스마트폰 등의 범용기로 대체되었다. 한편 아마존에서는 킨들, 라쿠텐에서는 라쿠텐kobo라는 전자서적 전용 단말을 출시하였으며 어느 사이트에서나 전자서적을 판매하기도 하며 하드와 소프트를 연계시킨 비즈니스를 도모해 왔다.

'전자서적 원년'이라는 말도 꽤 오랫동안 사용되었지만, 일본에서는 특히 만화를 전자서적으로 간행하는 경우가 늘어 2010년 무렵부터 시장이 커졌다. 만화라도 당초에는 컷나누기가 종이매체와 다르다는 제약을 받아서 어렵다, 양쪽 페이지를 볼 수 없어서 적당하지 않다, 등등 문제점이 거론되었지만, 장르에 따라 그런 문제는 크지 않았고,

또한 작가 측에서도 그리는 방법을 바꾸었다.

이렇게 해서 2008년 시점에 350억 엔이었던 디지털 코믹 매출은 2017년에는 1,845억 엔으로까지 신장하여, 만화잡지의 매출이 같은 시기에 2,111억 엔에서 917억 엔으로까지 침체된 것을 보충하였다. 만화는 전자출판 시장 전체인 2,556억 엔의 77.2%를 차지하는 주력 장르가 된 것이다.(2017)(디지털 콘텐츠협회, 2018, p.128) 종이매체로서의 만화단행본 시장도 여전히 1,666억 엔이지만, 이미 디지털 코믹에 추월당하여, 만화는 디지털로 시프트한 장르라고 할 수 있다.

또한 스마트폰의 보급에 의해 출판사도 만화 앱을 많이 개발하여, 거기에서 전자 만화를 판매하게 되었지만, 동시에 IT계 기업도 진입하여 출판사와 연계하여 작품 전송을 시작하거나 오리지널 작품을 편집하여 전송하게 되었다. 특히 압도적인 존재감을 가지고 있는 것은 LINE만화로, 2018년 일본 국내 소비자의 소비액이 많은 앱 2위에 올랐다.(1위는 LINE, 3위는 LINE Music이다. App Annie, 2019)

공정거래위원회는 전자서적에는 재판제를 적용하지 않는다고 표명하고 있기 때문에 유연한 가격 설정을 할 수 있고, 인쇄, 제본, 배본이라는 코스트가 없기 때문에 팔릴지 안 팔릴지 잘 모르는 신인의 작품이나 지금까지의 스탠다드에서 벗어난 타입의 작품도 간행되기도 하여 만화 출판계에 새로운 움직임이 일어났다. 또한 신인이 투고한 작품이 화제를 불러모아 종이매체로 팔리거나 영상화되는 등 다양한 현상도 일어나고 있다. 만화에 한하지 않고 웹소설 분야도 마찬가지로 지금까지와는 다른 타입의 판매방법이나 소비자들 사이에서의 정보 전달 현상이 일어나게 되었다. 특히 앱의 경우에는 소비자의 반응, 감상, 코멘트 등을 직접 즉시 얻을 수 있고, 그것을 보면서 연재를 하는 작화

방식이 시작되어 저자와 독자의 직접적인 커뮤니케이션이 원활해졌다는 점도 흥미롭다.

종이매체의 서적 판매에 비해 이윤의 폭이 적기 때문에 종래형 출판사는 비즈니스로서 별로 적극적으로 전자출판에 나서지 않지만, IT계 기업의 진입에 의해 업계 관행이나 질서, 구폐가 무너지고 있다. 또한 일반인들이 소설이나 만화작품을 발표하는 것에 대한 장벽도 낮아지고 팬 투고 사이트에서 인재가 발굴되어 개화하는 예도 있다. 더욱이 만화는 해외의 열광적인 팬들에게 받아들여지기는 해도 해외시장에서 돈을 번다고 하는 발상은 거의 없었다. 해외 여러 국가 모두 출판업계 사정도 서로 다르고, 로컬라이즈도 어디까지 해야 하는가 하는 문화적 차이도 있고 하여, 특별히 적극적으로 해외진출을 시도하지 않았다. 그러나 아시아 신흥국이라는 새로운 시장의 가능성도 포함하여 앞으로는 전자출판이 해외로 전송되는 것도 시야에 넣는 것이 좋을 것이다. 한편 만화를 무료로 불법적으로 읽을 수 있는 해적판 사이트의 근절에도 상당히 많은 시간이 소비되어, 그런 불법 사이트를 소개하는 종합사이트(리치사이트라고도 한다)에 대한 대책 등 저작권법 정비와 그 집행이 그것을 따라가지 못한다는 과제도 남아 있다.

5. 맺음말

출판은 본서에서 거론하는 산업 중에서도 '산업화'된 역사가 가장 길고 사회의 정보 인프라로서 중요한 역할을 수행해 왔다. 인터넷의 발전, 보급과 함께 새로운 매체로 받아들이는 정보량은 줄었지만, 서적, 잡지, 신문이 없어지는 일은 없을 것이다.

일본의 출판업계는 오늘날에도 재판제라는 제도에 의해 보호받는 존재라는 사실도 언급했다. 이러한 시스템은 원래 문화 발전을 위해서 의식적으로 도입된 것은 아니지만, 오늘날에도 출판계에서는 이것을 유지해야 한다고 주장하고 있다. 그것이 출판문화의 질적 향상과 다양성 유지라는 목표에 얼마나 기여하고 있는지에 대해서는 신중한 검토가 필요하며, 업계 내부에서는 반품이 가능한 현재의 유통제도를 비판하는 목소리도 강하여 출판업계에 변혁을 기대하는 논자는 적지 않다. 이전부터 서적, 잡지 분야에서 출판계의 중심적 존재였던 만화조차 예전의 기세는 없고, 전자서적화가 진행되고 있기는 하지만, 불법 만화사이트의 문제도 크고 종이와 전자를 합친 만화 시장이 비약적으로 확대되고 있는 것도 아니다.

만화가인 나쓰메 후사노스케(夏目房之介, 2001)가, 일본의 만화도 앞으로는 국제화할 필요가 있으며, 그를 위해 저작권 문제만이 아니라 출판계, 특히 만화라는 콘텐츠가 멀티미디어 전개를 글로벌하게 해나갈 필요가 있고, 또한 현재와 같은 출판사가 아니라 타 업종과의 링크를 전문으로 하는 소규모 집단, 개인, 에이전트의 출현이 기대된다고 지적한 것은 흥미롭다.

인용문헌

アンダーソン, クリス(2014), 『ロングテール』(篠森ゆりこ訳), ハヤカワ・ノンフィクション文庫.
アンダーソン, クリス(2009), 『フリー』(小林弘人監修, 高橋則明訳), NHK出版.

池上淳(1997), 「著作権の経済学」, 『経済セミナー』514(1997年11月号), pp.60~64.

エルバース, アニータ(2015), 『ブロックバスター戦略』(鳩山玲人監訳・解説, 庭田よう子訳), 東洋経済新報社.

小田光雄(2008), 『出版者と書店はいかにして消えていくか』, 論創社.

木下修(1997), 「日本の出版流通と再販制度」, 『経済セミナー』512(1997年9月号), pp.59~64.

高橋次郎(2018), 『出版の崩壊とアマゾン』, 論創社.

中条潮(1997), 「再販制度を維持する『特段の理由』はあるか」, 『経済セミナー』514(1997年11月号), pp.65~69.

デジタルコンテンツ協会(2018), 『デジタルコンテンツ白書2018』, デジタルコンテンツ.

電通メディアイノベーションラボ編(2019), 『情報メディア白書2019』, ダイヤモンド社.

夏目房之介(2001), 『マンガ世界戦略—カモネギ化するマンガ産業』, 小学館.

三輪芳朗(1997a), 「なぜ著作権再販制度を問題にするのか」, 『経済セミナー』512(1997年9月号), pp.54~69.

三輪芳朗(1997b), 「著作物再販制問題が提起したもの」, 『経済セミナー』514(1997年11月号), pp.69~74.

八木匡(2019), 「芸術家と労働」, 後藤和子・勝浦正樹編, 『文化経済学』, 有斐閣.

App Annie(2019), 『モバイル市場年鑑2019』.

Appleman, M.(2003), "Fixed Book Price", in Towse, R. (ed.) *A Handbook of Cultural Economics*, Edward Elgar.

Benhamou, F. and Peltier, S.(2007), "How Should Cultural Diversity Be Measured?" *Journal of Cultural Economics*, 31, pp.85~107.

Brynjolfsson, E. et al.(2010), "Long Tails vs. Superstars: The Effect of Information Technology on Product Variety and Sales Concentration Patterns" *Information Systems Research*, 21, 4, pp.736~747.

Fishwick, F.(2008), "Book Prices in the UK Since the End of Resale Price Maintenance" *International Journal of the Economics of Business*, 15, 3, pp.359~377.

Peltier, S. et al.(2016), "Does the Long Tail Really Favor Small Publishers?" *Journal of Cultural Economics*, 40, 4, pp.393~412.

Peltier, S. and Moreau, F.(2012), "Internet and the 'Long Tail versus Superstar Effect' Debate: Evidence from the French Book Market" *Applied Economics Letter*, 19, pp.711~715.

Ringstad, V.(2004), "On the Cultural Blessings of Fixed Book Prices. Facts or Fiction?" *International Journal of Cultural Policy*, 10, 3, pp.351~365.

Rosen, S.(1981), "The Economics of Superstars" *The American Economic Review*, 71, 5, pp.845~858.

Smith, K.(2004), "Publishers and the Public: Governmental Support in Europe" *The Public*, 11, 4, pp.5~20.

UNESCO(2011), *Measuring the Diversity of Cultural Expressions: Applying the Stirling Model of Diversity in Culture*. UNESCO Institute of Statistics.

van der Ploeg, F.(2004), "Beyond the Dogma of the Fixed Book Price Agreement" *Journal of Cultural Economics*, 28, pp.1~20.

참고문헌

梶善登(2009), 「諸外国の書籍再販制度―理論と実際」, 『レファレンス』 2009年4月号, pp.3~72.

岡本真他(2010), 『ブックビジネス2.0 ウェブ時代の新しい本の生態系』, 実業之日本社. (IT저널리스트 쓰다 다이스케[津田大介]와 국립국회도서관장 나가오 마코토[長尾真] 등의 기고 포함).

■ 전자서적, 만화 앱에 관한 연구

飯田一史(2018), 『マンガ雑誌は死んだ。で、どうなるの?』, 星海社新書.

大坪ケムタ(2019), 『少年ジャンプが1000円になる日』, コア新書.

佐々木俊尚(2010), 『電子書籍の衝撃』, ディスカヴァー携書.

제11장

TV방송산업

1. TV방송산업의 특징

　TV방송산업은 본서에서 다루는 콘텐츠산업 중에서 가장 큰 규모를 자랑하며, NHK, 민간방송국(TV, 라디오) 모두를 합친 시장 규모는 연간 3조 4,800억 엔에 이른다.(2017년, 디지털콘텐츠협회, 2018) 이 중 NHK의 수신료 수입 6,860억 엔 정도를 뺀 대부분은 광고 수입이며, 민간 방송으로 좁혀서 이야기하면 비즈니스 모델은 전형적인 '광고 수입 의존형'이다. 이렇게 이 업계는 '공공성'이라는 개념과 밀접한 관계를 가지며 그것을 규율하는 법적 제도 안에 존립하는 데 최대 특징이 있다. 우선 방송국이라는 비즈니스를 시작하는 데에는 어느 나라나 국가(또는 전파 규제를 위한 공적 기관)에 의한 인가를 필요로 한다. 한편 출판사나 레코드 레이블을 시작하는 데 있어 국가로부터 면허를 취득할 필요는 없으며 업계에 대한 진입은 완전히 자유롭고 같은 매스미디어라도 신문이나 잡지의 발간, 휴간에 국가는 아무런 관여도 하지 않는 것을 생각하면, 방송업은 상당히 특수한 것임을 알 수 있다.

　또한 그 표현 내용에 대해서도 국가에 의한 직접 규제라고는 하지만, 우선 사회 일반에게 보도에 관한 정확성, 중립성에 대한 요구나 어느 정도 품성을 지닌 프로그램을 만들 것이라는 기대가 있어서, 그 것을 면허 대신 명확하게 요구하는 제도를 실시하는 나라도 있다. 더욱이 국가에 의한 면허를 받아 방송비즈니스에 종사하는 민간방송국이 있는 한편, 공공 자금과 조직에 의해 성립하여 방송사업을 실행하는 공공방송이라는 것도 대부분의 나라에 병존하고 있는 점에서도 역시 다른 콘텐츠 비즈니스나 매스미디어와는 크게 다르다. 전후 크게 성장하여 많은 사람들의 일상생활에 녹아들어 있는 방송미디어라는 콘텐츠산업은 디지털 네트워크 사회 안에서 앞으로 어떻게 될 것인가? 이들 특징과 과제는 방송업계 일반에 공통되지만, 본장에서는 특히 지상파 TV방송에 초점을 맞추어 논의를 전개해 보겠다.

이 업계는 본서에서 다루는 대부분의 콘텐츠산업이 근 10년 정도 사이의 환경 변화에 따라 변용이 된 것과 비교하면, 별로 크게 변화하지 않은 것도 하나의 특징이라 할 것이다. 그러나 지금 TV방송의 기본형을 뒤흔들 만큼 큰 요인에 직면하기도 했다. 첫째는 영상콘텐츠를 인터넷으로 전송하는 비즈니스의 급성장이다. 이 움직임과 함께 종래형 방송프로그램에 대해서도 인터넷을 통해서 보고 싶다는 수요가 증가하고 있다. 일본의 TV업계에서도 이미 '놓친 방송 전송'이라는 형태로, 방송 후에 일부 프로그램을 온라인으로 전송하게 되었는데, TV방송과 동시에 온라인 전송을 할지 말지 고민하는 국면에 처해 있다. 또 한 가지는 민간방송국을 지탱해 온 재원의 거의 대부분은 광고 수입이었지만, 그 광고산업에 인터넷 전파가 몰려 있어 그것이 방송국에 어떤 영향을 주는가 하는 점이다.

2. TV방송산업과 규제

일본에서 방송사업자는 전파법에 의한 무선국의 설치, 운용(하드)의 '면허'와 방송법에 의한 방송 업무(소프트)의 '인정'을 받아야 한다.(일부는 하드와 소프트를 동시에 인정하는, 2010년 방송법 개정 이전부터의 '면허' 제도도 병존하고 있다) 방송과 통신에 관한 4개의 법률이 2010년에 2개로 개정되었는데, 그 결과로써의 '방송'의 정의, 방송사업자의 구분에 대해서는 본서에서는 상세히 거론하지 않겠다.(시마자키[島崎]·요네쿠라[米倉] 편저, 2018, 스즈키[鈴木]·야마다[山田] 편저, 2017 등에 상세하다) 다만, 왜 이렇게 상당히 강력하게 영업의 자유에 제한을 가하는 것인지 살펴보겠다. 첫 번째, 규제 근거로서 전파의 유한 희소성을 들 수 있다. 방송을 하기 위해서는 전파의 특정 주파수역대를 사용하게 되는데, 전파는 눈에 보이지 않는 무형의 공공재이다. 여러 가지 주파수역대를 각자가 마음대로 사용하는 것은 가능하지만, 너무 많은 사람들이 정보를 무선으로 발신하기 시작하면 전파가 혼선이 되어 각 방송 프로그램, 기타 정보를 제대로 수신하지 못하는 상황이 발생한다. 또한 전파는 따로 무선 통신(휴대전화의 회선이나 항공관제 등 공공적 역할을 하는 통신)에도 필요하기 때문에 그 부분을 확보해 두어야 한다. 요컨대, 전파의 이용에 대해서는 국가가 일원적으로 관리하고 주파수역별로 각 사업자에게 할당할 필요가 있다는 것이다. 방송사업 면허를 받는다는 것은 주파수역 할당을 받는다는 의미이다.

TV라는 미디어가 일상생활의 정보 수용에 큰 역할을 할 것이라는 사실은 처음부터 예상되고 있었다. 미디어사회학에서 매스미디어는 근대국가가 국민에 대해 평등하게 널리 구석구석 정보를 보내는 데 중요한 역할을 했다고 여겨진다. 신문, 그리고 라디오 방송이 등장하기 이전에는 국민, 국가라는 의식은 일반 서민들 사이에서 희박했다고 할 수 있다. 그러나 이들 매스미디어의 등장에 의해 비로소 그와 같은 의식이 생기고 정보를 신속하게 공유할 수 있게 된 것은 큰 의미가 있다. 제2차 세계대전 전부터 전시 중에는 영화관에서 영화를 보는 사이사이에 뉴스영화가 최신 정보를 국민에게 전하게 되었고, 그것은 라디오의 기능을 보강하게 되었다. 그리고 전후 TV방송이 개시되면서 국민 미디어는 완성이 되었다.

현대는 국민이 정치나 경제, 국제정세, 혹은 예능, 문화, 사회문제 등에 대한 기본 지식과 정보를 가지고 있어야 민주정치에 참가할 때 중요한 의사 결정을 할 수 있다. 따라서 그를 위한 정보전달 수단인 매스미디어는 민주주의를 지탱하는 근간이라고 생각할 수 있다. 한편 미디어를 독해하고 거기에서 다루어지는 내용의 참과 거짓 여부를 자기 나름대로 판단하는 힘(미디어 리터러시)이 필요해진다.(菅谷, 2000) 일본에서는 TV에 대해 그렇게 중요하게 생각하지 않을지 모르지만, 유럽에서는 TV는 민주주의의 유지, 발전을 위해 불가결하다고 여겨지고 있다. 그런 차원에서 종래에는 국영방송이 있었고(대부분은 1980년대에 민영화되었다), 민간방송국에 대해서도 내용상의 법적 규제가 강화되었다.(오늘날에도 사라진 것은 아니다) 내용상의 제약, 규제에는 보도에 관한 중립성, 공평성, 정확성을 추구할 것, 일정 비율로 보도, 다큐멘터리, 오락 등 각 분야가 프로그램 편성에 반영되어 국민 전체의 요구에 대응할 것을 요구하는 것이다. 또한 폭력성, 성적 표현이나 광고에 관한 한도나 방영시간대를 제한하는 것을 들 수 있다. 일본의 방송법에는 큰 틀은 있지만, 대부분은 업계의 자주규제(구체적으로는 방송윤리, 프로그램 향상 기구[BPO]라는 독립적, 중립적 조직에 의한 규율)에 맡기고 있다.

이상과 같이, 물리적, 정치적, 문화적 이유에서 국가에 따라 면허를 부여받은 자만이 방송사업에 종사할 수 있는 제도를 실시하게 되었고, 그 결과 민간방송사업자는 매우 귀중한 자원을 손에 넣게 된다. 전파를 할당받는 것이 왜 그렇게 중요한 것인가? 그것은 기본적으로 적어도 최근까지는 TV광고라는 것이 마케팅 커뮤니케이션에 가장 효과적이라고 믿어졌고, 또한 TV광고 풀의 공급에는 상한이 있어서(한 방송국의 하루 방영시간과 광고에 할당되는 시간 틀에는 한계가 있다) 광고주들 사이에서 서로 경쟁을 하기 때문이다. 그러니 만큼, 그 면허를 받는 것은 '지폐를 발행하는 권리를 얻는 것과 같은 것'이라고 할 정도로, 막대한 이익을 손에 넣는 것이라고 생각되었다.

3. 방송산업의 두 가지 존립 패턴

일본의 방송업계에는 민간방송과 일본방송협회(NHK)가 병존하며 각각 다른 재정기반 시스템으로 성립된다.

민간방송의 경우, 영업 수입의 대부분은 광고 수입이다. 스폰서가 자사 제품의 광고를 싣고 싶어서 그 시간을 사고, 방송국은 그에 대한 지불로 유지를 하는 것이다. 위에서 언급한 바와 같이 수요가 공급을 웃도는 경향이 강하여, 제조업 등에 비하면 설비투자나 재고 조정과 같은 물리적 코스트와 리스크를 끌어안을 필요도 거의 없는 업종이며, 게다가 콘텐츠제작(프로그램 제작)은 하청을 주는 방식을 취하여 코스트를 억제하면서 수입을 얻는 시스템을 가지고 있다. 물론 후술하는 바와 같이 시청률을 둘러싸고 방송국 사이에서 치열한 경쟁이 펼쳐지고 있지만, 그것은 단순한 파이 나눠 먹기식이다. 즉 규제에 의해 보호를 받아왔기 때문에 파이 자체를 다른 외부로부터 빼앗길 염려는 없다는 것이다. 그러나 온라인 사회의 발달은 이런 시스템을 크게 뒤흔들고 있다. 금융 등 다른 업계가 규제 완화와 경쟁 격화를 1980년대부터 경험해 온 것에 비해, TV업계는 '규제에 의해 보호를 받는 마지막 업계'라는 말을 들어왔지만, 이제 디지털화의 흐름을 거스를 수는 없다.

한편 공공방송은, 일본에서는 세금이 아니라 '수신료'라는 형식으로 TV 수신기 보유를 기준으로 NHK가 각 시청자의 가정에서 매달 정액을 징수함으로써 성립이 되고 있다. 법률상 TV 수신기를 가지고 있으면 NHK와 수신계약을 체결하고 수신료를 지불하게 되어 있다. 영국의 BBC의 시스템을 따른 것인데, 일본의 경우 지불을 하지 않았다고 해서 벌금을 물리는 것은 아니라는 점이 다르다.

스폰서로부터 광고 수입을 받는 한편, NHK의 프로그램을 실제로 보느냐 마느냐에 상관없이 일률적으로 각 가정에서 수신료를 징수한다고 하는, 전혀 다른 두 종류의 비즈니스 모델이 병존하는 것은 콘텐츠 비즈니스로서는 드문 경우이다. 제3장에서 논했듯이, 전통적으로는 콘텐츠비즈니스는 최종 소비자에게서 소비의 대가를 소매의 단계에서 받고, 그 지불이 유통업자, 제작자에게 돌아가는 형태로 성립되어 왔다. 영화라면 영화관에서 지불하는 티켓값, DVD의 대여료 등을, 음악이라면 CD를 한 장 사거나 음악 전송 사이트에서 곡 수에 따라 다운로드를 하고 그 대금을 지불하는 것이다. 이에 대해 방송의 경우는 왜 직접 그 제품 즉 방송 프로그램을 수용하고 소비하는 데 따른 요금 징수 방법을 취하지 않는 것일까?

물론 그러한 모델도 한정적인 형태이기는 하지만 전개되고 있다. 위성 방송으로 유료 채널을 전개하고 있는 WOWOW나 스카파!는 기술적 시스템에 의해 매달 지불을 하는 계약자만 수신을 가능하게 하여 직접 방송 서비스에 대해 과금을 한다.

그러나 그것을 제외하면, 방송업에서 유료방송 시스템이 한정적으로밖에 없는 것은 방송 서비스의 핵심인 전파가 공공재적 성격(제3장 참조)을 가지고 있기 때문이라고 경제학적으로 설명할 수 있다. 어떤 장소에 위치하는 방송국이 방송 데이터인 전파를 발신하면 지리적으로 일정 범위에서 TV수신기를 가지고 있는 사람들은 자연히 전파를 수신하고 프로그램을 볼 수가 있다. 누군가 한 명 수신한다고 해서 다른 사람들이 수신할 가능성이 줄어드는 것은 아니며, 또한 누군가 한 사람 돈을 내고 수신을 함으로써 다른 사람들의 수신을 배제할 수도 없다. 이렇게 비경합성, 비배제성이 강하게 보이는 정보재의 시장에서는 재화를 획득하기 위해 지불을 할 필요가 없기 때문에 무임승차 문제가 발생하고 결과적으로 공급이 감소하게 된다. 이렇게 되는 것은 국민에 대한 정보전달 수단 유지 면에서 바람직하지 않다고 생각해서, 국가가 공공 방송 시스템을 만드는 것은 쉽게 납득이 될 것이다. 공공 방송은 세수에 의한 운영 형태를 취하지는 않지만, 국가는 수신료 수입이라는 재정기반을 법적으로 창설한 것이다.

그런 한편, 마찬가지 이유에서 민간방송이 소비자에게서 소위 간접적으로 광고주에게 CM 자리를 판매함으로써 거기에서 수입을 얻는다고 하는 비즈니스 모델로 낙착되는 것은 흥미롭다. 원래는 미국의 가전 메이커가 라디오 수신기의 보급, 판매 촉진을 위해 직접 방송국을 세우고 광고 방송에 의한 무료 방송의 보급에 노력했다고 하는 역사적 발생 사정이 있지만, 이 모델은 각국의 TV방송에도 침투했다. 민간방송국으로서는 그 도입기인 1950년대에 스크램블을 걸어서[27] 계약자에게만 프로그램을 전송하는 시스템을 취하는 것이 가령 기술적으로 불가능하지 않았다고 해도, TV수신기 자체가 고가여서 TV방송을 본 적이 없는 사람들에게 그 매력을 전하여 계약에 이르게 하는 것은 현실적으로 어려웠을 것이다. 시청자에게는 콘텐츠를 무료로 제공하고 그 주변에 광고 타임을 설정하여 그것을 판매하는 것으로 수입을 얻고자 하는 비즈니스 모델이 오랫동안 성공한 것은 누구나 잘 알고 있는 사실이다. 신문 등의 인쇄매체는 광고 스페이스를 두고 있으면서도 종이매체 판매로도 수익을 얻고 있지만, 민간방송의 경우는 광고 한 가지인 점이 다르다. 이러한 광고 타임은 물리적으로 한정되어 있고 또한 그때까지의 다른 인쇄 매체를 능가하는 광고효과가 있다고 생각되었기 때문에, 기본적으로는 광고주 간에 서로 경쟁이 되어서 민간 방송국의 비즈니스는 대성공을 거두어 왔다.

이렇게 해서 광고주는 될 수 있는 한 많은 사람들이 그 CM을 보는 상황을 만들기 위해서 TV방송국, 광고회사와의 사이에 광고가 들어가는 전후 프로그램의 평균 시청률×1주일간 CM방영회수×주수로 계산하는 GRP(Gross Rating Points=연[延]시청률)라는 것을 거래의 목표치

---

27 [역주] 스크램블 방송(scrambled broadcast)을 말함. 특수한 신호를 넣거나 주사선의 순번을 바꿔서 특정 이용자만 시청하도록 한 방송. 위성 방송, 종합 유선 방송(CATV) 등의 유료 채널 방송에 사용된다. 스크램블 방송은 방송의 도시청(盜視聽)을 방지하기 위해 TV신호를 일정한 규칙에 따라 교란시켜 내보낸다. 이 신호를 보통의 TV에 방영해도 정확한 영상이 나타나지 않으며 스크램블 전용 복호기(decoder)를 통해야만 정확히 표시된다.

혹은 기준으로 사용하고 있다. 이들 세 요소 중 광고주의 지배하에 없는 것은 시청률이기 때문에 이것이 큰 문제가 된다.

시청률은 비디오 리서치라는 회사가 전국 주요지역의 샘플 가정에 대해 채널 센서를 TV수신기에 부착하여 TV를 볼 때마다 어느 채널을 보고 있는지 자동적으로 기록하는 시스템으로 측정한다. 조사에 의해 프로그램의 시청률이 높으면 그 CM 자리의 가치도 올라가게 된다. 따라서 민간방송국으로서는, 시청률은 소위 자사의 시장 가치를 결정하는 중요한 지표이며 매일 발표되는 전날의 시청률 일람표를 보고, 다른 방송국과의 차이나 전주와의 차이 등에 일희일비하게 된다.

시청률을 베이스로 하는 거래형태에는 몇 가지 전제와 가정이 있으며, 이것들은 방송국, 광고주, 거래를 매개하는 광고회사 사이의 합의로 결정된다.

첫째, 어떤 프로그램을 보고 있는 시청자는 그대로 CM을 보고 있을 것이라는 것이다. 물론 사람들이 광고를 하는 사이에 차를 끓이거나 화장실에 간다는 것은 누구나 상식적으로 알고 있고 그 사이에 시청률이 내려가는 것은 분 단위 시청률 추이를 보면 분명하다. 그러나 그것을 일일이 고려해서는 거래 효율이 나빠지기 때문에 프로그램 평균 시청률을 '시청률'로 보게 되어 있다. 본래 광고주 입장에서 보면, 'CM 시청률'을 기준으로 하고 싶겠지만, 방송국 측의 의향도 있고 하여, 프로그램 평균 시청률을 사용하는 것으로 합의가 되어 있다. 다만, 같은 프로그램을 보고 있는 시간이 길수록 프로그램의 평균 시청률은 올라가게 되어 있다.

두 번째로 앞으로 방영될 프로그램의 시청률은 방송이 끝나기 4주 전의 평균 시청률이 계속되는 것으로 보게 되어 있다. 미래를 정확히 예측해서 알 방법은 없지만, 과거에 인기가 있었던 프로그램은 아마 같은 페이스로 갈 것이라고 앞서 언급한 삼자가 양해를 한 것이다. 어느 정도의 기간, 계속되는 프로그램의 스폰서가 될 경우(이것을 타임 광고라 하며 단발적 스포트 광고와 구별한다), 프로그램 시청률이 내려가면 가치가 하락하기 때문에(혹은 그 반대도 마찬가지) 물론 재고를 하지만, 미래에 대한 예상을 바탕으로 하는 가격수정이 아니라 가장 가까운 실적을 베이스로 가격이 결정된다는 것이다.

세 번째는 특정 TV프로그램을 보는 사람이 실제로 어떤 속성(성별, 연령 등)을 지닌 사람들인가 하는 것을 거래상 고려에 넣지 않고 어디까지나 전체 중 몇 %의 개인이 어떤 프로그램을 보고 있는가를 기준으로 한다는 것이다. 원래는 1960~70년대처럼 온 가족이 모여 한 대의 TV를 본다는 시청 형태를 상정한 세대시청률이라는 것이 거래의 기준으로 사용되어 왔다. 그러나 시대가 바뀌어 가정 내에 복수의 TV가 있는 집이 늘어나면서, 대도시권에서는 피플 미터[28]라는 시스템을 사용하고, 또 다른 지역에서는 일기식 조사에 의해 개인 시청률도 계측하게 되었다. 광고주로부터의 요구도 있어서, 2018년 4월부터 관동(関東) 지역에서는 이 개인 시청률을 GRP 계산에 넣게 되었다. 30년 만에 큰 개정이 이루어진 것이었다. 또한 녹화된 프로그램 속에 있는 CM의 자리가 방송 후 1주 이내를 한도로 얼마나 시청이 되었는가 하는 비율도 측정하게 되었다. 이러한 변경이 있었지만, 전체적으로 CM 출고 요금은 인상도 인하도 되지 않고 대략 순조롭게 새로운 지표를 채용하

---

28 [역주] 피플 미터(People Meter)란 미국의 여론조사기관인 A.C. 닐슨사에 의해 개발된 TV시청률 조사 수단으로, 가족 구성원의 개인별 버튼을 통해 시청자의 성별, 연령별, 직업별 집계가 가능하다.

고 있다.

또한 NHK는 이상과 같은 시청률 경쟁과 무관한 것처럼 보이지만, 실제로는 그렇지 않다. 물론 시청률이 낮은 프로그램이라도 NHK의 사명에 비추어 필요하다면 그것을 계속할 자유와 여지가 있는 것은, 시청률이 목표보다 낮으면 프로그램의 조기 종영에 쫓기는 민간방송국과는 다른 상황이다. 그러나 TV프로그램을 만드는 사람들은 그것이 얼마나 많은 사람들에게 흥미를 불러일으키는가 직접 반응을 보는 하나의 지표로서 시청률에 신경을 쓴다.

또한 공공 방송인만큼 방영 프로그램의 시청률이 계속해서 너무 낮으면 국민으로부터 받은 수신료를 어디에 사용하는 것이냐 하는 문제에 직면하게 된다. 스스로의 존속 기반을 지키기 위해서도 시청률을 확실하게 확보하여 국민에게 사랑받는 채널이라는 것을 어필하는 것은 정치적 의미, 또는 NHK의 책임(Accountability)[29]이라는 의미에서 필요하다. 그런 의미에서 NHK에서 일하는 사람들도 민간방송국의 경우와 마찬가지로 시청률에 신경을 쓴다.

4. 미디어 기업의 소유 규제

미디어에 관한 규제로서 원래 방송국을 시작하는 데 대한 법적 규제가 있으며 일단 면허를 받아서 개국을 하면 내용상 일종의(법률상 혹은

---

29 [역주] 회계(Accounting)와 책임(Responsibility)의 합성어. 경영자가 주주 등의 출자자나 채권자에 대해 자금의 사용처를 설명하는 '회계설명책임'을 말함. 최근에는 회계만이 아니라 기업(경영자)이 지는 설명책임 전반을 일컫는 경우가 많다.

적어도 업계의 자주적인) 제약, 조건이 붙게 된다는 사실에 대해 언급했다. 또 한 가지 중요한 것은 미디어기업의 소유에 관한 규제이다. 이에는 두 가지 종류가 있다.

첫째, '외국인'에 의한 방송국의 소유에는 법률로 상한이 정해져 있다. 일본에도 있는 규제인데, 그 이유는 확실하지 않다. 아마 처음에 언급한 바와 같이, 국가 입장에서 TV라는 미디어가 얼마나 중요한지를 보여주는 것이라고 해석할 수 있다.

두 번째로 종종 미디어의 소유가 너무 집중하지 않도록 한 개인, 법인이 소유할 수 있는 미디어의 수(혹은 시청률이나 광고비의 점유율)에 제한을 두는 나라가 많다. 일본에서는 '매스미디어집중배제원칙'이라고 한다. 이는 미디어가 민주주의 유지에 수행하는 역할을 감안하여 미디어의 내용적 다양성을 확보하는 것이 좋다고 하는 정책적 요청에서 생긴 것이라고 생각된다. 예를 들면 현재 어떤 채널 모두가 어떤 한 개인의 지배하에 놓이고 그것들이 모두 사실과 다른 내용이나 특정 정당, 특정 종교에 힘을 실어주는 보도를 시작한다고 하면, 여론은 대규모로 조작되게 된다. 그런 파시즘적인 문화를 낳아서는 안 된다는 강한 신념에서 특히 유럽에서는 원래 미디어의 소유 규제를 엄격하게 관리해 왔다. 아울러 일본에서는 신문사와 TV방송국이 사실상 계열화되어 있는데(예를 들면 니혼테레비와『요미우리신문(読売新聞)』, 테레비아사히(テレビ朝日)와『아사히신문(朝日新聞)』 등), 이러한 일은 유럽 제 국가에서는 용납하기 힘들다. 그러나 다음에 언급하는 바와 같이, 경제, 문화, 미디어의 글로벌화가 진행됨에 따라 현재 미디어기업 간 흡수, 합병을 진행하여 자본력을 확보하지 않으면 국제화된 업계 내 경쟁을 극복할 수 없는 시대가 되었다. 그렇기 때문에 전체적으로 소유의 규

제 완화를 지향하고 있다. 이에 대해 TV방송을 민주주의의 골격이라고 생각하는 논자들 사이에서는, 이러한 규제 완화가 경제자유주의를 바탕으로 하고 있으며 지나치다고 비판하는 목소리도 크다. 미디어기업의 흡수, 합병의 국제적 동향에 대해서는 다음 절에서 검토하기로 하고, 여기에서는 '미디어의 내용적 다양성'에 대해 생각해 보겠다.

미디어 소유 규제 추진파의 주장은 미디어 소유자가 많으면 많을수록 미디어의 내용도 다양해진다는 설을 전제로 한다. 그것이 얼마나 타당한 생각인지를 검토하기 위해서는 우선 '미디어의 다양성'이란 무엇을 의미하며, 무엇을 목표로 하는가 하는 문제부터 생각해 볼 필요가 있다. 영어로는 Media Pluralism이라고 하는, 이 생각은 몇 개의 단계로 나누어 생각하면 알기 쉽다. 우선 소유 자체의 다양성, 다음으로 프로그램 장르의 다양성(오락, 교양, 보도 프로그램 등), 프로그램으로 대표되는 의견, 견해의 다양성이 있다. 프로그램 내에서 전개되는 의견의 다양성은 그중에서 가장 계측이 어렵지만, 중요한 것은 말할 필요가 없다. 온 나라의 미디어가 모두 특정 견해를 대대적으로 전개할 뿐 반대의 생각을 소개하지 않는다면 곤란할 것이다. 혹은 프로그램의 견해가 편중되어 있어 세계에서 일어나고 있는 중요한 사건을 미디어기업 소유자 편의에 맞춰 전혀 보도를 하지 않는 일이 있다면 그것은 큰 문제이다. 이러한 편향은 실제로 독재 국가에서는 종종 보이는 일이기 때문에 그 위험성은 확실히 경계해야 한다.

'다양성'으로서 또 한 가지 중요한 것은 수신자, 국민의 액세스의 다양성이다. 세상에 아무리 다양한 내용의 의견과 프로그램이 존재한다 해도 그것이 가격이나 기타 다른 이유로 입수곤란하다면 다양성은 표면적인 것일 뿐이다. 정말로 다양한 미디어란 그 엔드 유저가 어느 정도 입수 가능한 범위에서 다양할 것이 보장되는 것을 말한다.

미디어 소유 규제 추진파가 주장하는 것은 프로그램에 나타나는 의견, 견해의 다양성인 경우가 많지만, 그중에는 소유의 다양성 자체를 목적화해도 된다고 주장하는 논자도 있다.(예를 들면 Doyle, 2002) 미디어 소유가 집중된 경우에 일어날지 모르는 현상을 아무래도 저지할 수 없으니, 담보의 의미에서 소유의 다양성 그 자체에 가치를 인정하자는 설이다. 그러나 미디어기업의 주식 보유에 필요 이상의 규제를 가하는 것은 현대 자본주의 사회와는 맞지 않는 부분도 커서 경제활동의 자유를 침해할 가능성도 있다. 그렇게 생각하면 개연성이 어느 정도인지 전혀 알 수 없는 위험 때문에 '담보'라고 해서 지나치게 예방선을 치는 것이 더 위험하다고 할 수도 있다.

물론 프로그램에 나타나는 의견, 견해의 다양성을 확보하기 위해서는 우선 소유의 다양성이 필요하다는 것은 어느 정도 합리적인 생각이라 할 수 있다. 따라서 소유의 다양성과 내용적 다양성이 어떤 관계에 있는지를 검토해 보고자 한다.(이하 가와시마[河島], 2010에서)

우선 확실히 소유자가 많으면 많을수록 각자의 의견도 다른 것이므로 미디어의 내용적 다양성도 증가할 것이라는 설은 일견 설득력이 있어 보인다. 미국의 한 사회학 연구에서는 대중음악 레코드회사의 수와 새로운 음악 장르가 생기는 '혁신'의 관계를 밝히고 있다.(Peterson and Berger, 1975) 새 장르가 생겼을 때는 기존의 장르와 합쳐져서 장르의 다양성의 폭이 넓어진다고 생각한다. 이러한 실증적 연구에 의하면, 1950년대부터 1973년까지 미국에서는 레코드업계 기업의 수가 많았고 경쟁이 심한 시기에는 다른 회사와 다른 재능을 발견하기 위해 필사적으로 노력하였던 때문인지 엘비스 프레슬리나 비틀즈 등을 배출하면서 새로운 음악 장르를 창출하였다. 그러나 시장에서 우위에 서게 된 기업들이 더 이상 새로운 노력을 할 인센티브가 없어 같은 패턴으로 성공을 노리게 되면서, 음악의 혁신이 일어나지 않고 점차 침체되어 갔다. 그들이 검토한 그 시기의 음악 상황에서는 그러한 혁신과 침체의 사이클이 반복되었다고 한다.

확실히 그와 같은 설명은 설득력이 있어 보인다. 그러나 한편으로는 반대 결과를 시사하는 견해나 조사 결과도 적지 않다. 여기에서 미디어로 이야기를 돌리면, 예를 들어 미디어 소유자가 복수 존재하지만 그것들 모두가 국가의 감독을 받고 있어서 표현의 자유가 없는 독재국가라고 치자. 그 경우, 소유의 다양성과 내용적 다양성의 상관관계라는 도식은 의미가 없다.

다음으로 경제학에서는 시장 경쟁이 심하면 심할수록 각 회사가 중간층이나 대중 노선을 노리는 경향이 강해져서 마이너한 수요를 충족시키고자 하는 쪽은 줄어든다는, 즉 프로그램의 다양성은 확보하기 어렵다는 견해가 있다. 그와 같은 이론의 베이스가 된 것은 1930년대의 호텔링이라는 경제학자의 설(호텔링 효과라고 한다)인데, 그것을 특히 미디어의 상황에 적용한 공적은 스타이너라는 학자에게 있다.(Steiner, 1952) 예를 들어 어떤 시장에서 오락 프로그램을 좋아하는 사람이 80%, 교양 프로그램을 좋아하는 사람이 20% 있다고 치자. 거기에 시청률을 다투는 A, B, C 3사가 있고 각각 시장 점유율은 50%, 40%, 10%라고 한다면, A사, B사는 오락 프로그램의 공급에 주력하여 시청률을 최대화하려고 할 것이다.(단 시청률과 광고 수입은 관련이 있는 것으로 본다. 또한 프로그램 제작비의 장르에 따른 차이는 고려하지 않는다) 따라서 교양 프로그램을 좋아하는 20%의 사람들의 수요는 충족되지 못한다. 그러나 이 3사가 합병 혹은 2사가 도산하는 등의 사정으로 시장이 독점적 상황이 되었다고 치자. 그러면 그 독점적 지위를 갖는 1사로서는 오락 프로그램에 80% 주력하는 한편, 교양 프로그램 팬에 대해서도 20%의 프로그램 배분을 하는 것이 합리적인 선택이 되며, 그 결과 시청자의 수요는 100% 충족되게 된다. 이렇게 생각하면, 시장의 경쟁 상황과 내용상 다양성의 상관관계를 이끌어내기는 어려워진다.

사회학의 실증연구(Entman, 1985)에서도 미국 도시에서의 신문 타이틀 수와 그 질의 관계를 조사한 결과, 시장 구조와 그것이 낳는 결과의 상관성을 부정하는 흥미로운 연구가 있다. 미국의 경우, 일본의 전국지에 해당하는 것은 그 수가 매우 한정되어 있고, 그보다는 각 지방에서 발간되는 고급지와 가십성 기사로 대부분을 채우는 대중지가 몇 개 있어서 경쟁을 하는 상황에 있다. 그리하여 『뉴욕타임스』 같은 고급지가 그 지방에 한 개밖에 없는 경우와 두 개 이상 있는 경우, 그 신문들의 질은 어떤가 하는 점을, 그 연구에서는 측정, 비교하고 있다. 그 연구에서 '질'이란 넓은 개념으로 국제적 시각을 가지고 있는가, 독자들과의 커뮤니케이션에 대해 제대로 반응하고 있는가 하는 문제도 포함되지만, 신문에 표현되어 있는 의견의 다양성도 중요한 하나의 평가축으로 포함되어 있다. 시장의 상황과 질에 상관성이 보이지 않는 이유로서, 이 연구에서는 신문의 독자 획득 경쟁은 내용 면에서가 아니라 마케팅 경쟁의 장면에서 일어난다는 점, 신문사주는 통상 기업 업적에는 관심이 있지만 내용 면에 개입을 하는 데 관심이 없다는 점, 고급지에 쓰는 저널리스트들의 직업적 자긍심, 프로의식에서 소유자의 의향을 따르는 내용에 대한 편향이 일어나기 힘들 것이라는 점 등을 들고 있다. 경제학의 실증연구(George, 2007)에서도, 미국 지방 도시의 신문시장에서 합병이 있었다고 해서 거론하는 토픽의 차별성이나 종류가 꼭 감소했다고 할 수는 없다는 사실을 보여주고 있다.

그 외에도 다른 조건하에서 시장의 경쟁적 상황과 그 결과 나타나는 문화적 다양성과의 관계를 탐구하는 실증연구가 몇 번이나 거듭되었지만, 일정한 결론을 내지는 못했다. 따라서 여기에서의 베스트 결론으로서는 시장이 경쟁적이면 문화적 다양성이 확보될 수 있는 경우도 있고, 시장이 독점, 과점적이라고 해도 문화적 다양성을 보이는 경우도 있으며, 또한 시장 상황에 관계없이 문화적 다양성이 생기거나 줄어드는 경우도 있다는 것이다. 즉 이 둘 사이의 관계에 일정한 법칙을 발견하기는 어렵다는 것이다.(같은 결론에 대해, Fu, 2003 참조)

또한 일본 방송 프로그램의 다양성에 대한 흥미로운 연구 결과가 있다.(浅井, 2013) 1987년부터 2010년 사이에 지상파 방송의 장르별 프로그램 편성의 변화를 조사한 아사이(浅井)에 의하면, 일반 실용 프로그램이나 예능 프로그램의 방송 시간이 늘고 그 외 장르의 방송 시간이 감소하면서 프로그램의 장르적 다양성은 저하했다고 하는 수치가 보인다. 확실히 그 기간에 이전보다 스포츠 중계나 드라마, 영화의 방영은 줄고, 버라이어티나 정보 프로그램은 증가하였으며, 그것도 하루 내내 방송이 길어지게 되었다는 실감은 있다. 그 이유는 각 방송국의 프로그램 제작 예산의 감소와 광고주가 좋아하는 50세 미만 시청자 층의 기호를 반영한 데 있다고 한다. 하지만, 각 방송국이 비슷한 장르의 프로그램을 같은 시간대에 방영하고 있기 때문에 방송국들은 높은 시청률을 얻기 어렵게 되었다. 시청자가 접촉할 수 있는 프로그램의 다양성이 저하된 것도 문제로 지적되고 있다.

5. 디지털 네트워크 사회

본서에서 반복하여 언급하고 있듯이, 최근의 디지털화, 고도 인터넷 사회의 진전은 TV업계에도 영향을 미치기에 이르렀다. 그것은 몇 가지 측면에서 확인할 수 있다.

첫째는 TV방송의 디지털화로, 아날로그에서 디지털로의 전환은 2011년 7월에 완료가 되었다. 2000년대 말에는 아날로그파 정지시까지 디지털 방송에 대응한 TV가 시장에 충분히 공급되었는가, 고령자를 배제시키는 것은 아닌가, 사회에 여러 가지 혼란을 야기하는 것은 아닌가 하는 우려의 목소리가 있었지만, 별 문제 없이 이행은 무사히 완료되었다고 해도 좋을 것이다.

그러나 방송의 디지털화가 국가적 통신 및 방송 정책이 그리고 있던 상을 진정으로 그린 결과에 이르렀는지는 의문이다. 정책적 목표에는 우선 방송에 필요한 전자파 영역을 압축함으로써 전파의 유효활용을 꾀한다는 것이 있었다. 실제로 그 후 이동 통신이 대폭 진보하여 스마트폰의 보급과 함께 인터넷상에서 난무하는 데이터양은 압도적으로 늘었다. 방송의 디지털화가 진척되지 않았다면 일본은 IT 면에서 매우 뒤처진 나라에 머물렀을 것이기 때문에 이것은 바른 선택이었다고 할 수 있다.

디지털화에 의한 TV의 변화 중 그 메리트로서는, 'TV의 다채널화'를 들 수 있다. 그 외에 데이터 전송, 화상의 고품질화, 쌍방향 서비스가 가능해진 점도 들 수 있다. 우선 다채널화를 보자면, 유럽에서는 상당히 마이너한 취미나 관심사에 특화한 채널이 생겼고, 지금까지 매스미디어에는 출고되지 않았던 틈새시장을 노리는 기업의 광고가 들어오거나 다른 제휴 관계가 생겨, TV에도 '롱테일'(제10장 제3절 참조) 비즈니스 기회가 생긴 점이 흥미롭다. '마이너한 수요'라고 할 수 있을지 모르겠지만, 예를 들면 영국에서 성공한 것은 BBC의 어린이 프로그램 전용 채널이다. BBC는 NHK와 같은 공공 방송으로, 시청자에게 과금을 하는 것도 아니고 또한 광고 수입도 기본적으로는 없기 때문에, 눈에 보이는 형태의 비즈니스 확대가 있었다고는 할 수 없다. 그러나 그때까지 충족되지 않았던 수요에 대응하는 채널이 생긴 것은 문화적 다양성에 공헌을 하게 되어 그 점만으로도 평가할 만하다. 일본에서도 NHK가 화질을 하이비전에서 표준으로 떨어뜨리는 형태로, E테레 및 BSI의 같은 시간대에 두 개의 다른 프로그램을 동시 방송하는 '멀티 편성'을 시작하여 다양한 프로그램을 제공하고 있다.

그러나 일본에서는 상술한 예를 제외하면 2018년까지 사이에 실제로 TV의 내용에 그다지 큰 변화는 일어나지 않았다. 위성 TV에 각 방송국의 채널이 있지만, NHK 이외에는 프로그램 제작비를 들일 여유가 없는지 옛날 영화, 드라마, 혹은 TV쇼핑이 방송 콘텐츠의 대부분을 차지하고 있으며, 통상의 지상파에 더해 매력적이거나 다양한 내용이 전개되고 있다고는 생각되지 않는다. 소비자로서는, 다채널화는(아날로그파 때부터) 위성방송 채널이 있어서 케이블TV가입으로 실현되었다고 느끼고 있을 것이다. 다음으로 고화질화는 확실히 하이비전 방송 등이 있지만, 자신이 가지고 있는 기기의 품질에 크게 좌우되어, 2018년부터 서서히 진행되고 있는 4K, 8K 대응 방송에 대해서도 현재로서는 소비자의 기대가 크다고는 할 수 없다. 데이터 방송에서는 일기예보나 기타 생활에 도움이 되는 정보, 프로그램과 관련된 정보에 대해 리모컨의 d버튼[30]을 누르는 것으로 화면 일부를 표시할 수 있다. 다만 스마트폰의 앱으로 조사하는 것에 비해 어느 쪽이 편리하고 더 자주 사용할 수 있는지는 잘 알 수가 없다. 고령자 등 인터넷 약자로 d버튼 사용에 익숙한 사람들에게는 그 나름 도움이 될지도 모른다.

쌍방향 서비스가 가능해진다는 점에서는, 제1장에서 논한, 사람들이 '쌍방향적인' 체험에 보다 높은 가치를 두고 있는 점에도 주목하고 싶다. 예를 들면 시청자 참가형 퀴즈에서 해답에 따라 파란색, 빨간색과 같은 버튼을 누르거나 맛집 프로그램으로 보고 있던 요리의 레시피를 화면에서 데이터로 확인하고 필요한 식재료를 TV조작을 통해 구입할 수 있는 용도가 있다. 일견 별것 아닌(혹은 번거로운) 것 같이 생각될지도 모르지만, 이는 상당히 많은 사람들이 스마트폰의 조작으로 일상적으로 하고 있는 행위이다. 정보를 얻으면 그대로 예약이나 구입으로 이어지는 상업적 행위로 자연스럽게 진행되는 것이 얼마나 많은 비즈니스 찬스로 연결되는지는 인터넷 쇼핑이나 옥션의 활황에 비추어 보면 잘 알 수 있다. 그것을 TV에 응용함으로써 전자 상거래가 점점 더 발전할 것이라고 각국 정부는 큰 기대를 모아 왔다. 결제에 신용카드 정보가 필요하다면, 입력에 시간이 걸리지만, 케이블TV에 가입한 경우에는 그달 그달 청구서에 추가할 수 있다.

인터넷에 접속하는 TV를 대상으로, 시청자 참가형 프로그램은 NHK의 홍백가합전(紅白歌合戰)[31] 등에서 흰색과 붉은색에 투표하는 형태로 도입되고 있다. 단순한 시스템이지만, 굳이 E메일을 열거나 전화를 하거나 팩스를 보내지 않아도 되고, 회선이 붐빌 염려도 없으며, 정밀

---

30 [역주] 지상 디지털TV 방송에 대응한 리모컨에 있는 버튼 중 하나. 방송 중인 프로그램에 연동한 정보나 일기예보, 교통정보 등을 전송하는 데이터 방송에 이용됨.
31 [역주] 12월 31일 밤에 방송되는 일본 NHK의 가요 프로그램.

도도 높은 데이터를 순식간에 얻을 수 있다는 이점은 일단 인정할 수 있다. 일본에서는 그렇지도 않지만, 해외 제 국가에서 '리버티 프로그램'이라는 장르가 크게 유행한 것을 생각하면, 쌍방향성에 의한 시청자 참가라는 메리트는 사소하다고만은 할 수 없다. 예를 들면 2002~16년에 걸쳐 유행한 〈아메리칸 아이돌〉이라는 미국의 인기 TV프로그램은 보통 사람들이 매주 가창력을 다투며 시청자의 투표를 거쳐 몇 주 후에 혼자 살아남는 구성을 취하고 있다. 각 콘테스트 참가자들의 일상생활이나 그때까지의 인생 등이 프로그램에서 소개되고 그것을 보고 전국민적인 인기투표가 이루어진다. 매주 시청률 고공행진을 한 이 프로그램에서는 스타도 탄생했다. 그러나 그 후 인터넷상에서 고도로 발달한 콘텐츠 팬들끼리의 교류, 크리에이터에 대한 피드백, '협동'과 같은 현대적 현상에 비추어 보면, 그다지 인터렉티브성이 높다고 할 수도 없다.

이렇게 디지털화한 TV는 지금까지의 일방향 방송 미디어에서 쌍방향적으로 정보를 주고받는 정보 단말로서 전자 상거래의 견인 역할을 하며 크게 기대를 모으게 되었다. 그러나 시청자로서는 인터넷이나 미디어가 발달하여, 자신이 원하는 시간과 장소에서 그때그때 필요한 정보를 입수하는데 익숙해지자, 방송에서 정해진 스케줄대로 TV가 있는 장소에서만 봐야 한다는 것은, 불합리하기 짝이 없고 시대에 뒤떨어진 것처럼 보인다. 디지털방송은 일본에서는 아직 그 가능성을 다 살렸다고 할 수는 없지만, TV의 시청 스타일뿐만 아니라 TV를 매체로 한 정보사회의 양상을 변혁하는 중요한 열쇠가 될 것이다.

그래서 그 영역의 비즈니스와 관련되는 측에서 특히 유료 채널을 시작하기 위해서는 우선 그 채널에서밖에 얻을 수 없는, 매력 있는 콘텐츠를 만재하여 많은 회원을 모으고 그 수입으로 다시 특징 있는 고액의 콘텐츠를 늘려가는 전략이 필요해졌다.(이것이 바로 후술하게 될 넷플릭스의 전략이다) 그 가능성은 특히 디지털화에 의해 방송콘텐츠 제작자와 방송을 위한 플랫폼 사업자를 분리하고, 시장 진입을 촉진함으로써 나오게 된다. 종래 특히 일본에서는 콘텐츠 제작자와 방송국이 일체화되어 있어(후지테레비에서 내보내는 프로그램은 설령 외부의 제작회사가 실제 제작 작업을 담당했어도, 계약에 의해 디지털화제작이 되는 경우가 많다), 특히 보도에 대해서는 전술한 바와 같이 민주주의를 지탱하는 정보 인프라로서 거기에 경쟁 원리를 가지고 오는 것에 강한 저항감이 있다.

이에 대해 오락적인 콘텐츠를 중심으로 하는 스카파!에서는 이미 분리형 모델을 취하고 있다. 즉, 할리우드 영화나 스포츠 중계, 혹은 드라마 등의 콘텐츠 자체는 다른 곳에서 만들고, 그것을 구입하여 제공하는 채널에 대해 스카파!는 플랫폼을 제공하는 것이다. 그리고 스카파!에 대해 월회비를 지불하는 회원에 대해서만 콘텐츠를 제공하는 유료 방송 형태이다. 회원 관리와 요금 과금은 스카파JAST사가 한다.

이와 같은 디지털 플랫폼 회원을 늘리는 열쇠가 된 것은 무엇보다도 매력 있는 콘텐츠이지만, 구체적으로는 영화작품, 특히 할리우드 영화와 스포츠 중계이다. 구미에서는 다채널화, 디지털화가 진행되는 가운데, 미디어 각 사가 이들 방영권을 얻기 위해 격심하게 경쟁하여 방영권료가 비등했다. 그로 인해 경영이 파탄이 난 미디어회사(예를 들면 독일의 키르히)도 있고, 1990년대에는 디지털방송, 다채널 방송, 유료 방송이라는 서로 다른 차원에서 변화가 겹쳐 방송업계의 재편이 일어났다. 이는 자본의 집중을 필요로 했기 때문에 제4절에서 언급했듯이, 소유의 규제 완화 논쟁으로 연결되었다. 일본에서도 스카파!,

WOWOW 모두 위성 발사에서 시작하여 우량 콘텐츠의 확보, 회원 확보 마케팅, 디코더, 회원관리와 과금시스템의 소프트웨어 개발 등에 다대한 비용을 들여왔다. 그리고 그것을 가능하게 한 것은 방송국 만이 아니라 상사나 가전 메이커 등 대기업의 자본 투자이다.

이렇게 전자 상거래나 정보사회의 추진, 수신기 교체에 의한 내수 확대 등, 다양한 의도로 추진된 방송의 디지털화 프로젝트이지만, 그것이 방송업계에 임팩트를 주는 제2의 국면은 방송프로그램의 온라인 전송 관계이다. 디지털 데이터는 전송로나 단말기기의 특정 기술에 의존하지 않고 어떤 경로(무선, 유선을 문하고)를 거쳐도 TV수신기, PC, 휴대전화기를 불문하고 다 받아들일 수 있을 것이다. 일반 시청자 측에서 보면, TV는 불편한 미디어라는 감각이 최근 급속도로 확산되고 있다. 특히 젊은 층에서는 TV에서 멀어지는 현상이 눈에 띄고, TV수상기를 가지고 있지 않은 사람도 늘고 있다. 오락성 콘텐츠에 대한 첫 번째 접촉 포인트가 YouTube인 젊은이도 많다. 어쩌면 트위터 등 소셜 미디어상에(때로는 불법으로) 투고된 프로그램의 일부 동영상을 대충 보다가 재미있으면 친구와 공유를 하는 행위는 현재 일상이 되어 있다. 또한 일반 가정에서도 TV수상기가 있어도 그것을 인터넷에 연결하여 YouTube 등의 동영상을 보거나 음악을 듣거나 하는 용도가 늘고 있어, 인터넷에 접속한 TV수상기의 '스크린' 혹은 '디바이스'로서의 가치는 의외로 높아지고 있지만, TV방송 프로그램에 할당되는 시간은 줄고 있다.

이러한 감소경향이 있기는 하지만, TV는 여전히 많은 국민들에게 접촉 시간이 긴 미디어임에는 틀림이 없다. 그러나 TV시청자는 고령화하였고, 현재 TV에서 멀어지는 현상이 뚜렷한 젊은 층이 주류가 되는 10년 후, 20년 후에는 확실히 TV는 침체될 것이다. TV시청도 30% 가까이 되는 사람들은 스마트폰을 조작하여 한다는 통계도 있다. 프로그램에서 재미있었던 것을 트위터로 확산하는 것은 특히 일본에서는 활성화되어 있으며 역으로 말하면 트위터의 내용 중 상당히 많은 부분은 TV프로그램 관련이라고 할 수도 있다. 그렇다고 해서 TV미디어 자체에 시청자의 몰입도(Engagement), 인터렉티브한 교류성이 내포되어 있는 것은 아니고, TV는 온라인 공간에서 멀리 떨어진 상태에 있다. TV를 가리켜 '레거시 미디어(Legacy Media, 전통 미디어)'라는 말까지 나오고 있는데 그야말로 맞는 말이다.

이러한 상황에서 2000년대에 들어서서, 다시 보다 고도의 정보사회를 구축하고자 하는 통신과 방송 정책의 기본적 견해를 바탕으로 '방송과 통신의 융합'에 대한 움직임이 일본을 포함하는 세계 각국의 정책 과제로서 나타나기 시작했다. '융합'에는 다양한 면이 있지만, 특히 근년에는 방송 프로그램을 인터넷상에서 전송하는 것에 맞추려는 시도가 큰 과제가 되고 있다. 2010년대에는 수년에 걸쳐 총무성의 각종 심의회에서 방송 프로그램을 인터넷을 경유하여 방송과 동시에 전송할 수 없는가, 그에는 어떤 과제가 있는가 하는 점에 관해 계속해서 검토가 이루어져 왔다. 그에 앞서 방송 종료 후에 프로그램 콘텐츠를 온라인 전송하려는 시도는 NHK, 민간방송 모두 추진해 왔다. NHK에서는 'NHK 온 디멘드'라는 유료 시스템을 만들었다. 한편 민간방송 키 방송국 5개 사가 공동으로 일부 방송 프로그램(드라마나 버라이어티 등)을 무료 전송하는 포털 사이트 TVer는 어느 정도 국민들에게도 인지도를 올렸으며 TVer 앱의 다운로드 수도 상당히 증가하였다. 2019년 7월 발표에 의하면, 월간 프로그램 재생 수는 1.1억 회 이상으로 유저

1인당 월 8회, 프로그램을 재생했다고 한다. 또한 시청자의 시청유지율도 높아서 전체적으로 몰입도가 높다는 사실도 보고되고 있다. 여기에서 광고는 인스트림형[32]으로, 프로그램 한 개당 3회 정도 되는데 모두 스킵이 불가능하여 광고 판매 관점에서 강점이 되고 있다.(TVer, 2019) 민방 TV방송국 각 사는 이 외에도 오리지널로 유료 시스템을 구동하고 있다.(Paravi 등) 여기에 더해 프로그램 방송과 동시에 온라인으로 TV를 보는 스타일의 도입이 2017~2018년에는 구체적인 실현 가능성을 염두에 두고 논의되었다. 기본적으로 NHK는 적극적이지만, 민방 각 사는 그에 따라 TV시청자가 줄어드는 것은 아닌가 하는 의구심과 함께 온라인 전송을 하는 프로그램에 광고를 넣어 봤자 어느 정도 수입을 얻을 수 있을지 확실하지 않은 상태에서, 시스템 구축에 막대한 비용을 들이는 것에 대해 부담을 느끼고 반대 혹은 뒷걸음질을 치는 자세를 보여 왔다. 테레비도쿄가 예외적으로 선행을 하여 이른 아침 비즈니스 뉴스 프로그램을 TV와 함께 온라인 전송을 시작했는데, 이는 금융업계 사람들이 아침 일찍 그날 마켓 상황에 영향을 주는 뉴스를 출근길에 혹은 출근 준비를 하면서 체크하고 싶어 하는, 특수한 뉴스에 대한 대응이다. 또한 사소하지만 YouTube상에서 공식 채널로서 뉴스 보도의 일부를 전송하는 방송국도 있다.

그렇다고는 해도 2019년 봄 시점에서 우선은 NHK, 그리고 민방 각 사에서도 프로그램의 온라인 전송에 착수했으며, 실증 실험이 몇 번인가 있었다. 대부분의 유저가 같은 동영상 전송 서비스에 액세스할

---

32 [역주] 인스트림(instream) 광고란 동영상 재생 전후나 도중에 표시되는 광고. 특정 장르의 동영상을 시청하는 유저를 타깃으로 자사의 동영상 광고를 전송할 수 있다.

경우 통신 인프라가 그 부하를 견딜 수 있을지, 프로그램과 관련이 있는 음악의 저작권 및 실연가(출연자)의 저작자 인격권을 적절하게 처리할 수 있을지, 실제로 어느 정도의 시청 수요가 있을지, 누구나 사용하기 쉬운 서비스가 될 수 있을지 등, 검토해야 할 과제는 많다. 그러나 모두 클리어하는 것이 불가능하지는 않다.

실제로 인터넷에 접속할 수 있는 TV수상기 보급은 이루어져 있어서 (2016년 시점에서 13.2%, 총무성·방송을 둘러싼 제 과제에 관한 검토회, 2018, p.40), 'TV단말'을 통해 TV프로그램과 연동한 통신 서비스의 이용이 가능해졌다. 그것은 시청데이터를 TV방송사업자 측에서 파악할 수 있다는 것을 의미한다. 즉 시청이력을 활용하여 프로그램을 만들거나 더 나아가 각 시청자의 속성이나 관심에 대응하는 타기팅 광고를 하는 것도 가능해진 셈이다.(다음절에서 후술) 구미 제 국가에서는 프로그램의 온라인 전송이 진행되고 있고, 그에 따라 시청 데이터를 바탕으로 하는 광고 전송도 이루어지고 있다.(총무성·방송을 둘러싼 제 과제에 관한 검토회, 2018) 일본에서도 앞으로 2020년대에는 이러한 방향으로 진행될 것으로 생각된다.

6. 광고의 디지털 시프트−TV방송 비즈니스 모델에 대한 영향

앞 절에서 마지막으로 언급한 프로그램의 온라인 전송이라는 과제에 대해, 민방 각 사가 가장 염려하고 있는 것은 과연 그것이 지금까지의 광고 수입형 비즈니스 모델에 어떤 영향을 미칠까, 온라인 전송으로 뭔가 수입을 얻을 수 있는 모델을 구축할 수 있을까 하는 점이다.

여기에서 TV방송의 발전을 지금까지 유지해 온 근간인 광고의 양상이 디지털화 사회에서 크게 변용되고 있음을 상세히 살펴볼 필요가 있다.

【그림 11-1】 광고비의 매체별 비율(2018년)

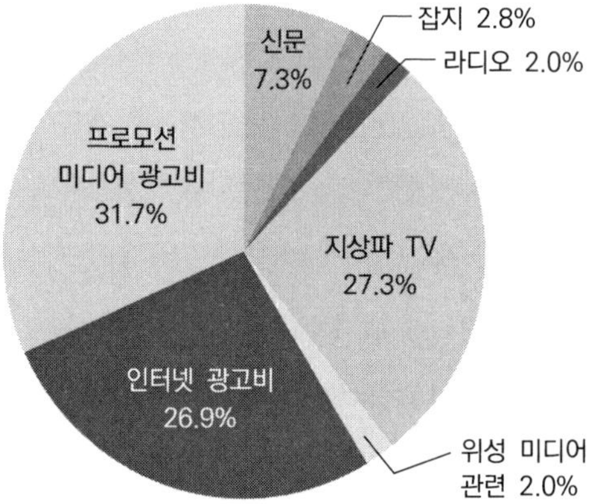

신문
7.3%

잡지 2.8%

라디오 2.0%

프로모션
미디어 광고비
31.7%

지상파 TV
27.3%

인터넷 광고비
26.9%

위성 미디어
관련 2.0%

【표 11-1】 세계 각국의 광고비(2018년)

순위	국가명	금액(억 엔)
1	미국	239,299
2	중국	104,116
3	일본	65,300
4	영국	30,943
5	독일	19,662
6	브라질	18,162
7	프랑스	14,662
8	호주	12,794
9	한국	10,855
10	캐나다	10,052

주: 1달러를 110,2엔으로 환산.
출전: 「DAN(Dentsu Aegis Network) 세계의 광고비 성장률 예측(2019년 6월)」 Global Ad Spend Forecasts June 2019를 바탕으로 덴쓰가 작성.

우선, 일본의 광고산업의 경제규모, 그 내역을 개관해 보자. 총광고비는 일본에서는 명목 GDP의 약 1% 남짓을 차지한다고 하며, 2018년에는 약6조 5,300억 엔이었다고 덴쓰는 추계하고 있다. '광고비'에 무엇이 포함되는가 하는 문제도 있지만, 라디오, TV, 신문, 잡지의 4 매체에 대해서는 광고의 출고에 든 비용만이 아니라 광고 제작비도 포함하고 그 외에 옥외나 교통기관에서의 광고나 전단지, 프리 페이퍼 등의 판매촉진 관계도 포함하여 넓게 잡은 결과는 전술한 바와 같다.([그림 11-1] 참조) 세계 전체에서 봐도 일본은 제3위에 올라 있다.([표 11-1])

판매촉진 관계(전단지 외)를 제외한 매스미디어 광고비의 내역에서 가장 중요한 것은 TV이며, 전후 민간 방송이 시작되었을 때부터 대략 절반에서 60% 이상을 차지해 왔다. 광고회사의 수는 매우 많지만, 전단지나 고객에게 직접 광고를 하는 디렉트 메일을 전문으로 하는 회사도 많으며, 가장 큰 금액이 움직이고 이익률도 높은 TV광고 관계에 관여하는 광고회사는 몇 개 회사밖에 없다. 전국 규모의 광고주 및 키 스테이션(key station)과 관련이 있는 광고회사가 되면, 덴쓰 이하 상위 3사로 한정이 된다. 상술한 바와 같이 이 돈은 미디어 산업의 존립에 관한 수입원으로서 매우 중요한 위치를 차지하고 있다. 본장 처음에 언급한 바와 같이 민간 TV방송의 기본적인 수입원은 무엇보다도 광고이다.

민간 TV방송국은 채널이 한정되어 있기는 하지만, 광고시간대는 많이 있으며, 그것을 원하는 광고주 기업도 매우 많다. 미디어 기업(TV방송국, 신문사 등)과 광고주(예를 들면 자동차 메이커)와의 사이에서 직접 시간대 혹은 광고 공간을 매매하는 거래는 이론적으로는 가능하다. 그러나 실제로는 그 사이에 광고회사가 개재(介在)하여 양자를 연결하는 광고 비즈니스가 일반적이다. 광고회사는 그 일의 보수로서 미디어 출고에 드는 비용의 15%를 기준으로 수수료를 받음으로써 성립된다. 광고회사라고 하면, 일반적으로 CM을 제작하는 것이 업무의 중심이라는 이미지를 갖는 사람도 많지만, 실은 그러한 수수료 비즈니스가 기본이다. 덴쓰나 하쿠호도(博報堂)와 같은 대형 광고회사는 박람회 등 이벤트의 기획사업, 혹은 브랜드 구축 컨설팅 업무 등도 손을 대면서 '광고대리점'에서 '광고회사'라고 불리게 되었는데, 원래는 광고공간 브로커였다. 이 대리업은 오늘날에도 광고회사로서는 큰 수익원이며 비즈니스의 근간을 이루고 있다.

그렇다면 애초에 대리업은 필요 없고, 광고주와 미디어 기업이 직접 거래를 하면 서로 비용이 절감이 되는 것은 아닌가 하는 생각을 할 수 있다. 그럼에도 불구하고 대리업이 발달하는 것은 그것이 결국 누구에게나 효율적이며 편의성이 높기 때문이다. 경제학적으로 말하면 거래 비용의 경감에 도움이 되기 때문인 것인데, 그 편익은 몇 가지 레벨에서 생각해 볼 수 있다.

우선, 거래와 관련이 있는 쌍방이 다수인 경우, 각각의 수요를 매치시키기 위한 커뮤니케이션 비용이 막대하다. 예를 들어 TV방송국 입장에서 보면, 판매할 CM의 시간대는 얼마든지 있지만, 그것을 구입하고 싶어 하는 수요가 어디에 있는지 가능성이 있는 기업에게 일일이 물어보러 다니는 것은 너무 큰일이다. 또한 어떤 방송국의 특정 날짜, 특정 기간에 있는 15초 스폿이라는 시간대를 1회만 구입한다는 것은 통상적으로 생각하기 힘들다. 그 정도로 한정된 CM은 보는 사람의 숫자도 한정되어 있고, 그 사람들의 기억에 남지도 않는다. 그래서 기업은 통상 신제품 발매에 맞춰 타깃으로 하는 소비자층(예를 들어 어린이를 양육 중인 여성)이 TV를 볼 확률이 높은 시간대에 반복해서, 또한 몇 군데나 되는 방송국을 횡단적으로 스폿을 구입하고 싶어 한다. 이러한 요구를 몇 개나 되는 방송국과 개별적으로 교섭을 해 봤자, 생각처럼 공간을 확보할 수 있을지 전혀 알 수가 없다. 공간의 가격도 시기나 경쟁 상황에 따라 변화하는 것이고 그 구입에 관한 의사결정을 잘 못하면 생각지도 못한 비싼 구매가 되든가 혹은 원하는 공간을 확보할 수 없는 상황이 올 수도 있다.

이러한 상황에서 양자를 연결하는 대리업이 있어서 그 영업 담당자가 양측과 빈번하게 접하면서 서로의 수요를 파악하면 그 마케팅도 원활하게 진행될 것이다. 그렇기 때문에 TV 광고 매출의 절반 이상, 특히 골든타임은 덴쓰, 하쿠호도의 탑 2개사가 4분의 3 가까이를 점하는 과점 상황이 계속되어 왔다. 이 업무는 금후 AI로 대체될 수도 있어서, 광고회사는 보다 가치가 높은 서비스를 제공하는 방향을 모색하고 있다.

광고회사는 또한 방송국에 대해 프로그램을 제한하는 실력을 가지고 있는 경우도 있다. 그 경우, 그 프로그램에 어울리는 스폰서 기업도 합쳐서 제안을 하게 되므로, 기획이 잘 되면 방송국으로서는 매우 수월하게 프로그램을 만들 수 있다. 예를 들어 애니메이션 프로그램이라면 완구 메이커, 레코드회사 등을 스폰서로 묶어서 관련 굿즈나 사운드트랙 CD를 파는 비즈니스 전개로 엮은 사업 계획이 제안되는 경우도 있고, 방송국으로서는 광고회사와 관계를 맺는 데에 큰 메리트가 있다.

이상과 같은 이유에서 광고회사는 독특한 지위를 구축하여 때로는 미디어나 일본의 대중문화를 뒤에서 지배하는 힘이라고 여겨져 왔다.

확실히 TV광고를 다루는 시장의 70% 가까이는 자본금 10억 엔 이상의 대기업이 차지하고 있다.(2015년, 덴쓰 미디어 이노베이션 라보 편, 2019, p.189) 특히 일본 내 점유율 탑인 덴쓰는 TV방송국과 함께 1960년대부터 2000년대 초까지 매스미디어 경제를 견인해 온 존재이다.

이와 같은 광고와 TV의 공존공영 관계에 대해, 2000년대부터 성장하여 매년 두 자릿수 성장률로 확대되고 있는 인터넷 광고는 큰 임팩트를 주게 되었다. 인터넷 광고 시장은 2008년 시점에는 5,373억 엔이었지만, 2017년에는 1조 2,206억 엔이나 되었다.(디지털콘텐츠협회, 2018, pp.41~42) '일본의 광고비'라는, 덴쓰가 매년 발표하는 추계 자료에 의하면 2018년까지는 아직 어떻게든 TV가 광고시장 점유 탑을 차지하며 예년 정도 금액의 추이를 보였지만, 2019년 말에는 결국 인터넷 광고가 TV광고의 매출을 웃돌았다.[33](電通, 2020)

말할 필요도 없이, 오늘날에는 이미 거실에서 가족들이 모여 TV를 보고 다음날 직장이나 학교에서 그 내용을 화제로 삼는 시대가 아니며, TV의 시청자 수, 시청 시간(그 결과로서의 시청률)은 모두 감소 경향을 보이고 있다. 고도의 다양한 정보 기기가 보급된 오늘날, 인터넷 검색, 동영상 시청, 게임, 메일, SNS 등을 사용하는 사람들은 TV처럼 정해진 시간에 일방적으로 정보를 내보내는 스타일에는 맞지 않게 되고 있다. 드라마 등은 일단 녹화를 해 두고 광고를 건너뛰면서 재생을 함으로써 시간 절약을 꾀하는 사람들이 많다.

사람들의 일상생활에 인터넷 접속 시간은 크게 파고 들었고, 따라서 광고주가 PC상의 사이트나 모바일 기기상의 앱에 광고를 넣으려고 하는 것은 당연하다. 인터넷 광고에는 주로, ① 디스플레이 광고(화면

---

33 2019년 인터넷 광고비는 전체의 30.3%, 지상파 TV광고비는 25.0%였다.(電通 2020)

의 일부분에 들어가 있는 광고)와 ② 검색연동형(유저가 뭔가 키워드를 넣어서 검색할 경우, 그와 관련된 광고 사이트가 탑에 나오게 설정함)이 있고, 거래 수법에는 종래의 광고 출고와 같은 '예약형'과 '운용형'(출고처나 입찰 단가 등을 변동시키면서 출고를 최적화하는 시스템)이라는 것이 있다. 디스플레이 예약형이란 종이 매체인 신문, 잡지 등에 광고가 들어가는 것과 같은 이미지이며, 이 타입의 시장은 그다지 크지 않다. 물론 야후 등 포털 사이트의 탑 화면 오른 쪽 위 등은 눈에 띄는 장소로, 브랜드나 상품의 인지를 인지도를 높이기 위해 그곳을 노리고 동영상 광고를 넣고 싶어 하는 기업도 많다. 운용형의 전형적인 예는 검색 결과 리스트의 상위에 '광고'가 뜨게 하는 것이다. 특히 2010년대에 들어서서는 광고 관련 기술(애드 테크놀로지)이 고도로 발달하여 인터넷 광고의 내용, 거래 형태 등이 다양화, 고도화되기도 하면서, 이 시장은 매년 10% 정도의 기세로 신장해 왔다.

2018년 시점에서는 예약형보다는 운용형이 압도적으로 많아 1조 1,500억 엔 남짓의 매출을 보였는데, 특히 검색 연동형 및 운용형 광고가 커서 5,700억 엔 정도가 되었다. 게다가 모바일 상이 압도적으로 많다. 요컨대 우리가 스마트폰으로 무언가를 검색할 때(Google 등의 검색 엔진을 경유하는 경우와 소셜 미디어를 경유하는 경우가 있다), 그 내용과 관련된 광고에서 가장 비싼 출고비를 제시하여 신청한 기업의 광고가 자동적으로 선택되어 화면상에 나오게 하는 시스템이다. 운용형 디스플레이 광고도 이에 뒤지지 않아 4,000억 엔 남짓의 시장규모를 보인다. 인터넷 웹사이트, 스마트폰상의 소셜 미디어 등 다양한 장에 광고 화면이 나타나는 것은 일상다반사이다.

웹사이트든 앱이든 오늘날에는, 누가 어디에서 액세스하고 다음에 어디로 이동을 했는지, 광고화면을 클릭하여 구입 사이트로 갔는지, 그 후 구입을 실제로 했는지, 그 유저가 어떤 속성의 소유자인지, 등의 문제를 상당히 정확하게 파악할 수 있게 되었다. 특히 스마트폰에는 위치 정보도 있기 때문에 소비자가 어디에 있고 무엇에 반응하는지 시시각각 변화하는 행동 이력까지 파악할 수 있다. 페이스북이나 다른 공간에서 유저 개인의 속성, 가족 구성, 거주지, 흥미나 관심, 기호 등의 정보는 대량으로 획득하여 분석할 수 있기 때문에 광고주로서는 매우 매력적인 공간이 되고 있다.

TV는 시청률과 대략의 시청자 프로필을 바탕으로 하여 대량 리치[34]를 목적으로 출고하는 미디어이지만, 인터넷상의 공간에서는 광고주의 타깃층에 대해 보다 적확하게 핀 포인트로 리얼 타임으로 광고를 발신하는 것이 기술적으로 가능해졌다. 특히 페이스북에는 대량의 유저가 많은 개인 정보를 등록하고 있어서, 어떤 사람들이 서로 친분 관계에 있고 어떤 투고에 '좋아요'를 누르는지도 알 수 있다. 광고주로서는 페이스북의 유저 중에서, 예를 들면 '○○시의 어떤 지점에서 5km 이내에 살고 요가를 취미로 하며, 대략 평일 18:00 전에 퇴근을 하는 33세의 여성' 등 범위가 매우 좁혀진 사람들을 타깃으로 광고 메시지를 보낼 수도 있다. 이러한 타깃층이 광고를 클릭하여 해당 기업의 e커머스 사이트에 가서 카트에 상품을 1점 넣었지만 결제를 하지 않았다고 한다면, 며칠 후에 그 사람에게 구입을 촉구하는 메시지를 발신할 수도 있다.(리타기팅 광고라고 한다)

광고주 입장에서 보면, 인터넷 광고는 확실히 몇 가지 점에서는 TV

---

34 [역주] 리치(reach)란 웹광고 성과를 측정하는 지표의 하나로 광고를 본 유저수를 말한다.

에 미치지 못하지만, 특정 층에게 효과적으로 어프로치할 수 있고, 비용도 특히 그 광고를 실제로 클릭한 사람의 수에 따라 청구하는 타입은 비교적 싸게 치인다. 이렇게 인터넷 광고는 타기팅이 가능한 데다가 광고를 보고 흥미를 갖고 있는 유저가 그것을 클릭하면 그 자리에서 광고주의 독자 사이트로 유도할 수 있다는 점에서, 즉 인터랙티브성을 내포하고 있다는 점에서 뛰어나다고 할 수 있다. 또한 결과를 검증할 수 있어서, 기대한 효과가 제대로 나오지 않으면 광고 표현 혹은 출고의 양이나 타이밍을 수정할 수 있다. TV의 경우 큰돈을 들여 제작한 CM을 더 큰돈을 들여 출고하면 그것으로 작업이 완료가 되었던(효과의 측정도 어렵다) 이전과는 크게 다르다.

그러면 여기에서 TV방송산업에 다시 초점을 맞추어 생각해 보자. 위에서 언급했듯이, 테크놀로지와 데이터를 구사한 광고가 발달하는 가운데, TV광고는 불리한 상황에 놓이고 있다. 디지털 광고 전문가에 의하면, '종래 TV CM의 효과는 '실감'하는 것이지, 측정하는 것이 아니었다. (중략) 그러나 그것은 인구가 계속 늘고 일본 국민 전원이 TV를 보고 있던 시대의 생각인지도 모른다'(橫山, 2016, p.108)라고 한다. 현재 광고 거래에 사용되는 비디오리서치사 측정의 시청률이 구태의연한 데 대해, 별도로 보다 상세한 시청 데이터를 리얼타임으로 수집하는 서비스도 새로 나타났다. 예를 들면 도시바(東芝)는 자사 제품의 TV인 레그자(REGZA)를 통해 네트워크 접속을 설정하여 시청 데이터를 수집하는 것을 허락한 유저(2019년 2월 시점, 전국에 83만 명 있다)의 시청 행동(본방 방영시 및 녹화 재생시)을 초 단위로 정확하게 파악할 수 있다.(東芝, 2019)

앞에서 든 전문가는 이렇게 인터넷에 접속한 TV수상기에서 얻은 시청행동과 이력을 바탕으로 광고출고 계획을 최적화하는 시대가 올 것이라고 주장하고 있다.(橫山, 2016) 기업은 마케팅 전략과 시책에 의해 인터넷 광고와 TV광고를 역할 분담을 시키면서 연계하게 해야 한다고 한다. 인터넷에 접속한 TV수상기만이 아니라, 언젠가 방송프로그램의 온라인 동시 전송이 시작되면 거기에는 마찬가지로 시청행동의 데이터(및 광고 수입)가 모일 것이다.(2018년부터 덴쓰 「일본의 광고비(日本の広告費)」에는 TV미디어 관련 동영상 광고비―그 대부분이 TVer의 각 동영상에 들어 있는 광고로부터의 수입―가 추계되게 되었다. 2018년에는 겨우 101억 엔이었지만, 2019년에는 154억 엔으로 신장했다) 온라인으로 방송 프로그램을 시청한 시청자가 다음 회에는 리얼 타임 방송으로 이행하는 경우도 있어서 온라인이 방송을 잠식했다고 단언할 수는 없다. 또한 후술하는 SVOD(정액제 동영상 스트리밍 전송 서비스)가 더 신장할 경우에는 드라마 등의 프로그램을 우선 서비스 업자에게 제공하는 것에 의해 수입을 얻고, 그 프로그램이 시청이 되면 그에 따른 수입도 또 들어오게 된다. 영화화한 드라마의 일괄 전송을 하니 일거에 시청이 집중하여 예상을 훨씬 넘는 지불이 있었다고 하는, 전직 TV방송국 사원의 발언이 있다.(西山, 2015, p.193)

물론 개인 정보, 프라이버시의 보호 문제에 대해서는 세심한 주의가 필요하며 업계로서도 그 가이드라인 등의 마련에 착수했지만, 개인을 특정하지 않는 형태로 식별된 각 시청자의 속성 및 기타 정보와 시청 로그[35]를 수집하여 거대한 데이터 매니지먼트 플랫폼을 만든다

---

35 [역주] 로그(log)란 발생한 사상(事象)을 일정한 형식으로 기록하여 축적한 데이터. 동영상의 경우는 그 시청에 관한 행동을 데이터로 기록, 축적한 것을 일컬어 '시청 로그'라 부른다.

면, TV는 마케팅 전략에서 높은 요구수준을 갖는 광고주로서도 활용할 수 있는 미디어가 될 수 있다. 이러한 사태가 되었을 때, TV CM의 출고요금 체계가 크게 붕괴될지도 모르기 때문에 TV방송국으로서는 아무래도 열고 싶지 않은 판도라의 상자이겠지만, TV라는 미디어의 가치를 올리기 위해서는 소셜 미디어가 그렇게 하고 있는 것처럼 미디어에 모이는 사람들에 대한 최대한의 정보를 얻어 그것을 활용할 방도를 찾아야 한다.(西山, 2015, 제5장)

더욱이 이러한 정보는 TV방송국의 프로그램 제작, 프로그램 마케팅에도 활용할 수 있다. 자사의 프로그램이 어떤 사람들에게 어떻게 시청되고 있는지, 그것은 다른 프로그램과 어떻게 비교가 되는지 등과 같은 정보는 프로그램의 내용을 조정하는데 도움이 되며 자사 프로그램 CM 공간의 가치를 적극적으로 광고주에게 어필할 수 있는 방법이기도 하다. 더 나아가 널리 지역 관광 정보 서비스 등, 미디어 이외의 영역에서도 시청 데이터는 활용할 수 있으며, 앞으로는 종래의 방송사업의 틀을 넘는 새로운 사업 전개로 이어질 가능성도 있다.(총무성 정보통신심의회, 2017)

마지막으로 TV방송의 최대 라이벌로 등장한 정액제 동영상 콘텐츠 전송 서비스(스트리밍형)에 대해서 개관을 해 보겠다. 이에 앞선 것은 미국 등에서 특히 케이블TV 가입자를 대상으로 발달한 종량제 과금 동영상 전송으로, 인터넷의 발전에 따라 고속으로 쾌적하게 동영상을 전송받을 수 있는 환경이 정비되어 월액 회비를 지불하면 마음껏 동영상을 볼 수 있는 스트리밍 서비스가 유저들 사이에서 지지를 받게 되었다. 세계 최대 기업인 넷플릭스는 원래 DVD 렌탈을 실점포가 아니라 온라인으로 수주하여 우송해 온 업자였지만, 2007년부터 그것을 디지털 서비스로 고도화하여 인터넷상 콘텐츠 스트리밍 전송으로 멋지게 전환하였다. 2013년에는 회사의 수입이 일정한 규모에 달하여 오리지널 콘텐츠 제작이 가능한 규모가 된 상황에서, 드라마 〈하우스 오브 카드〉를 거액을 들여 제작했다. 이는 정치 서스펜스 드라마로서 많은 팬을 불러 모았고 또한 질이 높아 프라임 타임 에미상을 수상하여 동사가 일약 약진하는 계기가 되었다.

일본에서 넷플릭스가 서비스를 개시한 것은 2015년이며, 일본 진출 당시 마타요시 나오키(又吉直樹)가 집필하여 아쿠타가와상(芥川賞)을 수상한 소설 『불꽃(花火)』을 오리지널 드라마로 제작, 전송하여 화제를 불러 모았다. 이렇게 해서 2015년 7월 시점에 '전 세계 50개국에서 6,500만 명의 유저를 확보한 거대기업'(西山, 2015, p.3)이었지만, 그 후 2019년 3월 시점에서는 중국을 제외한 전 세계 190개국, 유료 회원수 1억 3,900만 명으로 확대되었다.(Netflix, n.d)[36]

그 외에도 TSUTAYA, 아마존 프라임, dTV 등 온디멘드의 동영상 전송 서비스는 늘고 있으며, 경쟁상태에 있다. 그들이 전송하는 콘텐츠는 TV프로그램을 포함한 각종 영상 작품이다.(넷플릭스는 TV시리즈 프로그램과 영화라는 엔터테인먼트에 특화되어 있다) 이들을 합친 동영상 전송 시장은 일본에서는 2017년 시점에서 1,510억 엔 규모이지만, 2014년에는 겨우 614억 엔이었음에 비추어 보면 크게 신장을 했다고 할 수 있다.(덴쓰 미디어 이노베이션 라보 편, 2019, p.100)

넷플릭스가 지닌 풍부한 자금력, 세계에 대한 리치력 등에 이끌리

---

36 [역주] 2023년 3월 31일 현재 유료 유저 수 2.325억 명.(일본판 위키피디아, 2023.7.14. 검색)

는 할리우드의 감독, 배우, 각본가도 늘고 있으며, 2019년에는 오리지널 영화 작품이 마침내 아카데미상을 수상하기에 이르렀다.[37] TV드라마의 경우도 TV방송 특유의 시간, 편수, CM을 넣는 타이밍, 높은 윤리 기준 등에 의해 일정한 규제가 있기는 하지만, 온라인 전송이기 때문에 크리에이티브 면에서의 자유도가 높다는 점도 영상업계 사람들에게는 매력적이다.

또한 소비자 입장에서는 자신이 흥미가 있는 콘텐츠를 자기가 편할 때 스마트폰, PC 기타 다양한 디바이스로 액세스할 수 있고 시리즈물도 한 번에 몰아볼 수 있다는 이점이 있다. 소수의 팬층에 지지를 받는 장르(일본의 아니메는 전형적인 예)도 포함한 풍부한 아이템도 소비자로서는 매력적이다. 더욱이 동사가 테크놀로지를 구사하여 추천기능을 높이기 때문에 자신에게 흥미가 있는 콘텐츠를 찾기 쉽다는 인터페이스(interface)[38]도 인기 요인 중 하나라고 한다. 많은 회원들의 시청 이력, 콘텐츠에 달린 태그 정보를 모두 비교 분석함으로써 추천의 정밀도를 높일 수가 있고, 그러한 테크놀로지에 대한 투자는 동사로서는 중요한 전략 중의 하나이다.

양질의 다양한 콘텐츠의 확보와 전송 관련 기술, 시스템의 유지와 향상은 늘 동사의 비즈니스의 관건이지만, 특히 유저의 행동 이력이라는 메타 데이터가 경영의 근간을 이루고 있다.(西山, 2015) 디즈니 외 글로벌 미디어 기업이 동영상 전송 서비스에 진입하기 시작하여 앞으

---

37 [역주] 이에 대해 좀 더 자세히 확인한 바에 의하면, 넷플릭스는 2017년 〈화이트 헬멧 : 시리아 민방위대〉, 2018년 〈이카로스〉, 2019년 〈피리어드 : 더 패트 프로젝트〉로 3년 연속 아카데미 다큐멘터리 상을 수상했다.
38 [역주] 컴퓨터에서, 둘 이상의 장치를 접속시킬 때의 상호 접속 장치.

로는 경쟁이 격화될 것으로 예상된다.

7. 맺음말

본장에서는 TV방송이라는 콘텐츠산업이 전파의 할당을 통해 국가의 규제 속에 위치한다는 점, 광고 시간대를 세분화하여 판매함으로써 콘텐츠의 최종 수익자인 일반 소비자에 대한 직접 과금은 하지 않는 특이한 비즈니스 모델을 취하고 있다는 점, 그런 한편 국민적 미디어이기 때문에 그 모델과는 일선을 긋고 있는 공공 방송의 시스템과 병존한다는 점 등과 같은 특징에 대해 언급했다. 그리고 TV산업은 특히 고도성장기에는 광고 수입 확대로 크게 발전했지만, 디지털화에 의해 재편되고 있어서, 앞으로는 단순한 매스미디어가 아니라 전자 상거래, 정보화 사회를 추진하는 주역이 될 것으로 정부로부터 기대를 모으고 있다. 통신과 방송의 융합에 대해서는 일본 내에서는 서로 다른 성(省)과 청(廳), 업계 간 이해와 속내가 서로 얽혀 있어 진행이 지체되는 느낌이 있다. 그러나 현실적으로는 통신과 방송을 넘어서고자 하는 기술의 발전, 디지털 정보와 단말의 이용이 진행되어 방송업계도 변용을 해야 하는 처지가 되었다.

민간 TV방송을 유지하고 있는 광고비에 대해서도 자세히 살펴보았다. 현재 일본에서는 TV광고에 대한 출고비가 크게 줄어든 상황까지는 되지 않았지만, 광고주 측에서 인터넷 광고를 상당히 대폭으로 늘리고 있어 TV로서는 위협적인 상황에 있다. 근 십수 년 동안 IT기술과 빅 데이터의 활용이 진전된 결과 온라인 검색, 소셜 미디어와 온라인 통신 판매의 이용 등에 있어 유저가 무엇에 관심을 갖고 어떤 구매 관련 행동을 하고 있는지 상당히 정교하게 파악할 수 있게 되었다. 그것을 이용한 각 기업의 마케팅, 광고활동도 한층 더 세련되어졌다. TV광고로는 할 수 없었던 특정 타깃층에 대한 커뮤니케이션 활동, 그 효과 측정과 그에 기반한 즉시 개선이 가능하다는 점에서 인터넷 광고는 강점을 지니고 있다. '매스 리치'가 강점이라고 하는 TV광고가 언제까지 견딜 수 있을까 하는 우려의 목소리가 있지만, 한편으로 온라인 광고만으로는 효과가 적어 역시 종래의 매스미디어에 의존하는 광고와 조합을 하는 것이 효과적이라는 의견도 있다.

민간 방송국이 방송과 동시에 프로그램 네트 전송에 진입했을 때 거기에서 얻을 수 있는 시청자 정보를 어떻게 활용할지도 이 산업과 디지털의 미래의 관계로서 주시해야 할 포인트이다.

인용문헌

浅井澄子, 『コンテンツの多様性―多様な情報に接しているのか』, 白桃書房.

河島伸子(2010), 「文化多様性と市場構造―メディア, エンタテインメント経済学からの検討」, 『知的財産法政策学研究』 28, pp.91~116.

島崎哲彦・米倉律編著(2018), 『新放送論』, 学文社.

菅谷明子(2000), 『メディア・リテラシー』, 岩波新書.

鈴木秀美・山田健太編著(2017), 『放送制度概論 新・放送法を読みとく』, 商事法務.

総務省・放送を巡る諸課題に関する検討会(2018), 「第二次とりまとめ」.

総務省(2009), 「地上デジタルテレビ放送に関する浸透度調査」.

総務省情報通信議会(2017), 「視聴環境の変化に対応した放送コンテンツの製作・流通の促進方策の在り方(中間答申)」.

総務省・地上デジタル放送への移行に伴う経済効果等に関する研究会(2009), 「地上デジタル放送への移行に伴う経済効果等に関する研究会報告書」.

TVer(2019), 『TVerメディアガイド 2019.1 簡易版』, TVer.

デジタルコンテンツ協会(2018), 『デジタルコンテンツ白書2018』.

電通(2020), 『2019年日本の広告費』, 電通.

電通(2019), 『2018年日本の広告費』, 電通.

電通メディアイノベーションラボ編(2019), 『情報メディア白書2019』, ダイヤモンド社.

東芝(2019), http://toshiba.co.jp/tvs/tvdata/index_j.htm(2019년 3월 17일 열람).

西山宗千佳(2015), 『ネットフリックスの時代』, 講談社現代新書.

横山隆治(2016), 『CMを科学する』, 宣伝会議.

横山隆治・栄枝洋文(2014), 『広告ビジネス次の10年』, 翔泳社.

Doyle, G.(2002), *Media Ownership*, Sage.

Entman, R. M.(1985), "Newspaper Competition and First Amendment Ideals: Does Monopoly Matter?" *Journal of Communication*, 35, 3, pp.147~165.

Fu, W.(2003), "Applying the Structure Conduct Performance Framework in the Media Industry Analysis" *The International Journal on Media Management*, 5, 4, pp.275~284.

George, L.(2007), "What's Fit to Print: The Effect of Ownership Concentration on Product Variety in Daily Newspaper Markets" *Information Economics and Policy*, 19, pp.285~303.

Netflix(n. d.), https://media.netflix.com/ja/about-netflix (2019년 3월 18일 열람).

Peterson, R. and Berger, D.(1975), "Cycles in Symbol Production: The Case of Popular Music" *American Sociological Review*, 40, pp.158~173.

Steiner, P. O.(1952), "Program Patterns and Preferences, and the Workability of Competition in Radio Broadcasting" *Quarterly Journal of Economics*, 66, pp.194~223.

참고문헌

■ 방송제도에 대한 법학적 연구에 관한 것

舟田正之・長谷部恭男編(2001), 『放送制度の現代的展開』, 有斐閣.

■ 방송정책 연구서

菅谷実(1997), 『アメリカのメディア産業政策―通信と放送の融合』, 中央経済社.

菅谷実・中村清編著(2000), 『放送メディアの経済学』, 中央経済社.

境治(2016), 『拡張するテレビ 広告と動画とコンテンツビジネスの未来』, 宣伝会議.

田中辰雄(2013), 「コンテンツ産業とメディア寡占」, 河島伸子・生稲史彦編著, 『変貌す

る日本のコンテンツ産業』，ミネルヴァ書房.(미디어 시장 구조와 콘텐츠의 국제 경쟁력에 관한 흥미로운 연구가 실려 있다.)

■ 인터넷 광고에 대한 안내서

德久昭彦·永松範行(2016),『ネット広告ハンドブック改訂2版』，日本能率協会マネジマントセンター.

■ 미국의 상황을 중심으로 한 '시청률 경제'에 관한 것

Napoli, P. M.(2010), Audience Evolution, Columbia University Press.

Napoli, P. M.(2003), Audience Evolution, Columbia University Press.

■ 디지털 마케팅에 대한 최신 정보를 얻을 수 있는 웹매거진

Digiday 일본판 https://Digiday.jp/

■ 동영상 전송 이전의 넷플릭스에 관한 것

キーティング，ジーナ(2019),『Netflix コンテンツ帝国の野望』(牧野洋訳)，新潮社.

───── 제12장 ─────

게임산업

1. 게임산업의 현황

게임산업 자체의 역사는 길어서 지금도 트럼프나 바둑, 체스 같은 판을 사용하는 아날로그 게임도 존재하지만, 본장에서는 컴퓨터나 전용 콘솔, 휴대형 게임기, 휴대전화와 같은 디지털기기를 사용하여 즐기는 것만을 다루어 보겠다. 이와 같은 게임을 영어로는 비디오 게임, 일본에서는 텔레비전 게임이라고 불러 왔다. 그러나 게임기를 텔레비전에 접속하여 즐기는 형태는 이미 디지털 콘텐츠로서의 게임을 즐기는 수단으로 디지털 게임이라는 표현이 가장 적절할 것이다. 본서에서는 단순히 게임이라고 할 경우에도 이것을 의미한다. 디지털 게임을 즐기는 '장', '디바이스'에는 아케이드와 가정용 전용기(거치형 콘솔과 휴대형이 있다), PC, 태블릿 PC, 휴대전화(피처폰, 스마트폰) 등 다양한 형태가 있다.

디지털 게임업계는 본서에서 다루는 산업 중에서는 가장 최근에 발달한 것이다. 처음에는 미국에서 1970~80년대에 걸쳐 생겼지만, 그것이 인기를 끌면서 질이 안 좋은 게임 소프트가 마구잡이로 만들어진 탓에 단숨에 시장이 침체에 빠졌다.(그것을 당시 게임 메이커 이름을 따서 아타리 쇼크라 한다) 이러한 상황을 잘 파악하고 미국과 일본에서 동시에 시장을 개척한 것이 화투 메이커에서 발전한 닌텐도(任天堂)이다. 닌텐도가 패밀리 컴퓨터(소위 패미콘이라는 콘솔형 게임기, 미국에서는 Nintendo Entertainment System=NES라고 한다)를 일본에서 처음으로 발매한 것은 1983년의 일이었다. 그로부터 불과 10~20년 사이에 훌륭하게 전 세계를 제패한 일대 콘텐츠산업의 중핵이 되었다. 특히 온라인 게임, 모바일 게임은 휴대전화기, 스마트폰의 발달과 함께 나타나서 2000년대부터 크게 성장했으며, 종래의 전용기 게임 소프트 생산액 2000억 엔을 크게 웃도는 약 1조 2500억 엔 이상(2017년, 덴쓰[電通] 이노베이션 라보 편, 2019)의 거대 산업이 되었다.(【그림 12-1】)

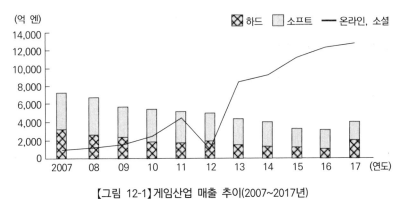

【그림 12-1】게임산업 매출 추이(2007~2017년)

출전: 덴쓰 미디어 이노베이션 라보 편(2019), pp.116~117을 바탕으로 필자가 작성.

게임산업의 매출은 우선 아케이드 게임 시장(오퍼레이션 매출)이 4,851억 엔(2017년), 그리고 게임용 디지털기기인 하드웨어(거치형, 휴대용), 게임 콘텐츠인 소프트웨어와 합쳐서 2007~08년 무렵에는 일본 국내 시장 규모는 약 6,500억~6,800억 엔 정도였다. 그러나 이후 게임 전용기 시장은 하드, 소프트 모두 일관되게 축소되었다. 2017년에는 닌텐도 스위치 발매가 하드, 소프트 모두 밀어올린 덕분에 겨우 상승했지만, 그래도 겨우 합계 3,866억 엔(하드웨어 1,924억 엔, 소프트웨어 1,942억 엔)으로, 예전의 활황 기세는 보이지 않는다.(디지털콘텐츠협회, 2018, p.84) 물론 콘솔게임은 하드, 소프트 모두 해외시장에서 경쟁력이 있고 국내법인 및 해외법인에 의한 해외시장을 대상으로 하는 전용기 게임 소프트 출하액은 2013년 이후(이 해부터 해외법인에 의한 출하액을 더한 통계가 되었다) 1조~1조 5,000억 엔 가까이 되었으며, 2017년에는 1조 293억 엔이었다.(디지털 콘텐츠협회, 2018, p.86) 즉 닌텐도의 각종 게임이나 플레이스테이션4로 플레이하는 일본제 게임 소프트는 해외에서 8억 엔 이상의 매출을 올리고 있다. 본서에서 다루는 다른 산업의 수출액이 미미한 데 비해, 국제화가 매우 잘 이루어진 산업이다. 1994년 플레이스테이션 발매(일본 국내)를 시작한 지 20년 이상 된 소니는 2016년에 하드웨어, 소프트웨어, 콘텐츠, 네트워크 서비스 사업 영역을 통합한 소니 인터랙티브 엔터테인먼트LLC(SIE)를 캘리포니아주에 설치했을 정도이다. 또한 게임 콘솔 해외 매출은 최근의 통계를 입수하기 힘들어 이곳에서는 생략하지만, 참고로 2007년 숫자를 소개하면 일본 국내에서 3,000억 엔 이상, 해외에서는 1조 8,000억 엔 가까운 매출을 올렸다. 현재도 해외 매출이 국내 매출을 훨씬 웃돈다.

이와 같이 국제화가 진행된 산업이기는 하지만, 일본 게임이 세계의 상위를 독점하고 있는 것은 아니다. 2005년부터 2009년 사이 북미 탑 100타이틀을 조사한 고야마(小山)에 의하면, 매년 대략 30~35타이틀의 일본발 소프트가 런칭하고 있는 정도이다.(小山, 2016, p.8) 고야마가 조사한 사이트(vgchartz.com)의 2017년 차트를 보면, 미국 내 일본발로 보이는 타이틀의 탑 100 안에 역시 적어도 30개 정도 있다. 물론 전술한 SIE나 스퀘어 에닉스도 북미에 거점을 두고 있고 그곳에서 현지 스튜디오가 개발한 것도 많이 있어서, 일본 자본이라고는 해도 일본발 소프트라고 할 수 있을지 정확히 카운트하기는 어렵다.(vgchartz.com n.d)

일본의 퍼블리셔 매출은 어떠한가? 각 사 재무제표상 게임 부문의 매출을 가능한 한 추출하여 비교한 웹 기사(Gibson, 2018, 【표 12-1】)에 의하면, 하드와 소프트 양쪽 모두의 수입이나 PC게임, 모바일 게임 운영 수입, 기타 사업 수입 등이 포함된 경우가 있어 정확한 비교라고 할 수는 없지만, 2018년 매출 베이스 세계 제1위는 확실히 소니(필자 주: SIE를 말함)이다. 그러나 2위는 마이크로소프트이다. 일본에서는 마이크로소프트의 Xbox는 거의 존재감이 없어서 2017년 시점에서는 하드 시장에서의 점유율(금액 베이스)은 겨우 0.21%, 소프트도 0.13%(금액 베이스)밖에 되지 않기(메디아크리에이트, 2018, p.34) 때문에 의외로 여겨지지만, 일본이 전 세계의 경향과 상당히 다른 것에 불과하다. 이하 탑 10에는 닌텐도, 반다이 남코, 스퀘어 에닉스도 물론 들어가 있지만, 그 외에 미국의 Activision Blizzard, Electronic Arts, 중국의 Tencent Games, 프랑스의 Ubisoft 등, 세계의 게임산업에서 굵직한 존재감을 가지고 있는 회사들이 이름을 올리고 있다.

반대로 일본 국내에서는 일본발 게임 소프트가 매출 탑 100위까지 압도적으로 우위에 있으며 해외발 소프트는 몇 가지가 산견되는 정도이다. 앞에서 언급한 세계의 게임 회사는 일본의 소비자들에게는 거의 알려지지 않아서 일본 국내와 그 이외의 지역에는 큰 차이가 있다.

【표 12-1】세계의 게임 퍼블리케이션 매출 랭킹

순위	2010년 기업명	2010년 출신국/본사 소재지	2012년 기업명	2012년 출신국/본사 소재지	2013년 기업명	2013년 출신국/본사 소재지	2018년 기업명	2018년 출신국/본사 소재지	
1	닌텐도	일본	닌텐도	일본	Tencent	중국	소니	일본	하드 포함
2	EA	미국	Activision Blizzard	미국	마이크로소프트	미국	마이크로소프트	미국	하드 포함
3	Activision Blizzard	미국, 프랑스	세가	일본	Activision Blizzard	미국	닌텐도	일본	하드 포함
4	Ubisoft	프랑스	Electronic Arts	미국	소니	일본	Activision Blizzard	미국	
5	Take-Two Interactive	미국	코나미	일본	Electronic Arts	미국	Electronic Arts	미국	
6	소니	일본	Ubisoft	프랑스	Take-Two Interactive	미국	Tencent Games	중국	
7	Zenimax Media	미국	카브콘	일본	닌텐도	일본	반다이남코	일본	
8	THQ	미국	Take-Two Interactive	미국	애플	미국	스퀘어 에닉스	일본	
9	스퀘어 에닉스	일본			King	스웨덴	Ubisoft	프랑스	
10	마이크로소프트	미국			강호	일본	Take-Two Interactive	미국	

출전: 2010~2013년에 대해서는 Kerr(2017), 2018년에 대해서는 Gibson(2018) 참조.

이에는 해외와 국내에서 게임 장르에 대한 취향의 차가 크게 영향을 미치고 있다고 한다. 패밀리 층 등 세대를 아우르는 게임 소프트를 잘 만드는 닌텐도는 유일한 예외이다. 음악 등과 마찬가지로 일종의 갈라파고스화 현상이 일어나고 있다고 할 수 있다.

이렇게 해서 게임업계는 아케이드, 게임 전용기, 그리고 일본에서는 별로 성장하지 못한 PC상에서 플레이하는(특히 온라인) PC게임 소프트라는 영역을 합쳐서 급속하게 발달했다가 서서히 쇠퇴하는 역사를 거쳐 오기는 했지만, 2000년대 후반에는 다시 극적인 변화를 맞이하게 되었다. 모바일 게임, 소셜 게임과 같은 네트워크에 접속한 휴대전화, 스마트폰과 같은 단말기를 사용하여 플레이 하는 게임 시장이 놀라울 정도로 급성장한 것이다. 이는 일본에 한하지 않고, 세계 공통의 현상이다. 이런 시장에서는 게임 개발업자, 퍼블리셔, 플랫포머, 게임소프트가 있는 '장'(소비자의 단말, 크라우드 등), 비즈니스 모델, 유저층 등 모든 면에서 종래의 게임산업과는 다른 특징을 보이고 있다.

이하 본장에서는 종래부터 있었던 전용기 게임시장과 모바일 게임 시장으로 나누어 고찰해 보기로 한다.

2. 게임산업의 특징

앞에서 언급한 짧은 역사와 높은 성장률 외에도, 이 업계에는 영화나 텔레비전 등, 본서에서 거론한 다른 산업과는 매우 다른 몇 가지 흥미로운 특징이 있다.

첫 번째는 콘텐츠산업으로서 '정보'를 다루고 있음에도 불구하고 특히 전용기를 사용하여 플레이하는 디지털 게임에서는 하드웨어의 개발과 판매가 산업 전체의 동향을 결정지어 왔다는 점이다.(【표 12-2】) 처음에는 닌텐도와 세가가 주요 게임기 메이커였지만, 그것이 인기를 끄는 것을 눈여겨 본 NEC, 파나소닉(마쓰시타 전기 기업) 등도 한때는 사업에 진입했다가 물러났다. 그리고 1994년 소니의 진출에 의한 플레이스테이션의 발표는, 나중에도 언급하겠지만, 게임 업계의 상식을 넘어선 큰 임펙트를 갖는다. 제삼의 진입업자는 PC소프트 업계를 장악

	제1세대	제2세대	제3세대	제4세대	제5세대	제6세대
닌텐도	패밀리 컴퓨터 (1983)	슈퍼패밀리 컴퓨터 (1990), 게임보이 (1989)	NINTEND O64 (1996)	닌텐도 게임큐브 (2001), 게임보이 어드밴스 (2001)	Wii (2006), 닌텐도DS (2004)	WiiU (2012), 닌텐도3DS (2004) 닌텐도스위치 (2017)
세가	SG-1000 (1983)	세가드라이브 (1988)	세가새턴 (1994)	드림캐스트 (1998)		
소니 컴퓨터 엔터테인먼트 (사명은 2016년부터 SIE로 변경)			플레이 스테이션 (1994)	플레이 스테이션 2 (2000)	플레이 스테이션 3 (2006), 플레이 스테이션 포터블 (2004)	플레이스테이션 Vita(2011), 플레이스테이션 4 (2014), 플레이스테이션 VR(2016), 플레이스테이션 4 Pro(2016)
마이크로 소프트				Xbox (2001)	Xbox360 (2005)	Xbox One (2014), Xbox One S (2016), Xbox One X (2017)
기타			PC-FX(NE C, 1994)			

출전: 각종 자료를 참고로 필자 작성.

한 마이크로소프트이다. 2002년 이후에는 대략 이 세 업자에 의한 시장 경쟁, 개발 경쟁 구도가 일단 굳어진 것으로 보였다.

이와 같이 하드기기의 개발이 콘텐트 비즈니스인 게임산업의 동향을 결정지은 가장 큰 이유는 특히 텔레비전 등에 접속하여 즐기는 콘솔이라 불리는 게임 전용기의 작동 원리가 소위 작은 컴퓨터에 해당하는 정도의 성능을 갖기 때문이다. 게임의 작동원리는 간단히 말하면, 이 컴퓨터를 기동시켜서 게임 소프트를 움직이게 하고 놀이 상대가 버튼을 누르거나 십자 키를 조작하여 컴퓨터에 지시를 내림으로써 그 지시에 적응한 영상, 소리 등의 데이터를 가지고 와서 화면상에 재생시키는 데에 있다. 이러한 컴퓨터의 정보처리 속도가 빠르고 메모리, 하드디스크 등의 용량이 커지면 커질수록 복잡한 게임 전개와 정밀한 화면이 가능해진다. 음악산업도 최근 100여 년 동안 그라모폰의 등장, 레코드 플레이어의 발달, 음악 데이터 전송에 이르기까지 전달 수단이나 패키지의 형태면에서 기술혁신을 이루어왔다고는 하지만, 음악의 내용, 스타일에 대한 영향은 간접적인 것에 머물러 있다. 그에 비해 게임산업의 경우에는 우선 하드웨어의 진화가 모든 것을 주도하여, 게임프로그램의 내용이나 화상의 정밀함은 그 능력을 최대한 살리기 위해크게 변화해 왔다. 특히 플레이스테이션의 출현 이후 3차원 영상을사용하게 된 것은 게임 소프트에 혁명적 변화를 불러일으켰다. 현재하이엔드(High end) 게임 소프트에서 펼쳐지는 세계는 세계 최고봉인 CG기술을 구사하고 있어서 할리우드 영화를 보는 것과 차이가 없을정도이다.(게임과 영화의 경계가 애매해지는 것에 대해서는 꽤 오래전부터지적이 되고 있다. Marriott, 2004) 더욱이 최근에는 AI(인공지능)의 활용, AR(Augmented Reallity) 등 다양한 기술이 도입되었으며, 특히 콘솔용게임에서는 채도도 스토리 전개도 매우 고도로 복잡해졌다. 그야말로테크놀로지 주도 업계라고 할 수 있다. 실제로 대형 게임 개발업자들은 정보공학이나 인공지능 전문가가 최신 기술을 게임에 응용하는 작업에 매달리고 있다.

그러면 【표 12-2】를 다시 주목해 보자. 수년마다 차세대 게임기가발매되면 곧 거기에 맞추어 개발된 게임에도 인기가 집중되어 왔다. 닌텐도와 소니의 게임 양쪽에서 즐길 수 있는 게임 소프트도 있지만, 한때는 특히 닌텐도가 게임소프트 퍼블리셔와 계약할 때 자사기 전속

용으로 개발하는 것을 의무화하고 있었다. 또한 플레이스테이션2 등장 이전에는 같은 메이커 사이라도 다른 세대 게임기와 호환이 되지 않도록 설계되어 있었기 때문에, 새 하드웨어가 개발될 때마다 팬들은 그곳으로 달려가서 전용 소프트웨어를 사는 일이 반복되고 있었다.

게임산업에 있어 두 번째 큰 특징은, 콘텐츠에 인터랙티브성이 내포되어 있다는 점이다. TV프로그램, 영화, 음악 등은 특히 오늘날에는 소비자에 의한 편집이 자주 있다고는 하지만, 그것을 예정하고 만드는 것은 아니다. 그에 비해 게임에서는 원래 플레이어가 뭔가 액션을 해야 비로소 콘텐츠가(기본적으로는 게임 개발자가 예정하는 범위 내에서) 생긴다.

세 번째로는, 위에서 거론한 게임산업의 중핵을 이루는 하드 메이커, 소프트웨어 제작, 출판기업 모두, 소니의 예를 제외하면, 글로벌한 복합기업이 아니라는 점이다. 본서에서 다루고 있는 영화, 음악, 방송, 출판 등의 업계는 할리우드의 복합기업이 분야 횡단적으로 장악하고 있는데 비해, 게임업계는 독자적인 자립 구조를 취하고 있다.

3. 게임산업과 네트워크형 산업

하드웨어 주도형인 것을 특징으로 하는 콘솔 게임산업에서는 어떤 경영 전략이 주류가 되고 있을까? 게임산업에서도 게임 소프트의 제작 → 산업화·패키지화 → 소매와 같은 가치사슬의 과정이 있다. 영화나 음악의 경우와는 크게 다르게, 게임 소프트는 통상 특정 게임기에 맞추어 개발되고 그를 위해서는 원래 게임기와 관련이 있는 프로그램 정보가 없으면 그 머신으로 플레이할 수 있는 게임을 만들어낼 수 없다. 영화나 음악 소프트를 재생하는 기계는 어느 정도 규격이 통일되어 있어서 가전업계와 콘텐츠업계는 대개 독자적으로 상품 개발을 하는 데, 게임 업계에서는 콘텐츠 제작업자는 하드인 게임기 개발업자와의 협력 없이는 제작할 의미가 없다. 또 한 가지, 영화나 음악과 다른 점은 2차 이용에 대해서 특별히 큰 전개가 없다는 것이다. 물론 인기 게임의 캐릭터를 사용한 굿즈의 판매, 영화화, 소설화, 게임음악의 CD화 등의 이용은 자주 있는 현상이지만, 특히 음악의 경우처럼 여러 가지 이용 형태가 있어서 저작권 비즈니스의 효과가 있다고까지는 할 수 없다. 또한 특히 영화와는 달리 콘텐츠를 전달하는 수단이 매우 제한되어 있다. 영화라면 DVD, 유료방송, 무료 지상파방송, 비행기 내 등 다양한 '윈도우'로 비즈니스를 전개할 수 있지만, 게임이라는 콘텐츠는 기본적으로는 특정 미디어를 통해 소비되도록 설계되어 있다.

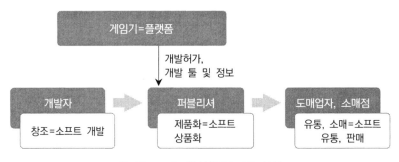

【그림 12-2】 게임산업의 가치 연쇄

출전: 각종 자료를 바탕으로 필자가 작성.

여기에서 게임 소프트의 가치사슬 관계자를 보면, 개발자→ 게임 퍼블리셔→ 도매업자→ 소매업자가 된다.(【그림 12-2】 참조) 위에서 언급한 바와 같이, 퍼블리셔는 해당하는 게임기상에서 플레이가 가능한 것을 확실히 하고 게임소프트를 개발해야 한다. 반대로 말하면 게임기는 이들 개개의 게임소프트라는 콘텐츠를 싣고 그것을 소비자에게 전달해 가는 기능을 수행하는 플랫폼이라고 생각할 수 있으며, 게임기 메이커(닌텐도, 소니 등)는 개념상 플랫폼 사업자, 운영자라 할 수 있다. 플랫폼 자체는 그 위에 실을 게임 소프트가 없는 한 의미를 가질 수 없기 때문에 그 사업자는 게임 소프트 개발에 필요한 하드웨어 정보, 개발 툴 등을 개발자에게 준다. 이때 예를 들면 닌텐도의 슈퍼 패미콘에서 즐길 수 있는 소프트 퍼블리셔에게는 개발 허락과 소프트웨어 발매 라이센스가 주어진다는 식으로 된다. 물론 실제로는 닌텐도도 소니 컴퓨터 엔터테인먼트도 어느 정도는 소프트 개발, 퍼블리셔도 직접 겸하고 있기 때문에 플랫폼 사업자, 게임 개발자, 퍼블리셔 모든 입장에 설 수 있다.

어떤 게임 소프트에 인기가 집중되면, 앞에서 언급했듯이, 기본적으로는 특정한 게임기가 아니면 그 게임을 즐길 수 없기 때문에 그 게임기를 구입할 필요가 생긴다. 퍼블리셔 쪽에서도 그런 인기 있는 게임기에 실어서 게임 소프트를 팔고 싶어 하기 때문에 게임기 메이커와 퍼블리셔는 이해관계가 일치한다. 이용자 측에서 보면, 소프트의 호환성이 없는 것은 불편하기 짝이 없지만 어쨌든 일종의 게임을 체험하기 위해서는 그에 맞는 기기의 구입이 대전제가 된다는 원칙은 업계 사정상 고수되어 왔다. 이러한 하드와 소프트의 결합이 일종의 네트워크를 형성하고 있다고 보고, 게임업계는 다른 네트워크 간 경쟁의 장이라고 생각할 수도 있다. 이런 경우 같은 네트워크에 들어와 있는 사람의 수가 많으면 많을수록, 개개의 소비자에게 있어 효용은 증가한다.(경제학에서는 네트워크 효과라고 한다) 전화나 팩스 같은 통신이 전형적인 예로서 자주 언급되지만, 세계에서 자기 혼자만 이들 통신 수단을 가지고 있어 봤자 소용이 없다. 그러나 그것을 이용하는 사람의 수가 증가하면 그만큼 통신 상대가 증가해서 편의가 증가하므로, 각 소비자에게 있어 그 가치도 올라간다. 또한 네트워크가 커지면 규모의 이익이 작동하여 보완적 서비스나 재화가 증가하므로 이것도 소비자에게는 매력이 된다.

그중에서도 특히 판매자와 소비자 양쪽의 시장에서 네트워크 외부성을 갖는 시장을 쌍방향성 시장이라고 한다. 여기에서는 어느 한쪽 고객의 편익이 네트워크를 통해 다른 쪽 고객 수에 의존하는 경향이 있다.

게임은 이와 같은 산업의 전형적인 예이다. 어떤 네트워크(혹은 플랫폼이라도 괜찮다. 예를 들면 플레이스테이션계)의 이용자 수가 증가하면 증가할수록 그곳에 재미있는 게임 소프트가 개발될 가능성이 높아지고, 그 이용자는 더 증가할 것이다. 게임기를 구입하는 소비자로서는 그 게임기를 최대한 활용하여 즐기고 싶기 때문에 그것과 호환성이 있는 소프트의 매력은 최대의 포인트이다. 또한 일단 마음에 든 소프트는, 계속해서 그 속편이 나오게 되고 소비자는 거기에 끌려갈 가능성이 높아서 다른 메이커의 게임기로 이동하기 힘들어진다.(경제학에서는 전이에 드는 품을 스위칭 코스트라 한다) 닌텐도에서 시작한 사람은 어지간한 마이너스 요인이 없는 한, 스위칭 코스트를 최소한으로 억제하기 위해 닌텐도 머신을 계속해서 사게 된다. 이와 같은 상황을 '락인 효과'가 발생한다고 한다. 반대로 게임 소프트 개발업자로서는 많은 유저를 안고 있는 인기 플랫폼에서 즐길 수 있는 게임을 판매하는 것은 당연히 많은 수입을 얻을 기회로 연결되기 때문에 얼마나 잘 팔리는 머신인지에 주목하게 된다.

그리하여 게임기 메이커는 우선 자사 네트워크에 사람들을 끌어모으기 위해 게임기 본체의 가격을 극력 자제하여, 이익을 내기 힘들며, 어떤 경우에는 본전도 못 찾고 손해를 볼 정도로 낮은 가격으로(특히 PS3의 가격역전 현상으로 그때까지 축적해 둔 이익을 다 잃게 한 것에 대해서는 고야마[小山], 2016, 제13장에 상세히 언급되고 있다) 소비자를 끌어안는 전략을 취해 왔다. 이 적자 분은 게임 퍼블리셔에게 징수하는 라이센스료를 높게 책정함으로써 회수하고자 했다. 퍼블리셔로 보면 감당하기 어려운 금액이기도 하지만, 어떻게든 플랫폼에 실리지 않으면 게임 소프트로서 존재 의미가 없기 때문에 거스를 수가 없다.

더욱이 게임기 메이커(=플랫폼 사업자)는 퍼블리셔로부터 프로그램을 받으면 그것을 게임커트리지라는 물리적 패키지로 만드는 공정을 자사 공장에서 할 것을 요구하고 그에 드는 수수료를 꽤 높이 설정하는 것으로 알려져 있다. 이 두 가지로 하드 판매에서 발생한 적자분을 회수하게 되는 것이다.

퍼블리셔에게 이러한 플랫폼 사업자와의 관계는 골칫거리이다. 특히 닌텐도의 경우는, 한때 라이센스 계약 동안 퍼블리셔가 1년 동안 판매해도 되는 타이틀 수, 한 타이틀 당 편수의 상한 등을 엄격하게 설정하여 개발·판매의 상한을 컨트롤하는 전략을 취했다.(닛케이[日経]BP사 게임산업 취재반, 2016, p.332) 이는 처음에 언급한 아타리 쇼크에서 얻은 교훈으로, 공을 들인 고품질 소프트만 시장에 내놓고 발매를 시작하여 단기간에 팔아치우는 것이 시장을 유지하는 데 필요한 전략이라고 생각했기 때문이다. 이 점에 대해서는 일본과 다른 나라의 마케팅 전략에 차이가 있는데, 특히 일본 국내에서는 〈드래곤 퀘스트〉, 〈파이널 판타지〉와 같은 인기 소프트의 발매 첫날에는 구매자들이 전날부터 철야로 장사진을 치는 일이 많았다.

이와 같은 상황과 기업 전략에 대해서는 독점금지법상 문제가 되는 일이 많아서, 일본의 공정거래 위원회를 비롯하여 각국 경쟁정책을 담당하는 행정 조직도 조사를 해 왔다. 첫 번째 의혹의 초점은 하드 메이커가 적기 때문에 이들 사이에서 경쟁이 발생하지 않아 가격이 비정상적으로 높게 설정되어 있지 않은가 하는 점이다. 그 근저에는 시장에 진입하는 업자가 많으면 많을수록 수요와 공급 사이에서 조정이 일어나고, 시장 균형이 일어나는 곳에서 가격이 결정된다, 그것이 바로 이상적인 경제활동이다, 라는 경제학의 기본적 생각이 있다. 그러나 현실 세계에서는 공급자측이 극히 소수인 기업에 한정되는 예는 적지 않다. 통신업자, 방송국, 항공업자, 전력이나 가스공급회사 등 국가적 규제로 인해, 혹은 필요한 초기 투자비용이 너무 거액이라, 국가사업으로 시작된 것이 민영화되었기 때문에, 등등 배경은 다양하지만, 현실에서는 과점이나 독점이 자연히 일어나는 경우가 많다. 게임기 시장이 독점적인 것은 위에서 언급한 이유 때문은 아니지만, 이 시장은 신규 진입이 늘 가능하며, 경쟁력 있는 기업이 진입하여 신진대사가 이루어질 수 있는 경우에는 공급자 수가 소수일지라도 어느 시점에서 그 시장은 경쟁적이 되고, 소비자의 최종적 편익을 해치지 않는다, 그러니 그것은 그대로 둬도 된다, 라는 것이 오늘날 경제학의 통념이다.

다음에 플랫폼 사업자, 게임 퍼블리셔, 상품 유통업자 삼자 사이에서 강자가 약자에 대해 뭔가 불공정한 거래를 강요하고 있지는 않은가

하는 문제를 제기하는 경우도 있다. 퍼블리셔 사업에 있어 플랫폼의 존재는 불가결하기 때문에, 플랫폼 사업자는 거래상 우위에 있다고는 해도 그 숫자는 한정되어 있다. 또한 인기 게임의 판매에서는 퍼블리셔가 유통업자에 대해 우위에 있다. 거래 우위에 있는 자가 그 지위를 남용하여 가격이나 수량 등에서 너무 불공정한 거래를 강요한다고 하면 그것은 시장의 자연스러운 흐름을 저해하고 최종적으로는 소비자에게 불이익을 초래할 가능성이 높다는 것이 경쟁정책과 독점금지법의 기본적인 생각이다.

실제로 일본의 공정거래위원회가 게임기 메이커에 대해서 권고 등을 내린 예로, 소위 '끼워 팔기'(인기 있는 소프트를 판매하기 위해 인기가 없는 것도 함께 구입을 해야 한다는 조건을 붙이는 것)가 문제가 된 적이 있다. 또한 플레이스테이션을 제조하는 소니 컴퓨터 엔터테인먼트(SCE)가, 소프트의 소매업자에 대해 할인 판매 금지, 중고품 취급 금지, 옆으로 빼돌리기 금지의 세 가지를 요구하고 이에 동의하는 소매점과 직접 계약을 맺는 전략을 취해 실질적으로는 소매가격과 수량을 컨트롤하는 것이 독점금지법 위반에 해당된다고 공정거래위원회가 심의결정한 사건도 있다. 물론 플랫폼 사업자의 소매가격에 대한 개입(재판매가격 유지)은 그에 따라 소프트웨어 개발자가 안심하고 사업에 진입할 수 있다고 하는 효과가 있으며, 또한 중간 마진도 압축되기 때문에 경제 전체의 흐름에 지장을 주었다고 단언할 수는 없다고 하는, 경제학자의 지적도 있다.(공정거래 위원회 경쟁 정책 연구 센터, 2009) 네트워크 효과, 수요의 불확실성, 발매 후 초기에 매상이 집중하는 경향 등과 같은 산업 특성에 의해 '공정 경쟁 저해성'을 판단하는 데 있어, 일반적인 재화의 거래의 경우와 똑같이 생각해도 되는지의 여부는 금후 연구과제가 되고 있다.

4. 21세기의 변용

이상에서 디지털 콘텐츠 비즈니스로서 게임업계에는 몇 가지 눈에 띄는 특징이 있다는 사실이 확실해졌는데, 쭉 성장세를 보여서 1990년대 후반에 피크를 맞이하고 이후 현상유지 상태가 된 콘솔형 게임 시장은 그 후 침체되어 축소되기 시작했다. 그 변화 요인의 하나로 너무나 하이 스펙이 된 하드에 대응하는 소프트 개발비의 증가를 들 수 있다. 개발비를 부담하는 것은 원래 개발자이지만, 일본의 게임 개발업자는 소규모인 경우가 많고 대형 게임 퍼블리셔가 개발 리스크를 부담하고 개발자를 개발위탁자로 사용하는 경우가 많다. 혹은 리스크 부담 정도나 역학 관계에 의해 개발자와 퍼블리셔 사이에 수익 배분을 계약으로 정한다. 게임은 3차원 CG가 다용되는 업계이며, 게임의 컨셉, 전체상을 결정하는 프로듀서를 정점으로 그것을 영상화하는 작가, 프로그램을 쓰는 프로그래머, 음악을 넣는 작곡가 등을 포함하여 큰 팀을 짜서 길면 수년이 걸린다. 그것은 할리우드의 영화 프로젝트에 필적하는 것으로, 실제로 100억 이상의 초 대형작품도 있어서, 현재는 적어도 수십 억 엔 규모가 보통이다. 이렇게 되자, 상당한 편수가 팔리지 않으면 개발비를 회수할 수 없다. 그러나 그렇게 할 수 있는 것은 애초에 해외에서 인기가 있는 장르로, 해외소비자의 기호, 현지 문화에 맞는 로컬라이제이션이 이루어진 타이틀 뿐으로, 해외 시장에 강한 마케팅력을 지닌 대기업이 아니면 어렵다. 혹은 게임의 캐릭터 등 독자적

IP(저작권, 상표권 등을 갖는 소재)를 사용한 다른 미디어 전개(예를 들어 영화화, 머천다이징)가 없는 한, 비용 회수는 어렵다. 이렇게 되자, 영화 비즈니스와 같은 현상이 일어나서 개발자로서는 리스크 회피를 위해 같은 타이틀의 시리즈화로 나가기 쉽게 된다. 그것이 소비자에게 외면을 당하면 게임 업계는 순식간에 추락을 하게 된다.

특히 플레이스테이션3 세대부터 게임개발비가 급등하여 발매할 수 있는 퍼블리셔는 대기업으로 한정되었으며 타이틀 수도 감소했다.(고야마, 2016, p.317) 매니아층을 상대로 진화해 온 게임이 신규고객을 끌어들이지 못 한 것도 시장 폐쇄감을 더하는 원인이 되었기 때문에, 닌텐도는 여기에서 흥미로운 신규 전략을 취했다. 첫째로 Wii라는, 여러 사람이 동시에 즐기며, 앉아서 하는 형태가 아니라 화면 앞에서 팔을 휘두르는 등의 동작으로 조작할 수 있고 피트니스적 프로그램도 즐길 수 있는 기종을 개발했다. 게임을 즐기면서 신체 운동도 할 수 있고, 가족이 함께 모여 TV 앞에서 즐기는 새로운 형태의 게임 컨셉은 신선하게 받아들여져서 나름 성공을 거두었다.

두 번째로 휴대형 게임기(닌텐도 DS 등)가 이 시기에 주류가 된 것에도 대응하여 '두뇌를 단련하는 성인용 DS 트레이닝'(통칭 뇌트레이닝)이라는, 딱히 게임이라고는 부를 수 없는 소프트도 개발하여 크게 히트를 하여, 종래 게임에 익숙하지 않았던 어른들도 끌어들이는데 성공했다.

또한 게임기에 다양한 기능을 탑재하여 커뮤니케이션을 즐기기 위한 디지털 기기로서의 성격을 강화한 것도 하나의 전략이었다. 2000년에 플레이스테이션2가 발매되었을 때, 게임기 자체는 일본에서는 4만 엔 전후로 절대 싼 가격이 아니었지만, 당시 아직 보급률이 낮았던 DVD 재생기능을 포함시켜 소비자를 끌어들이는데 성공했다. 그리고

2008년 가을에 발매된 닌텐도 DSi는 카메라나 녹음기능을 포함시켜 찍은 사진을 가공하여 그것을 플레이어의 프로필에 등록하여 기기를 퍼스널라이즈할 수 있도록 고안하였다. 게임 소프트를 인터넷으로 다운로드 받을 수 있다는 점도 지금까지의 패키지 소프트 유통에 드는 비용 삭감에 기여하였다.

5. 모바일 게임 비즈니스

이와 같이 정체된 게임산업에는 커다란 구조변화가 일어나게 되었다. 물론 그 배경에는 모바일 게임의 발흥과 급성장이 있었다. 이에 앞서 조금 더 넓은 개념의 '온라인 게임' 시장에서 무슨 일이 일어났는지 설명할 필요가 있다. 온라인 게임이란 인터넷에 접속한 단말(PC포함)에서 게임 사이트에 액세스하여 플레이하는 것을 말한다. 그중 PC상의 온라인 게임 서비스는 1996~97년에 시작되었는데, 그를 위해서는 통신 환경이 정비될 필요가 있었기 때문에 일본에서는 한국보다 늦은 2001년 이후에야 겨우 본격화되었다.(노지마[野島], 2013, p.157) 온라인 게임에서 인기를 모은 MMORPG(Massively Multiplayer Online Role Playing Game)의 경우, 많은 플레이어가 액세스하는 동안 서로 모르는 사람들끼리 채팅을 통해 커뮤니케이션을 하며 함께 게임을 진행하는 방식이다. 여기에는 유저끼리 대전이나 협동플레이를 하고 유저의 랭킹이 표시되는 서비스내용이 포함되었다. 즉, 종래의 게임과는 다른, 요즘 말로 하면 '소셜한' 요소가 포함되었다고 할 수 있다.

그 시기에는 비즈니스로서 월액 과금제를 실시하는 경우가 많았다.

그러나 당시 일본에서는 콘솔 게임이 중심적 지위를 차지하고 있어서, PC 온라인 게임은 '라그나로크 온라인(Ragnarok Online)'(한국발 소프트, GungHo Online Entertainment, 2002년 개시) 등 소수의 예외를 제외하고는 별로 정착하지 못했다.(시장규모는 1000억 엔 미만) 해외에서는 신흥국도 포함하여 수천 명이 동시에 동일한 게임 서버에 로그인하여 대전을 하는 것이 인기를 끌었고, 소프트 개발비와 서버의 설치, 유지비, 게임 운영비에 추가적인 비용이 들지만, 인기 타이틀이 되면 장기에 걸쳐 수익을 올릴 수가 있다. 온라인 게임은 이윽고 전용기형 게임에 뒤지지 않는 그래픽을 자랑하게 되었고 해외시장에서 인기를 굳혔다. 일본에서는 전용기 시장이 아직 규모를 자랑하기도 하여 그에 대한 진입은 늦어졌다. 그동안 해외의 게임 개발계는 실력을 쌓아 갔고 전용기와 PC가 기술적으로 공통점을 갖게 되어 가는 가운데, PC용 게임 소프트 개발의 노하우, 스킬을 간단히 응용하는 것만으로 기능이 향상되었다. 이 시점부터, 해외의 소프트 개발회사는 전용기 시장 형 개발에 압도적인 힘을 기울이고 있던 일본의 게임 소프트 개발회사보다 우위에 서게 되어, 일본의 게임업계로서는 아이러니한 결과를 초래하게 되었다.

콘솔 게임이 중후하고 장대한 경향을 강화하여 초심자 대상 시장이 좁아지고 있던 상황에서, 2000년대 초기까지 진화를 계속하고 있던 휴대전화(피처폰)에서는 유료, 무료의 게임 앱을 제공하게 되면서 잠깐의 시간을 이용해서 플레이를 즐기려는 층(캐주얼 게이머)을 끌어들이기 시작했다. 원래 전용기라도 거치형이 아니라 휴대형인 DS, PSP 등이 인기를 모으게 되었고, 게임 플레이에 대한 소비자의 태도가 바뀐 영향도 있다. 휴대전화용으로 특히 게임 제공을 중심으로 하는 플랫폼인(SNS이기도 하다) 모바게(DeNA)와 GREE가 2005년 무렵부터 크게 도약을 하여 캐주얼 게이머들을 사로잡았으며, 광고 수입과 아이템 과금이라는 형태로 수익을 올리게 되었다. DeNA와 GREE 모두 인터넷상의 SNS나 옥션 사이트 운영을 하고 있던 IT기업이었으나, 차차 모바일로 시프트하여 게임에 주목하게 되었다. 닌텐도나 소니와 같은 대기업이 아니기 때문에 게임을 만드는 지식이나 스킬도 많지는 않았지만, 종래의 게임 방식에 얽매이지 않고 신선한 발상을 한 것도 성공 요인이었다. 이렇게 해서 젊은 IT계 기업가들이 설립한 신흥기업이 비즈니스 기회를 속속 발견, 리스크를 두려워하지 않고 적극적으로 비즈니스를 전개해 갔다.

모바일 게임은 더 진화하여 차차 게임회사 간 서버에 프로그램과 데이터를 올려 두고, 유저는 게임 소프트를 인스톨하지 않고 브라우저 상에서 플레이를 하는 것으로 변화해 갔다. 이러한 '크라우드화'는 정보통신업계에서 일반적으로 진행되어 갔고, 소비자들은 패키지가 된 콘텐츠 상품을 사지 않고 그 정보가 축적된 웹상의 공간에 액세스하여 서비스로서 그것을 수용하는 방향으로 나아갔다. 지금까지 다른 장에서 논의해 왔듯이, 음악산업, 영화산업도 모두 이러한 모델로 이행하고 있다. 전 세계적으로 고속통신망이 정비되어 사람들이 상시 고속 인터넷에 접속할 수 있게 된 것도 배경에 있다. 그리고 2007년에 iPhone이 발매된 것을 계기로 스마트폰이 세계적으로 보급된 것, Facebook과 같은 글로벌한 SNS, 그리고 일본 국내에서는 mixi등과 같은 SNS나 게임 포털, 더 나아가서는 LINE 등이 탑재되었기 때문에, 스마트폰을 사용한 게임으로의 이행이 급속도로 진전되면서 피처폰의 온라인 게임을 대체하게 되었다.

또한 피처폰이나 스마트폰으로 즐기는 온라인 게임을 소셜 게임이라고 부른 적이 있었다. 이것은 게임에 소셜한 요소가 있음(참가자끼리 게임상에서 교류를 한다)을 강조하는 명칭이다. 물론 다나카(田中)·야마구치(山口, 2015, pp.12~13)가 언급하고 있듯이, '소셜'한지 어떤지의 여부는 외관상 확인이 어렵기 때문에 그 자체도 애매하다. 그리고 스마트폰의 보급에 따라 게임 전용 포털 사이트나 SNS로 제공되는 게임 외에 App Store나 Goole Play를 통해 소비자가 게임 앱을 입수할 수 있게 된 현재는, 게임이 소셜한 요소를 가지고 있다는 사실과 게임을 어디에서 입수하는지 혹은 SNS상에서 제공되고 있는지의 문제는 별로 관계가 없다고 할 수 있다.

제1장에서 지적했듯이, 모바일 게임에서는 소비자가 콘텐츠의 본질적 가치, 문화로서의 질 자체보다 그것을 소비하는 체험, 문맥 쪽에 상대적으로 높은 가치를 두게 된 것과 관계가 있다. 다나카·야마구치(2015, pp.77~79)에 의하면, 모바일 게임의 재미로서 게임운영자가 준비한 이벤트 등에서 동료와 함께 강적을 쓰러뜨리는 협동작업을 하는 유저가 일정 정도 있음이 확인되고 있다. 이러한 유저들은 플레이 시간도 긴 경향이 있다. 또한 일상적인 인사나 감사 코멘트를 나누는 것이 실은 플레이어가 돈을 지불하고 게임 체험을 높이고자 하는 의사와 관계가 있다고 하는, 흥미로운 고찰도 있다.(다나카·야마구치, 2015, pp.81~83)

이상과 같은 모바일 게임과 소셜 게임을 합친 시장은 2000년대 후반부터 엄청난 기세로 신장했다. 스마트폰상의 게임(소셜인 것이 많지만 전부는 아니다)은 2008년 이전에는 거의 제로였지만, 불과 수 년 만에 극적으로 증가하여, 2014년 모바일 게임 매출은 이미 1조 엔에

육박하는 규모가 되었다. 그 후에도 계속 성장 추세를 보여 2017년에는 1조 4,000억 엔을 넘었다. 시장 규모에 비해 소비자 동향은 숫자로 알기 어렵지만, 일반적으로 모바일 게임은 각 연령층으로 확대되고 있어, 10~50대에 상당수가 있으며, 1인당 플레이 시간, 빈도, 지불 금액 모두 세계적으로 높은 수준에 있는 것으로 보인다.(다나카·야마구치, 2015, pp.24~25) 전용기 시장에서 활약하고 있던 게임 회사도 차츰 모바일 게임 분야에 진입해서, 닌텐도도 2016년, 2018년에는 무료 다운로드하는 게임 앱을 발표, 2018년 1위가 되었듯이, 업계는 신구 혼돈의 시대이다. 게임의 내용도 종래에는 전용기 게임, PC온라인 게임에서는 대화면 전개에 어울리는 중후하고 장대한 RPG, 빠르고 정확한 조작이 중요한 격투기물, 슈팅계로, 그에 대해 모바일 게임은 퍼즐과 같은 캐주얼한 게임으로 양분되어 있었지만, 최근에는 그 경계선이 무너지고 있다. 모바일 게임 분야에서도 몰입감이 강한 멀티플레이어물(Multi-player Online Battle Arena, MOBA) 타이틀이 중국에서 시작되어, 스포츠, 전투물 등과 더불어 특히 구미로 확대되고 있다.(Newzoo, 2018a, p.8)

그러면 거의 대부분이 처음에는 무료로 플레이할 수 있는 모바일 게임(2013년의 경우 전 세계 타이틀의 93%가 무료. 디지털 콘텐츠협회, 2018, p.92)은 어떻게 매출을 올릴 수 있었을까? 그것은 유저가 어느 레벨 이상으로 가고 싶으면 강해지는 아이템을 사거나 에너지를 충전하기 위해 돈을 지불하기 때문이다. 이와 같은 행위를 일반적으로 '과금한다'고 한다. 본래 '과금'이란 지불을 부과한다는 것이기 때문에, 정확하게 말하면 '소비자가 과금 서비스를 이용한다'고 해야겠지만 유저가 지불하는 것을 의미한다는 용법이 이 문맥에서는 정착되어 있기 때문에 이하에서도 이에 따른다.

다나카·야마구치(2015, p.72)의 조사에서는 월 1만 엔 이상 과금하는 유저는 액티브 유저의 5% 이하의 소수임을 알 수 있으며, 같은 책 안에는(무료로 플레이하는 대다수 사람들에 비해) '극히 일부의' 과금 플레이어라는 표현이 수시로 나온다. 그러나 실은 어떤 형태로든 과금을 하는 모바일 단말 유저는 특히 23~39세 층에서는 3할 가까이 된다는 데이터가 있다.(디지털콘텐츠협회, 2018, p.93) 이 데이터로 한 달에 얼마 지불하는지 알 수 없으며 같은 조건으로 논하고 있는 것은 아니기 때문에 단순 비교는 할 수 없지만, 실제 과금자 수는 다나카·야마구치의 상정보다 훨씬 더 많든가 아니면 당시보다 과금자가 늘어났을지도 모른다. 가장 코어에 있는 유저는 한 달에 수만 엔이나 지불하는 것으로 알려져 있다. 대다수의 사람들은 무료로 즐길 뿐이지만, 동시에 게임의 재미에 빠져들어 입수할 수 있을지 없을지 모르는 진화 아이템을 원하는 만큼 내기에 도전하는 사람들도 많다. 이로써 너무 사행성이다, 또는 어린이나 초중고생들이 분별없이 돈을 지불하여 그 청구서가 부모에게 온다, 등등 사회문제가 된 경우(컴플리트 가차라 함)[39]도 있고 하여, 한때 과금을 하기 위해 선동했던 방식은 자제하게 되었지만 일부 과금 유저로부터 돈을 받는다는 비즈니스 모델에는 변함이 없다.

이러한 비즈니스 모델을 '네트 비즈니스 효과' 및 '가격 차별 전략'으로 설명하는 다나카·야마구치(2015)의 설명을 들어보자. 전술한 전용

---

[39] 컴플리트 가차(Complete Gacha)란 휴대전화용 등의 소셜 게임에서 아이템 과금을 하는 방식 중의 하나. 부당 경품류 및 부당 표시 방지법에 저촉되는 행위. '가차'는 다카라토미의 등록상표. 캡슐에 들어간 완구 자판기로 1회에 백 엔에서 수백 엔 정도로 준비된 시리즈 상품 중 하나가 들어있다.

기 시장에서 네트워크 효과의 경우에는 게임기라는 플랫폼을 사용하는 유저가 많을수록 그 기종에 대한 게임 소프트도 많이 개발되므로 그 플랫폼은 점점 더 가치가 올라간다는 사실을 지적했다. 모바일 게임의 경우에는 그것과는 조금 달라서 게임 앱에 모이는 유저가 많을수록 교류가 늘고 각 유저들이 마음에 드는 상대를 발견할 가능성이 높아져서 각 유저가 받는 편익이 커지는 것을 일컫는다. 이와 같은 상황이 되면 게임에 빠져드는 유료 유저가 늘어날 가능성이 높아진다고 할 수 있다고, 다나카·야마구치(2015, 제3장, 제4장)는 실증하고 있다.

이와 같이 무료 유저와 유료 유저를 병존시키고 유저에게는 지불액에 따른 편익을 주는 것을 가격차별전략이라고 한다. 이것은 게임 앱에 한정된 이야기가 아니라 일반적으로 비즈니스에 자주 보이는 현상이다. 비행기에 퍼스트, 비즈니스, 이코노미와 같이 서로 다른 클래스가 있어서, 지점 간 이동이라는 점에서는 동일하지만, 기내 서비스에 크게 차이를 두는 것은 그 전형적인 예이다. 이 사례에서의 가격차별은 항공회사와 노선에 따라 다르기는 하지만, 이코노미와 그 이외의 좌석 사이에는 수십 배에서 백 배 이상의 가격차가 있다. 음악산업장에서 거론한 Spotify, 그 외에도 네트상에는 무료와 유료 유저를 두어 가격차별을 두는 서비스가 많다.

이 두 가지 특징을 갖는 온라인 게임과 모바일 게임의 비즈니스 모델이란 간단히 말하자면 우선은 무료 유저 베이스를 될 수 있는 한 널리 끌어들이고, 그중에서 소수이기는 해도 고액 유료 유저를 만들어서 수익원을 굳히는 것이다. 따라서 게임 운영회사는 우선은 대량 광고를 하여 게임으로 끌어들인다. 확실히 DeNA, GREE 등과 같은 기업 '컴플리트 가차' 문제 후에는 한때 모습을 감추었으나, 텔레비전 CM을 대량으로 출고하여 전체적으로 텔레비전 광고, 인터넷 광고 분야에서 그 존재감은 크다. 그 다음에 단순한 등록자나 앱 다운로드 수 이상으로 MAU(Monthly Active User=월간 액팁 유저 수) 그리고 ARPMAU(Average Revenue Per MAU=월간 액티브 유저 1인당으로부터의 수입) 등의 지표를 주시하며, 그것들을 높여가기 위해, 이벤트를 내세우거나 다시 대량 광고를 하여 휴면 유저의 의식을 환기시키는 시책을 취한다.

과금 유도를 너무 심하게 하면 유저로부터 반감을 사므로, 어느 정도 타이밍에서 지불을 하게 할까, 게임 운영회사 측으로서는 고도의 노하우가 필요하다. 이 점에 대해 세계적으로 보면 일본기업은 능숙한 편이다. 왜냐하면 일본 유저가 지불하는 금액은 세계적으로 눈에 띄게 높기 때문이다. 게임 앱 기업 랭킹(다운로드 수, 소비 지출)에서 다운로드 수로 보면, 6위인 소니가 소비지출 면에서는 세계 1위이고, 또한 다운로드 수 8위인 mixi는 소비지출에서 3위가 되어, 유저 한 명당 과금액이 크다는 것을 알 수 있다.(2018년, App Annie, 2019, 또한 2016년 시점에서 일본 유저 한 명당 지불이 다른 나라의 수배에 달한다는 사실과 일본 시장에서 게임 앱, TV광고 상황에 대해서는 App Annie·덴쓰[電通], 2016 참조). 이와 같이 일본의 유저가 모바일 게임에 보다 많이 과금을 하는 경향이 있는 것에 대해서는 이유를 특정하기 어렵지만(다나카·야마구치가 조사한 2014년 시점에서는 같은 경향이 보다 강하게 드러났다), 일본에서 인기가 있는 장르RPG가 노골적인 과금 아이템을 필요로 한다는 것은 하나의 요인일 것이다. 도시부에서 공공교통기관을 장시간 이용하는 사람들이 많아 게임에 소비하는 시간이 상대적으로 많은 것도 한 요인일지 모른다.

지금까지 모바일 게임의 전체상과 유저의 행동에 대해 주로 살펴보

앉는데, 여기에서 게임을 공급하는 측의 구조에 주목해 보자.

첫째, 온라인, 모바일이 되면서, 게임산업은 '물건을 파는 것에서 서비스업으로' 업태가 변화했다는 지적(노지마, 2013, p.162)은 중요하다. 모바일 게임 세계에서는 게임개발 공정, 회사의 수입원과 지출, 퍼블리셔의 업무 내용, 유저층, 유저가 지불의 대가로서 얻을 수 있는 것 등 산업의 모든 면에 걸쳐 지금까지와는 다른 양상을 보이고 있다. 패키지계의 게임 소프트와는 달리 온라인 게임에는 끝이 없다. 게임의 완성, 전송 후에는 네트워크상에서 움직이게 하기 위한 서버의 유저, 네트워크 관리, 게임 내용의 갱신이라는 프로세스에 주력할 필요가 있다. 소프트개발에는 그다지 비용이 많이 들지는 않지만, 그와 같은 과정에는 상대적으로 큰 비용이 든다. 또한 프로그램상의 버그(bug)를 릴리즈 후에 그때그때 수정하거나 그래픽, 게임 전개 등에 변경을 가하는 일도 있다. 커뮤니티 관리라는 대인적 서포트 서비스도 중요하다. 기업 경영으로 보면, 매출 계상의 타이밍, 수익 구조도 이전과는 달라지게 되었다.(노지마, 2013, p.164)

온라인 게임이나 모바일 게임운영에서는 무엇보다도 유저의 행동을 데이터에 의해 파악, 분석하고, 게임의 난이도나 스토리, 아이템을 세세하게 조정하여 과금을 유도해야 한다. 이러한 분석은 액티브 유저의 수를 확보하는 것은 물론 새로운 유저 획득에도 도움이 될 수 있다. 데이터 해석을 바탕으로 게임 디자인 팀이나 엔지니어에 대한 인풋도 진행하는 새로운 타입의 프로덕트 매니저는 게임의 창조과정 자체에도 큰 역할을 하게 되었다.(Kerr, 2017, Chapter 4)

노지마(2013, p.175)가 논하듯이, 이와 같은 게임 운영은 유저의 데이터를 상시 수집, 분석하여 리얼타임으로 프로그램에 변경을 가하는

'데이터 드리븐형 경영'을 의미한다. 이것은 어떤 의미에서 소셜 미디어의 운영과도 비슷하다. 소셜 미디어와는 달리 콘텐츠 자체는 산업 측에서 제공하고 그것이 매력적일 필요가 있지만, 플레이어의 데이터를 수집, 분석하는데 비즈니스의 성패가 달려 있는 점은 공통적이다. 전용기 시장에서는 게임 공급자 측(기업)이 질 높은 콘텐츠를 제공하고 소비자는 그것을 받아들이는 입장이지만, 온라인, 모바일 게임 시장에서는 게임의 재미는 게임 공급자와 소비자에 의해 만들어지는 것으로, 그것을 잘 매개하여 머니타이즈(monetize)[40]로 연결시켜 간다는(수입을 확보하는 구조로 만드는) 점에서, 오늘날의 현실을 잘 보여주는 콘텐츠라 할 수 있다.

모바일 게임 공급 측의 두 번째 특징은 이미 언급했듯이, 종래와는 다른 IT기업이나 다른 신흥기업이 이 업계에 진입, 관여하게 되면서 게임 개발이나 플랫포머의 역할을 하게 된 점이다. 전용기 시장에서는 소프트 개발비가 급등하여 이 분야에서는 종래의 대기업 밖에 비즈니스를 할 수 없게 되었지만, 모바일 게임은 수 명, 수십만 엔 정도의 자금이라도 개발이 가능하여 전 세계에서 새로운 업체들이 진입을 하고 있다. 한편 게임 앱에 대한 일반적인 액세스는 스마트폰상의 OS를 제공하는 App Store(애플)와 Google Play(구글)에 의해 장악되어 있으며, 이 두 개 사가 거두는 수수료는 대략 매출의 30%로 추측된다. 즉 세계의 게임 탑10에는 직접 게임을 개발하거나 기획하지 않는, 또한 게임 전용기를 개발하지도 않은 이 두 개 사가 끼어들게 된 것이다.

---

40 인터넷 무료서비스에서 수익을 올리는 방법이다. 수익 사업화. 원래는 금속으로 화폐를 주조한다는 의미로 쓰였지만, 2007년경부터 IT용어로 사용되게 되었다.

한편 이와 같은 구조에서는 고도로 글로벌화가 진전된 오늘날, 전 세계 사람들의 마음을 사로잡는 앱을 전송, 과금하는 구조를 만들면 큰 수익을 올릴 수가 있다.

6. 세계의 동향

마지막으로 시시각각 변화하는 게임산업의 글로벌한 모습을 간단히 정리해 보겠다. 우선 전용기, 온라인 등을 포함하여, 2018년 전 세계에서는 1,379억 달러 정도(Newzoo, 2018b, 하드 매출 제외)의 매출로, 전년 대비 13.8%나 성장을 했다. 2007년 시점에서는 350억 달러 규모였으니, 불과 11년 만에 4배나 성장한 것이다. 확실히 세계 각국에 정착한 일대 디지털 엔터테인먼트 산업이다.

시장 전체의 절반은 모바일 게임(태블릿 단말용과 스마트폰용)이 점하고 있어 70억 달러 규모나 되고 앞으로도 증가 전망을 보이고 있다. 또한 지역별로는, 52%는 아시아태평양(북미를 제외)이 점하고 있는데, 여기에는 중국의 공헌이 크다.【표 12-3】에서 알 수 있듯이, 중국은 바야흐로 세계 최대의 게임 소비국이며 동시에 게임 소프트 생산국이기도 하다. 중국에 이어 미국, 일본, 한국이 그 뒤를 따르고 있다. 일본은 원래 전용기 게임 전성기를 구축한 나라이기도 하지만, 오늘날에는 전절에서 언급했듯이 모바일 게임 시장이 크기 때문에, 3위를 차지하고 있다. 한국은 나라의 경제규모, 인구 대비 유럽의 대국들을 능가하고 있으며, 게임산업이 발달한 나라임을 알 수 있다. 나중에 언급하겠지만 국가의 정책과 콘텐츠산업 육성에 주력한 것이 그 배경에 있다.

순위	국가	온라인 인구(백만 명)	게임산업 수입(백만 달러)
1	중국	850	37,945
2	미국	285	30,411
3	일본	121	19,231
4	한국	48	5,674
5	독일	76	4,887
6	영국	64	4,453
7	프랑스	58	3,131
8	캐나다	34	2,303
9	스페인	39	2,032
10	이탈리아	40	2,017
11	러시아	113	1,669
12	멕시코	86	1,608
13	브라질	143	1,482
14	호주	23	1,269
15	대만	20	1,268
16	인도	481	1,169
17	인도네시아	82	1,130
18	튀르키예	53	878
19	사우디아라비아	26	761
20	태국	38	682

출전: Newzoo(2018a)

게임 기업(퍼블리셔)의 매출 랭킹을 정확히 집계하는 것은 어렵지만, 몇 가지 정보를 시계열로 정리한 것이 앞에서 제시한 【표 12-1】이다. 각 사가 공개하고 있는 기업정보(결산보고서)를 보면 짐작할 수 있겠지만, 게임 이외의 비즈니스가 복잡하게 얽혀 있어 게임 부문의 매출만 파악하기 어려운 경우도 있다. 또한 각 회사의 국적을 본사 소재지, 원래의 출신지라는 형태로 나타냈지만, 소니의 경우 지금 SIE가 미국에 본거지가 있기는 하지만, 여기에서는 일본의 홀딩스의 한 부문으로 다루어 국적을 일본으로 했다. 2018년 숫자에 대해서는 상위 3사가 하드 매출을 포함하는 자료이기 때문에 퍼블리셔 만을 보고 있는 다른 해의 숫자와는 다른 점에 주의할 필요가 있다. 또한 환율 변동의 영향, 대상이 상장회사로 한정되는 등, 비교를 어렵게 하는 여러 가지 요인이 있기 때문에, 여기에서는 너무 순위에 얽매이지 않고 세계의 10대 기업의 변천을 보는 것이 목적이다.

앞에서 언급했듯이, 일본의 전용기 게임 시장에서는 일본의 퍼블리셔가 내놓은 소프트밖에 팔리지 않고 일부 팬들이 '해외게임 소프트'에 관심을 보이는데 머물고 있다. 그러나 세계 전체적으로는 대형 퍼블리셔 기업이 특히 미국에 집중되어 있으며, 유럽은 프랑스 1개 회사뿐이다. 근년에는 중국의 텐센트가 갑자기 상위로 약진했다. 상위 기업 중에 IT계 기업이 진입하게 된 데는 최근의 모바일 게임의 융성에 의한 영향이 있다.

이와 같이 퍼블리셔는 일부 대기업이 상위를 차지하고 있으며, 상위 10사가 시장을 절반 가까이 점하고 있지만(2015년에 대해서 Kerr, 2017, p.55), 게임 소프트 개발회사(개발자)는 실은 세계 각국에 분산되어 있다. 특히 영국, 프랑스, 독일, 그리고 캐나다, 호주, 아일랜드, 북유럽(핀란드, 스웨덴, 아이슬란드, 노르웨이 등), 그리고 중국, 한국에도 중요한 개발자가 많다. 현재까지는 기업형 퍼블리셔에 매수되기도 하여 캐나다에서 개발된 게임이 프랑스의 Ubisoft의 매출에 들어가거나 미국의 Take-Two Interactive, SIE의 매출에 들어가는 경우도 있다. 따라서 퍼블리셔의 국적과 게임 개발력의 국가별 경쟁력은 일치하지 않는다. 폴란드의 바르샤바에 있는 CD Projekt RED는 원래 1994년에 영어 게임을 폴란드어로 번역하여 판매하는 것에서 시작되었지만, 위쳐라는 시리즈의 중후한 RPG로 유명한 개발자가 되어 게임 The Witcher 3은 폴란드어에서 일본어를 포함하는 15개 국어로 번역되어 판매되고 있다.(2017, p.128) 흥미로운 사례이지만 이것이 특이한 예는 아니다.

모바일 시장에 주목해 보면, 앱 다운로드 수, 액티브 유저 수, 앱 매출 등의 세계 랭킹 정보를 얻을 수 있다.(【표 12-4】, 【표 12-5】, 【표 12-6】, 【표 12-7】) 여기에서는 두 가지 큰 특징이 보인다. 우선 중국 퍼블리셔의 압도적 존재감이다. 첫째, 중국 국내 모바일 게임 인구가 많고, 둘째, 외국 기업이 중국 내에서 활동하기 위해서는 현지 기업과 파트너십을 짤 필요가 있으며, 해외 앱의 중국 매출은 중국 퍼블리셔와 파트너 카운터로 들어오는 것을 요인으로 들 수 있다. 그러나 중국 본사의 퍼블리셔 자신도 해외로 진출하는 데는 매우 적극적이다. 중국 정부는 정책적으로 사람들이 게임에 너무 열중하는 것을 억제하고자 2018년 새로운 게임 타이틀 발매를 승인하지 않다가 나중에 승인 동결을 해제하지만, 정부 조직을 재편성하는 등 전망이 불투명하여 해외 진출의 움직임은 한층 더 가속화되었다. 중국에는 검열제도가 있어 서적이나 영화에 한정하지 않고 게임도 정부의 승인이 없으면 합법적으로 시장에서 발표할 수 없다. 이와 같은 승인 동결의 영향도 있어서 중국 본사 퍼블리셔는 해외 진출을 추진, 그 결과 해외에서의 매출은 2016년부터 2018년 동안 두 배 이상이 되었다.(App Annie, 2019, p.24) 특히 아시아 각국에서 성과는 현저하다. 일본 국내 앱 매출(퍼블리셔별)을 보면 10위에 텐센트가 들어왔을 뿐이지만, 중국으로서는 일본은 미국 다음가는 제2의 시장이다.(Newzoo, 2018a, p.3) 숫자 문제를 넘어 (한국 및) 중국의 소프트 개발회사에는 일본의 게임 기업에는 없는,

【표 12-4】 2018년 세계 게임 앱 다운로드 수 탑10(퍼블리셔)

순위	퍼블리셔	국가
1	Voodoo	프랑스
2	Ubisoft	프랑스
3	Tencent	중국
4	Outfit 7	키프로스
5	Tab Table	이스라엘
6	Eletronic Arts	미국
7	AppLovin	미국
8	Vivendi	프랑스
9	Playgendary	독일
10	Miniclip	스위스

출전: App Annie(2019)

【표 12-5】 2018년 세계 게임 앱 다운로드 수 탑10(타이틀)

순위	타이틀	퍼블리셔	국가
1	Helix Jump	Voodoo	프랑스
2	Subway Surfers	Kiloo	덴마크
3	PUBG MOBILE	Tencent	중국
4	Free Fire	SEA	싱가포르
5	Rise Up	Serken Ozyilmaz	불명
6	Love Balls	SupertapX	불명
7	Candy Crush Saga	Activision Blizzard	미국
8	Happy Glass	AppLovin	미국
9	Sniper 3D Assassin	TFG Co	불명
10	Kick the Buddy	Playgendary	독일

출전: App Annie(2019)

큰 힘이 있다는 점에도 유의해야 한다. 양국은 원래 전용기 시장이
아니라 PC게임 개발에서 시작하여 기술적인 스펙의 변화에 휘둘리는
일 없이 다양한 플랫폼에서 승부를 걸 수 있는 실력을 갖추고 있다.

【표 12-6】 2018년 세계 게임 앱 월간 액티브 유저 수 탑10(타이틀)

순위	타이틀	퍼블리셔	국가
1	Anipop	Happy Elements	중국(일본)
2	Honour of Kings	Tencent	중국
3	Candy Crush Saga	Activision Blizzard	미국
4	Clash of Clan	Supercell	핀란드
5	PUBG Exciting	Tencent	중국
6	PUBG MOBILE	Tencent	중국
7	Clash Royale	Supercell	핀란드
8	Pokemon GO	Ninantic	미국
9	Subway Surfers	Kiloo	덴마크
10	Helix Jump	Voodoo	프랑스

출전: App Annie(2019)

【표 12-7】 2018년 세계 게임 앱 탑 퍼블리셔(매출)

순위	퍼블리셔	국가
1	Tencent	중국
2	NetEase	중국
3	Activision Blizzard	미국
4	반다이남코	일본
5	Netmarble	한국
6	Sony	일본
7	Supercell	핀란드
8	mixi	일본
9	Playfix	아일랜드
10	Glant Network	중국

출전: App Annie(2019)

닌텐도나 소니에 의해 소프트 판매 전력이 좌우되는 일이 없기 때문에
그만큼 시장 변화에 따라 유연한 마케팅 전략을 세울 수 있다. 특히
신흥국과 같이 전용기가 보급되지 않은 시장을 공략하는 데는 능하다.

두 번째 특징은 지금까지 언급해 왔듯이, 앱 상위 랭킹(【표 12-4】, 【표 12-5】, 【표 12-6】)에 이 업계의 단골이 아닌 기업이나 나라가 산견된다는 점이다. 핀란드의 Supercell은 '클래시 오브 클랜(Clash of Clans)' 등 다섯 개의 타이틀(2010년부터 2018년까지)을 개발한, 이 업계에서는 잘 알려진 주식 비공개 우수 개발사이다. 한때 소프트뱅크 그룹에 매각된 후, 2016년 텐센트가 대주주가 되었다. 동사는 헬싱키 이외에 샌프란시스코, 도쿄, 서울, 상하이에도 오피스를 두고 글로벌한 사업 전개를 하고 있다.

핀란드와 같이 일찍이 휴대전화기기 세계 탑이었던 기업 NOKIA를 배출한 나라는 그렇다 쳐도, 이스라엘, 덴마크와 같이 지금까지 미디어 관계에서 이렇다 할 활약을 하지 않았던 국가들도 진입을 하고 있다. 이스라엘은 IT기술 관련, 연구개발이 고도로 발달한 나라이기 때문에 이상하지 않을지 모르지만, 그 외에도 2019년 3월 현재 인터넷 검색만으로는 어느 나라의 어떤 기업인지(혹은 개인인지) 알기 어려운 퍼블리셔가 상위에 산견된다. 앞으로는 개별 타이틀 퍼블리셔, 개발사에는 들도 보도 못한 회사가 랭크인될 가능성이 높다. 요컨대 군웅할거, 전국시대(戰國時代)적인 양상을 띠고 있다는 것이다. 구미의 대학에서는 게임학, 게임개발을 전공하는 코스가 늘고 있으며, 졸업 후에 바로 도움이 되는 인재가 배출되거나 아니면 바로 사업을 일으킬 수 있는 환경이 정비되어 있거나 하는 차이는 있지만, 인재 육성이 급속도로 진척되고 있다. 몇몇 국가, 지역, 도시에서는, 제2장에서 언급한 창조산업정책이 펼쳐지고 있으며 모바일 게임 개발도 그 중핵 부문의 하나가 되었다.

마지막으로 각국의 게임산업 정책에 대해 간단히 언급하고 싶다.

우선 창조산업 정책의 대상으로 특히 유럽에서는 게임 회사에 대한 세제상의 우대 조치, 조성금 교부 등을 실시하고 있다. 게임이 하나의 문화로서의 지위를 지니고 있음을 알 수 있다. 영화 로케이션을 유치하기 위한 조치와 같은 생각과 시스템인데, 원래 영화만이 우대를 받고 있는데 대해 불공평하다고 다른 콘텐츠업계에서 각국 정부에 로비를 한 결과이다. 특히 프랑스와 영국이 세제상의 우대 조치에 의한 게임 회사 유치와 제작 지원을 실시하고 있다. 단, 게임의 내용이 아무것이나 상관없는 것은 아니고 유럽 혹은 영국, 프랑스의 문화를 전달하는 것이 조건이다. 보다 산업 정책에 철저하게 게임 회사 유치에 적극적인 곳은 캐나다의 밴쿠버, 몬트리올이며, 실제로 국제적인 퍼블리셔와 긴밀한 관계에 있는 개발사가 집적되어 있다.

또한 중국, 한국은 무엇보다 거국적으로 IT, 통신, 콘텐츠산업 육성책, 수입촉진책을 펴왔다.(나카무라, 2013) 상세한 것은 여기에서 언급하지 않지만, 국가 프로젝트로서 일본과 비교하면 차원이 다른 거금을 IT, 통신, 콘텐츠업계에 투입해 오는 가운데 특히 게임산업의 국제 경쟁력이 눈에 띄게 강화되었다.

7. 맺음말

본장에서는 게임산업의 특징을 하드 개발에 의존한 형태로 콘텐츠 개발이 진행되어 왔다는 사실, 일종의 네트워크 비즈니스인 관계로 소비자의 확보와 락인전략이 취해졌다는 사실, 소프트 개발비가 비등한 결과 한계에 달한 느낌이 있는 한편 게임기를 게임기 이상의 디지털 기기로서 다양한 사용형태를 개발했다는 사실에 대해 언급했다. 더 나아가 온라인 게임, 모바일 게임이 등장하면서 산업이 단숨에 변화했다는 점에 대해서도 언급했다. 전용기 게임 시장도 건재하고 있지만, 패키지 소프트를 사고 그것을 즐기는 것이 아니라, PC나 스마트폰을 사용하여 온라인상에서 게임을 즐기는 사람들이 늘면서 게임 인구의 저변 확대도 이루어졌다. 이 분야에서 활약하는 기업은 IT계의 게임 개발회사가 많으며 처음에는 소비자에게 무료로 플레이를 하게 하지만, 어느 시점부터는 유료 유저로 유도하여 그 사람들에게 지출을 촉구하는 운영에 중점이 놓이게 되기도 하였다.

한편 세계의 현황도 일변하여 일본과 미국 이외에도 게임 개발의 거점은 확대되고 있다. 특히 중국, 한국의 약진이 눈부신데, 이에 반해 일본은 일본제 게임을 애호하는 갈라파고스적 시장이 되고 있다.(일본 국내 모바일 게임에 대해서는 【표 12-8】, 【표 12-9】)

【표 12-8】 2018년 일본 게임 앱 탑10(매출)

순위	타이틀	퍼블리셔
1	몬스터스트라이크	mixi
2	Fate/Grsnd Order	소니
3	퍼즐 & 드래곤	강호
4	드래곤볼 Z 돗칸 배틀	반다이남코
5	Knives Out	NetEase
6	디즈니 쓰무쓰무	LINE
7	그랑블루 판타지	사이버에이전트
8	Pokemon GO	Ninantic
9	아이돌마스터 스타라이트 스테이지	반다이남코
10	실황 파워풀 야구	코나미

출전: App Annie(2019)

【표 12-9】 2018년 일본 게임 앱 퍼블리셔(매출)

순위	퍼블리셔	국가
1	반다이남코	일본
2	mixi	일본
3	소니	일본
4	사이버에이전트	일본
5	LINE	일본
6	스퀘어 에닉스	일본
7	코나미	일본
8	강호 온라인 엔터테인먼트	일본
9	COLOPL	일본
10	NetEase	중국

출전: App Annie(2019)

　이와 같이 게임산업은 춘추전국시대를 맞이하고 있지만, 앞으로의 전망은 어떠할까? 첫째, 게임산업은 처음부터 기술제휴로 발달해 왔듯이, 앞으로는 무엇보다 VR(Virtual Reality, 가상현실)과 AR(Augmented Reality, 증강현실)과 같은 새로운 기술과 AI를 살린 게임이 증가할 것이다. 둘째로 애니메이션, 완구, 라이프 이벤트와의 융합도 진척될 것이다. 셋째로 음악이나 영상처럼 정액 섭스크립션(subscription) 서비스가 확대될 것이라고 한다. 넷째, 집필 시점(2020)에서도 이미 큰 화제를 불러 모았던 e스포츠의 움직임도 간과할 수 없다. 신체 능력, 반사능력, 판단과 전략 등을 종합한 e스포츠 즉 전자공간 내에서 스포츠로서의 발전은 가능한 것일까? 한국을 비롯하여 세계 각국에서는 경기 인구가 확대되고 있으며 일본에서도 확대되고 있다. 국제대회나 스폰서의 등장, 프로선수의 육성, 전용 키보드나 단말기 개발 등의 움직임이 가속화되면서 활황양상을 보이고 있다. 그리고 마지막으로 단순한 오락을 넘어 의료, 돌봄 서비스, 노화 방지, 교육 등의 분야에서 활용이 이미 시작되었다는 사실도 흥미롭다. 이렇게 분야를 넘어선 연계는 금후 더 활발해질 것이다.

이 업계는 디지털 콘텐츠로서는 역사도 가장 짧고 순식간에 일대 오락산업의 지위를 구축하기는 했지만, 최근에는 예전처럼 팬들이 혈 안이 되어 히트 타이틀 발매일에 소매점으로 몰려드는 일은 많지 않게 되었다. 물론 본서에서는 거론하지 않았지만, 온라인 게임이나 휴대 전화상의 모바일 게임 등 성장 가능성을 지닌 분야도 있다. 기업 간 국제 경쟁이 한층 더 격심해지는 가운데, 제작비가 증가한 이 업계가 어떤 전개양상을 보일지 낙관만 할 수는 없는 상황이다.

인용문헌

公正取引委員会競争政策研究センター(2008), 『プラットフォーム競争と垂直制限―ソニー・コンピュータエンタテインメント事件を中心に』, 公正取引委員会競争政策研究センター.

小山友介(2016), 『日本デジタルゲーム産業史』, 人文書院.

田中辰雄・山口真一(2015), 『ソーシャルゲームのビジネスモデル』, 勁草書房.

デジタルコンテンツ協会(2018), 『デジタルコンテンツ白書2018』.

電通メディアイノベーションラボ編(2019), 『情報メディア白書2019』, ダイヤモンド社.

中村彰憲(2013), 「アジアデジタルコンテンツ産業の発展」, 河島伸子・生稲史彦編著, 『変貌する日本のコンテンツ産業』, ミネルヴァ書房.

日経BP社ゲーム産業取材班(2016), 『日本ゲーム産業史』, 日経BP社.

野島美保(2013), 「ゲーム業界におけるオンライン化とカジュアル化」, 河島伸子・生稲史彦編著, 『変貌する日本のコンテンツ産業』, ミネルヴァ書房.

メディアクリエイト編(2018), 『ゲーム産業白書』, メディアクリエイト.

App Annie(2019), 『モバイル市場年鑑2019』.

App Annie・電通(2016), 『モバイルゲームのマーケティングチャネルとして影響力を増すテレビ広告』, App Annie.

Gibson, A.(2018), "Highest Earning Video Game Publishers in Fiscal 2018" *Twinfinite. net*, August 1.

http://Twinfinite.net/2018/08/10-highest-earning-video-game-publishers-2018/ (2019년 3월 3일 열람).

Kerr, A.(2017), *Global Games*, Routledge.

Marriott, M.(2004), "Movie or Game? The Joystick Is a Tipoff" *New York Times*, March 25, 2004.

https://www.nytimes.com/200/03/25/technology/movie-or-game-the-joystick -is-a-tipoff.html (2019년 3월 6일 열람).

Newzoo(2018a), *A Guide for Chinese Mobile Game Publishers Going Abroad*, Newzoo.com.

https://newzoo.com/insights/trend-reports/a-guide-for-chinese-mobile-gam e-publishers-going-abroad/ (2019년 3월 10일 열람).

Newzoo(2018b), *Newzoo's 2018 Global Games Market Report*, Newzoo.com.

https://newzoo.com/insights/trend-reports/ (2019년 3월 3일 열람).

vgchartz.com(n. d.), https://www.vgchartz.com/yearly/2018/USA. (2019년 3월 4일 열람).

참고문헌

■ 경제학, 경영학에서 게임산업에 어프로치한 주요 문헌

新宅純二郎・田中辰雄・柳川範之編(2003), 『ゲーム産業の経済分析』, 東洋経済出版社.

生稲史彦(2013), 「ゲームソフトの変化と多様性」, 河島伸子・生稲史彦編著, 『変貌する日本のコンテンツ産業』, ミネルヴァ書房.

生稲史彦(2012), 『開発生産性のディレンマ』, 有斐閣.

■ 한국, 중국의 게임산업에 대한 연구

中村彰憲(2018), 『中国ゲーム産業史』, Gzブレイン.

Fung, A.(ed.)(2016), *Global Game Industries and Cultural Policy*, Palgrave Macmillan.

Jin, D. Y.(2010), *Korea's Online Gaming Empire*, The MIT Press.

■ 특히 온라인 게임, 가상 세계의 경제 분석

野島美保(2008), 『人はなぜ形のないものを買うのか―仮想世界のビジネスモデル』, NTT出版.

■ 문화 연구이기는 하지만 산업에 대해서도 언급한 장이 있는 영어 문헌

Kerr, A.(2006), The Business and Culture of Digital Games, Sage.

■ 기타

デジタルゲームの教科書政策委員会(2010), 『デジタルゲームの教科書』, ソフトバンククリエイティブ.

まつもとあつし(2012), 『ソーシャルゲームのすごい仕組み』, アスキー新書.

콘텐츠 산업론의 전망

본서의 목적은 콘텐츠산업이 근년 급속도로 주목받게 된 경제적, 정치적 배경, 이 업계의 성장 전략, 각 산업의 개별 상황, 특징, 금후의 과제에 대해, 경제학, 지리학, 법학 분야에서 규명되어 온 것을 문화경제학, 문화정책론의 시점에서 다시 정리하여 콘텐츠산업의 전체상을 이해하고자 하는 것이었다. 즉 본서는 문화의 생산, 유통, 소비와 관련되는 경제 주체가 경제적 자원 배분에 관해 어떤 식으로 의사 결정이 되는지, 그 경제 주체는 어떤 조직, 개인, 사회적 네트워크에 의해 움직이는지, 이들 산업은 근년 어떤 변화를 경험하고 어떤 과제를 안고 있는지, 창조와 혁신, 문화적 다양성을 지탱하는 환경과 정책은 무엇인지, 등과 같은 시점에서 콘텐츠산업에 관한 논의와 연구를 정리해 왔다.

제1부에서는 콘텐츠산업에 대한 관심의 고조를 사회적, 경제적 배경에서 분석하고, 콘텐츠산업이 오늘날 큰 산업이 되었으며 도시 재활성화 정책, 도시 간 경제 경쟁, 그리고 국제 무역, 국제 정치의 장에서도 크고 중요한 열쇠를 쥐게 되었음을 설명하였다. 그리고 제2부에서는 콘텐츠산업의 글로벌성과 로컬성을 생각하기 위해, 우선 할리우드

의 시스템에 대해, 특히 대규모 자금력을 지닌 미디어 오락계 거대기업이 창조활동을 상품화하여 전 세계에 파는 전략을 설명했다. 이에는 저작권법의 확장, 통신에 관한 규제 완화와 같은 정치 경제의 세계적 조류가 관여했다는 사실에 대해서도 언급했고, 문화정책으로서 할리우드에 대항하는 움직임이 있다는 사실, 그리고 로컬, 지역적 미디어 생산의 거점과 문화의 흐름도 소개하였다. 더 나아가 제3부에서는 영화, 음악, 출판, TV방송, 디지털 게임과 같은 각 산업의 현황, 기본적인 특징, 경영상의 과제에 대해 설명하였다.

본장에서 콘텐츠 산업론이 생각해야 할 과제로 앞서 든 사항에 대한 명확한 해답을 제시하거나 혹은 콘텐츠산업의 금후 동향을 예측할 생각은 없다. 그보다 이 결장에서는 다분야에 걸친 연구내용의 소개라는 학제적 어프로치를 취한 본서의 논지를 되돌아보고, 필자의 원래 전문 영역인 문화경제론, 문화정책론 분야의 논의와 비교하며 콘텐츠 산업론의 금후 연구 과제를 전망하고 싶다.

우선 특히 제1부에서 언급했듯이, 문화경제학, 문화정책론은 비예술문화, 문화유산 등을 주된 대상으로 하여 발달해 왔기 때문에, 영리 산업인 콘텐츠산업은 틈새적 존재였음은 확실하다. 그러나 본서에서 지적했듯이, 개인 크리에이터 레벨에서는 두 개의 영역을 자유롭게 왕래하는 셈으로, 아티스트, 크리에이터의 창조활동에 원점이 있다는 점에서, 콘텐츠산업은 비영리 예술활동과 크게 다르지 않다. 또한 어느 쪽도 '시장의 실패'를 바로잡는 시스템(예술에서는 보조금제도, 콘텐츠산업에서는 저작권 제도)에 의거하고 있다는 점, 어느 쪽이나 비효율적 자원 배분 혹은 프로세스나 시스템의 정치화에 의한 왜곡이 보인다는 점(예술에 있어서는 자원 배분 과정이 정치화하기 쉽고, 콘텐츠산업에서는 할리우드와의 로비활동이 활발하며 메이저 기업의 이익제일주의가 통한 다)과 같은 공통점도 있다.

이와 같은 공통점은 있지만, 특히 일본의 문화경제학, 문화정책론 은 문화행정 이념의 결락, 문화홀 건설 러시와 내용물의 공동화와 같 은 현황에 대한 문제의식에서 시작되었기 때문에, 콘텐츠처럼 문화행 정의 대상에서 벗어나 오락, 대중문화로서 가치가 낮은 것으로 생각되 기 쉬운 영역에 대한 관심은 희박했다. 그러나 본서에서 논해 왔듯이, 현재 문화정책은 유럽 제국에서조차 전통적인 근거에 균열이 발생하 여 창조산업, 창조도시정책에 대한 관여를 강화하지 않을 수가 없다. 다양성, 혁신성, 창조성이 풍부한 문화의 육성을 장려하는 것, 그리고 창조활동의 성과에 대한 시민의 접근을 확대해 가는 것과 같은 2대 목표는 문화정책에 있어서나 저작권법 정책에 있어서나 중요하다는 사실을 생각하면, 앞으로 이것들을 크로스 오버하는 콘텐츠산업을 무 시한 문화경제학, 문화정책론은 있을 수 없다고 할 수 있다. 저작권에 대해서도 문화경제학자 타우스가 자세히 논하고 있듯이, 문화경제학 에서 축적된 지견 중에서도 특히 예술가의 노동시장, 보수의 시스템, 일의 동기와 인센티브와 관련된 연구는 콘텐츠산업 연구에 크게 공헌 할 것으로 기대된다.(Towse, 2008) 또한 콘텐츠산업에서도 어느 정도 1차적 크리에이터와 유통기구와의 관계에 대해서는(게이트 키퍼에 대한 논의 등) 해명이 되어온 반면, 실증적 뒷받침은 부족한 채 '1차적 크리 에이터가 착취를 당한다, 계약 교섭상 불리한 입장에 있다'고 논하는 경향을 볼 수 있다. 계약의 경제학(혹은 계약법의 '법과 경제학')의 지견 을 받아들이면서(이 점에 대해 Trebilcock, 1976이 시사하는 바는 흥미롭다) 창조성을 최대화하기 위해, 사법판단도 포함하여 어떠한 정책적 개입이 가장 적절한지를 탐구해야 할 것이다.

　본서에서는 논하지 않았지만, 일본의 콘텐츠산업이 앞으로 글로벌 사회에서 어떤 위치를 차지할까 하는 점도 금후의 연구 과제로서 중요할 것이다. 몇 번이나 지적했듯이, '갈라파고스'화하는 산업의 경우, 앞으로 이대로 괜찮은 것인지, 글로벌한 사회, 시장을 향해 변혁이 필요하지 않을까, 라는 생각이 든다. 제6장에서는 할리우드의 메이저 기업이 취하고 있는 글로벌 전략을 소개하고 세계 전체에서 콘텐츠산업이 어떻게 움직이는지를 살펴보았는데, 할리우드는 역시 특수한 존재이다. 미국처럼 다민족으로 이루어진 나라에서 서로 다른 문화 배경을 가진 사람들의 집합체인 국민에게 어필하기 위해 일종의 무국적적인 대중문화가 발달한 것은 글로벌 전개에 있어 가장 유리했다고 할 수 있다. 이에 반해 일본처럼 독자적인 마켓으로서는 충분히 크지만, 세계 공통언어와는 상당히 거리가 먼 일본어를 베이스로 고유성이 높은 문화를 생산하는 나라에서는 그와는 다른 목표와 전략이 필요하다. 근년의 경제산업성 조사에 의하면, 애니메이션, 만화, (일부의) 음악이나 영상 콘텐츠가 충분히 국제경쟁력을 가지고 있음에 주목하여 그 전략 입안을 위해 할리우드를 참조하려고 한다. 하지만, 할리우드와 동렬이 되고자 하는 것이 비현실적임은 누구의 눈에도 분명하다. 게다가 일부 콘텐츠는 아시아 제국에서 압도적 인기를 자랑하고 있지만, 한류문화에 자리를 빼앗기게 되었다. 한편 원래 일본이 강한 국제경쟁력을 가지고 있던 게임산업에는 각국이 경쟁적으로 진입하여 큰 변혁이 일고 새로운 경쟁의 장이 되었다.

　다음으로 문화경제학, 문화정책론과의 접점으로서 또 한 가지 주목할 점은, '문화의 다양성'에 관한 논의이다. 예술문화의 영역에서는 보조금 배분이든 업계에서의 평가이든 혹은 시장에서의 매출이든(예를 들면 미술 상품의 판매가를 상기해 보면 좋을 것이다), 어느 국면에서도 내용 면에서 우열을 가릴 필요가 있다. 이에 대해 콘텐츠산업 정책에서는 시장에서의 성공이 가장 중요한 판단기준이지만, 문화적 가치로서 다양성이라는 하나의 축이 있다. 예를 들면 프랑스의 영상산업진흥책에 있어 정당화 근거, 혹은 목표로 하는 점은 프랑스에서 상영되는 작품이 다양하면 좋겠다, 유럽이나 중동, 아시아, 남미 등 다양한 문화적 배경을 바탕으로 하는 작품이나 사회문제를 다루는 작품이 제공되어야 한다, 라는 등의 이념이 있다. 확실히 다양성이라는 키워드는 누구나 기본적으로는 찬동, 공감할 수 있는 것으로, 인류 공통의 가치를 체현하는 것으로 여겨진다. 유네스코의 문화다양성 조약에 대해서는 제5장에서 언급했다.

그에 대해 미국은, 특히 프랑스처럼 미국으로부터의 문화수입초과 상태를 걱정하는 나라가 무역자유화에 대한 예외를 주장하기 위한 구실로 사용하고자 만든 개념이 아닌가 하고 매우 신경을 써 왔다. 실제로 이 조약의 초안 과정에서도 미국은 강경하게 반대 입장으로 일관하며 이스라엘과 나란히 반대표를 던졌다. 일본이나 EU처럼 기본적으로는 지식재산 전략을 추진하고자 미국과 협조하고 국제적 교섭에 임해온 나라나 지역이라도 이 국제조약에는 찬동 입장을 취해 왔다. 물론 이 조약이 실은 제5장에서 설명한 TRIPs의 내용에 저촉되는 것은 아닌가, 다양성의 보호를 구실로 자유무역을 저해하는 효과를 불러오는 것은 아닌가 하는 미국의 염려도 전혀 근거가 없다고 할 수만은 없다.

문화적 다양성이라는 개념은, 실은 다양한 측면이 있으며 그만큼 정의도 어렵고 측정하기 어려워 연구자들 사이에서도 논쟁이 끊이지 않는다.(Benhamou and Peltier, 2007) 또한 제11장에서 언급했듯이, 다양성과 시장 환경과의 사이에 어떤 관계가 있는지 분명하지 않은 이상, 다양성을 유지, 촉진하기 위한 정책도 일의적이지 않기 때문에 문제는 점점 더 어려워지고 있다. 문화 상품의 국제무역에 관해서는, 국제법 분야에서는 연구의 축적이 보이지만, 기술적으로 지나치든가 개별 법적 논점에 대한 깊은 통찰은 있어도 문화정책, 콘텐츠 정책에 대한 시사는 미흡하여, 금후 많은 연구가 요망되는 바이다.(Kawashima, 2011)

마지막으로 콘텐츠산업 분야에서 창조성과 끊임없는 혁신은 계속될 것인가, 혹은 소비자, 시민의 입장에서 바람직한 문화적 상황을 금후 콘텐츠산업에서 볼 수 있을까, 와 같은 큰 연구과제가 남아 있다는 점도 지적해 두고 싶다. 할리우드의 시스템은 확실히 잘 정비되어 있어서 일단 할리우드의 작풍, 선전 방법 등에 익숙해지면, 독립계의 영상 작품이나 TV프로그램은 스케일감이 부족하고 수수하며 템포가 느리고 시시한 작품으로 보이게 된다. 그러나 소비자를 사로잡는 노련한 수완이 풍부한 할리우드조차 최근에는 아이디어가 고갈되어, 일본의 만화나 영화 작품, 서브컬처 등에 관심을 보이며 뭔가 리메이크할 재료는 없는지 늘 탐색하고 있다고 한다. 일본의 콘텐츠산업 중에서는 상대적으로 할리우드적인 프로젝트를 전개해 온 가정용 게임 소프트 산업에서도 대형화가 스스로의 발목을 잡은 결과를 초래하기도 했고, 한편으로는 약진을 계속해 온 모바일 게임에 쫓기는 상황에서, 착실한 수익을 올릴 수 있는 지속가능한 성장 모델을 모색하고 있기도 하다. 음악산업, TV방송산업, 출판산업은 끊임없이 이어지는 기술혁신에 위협을 느끼면서도 그 성과를 받아들이지 않을 수도 없다. 금후를 어떻게 전망해야 할지 명확한 그림이 나오지 않는 가운데, 시행착오를 되풀이하는 수밖에 없다. 디지털화 시대의 기술혁신과 비즈니스 모델의 변화가 이전보다 훨씬 더 빠르게 이루어지고 있는 오늘날, 별 볼일 없다고 생각하는 내용에 대해서는 소비자들은 바로 외면을 해 버린다. 시리즈물로 대표되는, 같은 타입의 재사용(Reuse)이 계속된다면, 소비자는 물론 문화 전체적으로도 바람직하지 않다.

2013년에 간행한 서적(河島·生稲, 2013)에서, 필자들은 콘텐츠산업의 동향에 영향을 주는 요소로서 ① 시장구조, ② 글로벌화, ③ 기술변화, ④ 법제도, ⑤ 소비자 행동의 특성, ⑥ 유저의 창작 참가, ⑦ 산업의 '무게'를 들었다. 그러나 이들 모두가 불과 수년 사이에 크게 변용되고 있음을 새삼 실감하는 바이며, 모두 앞으로도 중요할 것이라 생각된다.

그중에서도 어떤 의미에서 모든 것에 관련이 있는 논점으로 확장을 계속하는 IT플랫폼 비즈니스의 움직임이 있다. 이 움직임에 콘텐츠산업이 얼마나 적극적으로 대응하는가, 소비자의 행동을 어떻게 파악하여 데이터로서 활용해 가는가, 하는 점이 큰 과제로 남는다. 프라이버시, 개인의 정보에 관한 문제는 IT산업뿐만이 아니라, 앞으로 콘텐츠산업도 크게 뒤흔들어 놓을 것이다. 현재 IT플랫폼의 콘텐츠는 많은 사람들을 끌어모으는 하나의 매력이 되고 있지만, 소비자에 의한 창조활동이 점점 더 활성화되는 가운데, 산업으로서의 콘텐츠 창조에 어떠한 미래가 기다리고 있을지는 불투명한 상황에 있다. IT플랫폼이라는 가치에 머물지 않고, 이전처럼 자립된 가치창조의 연쇄 속에서 지속가능한 성장을 가능하게 하는 비즈니스 모델을 그릴 수 있을지, 변화의 속도가 빠른 오늘날, 그야말로 콘텐츠산업은 중대 기로에 놓여 있다고 할 수 있다.

이 외에도 본서에는 별로 논하지 못했지만, 디지털문화가 한층 더 진전되는 가운데 GAFA에 한하지 않고 확대되는 IT산업의 존재와 콘텐츠산업에 대한 영향, 기업 집중 경향, 할리우드화의 진전 등도 콘텐츠의 창조성과 다양성에 큰 영향을 주는 요인으로 들 수 있다. 콘텐츠 산업론이 기술이나 문화, 라이프 스타일 변화의 동향을 살피며, 경제학, 법학, 사회학, 정책학 등 다종다양한 어프로치에서 분석이 필요하다는 점을 다시 한번 강조하며 글을 맺는다.

인용문헌

河島伸子・生稲史彦編著(2013), 『変貌する日本のコンテンツ産業』, ミネルヴァ書房.

Benhamou, F. and Peltier, S.(2007), "How Should Diversity be Measured? An Application Using the French Publishing Industry" *Journal of Cultural Economics*, 31, 2, pp.85~107.

Kawashima, N.(2011), "Are the Global Media and Entertainment Conglomerates Having an Impact on Cultural Diversity? A Critical Assessment of the Argument in the Case of the Film Industry" *International Journal of Cultural Policy*, 17, 5, pp.475~489.

Kawashima, N.(2010), "The Rise of 'User Creativity'—Web 2.0 and a New Challenge for Copyright Law and Cultural Policy" *International Journal of Cultural Policy*, 16, 3, pp.337~353.

Towse, R.(2008), "Why Has Cultural Economics Ignored Copyright?" *Journal of Cultural Economics*, 32, 4, pp.243~259.

Trebilcock, M.(1976), "The Doctrine of Inequality of Bargaining Power: Post-Benthamite Economics in the House of Lords" *The University of Toronto Law Journal*, 26, 4, pp.359~385.

찾아보기

지은이 **가와시마 노부코**(河島伸子)

도시샤대학(同志社大学) 경제학부·경제학연구과 교수. 영국 워릭대학(University of Warwick) Ph.D.(문화경제학). 런던 스쿨 오브 이코노믹스 사회정책학 석사(니토베[新渡戸] 야마토[大和] 펠로십), 동 LLM(법학석사)을 마치고, 1995~1999년까지 워릭대학 문화정책연구센터에서 리서치 펠로로 근무하였다. 1999년부터 도시샤대학에서 문화경제론, 문화정책론을 담당했으며, 2002~2006년에는 방송대학 객원 조교수로 〈아트 매니지먼트〉 과목을 강의했다. 2003~2005년에는 런던대학, 캘리포니아대학 객원 교수, 2017~2021년에는 도쿄대학미래비전연구센터 객원교수로 근무하였다. 공저에 『문화경제학(文化経済学)』(有斐閣, 2001), 『새 시대의 박물관(新時代のミュージアム)』(ミネルヴァ書房, 2020), *Asian Cultural Flows*(Splinger, 2018), *Film Policy in a Globalised Cultural Economy*(Routledge, 2017)가 있다. 문화경제학회 〈일본〉 특별이사, 일본문화정책학회 이사, 국제문화정책학회 이사.

옮긴이 **김효순**(金孝順)

고려대학교 글로벌일본연구원 교수, 인문학과동아시아문화산업 협동과정 주임교수. 고려대학교와 쓰쿠바대학에서 일본근현대문학을 전공하였고, 현재는 문화산업과 일본 서브컬처에 관심을 갖고 연구하고 있다. 주요 논문으로 「카렐 차페크의 「R.U.R」 번역과 여성성 표상 연구」(『일본문화연구』 68, 2018), 「『경성일보(京城日報)』 일본어 문학과 근대도시 경성의 표상」(『일본연구』 34, 2020) 등이 있고, 저역서에 다니자키 준이치로 저 『열쇠』(역서, 민음사, 2018), 『현상소설 파도치는 반도·반도의 자연과 사람』(공역, 역락, 2020), 『식민지 문화정치와 경성일보: 월경적 일본문학·문화론의 가능성을 묻다』(편저, 역락, 2021) 등이 있다.

일본대중문화총서 02

콘텐츠 산업론
문화 창조의 경제·법·매니지먼트

2023년 11월 15일 초판 1쇄 펴냄

지은이 가와시마 노부코
옮긴이 김효순
펴낸이 김흥국
펴낸곳 보고사

책임편집 황효은
표지디자인 김규범

등록 1990년 12월 13일 제6-0429호
주소 경기도 파주시 회동길 337-15 보고사
전화 031-955-9797
팩스 02-922-6990
메일 bogosabooks@naver.com
http://www.bogosabooks.co.kr

ISBN 979-11-6587-557-2 94300
　　　 979-11-6587-555-8　94080 (set)
ⓒ 김효순, 2023

정가 28,000원

EXPO'70 FUND
（公財）関西·大阪21世紀協会